Manuel J. Smith

SAG'
NEIN
OHNE ANGST

Manuel J. Smith

SAG' NEIN OHNE ANGST

Die neue Methode zur Steigerung
von Selbstsicherheit und Selbstbehauptung

Bechtermünz Verlag

Titel der Originalausgabe: "When I say no, I feel guilty"
Aus dem Amerikanischen übertragen von Evelyn Linke.

Genehmigte Lizenzausgabe für
Bechtermünz Verlag im
Weltbild Verlag GmbH, Augsburg 1996

Umschlaggestaltung: Adolf Bachmann, Reischach
Gesamtherstellung: Ebner Ulm
Printed in Germany
ISBN 3-86047-551-7

INHALTSVERZEICHNIS

1. Kapitel
Unsere ererbten Überlebensreaktionen;
der Umgang mit anderen durch Kampf, Flucht oder durch Selbstsicherheit im Gespräch 13

- Probleme, die uns andere Menschen verursachen: Ist der Konflikt unvermeidlich?
- Verhaltensmuster des Überlebenstriebs: Wie wir aggressiv werden oder die Neigung entwickeln, anderen Menschen aus dem Weg zu gehen
- Unsere Fähigkeit, Probleme durch das gesprochene Wort zu bewältigen: der einzigartige Unterschied zwischen uns und anderen Tierarten
- Wenn wir als Kind lernen, uns ängstlich, unwissend und schuldig zu fühlen, können wir als Erwachsener passiv, manipulierbar und selbstunsicher sein
- Können Eltern das Verhalten ihres Kindes lenken, ohne ihm Angst, Unwissenheit und Schuldgefühle zu vermitteln?

2. Kapitel
Das Recht des Menschen auf Selbstsicherheit und wie es von anderen verletzt wird 31

- Wie wir manipuliert werden, das zu tun, was andere wollen
- *Recht auf Selbstsicherheit I:* Jeder hat das Recht, das eigene Verhalten und seine Gedanken und Gefühle zu beurteilen und die Verantwortung für ihre Entstehung und ihre Folgen zu übernehmen 35

- Wie können wir der Manipulation durch andere Einhalt gebieten?
- Das Hauptwerkzeug des Manipulators: äußere Strukturen. Muß es für jede Situation bestimmte Regeln geben?
- Drei Wege, wie Sie Ihre Beziehung zu anderen vereinfacht betrachten können: kommerzielle Aspekte, Interaktion mit Autoritätspersonen, Interaktion mit Gleichgestellten
- Ist Selbstsicherheit verwerflich oder illegal?

3. Kapitel
Das Recht auf Selbstsicherheit im Alltag – die gebräuchlichsten Methoden, wie andere uns manipulieren 50

- *Recht auf Selbstsicherheit II:* Jeder hat das Recht, keine Gründe oder Entschuldigungen zur Rechtfertigung seines Verhaltens vorzubringen 50
- *Recht auf Selbstsicherheit III:* Jeder hat das Recht, ein Urteil zu fällen, wenn er für die Lösung der Probleme anderer verantwortlich ist 52
- *Recht auf Selbstsicherheit IV:* Jeder hat das Recht, seine Meinung zu ändern 55
- *Recht auf Selbstsicherheit V:* Jeder hat das Recht, Fehler zu begehen und die Verantwortung dafür zu übernehmen 56
- *Recht auf Selbstsicherheit VI:* Jeder hat das Recht zu sagen: »Ich weiß nicht.« 58
- *Recht auf Selbstsicherheit VII:* Jeder hat das Recht, vom guten Willen anderer unabhängig zu sein, bevor er sich mit ihnen befaßt 60
- *Recht auf Selbstsicherheit VIII:* Jeder hat das Recht, unlogische Entscheidungen zu treffen 63
- *Recht auf Selbstsicherheit IX:* Jeder hat das Recht zu sagen: »Das verstehe ich nicht.« 65
- *Recht auf Selbstsicherheit X:* Jeder hat das Recht zu sagen: »Das ist mir gleichgültig.« 67

4. Kapitel
Die erste Stufe auf dem Weg zur Selbstsicherheit: Beharrlichkeit 70

– Das Recht auf Selbstsicherheit und selbstsicheres Verhalten: Beides ist für ein Leben in Selbstsicherheit wichtig
– Stumme Passivität wird durch verbale Beharrlichkeit ersetzt
– Die Technik der *»Schallplatte mit Sprung«*
Gewohnheit: Wie andere Sie dazu bringen, ihre Wünsche zu erfüllen 71
– Praktische Ziele der Selbstsicherheit: *praktikable Kompromisse*, Erhaltung der Selbstachtung und die Grenzen der Selbstsicherheit 79

5. Kapitel
Selbstsicherheit bei der sozialen Konversation und Kommunikation 84

– Warum sind wir oft auf den Mund gefallen?
– Die verbale Geschicklichkeit, an *freie Informationen* und *Selbstenthüllungen* anzuknüpfen 85
– Enthüllen Sie anderen Ihre Sorgen: ein Mittel, um die Manipulation zu stoppen
– Auge-in-Auge-Kontakt: ein wichtiger Bestandteil des selbstsicheren Verhaltens

6. Kapitel
Die selbstsichere Bewältigung des großen Manipulators – der Kritik 94

– Selbstunsichere Kritiker: Wie Sie von ihnen manipuliert werden, ihre Wünsche zu erfüllen
– Das systematische Training der *Vernebelungstaktik*:
Wie Sie mit kritischen Wahrheiten übereinstimmen und trotzdem die Handlungsfreiheit bewahren 97

Wie Sie im Prinzip mit logischer Kritik übereinstimmen und trotzdem die Handlungsfreiheit bewahren
Wie Sie zugeben, daß Sie irgend etwas nicht schaffen werden und trotzdem die Handlungsfreiheit bewahren
– Das systematische Training der *negativen Selbstsicherheit*: Eigene Schwächen brauchen die Selbstsicherheit nicht zu beeinträchtigen: Was Sie tun können, wenn Sie ganz und gar im Unrecht sind 106
– Wie Sie auf Komplimente oder Kritik reagieren: Sie geraten bei beiden nicht in Verlegenheit, wenn Sie selbstsicher sind

7. Kapitel
Wie Sie Menschen, die Sie schätzen, veranlassen können, sich Ihnen gegenüber selbstsicherer und weniger manipulierend zu verhalten 110

– selbstsichere Fragen über die eigene Person und was man tut: Wie Sie dadurch wahre und falsche Aussagen eliminieren, durch die Ihr Verhalten beeinflußt werden soll
– Das systematische Training der *negativen Befragung*: Sie fordern Kritik heraus: Wie dadurch die Manipulation reduziert werden kann; 110
Sie fordern Kritik über Ihre Arbeitsleistung heraus: Wie das zu einer Beförderung führen kann;
Sie fordern Kritik über sich selbst heraus: Wie dadurch eine engere Beziehung zu Menschen entstehen kann, die Sie schätzen

8. Kapitel
Kommerzielle Situationen im Alltag – Selbstsicherheit in Fragen, die Geld betreffen 121

Die Anwendung systematischer Techniken bei der Bewältigung kommerzieller Konfliktsituationen: Der Vertreter an der Tür. Die Rückgabe schadhafter Ware. Verärgerte Kunden. Die Reparatur schadhafter Ware. Der Umgang mit dem Publikum. Wie man vom

Autohändler Reparaturleistungen oder Rückzahlungen bekommen kann. Probleme der Arzt-Patient-Beziehung

9. Kapitel
Autoritätsinteraktionen im Alltag –
Selbstsicherheit gegenüber Vorgesetzten, als Aufsichtsperson und als Vortragsredner 156

Die Anwendung systematischer Techniken, um sich in Autoritätsinteraktionen zu behaupten: Zwischen Untergebenem und Vorgesetztem. Bei der Stellenbewerbung. Bei der Wahl zwischen angebotenen Stellungen. Als Vortragsredner und Referent. Bei der Eltern-Kind-Beziehung. Bei der Lehrer-Schüler-Beziehung. Beim Umgang mit Teenagern

10. Kapitel
Alltagsprobleme im Umgang mit Gleichgestellten –
Kompromißlösungen oder ein schlichtes »Nein«

Wie man Selbstsicherheit im Umgang mit Gleichgestellten praktiziert, die einem jedoch nicht nahestehen: Leihen Sie mir Ihr Auto? Nachbarn, die Zumutungen an Sie stellen. Freunde, die Sie um ein Geschäftsdarlehen bitten. Einmischung der Eltern. Manipulation durch den Liebespartner

11. Kapitel
Enge Beziehungen zu Gleichgestellten –
Sexualität und Selbstsicherheit 234

- wie Sie sexuelle Bedürfnisse und andere Wünsche geltend machen:
  die Wünsche sind verschiedenartig, das selbstsichere Verhalten bleibt das gleiche
- Furcht und Zorn: die emotionalen Grundlagen sexueller Schwierigkeiten

- Das Angst-Modell, das Zorn-Modell und das kombinierte Modell: Behandlungsmethoden für Sexualprobleme
- Erlernte Sexualprobleme und wie sie durch Neu-Lernen behandelt werden können
- wie passive Selbstunsicherheit und Manipulierbarkeit zu sexuellen Schwierigkeiten beitragen können
- Wie ein selbstsicheres Verhalten Ihnen helfen kann, Ihr Sexualleben zu verändern. Die Angst vor Veränderungen. Kompromisse bei unterschiedlichen sexuellen Wünschen. Wie Sie Ihren Partner veranlassen, gemeinsam mit Ihnen neue Wege zu finden, um aus der Routine Ihres Sexuallebens oder Ihres Lebensstils herauszukommen
  Furcht, Passivität und ungenügendes sexuelles Vorspiel. Abnahme der Häufigkeit des Sexualverkehrs: ein Zeichen dafür, daß ein Partner sich vom anderen zurückzieht, und zwar sowohl im Sexualbereich als auch auf anderen Gebieten

Zusammenfassung 269

Wollen Sie sich selbst behaupten oder wollen Sie andere Menschen kontrollieren? Was wird aus unserer Gesellschaft, wenn viele von uns selbstsicherer und weniger manipulierbar werden?

Nachwort
v. Manuel J. Smith 273

Glossarium
der Techniken zur Stärkung der Selbstsicherheit 277

VERZEICHNIS DER DIALOGE

1. Karl und der Angestellte im Supermarkt 72
2. Wie man lernt, beharrlich »Nein« zu sagen 77
3. *Freie Information* und *Selbstenthüllung* im Gespräch 88
4. Eine erste Übung in der Anwendung der *Vernebelungstaktik* als Antwort auf Kritik 100
5. Eine erste Übung in der Anwendung der *negativen Befragung* als Antwort auf Kritik 113
6. Mit Hilfe der *negativen Befragung* bewältigt Inge die Manipulationen eines Nachbarn 115
7. Wie man Kritik herausfordert, um eine Gehaltserhöhung zu bekommen 117
8. Wie man mit einem Vertreter an der Tür umgeht 122
9. Anni gibt in einem Kaufhaus ein Paar Stiefel zurück, die Fehlerhaft sind 124
10. Andreas im Umgang mit einer verärgerten Kundin, die sich über die Lieferung fehlerhafter Ware beschwert 128
11. Wie Herr und Frau Schmidt den Ausflüchten eines Möbelhändlers selbstsicher begegnen 131
12. Die Behördenangestellte Doris im Umgang mit dem Publikum 136
13. Arnold läßt die Bremsen reparieren 138
14. Hans bekommt eine Rückzahlung von einem Gebrauchtwagenhändler 140
15. Wie man durch selbstsicheres Verhalten Schwierigkeiten in der Arzt-Patient-Beziehung bewältigt 149
16. Michael wehrt sich gegen Überstunden 158
17. Franz sagt einem Untergebenen, daß die Arbeitsleistung steigen muß 161
18. Wie Betti ihren Chef abwehrt, der sich in ihr Privatleben einmischt 164

19. Selbstsicherheit bei der Stellenbewerbung 166
20. Der Schauspieler Karl im Umgang mit einem manipulativen Filmproduzenten 172
21. Susan demonstriert, wie sie Kritik an ihrem Vortragsstil bewältigt 176
22. Fred demonstriert, wie er während eines Vortrags auf Zwischenrufe, unsachliche, sachliche und kritische Bemerkungen reagiert 179
23. Wie Eltern und Lehrer selbstsicher auf die Klagen von Kindern eingehen 182
24. Walter veranlaßt seine halbwüchsige Tochter, die Verantwortung für ihr Verhalten zu tragen 187
25. Wie man einem Freund die Bitte abschlägt, ihm das eigene Auto zu leihen 197
26. Inge im Umgang mit einem Nachbarn, der unzumutbare Forderungen an sie stellt 201
27. Werner und ein guter Freund, der ihn um ein Geschäftsdarlehen bittet 202
28. Wie Lore die Autoritätsbeziehung zwischen ihr und ihren Eltern allmählich in eine Interaktion zwischen Gleichgestellten umwandelt 204
29. Wie Paul seinen Vater davon abbringt, sich in seine Ehe und in seinen Beruf einzumischen 210
30. Lisa und Betti lehnen es ab, sich von ihren Sexualpartnern manipulieren zu lassen; wie ein junges Mädchen lernt, »nein« zu sagen 221
31. Wie ein Ehepartner dem anderen selbstsicher klarmacht, daß ihr Sexualleben zur Routine geworden ist und eine Änderung wünschenswert wäre 241
32. Eine Ehefrau sagt ihrem Mann, daß sie eine Stellung annehmen möchte 248
33. Eine Ehefrau sagt ihrem Mann, daß sie mehr sexuelles Vorspiel wünscht 253
34. Ein Ehepartner, der bisher manipulativ war, fordert den anderen auf zu sagen, was in ihrer Ehe nicht in Ordnung ist, damit sie gemeinsam nach Abhilfe suchen können. 258

1. KAPITEL
Unsere ererbten Überlebensreaktionen; der Umgang mit anderen durch Kampf, Flucht oder durch Selbstsicherheit im Gespräch

Als Student besuchte ich die Vorlesungen eines jungen Dozenten für Psychologie namens Joe, dessen Vortragsstil ausgesprochen freimütig, ungeschminkt und eigenwillig war. Er ließ den Studenten keine ihrer naiven Vorstellungen über die Wissenschaft der Psychologie. Er lehnte es ab, die erwarteten Erklärungen über schaurig-faszinierende Abweichungen oder auch über den normalen Verlauf der Denkprozesse, des Verhaltens und der Motivation abzugeben. Statt komplizierter Theorien, warum wir eine bestimmte Verhaltensform zeigen, wählte er einen einfacheren Weg. Er begnügte sich damit, zu beschreiben, wie ein Vorgang sich psychologisch abspielt, ging dabei von ganz simplen Voraussetzungen aus und riet uns, es dabei bewenden zu lassen. Auf Grund seiner Erfahrungen war er zu der Überzeugung gekommen, daß 95 Prozent dessen, was als wissenschaftlich fundierte psychologische Theorie feilgeboten wird, reiner Blödsinn sei, und daß es noch lange dauern würde, bis wir über unsere eigenen Funktionen genug wüßten, um die meisten unserer Wahrnehmungen erschöpfend erklären zu können.

Der Wahrheitsgehalt von Joes Argument ist heute noch genauso zwingend wie vor zwanzig Jahren – und ich bin voll und ganz seiner Meinung. Langatmige technische oder mystische Erklärungen sind oft hochinteressant oder sogar von literarischem Wert, aber sie sind nicht nur überflüssig, sondern komplizieren das Thema, ohne unser Verständnis um ein Jota zu erweitern. Um das, was die Psychologie tatsächlich an Hilfsmitteln bietet, anwenden zu können, ist es wichtiger zu wissen, *was* davon brauchbar ist, als zu wissen, *warum* es brauchbar ist. Ich finde es sinnlos, lange Überlegungen anzustellen, *warum* ein Patient Schwierigkeiten hat; das kann in akademische Selbstbefriedigung ausarten und erbringt möglicherweise auch nach jahrelanger Therapie kein zufriedenstellendes Ergebnis. Es kann sogar schädlich sein. Es ist viel zweckmäßiger, sich darauf zu konzentrieren, *was* der Patient tun wird, um sein Verhalten zu ändern, als sich mit der Frage zu beschäftigen, *warum* er ein Fehlverhalten zeigt.

Joe nahm uns jede Illusion, daß die Psychologen die neuen, allwissenden Hohepriester des menschlichen Verhaltens sind. So sagte er in einer Vorlesung: »Ich hasse Studenten, die mir Fragen stellen, auf die ich keine Antwort weiß.« Wie man sich denken kann, benahm Joe sich im Privatleben nicht viel anders, und obwohl er ein Experte in Fragen des menschlichen Verhaltens war, hatte auch er seine Probleme mit der Umwelt.

Im Laufe der Jahre lernte ich Joe sowohl als Freund wie auch als Kollegen immer besser kennen und stellte fest, daß er die gleichen Probleme mit anderen Menschen hatte wie ich, und auch ungefähr im gleichen Ausmaß. Die gleiche Beobachtung machte ich bei anderen Psychologen und Psychiatern. Der Doktor-Titel und das erworbene Wissen befreit uns nicht davon, dieselben Probleme zu haben wie unsere Familienangehörigen, Nachbarn, Freunde oder sogar unsere Patienten, ganz unabhängig von Beruf und Schulbildung.

Wenn unser Ehe- oder Liebespartner über irgend etwas unglücklich ist, kann er in uns Schuldgefühle erwecken, ohne auch nur ein Wort zu sagen. Ein Blick, eine etwas zu laut geschlossene Tür oder die in eisigem Ton vorgebrachte Bitte, auf ein anderes Fernsehprogramm umzuschalten, genügen vollauf. Joe beklagte sich einmal bei mir: »Ich habe nicht die leiseste Ahnung, wie sie es machen oder warum sie so reagieren, aber irgendwie fühle ich mich immer schuldig, auch wenn es gar keinen Grund gibt.«

Aber es sind nicht nur die Ehepartner, die uns vor Probleme stellen. Wenn Eltern oder Schwiegereltern etwas erreichen wollen, verstehen sie es ausgezeichnet, ihre erwachsenen Söhne und Töchter zu ängstlichen Kindern zu reduzieren. Wir alle haben es schon erlebt, wie wir uns innerlich verknoten, wenn Mutter am Telefon plötzlich schweigt, wenn die Schwiegermutter oder der Schwiegervater uns einen mißbilligenden Blick zuwirft, wenn Mutter oder Vater vielsagende Bemerkungen machen, wie zum Beispiel: »Du scheinst ja sehr beschäftigt zu sein, wir bekommen dich gar nicht mehr zu sehen«, oder: »Gleich um die Ecke von uns ist eine hübsche Wohnung frei geworden. Kommt doch morgen abend her, dann können wir sie uns gemeinsam ansehen.«

Als ob Familienkonflikte dieser und anderer Art noch nicht genügen, um uns unsicher zu machen, müssen wir uns auch mit den Problemen befassen, die Außenstehende an uns herantragen. Ein Beispiel: Sie wissen sehr genau, daß der Automechaniker schlechte Arbeit geleistet hat, aber der Werkstattleiter erklärt Ihnen mit großer Fachkenntnis und in allen Einzelheiten, warum der Kühler sich immer noch überhitzt, obwohl Sie gerade über hundert Mark für die Reparatur bezahlt haben. Er vermittelt Ihnen zwar das Gefühl, daß Sie nichts von Autos verstehen und auch nicht richtig damit umgehen können, trotzdem nagt in Ihnen der Verdacht, daß man Sie übervorteilt hat. Auch unsere Freunde verursachen Probleme. Wenn ein Freund Ihnen vorschlägt, irgend etwas zu unternehmen, wozu Sie keine Lust haben, dann machen Sie fast automatisch Ausflüchte. Sie müssen lügen, damit Ihr Freund nicht beleidigt ist, aber gleichzeitig fühlen Sie sich schuldbewußt, weil Sie ihn belügen.

Jeder Tag bringt neue Konflikte. Viele Menschen huldigen der unrealistischen Auffassung, daß es ungesund oder unnatürlich sei, wenn man tagein, tagaus mit Problemen leben muß. Aber das ist falsch. Das Leben stellt jeden von uns vor Probleme, und das ist völlig normal. Es kommt jedoch oft vor, daß jemand, der glaubt, ein normaler Mensch habe keine Probleme, zu dem Schluß kommt, daß der Lebensstil, in dem wir alle gefangen sind, die Mühe nicht lohnt. Die meisten meiner Patienten haben diesen negativen Glauben entwickelt. Er ist jedoch nicht eine Folge der Tatsache, daß man Probleme hat, sondern er entsteht aus dem Gefühl heraus, daß man unfähig ist, mit diesen Problemen und den Menschen, die sie aufwerfen, fertigzuwerden.

Obwohl ich selbst solche Gefühle habe, wenn ich ein Problem richtig angepackt habe, sträubt sich doch meine ganze Erfahrung als Psychologe gegen die Idee, daß die Menschen eine genetisch veraltete Art sind, die eigentlich in einem früheren Zeitalter hätten leben sollen, als alles noch einfacher war. Welch ein Unsinn! Ich akzeptiere nicht, daß wir Verlierer sind, die kein glückliches Alltagsleben führen und die Probleme nicht angemessen bewältigen können, die sich in unserem Zeitalter der Industrialisierung, Verstädterung, Hygiene und Raumfahrt ergeben. Auf Grund meiner beruflichen Erfahrungen und der naturalistischen Beobachtung der Tausende von Menschen, denen ich in meinem Leben begegnet bin, komme ich zu einer viel vernünftigeren und realistischeren Schlußfolgerung: *Nicht nur die Erwartung, daß das Leben uns vor Probleme stellt, ist normal, sondern auch die Erwartung, daß jeder Mensch fähig ist, diese Probleme zufriedenstellend zu meistern.*

Ohne die angeborene Fähigkeit, mit allen möglichen Arten von Problemen fertigzuwerden, wäre die Spezies Mensch längst ausgestorben. Im Gegensatz zu den Unkenrufen einiger Propheten des Weltuntergangs sind wir Menschen die erfolgreichsten, anpassungsfähigsten, intelligentesten und zähesten biologischen Organismen, die je von der Natur erschaffen wurden. Wenn die Beweise und die allgemeinen Schlußfolgerungen der Anthropologen, Zoologen und anderer Wissenschaftler zutreffen, hat auf unserer Erde vor Äonen ein langes evolutionäres Ringen stattgefunden, in dem die genetische Familie unserer menschlichen und tierischen Vorfahren mit anderen Arten um das Überleben kämpfte, und zwar unter den harten Bedingungen, die von den ökologischen Kräften der Natur diktiert waren. Unsere Vorfahren haben diesen Kampf nicht nur überlebt, sondern wurden durch ihn sogar gestärkt. Wir haben überlebt und uns durchgesetzt, während andere Arten ausgestorben oder fast ausgestorben sind, weil wir sowohl physiologisch als auch psychologisch für das Überleben unter jedweden Bedingungen konstruiert sind. Der Mensch ist das Produkt von Generationen von Tieren, welche die Fähigkeit entwickelten, mit den Problemen, die eine harte Zeit und schwerste Lebensbedingungen ihnen auferlegten, fertigzuwerden. Mit Hilfe dieser Fähigkeit, über die keine andere Lebensform in vergleichbarem Maße verfügt, haben wir nicht nur unsere Erde, unsere Umgebung erobert, sondern haben jetzt mit der Arbeit begonnen, diese unsere Welt und die anderen Arten, die auf ihr leben, für zukünftige Generationen zu erhalten.

Was ist nun diese ererbte Fähigkeit der Problembewältigung, die den Erfolg der Spezies Mensch zustande gebracht hat? Was haben wir mit den aussterbenden Tierarten gemeinsam, und welche Eigenschaften sind nur dem Menschen vorbehalten? Eine Untersuchung des Konfliktverhaltens anderer Arten, insbesondere der Wirbeltiere, zeigt, daß die beiden Beteiligten kämpfen und der Schwächere schließlich die Flucht ergreift. Sowohl der Kampf als auch die Flucht sind für Tiere wirksame Mittel im Umgang miteinander. Diese Formen der Konfliktbeseitigung scheinen bei niederen Tierarten fast automatische, vorprogrammierte Reaktionen mit einem hohen Überlebenswert zu sein. Auch wir Menschen kämpfen miteinander und flüchten voreinander, manchmal gezwungen, manchmal aus freiem Willen; gelegentlich tun wir es offen, aber viel häufiger verbergen wir unsere Reaktionen.

Was uns jedoch am meisten von den anderen Arten unterscheidet, sind zwei *neue* Fähigkeiten, die wir im Laufe unserer Entwicklung erworben haben: die Fähigkeit der Sprache und die Fähigkeit der Problembewältigung. Wir können uns miteinander verständigen und bei der Bereinigung von Konflikten und Problemen zusammenarbeiten. Dies sind die beiden wichtigsten Überlebensfähigkeiten, durch die der Mensch sich von den anderen Arten unterscheidet.

Mensch und Tier haben also zwei Verhaltensmuster gemeinsam, die dem

Überlebenden dienen: Kampf und Flucht. Beim Menschen kommt noch ein drittes dazu: die Fähigkeit, Probleme mit Hilfe des Wortes zu meistern. Der Mensch ist also nicht instinktiv gezwungen, zu kämpfen oder zu fliehen, wenn er überleben will. Er besitzt die einzigartige Fähigkeit, mit anderen sprechen zu können und auf diese Weise Schwierigkeiten zu bewältigen.

Wenn wir jedoch einen Konflikt mit Hilfe von Kampf oder Flucht bereinigen wollen, tun wir das nicht offen. Äußerlich ist uns kaum etwas anzumerken. Als Kind wurde mir beigebracht, daß ich nicht kämpfen dürfe, d. h. andere Kinder nicht schlagen dürfe. Ferner impfte man mir ein, daß ich tapfer sein müsse und nicht offen vor Menschen weglaufen dürfe, vor denen ich Angst hätte. Diese Erziehungsmethode ist in der Mittelklasseschicht der westlichen Gesellschaft allgemein verbreitet. Man lehrt uns, mit Konflikten auf eine passive Art und Weise fertigzuwerden: »Du darfst nicht zurückschlagen«, »Du mußt es über dich ergehen lassen«. Wenn wir auf jemanden wütend sind, lassen wir uns das nur selten anmerken. Statt dessen knirschen wir insgeheim mit den Zähnen und sinnen auf Rache – die nie in die Tat umgesetzt wird. Dieses Verhaltensmuster kam bei einer meiner Patientinnen sehr deutlich zum Ausdruck. Helga war 29 Jahre alt, von Beruf Kontoristin. Sie versuchte, mit unangenehmen Forderungen, die ihr Chef an sie stellte, durch passive Aggression fertigzuwerden. Statt daß sie mit ihm darüber diskutierte oder ihren Ärger offen zeigte, leistete sie passiven Widerstand. Wenn sie im Büro an der Reihe war, Kaffee zu kochen, machte sie ihn entweder zu stark oder zu schwach, oder sie verschüttete ihn. Wenn sie wegen einer eiligen Arbeit Überstunden machen mußte, vertippte sie sich laufend und brauchte doppelt so viel Zeit wie normal. Statt offener Aggression praktizierte sie eine passive Aggression. Ihr Chef konnte ihr kein Kampfverhalten nachweisen, trotzdem durchkreuzte sie seine Wünsche, wann immer sie konnte. Natürlich bereitete diese passive Aggression ihr selbst mehr Schwierigkeiten als ihrem Chef.

Wenn man sich in einer solchen Situation so verhält wie Helga, hat man nicht nur doppelt soviel Arbeit, sondern der Chef wird immer wieder lästige Forderungen stellen, und jeder Tag bringt die gleichen Frustrationen. Eine passive Aggression ist für uns meist nur nachteilig und hilft uns nicht, unsere Wünsche durchzusetzen.

Mit anderen Problemen versuchte Helga – wie viele von uns – durch passive Flucht fertigzuwerden. Wenn jemand ein Problem an sie herantrug, ging sie dem Betreffenden so lange wie möglich aus dem Weg. Ursprünglich war sie in meine Praxis gekommen, weil ihre Ehe gescheitert war und eine

Scheidung zur Debatte stand. Sie und ihr Mann lebten getrennt, sahen sich aber fast täglich, da ihr Mann, Robert, im gleichen Bürogebäude arbeitete. Bei diesen zufälligen Begegnungen pflegte Robert sehr distanziert zu sein, ein verständliches Verhalten, da er ihr die Schuld an den meisten ihrer Eheprobleme gab. Für Helga war es schwierig, sein kühles Verhalten hinzunehmen, besonders wenn noch andere dabei waren. Sie sagte mir damals, daß sie Robert immer noch gern hätte und am liebsten weinen würde, wenn er sich so benahm. Sie wußte nicht, was sie tun sollte, wenn Robert kühl zu ihr war. Sie versuchte, mit dieser Situation fertigzuwerden, indem sie ihm möglichst aus dem Weg ging. Als Robert telefonisch mit ihr über die Aufteilung des gemeinsamen Besitzes sprechen wollte, trieb sie ihr Fluchtverhalten so weit, daß sie ihren Schreibtisch verließ, wenn das Telefon klingelte, auch wenn sie gar nicht wußte, wer sie anrief. Sogar zu Hause fühlte sie sich nicht mehr wohl, weil sie ständig Angst hatte, daß Robert sie anrufen könnte.

Nachdem Helga mir das erzählt hatte, führten wir Probeunterhaltungen durch, damit sie lernte, auf Roberts Verhalten *selbstsicher* zu reagieren statt passiv zu fliehen. Nach ein paar Übungssitzungen war Helga fähig, Robert anzurufen, sich mit ihm über die Aufteilung des gemeinsamen Besitzes zu einigen und, was noch wichtiger war, sich mit ihm zum Mittagessen zu verabreden, damit sie mit ihm über das sprechen konnte, was ihr an den zufälligen Begegnungen mißfiel.

Eine Fortsetzung des passiven Fluchtverhaltens hätte Helga genauso wenig geholfen wie ihre passive Aggression dem Chef gegenüber. Es blieb ihr letzten Endes nichts anderes übrig, als endlich die Besitzverhältnisse zu klären oder buchstäblich vor Robert und dem Scheidungsprozeß davonzulaufen. Im Laufe der Therapie konnte Helga viele ihrer Eheprobleme auf die von ihr angewendeten Methoden der passiven Aggression und der passiven Flucht zurückführen. Sie mußte erkennen, daß man durch ständige Versuche, sich Konflikten durch die Flucht zu entziehen, den Partner so verärgert, daß er schließlich aufgibt und die Beziehung abbricht.

Außerdem haben Aggressionen und Flucht eine nachteilige Wirkung auf die Stimmungslage, denn beide Verhaltensformen sind mit Zorn bzw. Angst assoziiert. Das ist jedoch noch nicht alles: Durch ein derartiges Verhalten verlieren wir fast jede Schlacht – und es gibt im Leben echte Schlachten, die man gewinnen oder verlieren kann; wir fühlen uns frustriert und sind traurig oder deprimiert. Die Dreiheit aus Zorn, Angst und Depression ist unsere Grundausrüstung an Überlebensemotionen und der gemeinsame emotionale Nenner, der Menschen, die mit den Schwierigkeiten in ihrem Leben nicht fertigzuwerden, veranlaßt, sich in psychotherapeutische Behandlung zu begeben. Die Patienten, die ich in meiner Praxis sehe, reagieren gegen ihren eigenen Willen zu oft zornig oder aggressiv, oder sie leben in ständiger Angst vor anderen Menschen und ziehen sich zurück, oder sie haben es satt, immer zu verlieren und deprimiert zu sein. Jeder von uns kennt die Gefühle des Zorns, der Angst und der Depression in Verbindung mit Aggression, Flucht und Frustration aus eigener Erfahrung. Das heißt aber keineswegs, daß diese Empfindungen als krankhaft zu bezeichnen sind, auch wenn sie der Grund für eine psychotherapeutische Behandlung sind. Jeder Mensch ist manchmal zornig, ängstlich oder deprimiert, weil unser physiologischer und psychologischer Aufbau die Empfindung dieser Gefühle gestattet.

Die negativen Emotionen Zorn, Angst und Depression haben genauso einen Überlebenswert wie z. B. der körperliche Schmerz. Wenn Sie einen heißen Gegenstand berühren, zuckt Ihre Hand automatisch zurück. Unser Nervensystem ist so konstruiert, daß diese Reaktion automatisch erfolgt und nicht bewußt herbeigeführt werden muß. Wenn Sie aus irgendeinem Grund ein unangenehmes Gefühl haben, empfinden Sie in Wirklichkeit die physiochemischen Veränderungen, die von den aus ferner Entwicklungszeit stammenden primitiven »tierischen« Regionen des Gehirns befohlen werden, damit der Körper für eine Verhaltensreaktion bereit ist. Wenn Sie zornig sind, fühlen Sie, wie Ihr Körper sich auf einen Angriff gegen einen Menschen oder ein Tier vorbereitet. Nehmen wir als Beispiel einmal eine Fußballmannschaft, die in der ersten Halbzeit schwach gespielt hat. Nachdem sie in der Pause vom Trainer beschimpft und beleidigt worden ist, mobilisiert sie ihre physischen Kräfte und gewinnt. In Hinsicht auf die Verteidigung durch reine Muskelkraft gehören wir zu den Stiefkindern der Natur. Der Zorn vermag unsere Kräfte aber so zu stimulieren, daß wir – falls es keine Möglichkeit zur Flucht oder zur verbalen Entschärfung der Lage gibt – durch eine aggressive Verteidigung unsere Überlebenschancen verbessern können.

Bei Angst empfinden wir eine physiochemische Veränderung, die den Körper darauf vorbereitet, so schnell wie möglich vor der Gefahr davonzulaufen. Unsere Überlebenschancen steigen, wenn wir vor einer Gefahr fliehen, die wir nicht verbal bewältigen können. Das Gefühl der Panik, das sich in Ihren Lungen, Gedärmen und Extremitäten spürbar auswirkt, wenn Sie z. B. im Dunkeln überfallen werden, ist nicht Feigheit, sondern ein ganz natürliches Gefühl der Erregung als automatische Anzeige dafür, daß das Gehirn den Körper auf die Flucht vorbereitet.

Manchmal sind Zorn, Angst und nervöse Spannung so überwältigend stark, daß wir von der Alternative zu Aggression oder Flucht, also von der verbalen Problembewältigung, keinen Gebrauch machen können. Wenn ein rasender Autofahrer meine Fahrspur schneidet, hilft mir der Versuch, selbstsicher zu sein und das Zittern meiner Hände zu unterdrücken, gar nichts. In einer solchen Risikosituation zittere ich eben, und es gibt nichts, was ich dagegen tun kann. Wenn an der Stoßstange meines neuen Wagens plötzlich und unerklärlich eine Delle zu sehen ist, nutzt es mir nichts, wenn ich selbstsicher bin, denn der Schuldige ist ja nicht anwesend; ich werde zornig und kann dieses Gefühl nicht unterdrücken. Wenn meine Frau frustriert und mürrisch nach Hause kommt und ihren Gefühlen freien Lauf läßt, indem sie nach mir tritt statt nach dem Hund, dann gehen wir ohne Glacéhandschuhe auf einander los. In solchen Fällen läßt unsere ererbte Psychophysiologie uns keine Wahl: Wir reagieren zornig oder ängstlich. Aber wenn wir fähig sind, eine selbstsichere Interaktion zwischen uns und anderen herzustellen und dadurch eine Chance haben, unsere Wünsche wenigstens teilweise durchzusetzen, sind automatische Zorn- und Angstreaktionen weniger wahrscheinlich. Wenn wir durch irgend etwas frustriert sind, das wir nicht mehr ändern können, oder wenn wir es versäumen, unsere Fähigkeit der verbalen Kommunikation zur Lösung eines Konflikts einzusetzen, den wir durchaus auf diese Weise bereinigen könnten, fühlen wir uns vermutlich deprimiert.

Obwohl die Depression in unserer modernen Zeit nur einen geringen oder gar keinen Überlebenswert hat, können wir sehr leicht begreifen, welchen Wert sie für unsere Vorfahren hatte. Wir brauchen nur einmal zu beobachten, wie wir selbst uns verhalten, wenn wir deprimiert sind. Eigentlich kann man von einem Verhalten gar nicht sprechen, denn außer der Erhaltung der wichtigsten Körperfunktionen tun wir wenig oder nichts. Wir haben keinen Sinn für Zärtlichkeit, haben keine Unternehmungslust, lernen nichts Neues, lassen die meisten Probleme ungelöst, und unsere Arbeitsleistung sinkt ab. Eine leichte Depression oder Traurigkeit entwikkelt sich, wenn wir irgend etwas vermissen, an das wir gewöhnt sind, oder durch eine nicht allzu große Enttäuschung. Eine schwere Depression ist das Ergebnis eines emotionalen Verlusts oder einer tiefen Enttäuschung. Die Depression ist der Ausdruck von Befehlen, welche die primitive Region unseres Gehirns aussendet, um die normalen physiologischen Funktionen des Körpers, die wir für die meisten alltäglichen Aktivitäten brauchen, wesentlich zu dämpfen.

Für unsere Vorfahren war die Depression ein nützlicher Zustand, wenn die Umweltbedingungen zu hart oder zu unerfreulich waren. In schlechten Zeiten blieb ihnen gar nichts anderes übrig, als sich »einzugraben« und abzuwarten. Dadurch konservierten sie wahrscheinich ihre Kräfte und Hilfsmittel und steigerten ihre Überlebenschancen, bis die Lebensbedingungen wieder besser wurden. Vielleicht kommt in unserem Verhalten ein Rest dieser primitiven emotionalen Reaktion zum Ausdruck, wenn wir an einem kalten, düsteren, verregneten Sonntag zu nichts Lust haben, als zu schlafen, zu essen und im Haus herumzumurksen. Depressionen, wie jeder von uns sie kennt, dauern nur ein paar Stunden oder Tage. Wir fühlen uns unglücklich, aber mit der Zeit und durch irgendein erfreuliches Erlebnis normalisiert sich unsere Stimmungslage wieder. Unsere Frustrationen werden nicht von den Lebensbedingungen verursacht, sondern von den Handlungen anderer Menschen. Patienten mit langanhaltenden Depressionen haben fast immer viele Enttäuschungen hinter sich.

Die klinischen Erfahrungen bei der Behandlung der passageren wie auch der langanhaltenden Depression haben gezeigt, daß es sinnvoller ist, den Patienten aus seiner Zurückgezogenheit herauszuholen, so daß er wieder Anschluß an positive Erlebnisse findet, als abzuwarten, bis die Depression von selbst aufhört. Dieses therapeutische Konzept wird durch den folgenden Bericht demonstriert.

Herbert, ein 33jähriger geschiedener Buchhalter, hatte immer wieder länger dauernde depressive Phasen. In seiner Kindheit sah die typische Interaktion zwischen ihm und den Eltern so aus, daß sie ihn für Arbeiten, die er im Haus verrichtete, wenig oder gar nicht belohnten; wenn er schlechte Arbeit geleistet hatte, erweckten sie sofort Schuldgefühle in ihm. Als er sich ein Fahrrad wünschte, brachten sie alle möglichen Gründe hervor, weshalb das Radfahren in seinem Alter gefährlich sei, erklärten ihm, daß ein Fahrrad viel Geld koste, und daß ein so unachtsames Kind wie er wahrscheinlich nicht pfleglich damit umgehen würde. Er bekam das Fahrrad nie. Als er den Führerschein machen wollte, wurde ihm gesagt, daß Teenager schlechte Fahrer seien und er noch ein Weilchen warten müsse. Erst als er im College war, konnte er die Fahrprüfung ablegen.

Er heiratete eine Frau, die seiner Beschreibung nach Ähnlichkeit mit seiner Mutter hatte. Sie lobte ihn nie und schien stets einen Grund zum Nörgeln zu finden. Drei Jahre vor dem Beginn der Therapie reichte sie mit seinem Einverständnis die Scheidung ein. Kurz danach fingen die depressiven Schübe an, die jedesmal länger dauerten. Als er zu mir kam, hatte er seit Monaten Antidepressiva zur »Hebung der Gemütslage« bekommen, jedoch ohne nennenswerten Erfolg. In Herberts Fall war ein Absetzen der medikamentösen Therapie angezeigt, da sie ihm nicht half und ihn außerdem nervös und reizbar machte. Ich ließ Herbert aufschreiben, womit er sich gern beschäftigte, wenn er nicht depressiv war. Dann trug ich ihm auf, jede Woche zumindest zwei dieser Aktivitäten auszuüben und sich notfalls dazu zu zwingen, gleichgültig wie deprimiert er sich fühlte. Wenn er glaubte, daß er im Beruf oder im sozialen Bereich irgend etwas schlecht gemacht hatte, sollte er sich nicht mehr wie bisher der Situation durch die Flucht entziehen, indem er sich von seinen depressiven Gefühlen überwältigen ließ oder sich in sich selbst zurückzog oder nach Hause ging, sondern seine Arbeit beenden bzw. die begonnene Aktivität fortsetzen, auch wenn er im ersten Moment den Wunsch verspürte, sofort aufzuhören. Dieses therapeutische Programm bewirkte, daß die depressive Phase, in der Herbert sich seit fünf Monaten befand, sich innerhalb von vier Wochen auflöste.

Unsere drei neurophysiologischen Überlebensmechanismen Zorn/Aggression, Angst/Flucht und Depression/Zurückziehung sind zwar per se keine Anzeichen für einen krankhaften Zustand oder eine mangelhafte Problembewältigung, aber sie nützen uns nicht viel. Sie funktionieren selten und helfen noch seltener. Alle diese Reaktionen sind unbedeutend im Vergleich zu unserer einzigartigen Fähigkeit, Probleme durch Selbstsicherheit und das gesprochene Wort zu meistern. Zorn oder Angst bewirken, daß ein Teil der Blutzufuhr des Gehirns automatisch in die Skelettmuskulatur umgeleitet wird, um sie für eine physische Aktion vorzubereiten. Dadurch wird die Fähigkeit des Gehirns eingeschränkt, die Informationen zu verarbeiten, die für die Problembewältigung wichtig sind. Wenn wir zornig oder ängstlich sind, können wir nicht mehr klar denken und machen Fehler.

Woran liegt es aber, daß so viele von uns zornig oder ängstlich werden und in Aggression und Flucht ihr Heil suchen, wenn Probleme und Konflikte an uns herangetragen werden? Wenn jene einzigartige menschliche Fähigkeit der selbstsicheren verbalen Problembewältigung einen so hohen Überlebenswert hat, warum wird sie dann immer wieder zu mangelhaft eingesetzt? Dieses Einführungskapitel soll helfen, eine Antwort auf diese verblüffende und wichtige Frage zu finden, damit wir besser begreifen können, warum so viele von uns die *natürliche verbale Selbstsicherheit* wiederentdecken müssen, die uns zwar angeboren ist, aber im Laufe unseres Lebens verloren geht. Um die Frage, warum die meisten von uns Zuflucht zu primitiven Reaktionen nehmen, die nichts nützen und unsere Probleme noch erschweren, beantworten zu können, müssen wir uns einmal vor Augen führen, was während der Kindheit mit uns geschieht.

Ein Baby ist von Natur aus selbstsicher. Die erste unabhängige Handlung bei der Geburt ist der Protestschrei gegen das, was ihm soeben widerfahren ist. Wenn irgend etwas geschieht, das dem Baby nicht behagt, wird es das die Umwelt durch verbale Selbstsicherheit sofort wissen lassen – es jammert, weint oder schreit zu jeder Tages- und Nachtzeit. Und es ist sehr beharrlich. Die Mißfallensäußerungen hören erst dann auf, wenn der Stein des Anstoßes beseitigt ist. Sobald das Baby krabbeln kann, tut es hartnäckig und selbstsicher das, was ihm behagt, und wann es ihm behagt. Es kriecht in, unter und über alles, das es erforschen will. Wenn ein Baby nicht gerade schläft oder in seiner Bewegungsfreiheit eingeschränkt ist, wirbelt es seine ganze Umgebung durcheinander. So kam es, daß man den Stubenwagen, den Laufstall, das Babyhalfter und den Babysitter erfand, damit die Eltern nicht ständig auf ihr Kind aufpassen mußten.

Alle diese Hilfsmittel bieten für eine begrenzte Zeit eine gute Kontrolle der selbstsicheren Aktivitäten des Babys. Aber schon nach wenigen Monaten wird aus dem Baby ein Kleinkind, das laufen, sprechen und verstehen kann, was die Eltern sagen. Jetzt darf das Kind nicht mehr in seiner Bewegungsfreiheit behindert werden, wenn es sich gut entwickeln soll. Die Kontrolle durch die Eltern wechselt von physischen zu psychologischen Maßnahmen über. Sobald das Kind zu sprechen gelernt hat, ist das Wort, das ihm am selbstsichersten von der Zuge rollt, ein nachdrückliches »Nein!« Manchmal lehnt es sogar irgend etwas ab, das es besonders gern mag, nur damit es eine Gelegenheit zum Nein-Sagen hat. Diese Hartnäckigkeit mag die Mutter zur Verzweiflung treiben, ist aber nur der Ausdruck der Ausdehnung der angeborenen Selbstsicherheit auf die Verbalsphäre. Während das Kind diese faszinierende verbale Fähigkeit lernt und erforscht, beginnt die psychologische Kontrolle seines Verhaltens. Sowie es verstehen kann, was die Eltern zu ihm sagen, wird ihm angelernt, sich ängstlich, unwissend und schuldig zu fühlen.

Diese Empfindungen sind konditionierte oder erlernte Variationen unseres primitiven Überlebensgefühls der Angst. Hat das Kind dann gelernt, sich ängstlich, unwissend oder schuldig zu fühlen, wird es sein Möglichstes tun, um diese Gefühle zu vermeiden. Es gibt zwei wichtige Gründe, warum

Eltern ihrem Kind diese negativen Emotionen anerziehen. Zum ersten ist die Nutzbarmachung der negativen Emotionen eine sehr wirksame Methode zur Kontrolle der angeborenen, lästigen und manchmal explosiven Selbstsicherheit des Kindes. Das bedeutet keineswegs, daß die Eltern gleichgültig oder faul sind oder den Bedürfnissen des Kindes keine Beachtung schenken. Es ist vielmehr so, daß sie die Selbstsicherheit eines so kleinen Kindes nur allzu oft mit der angeborenen aggressiven Problembewältigung durch Kampf verwechseln, die ein Kind fraglos demonstriert, wenn es frustriert ist. Zum zweiten wenden die Eltern diese psychologische Kontrollmethode an, weil sie von *ihren* Eltern lernten, sich ängstlich unwissend und schuldig zu fühlen.

Dieses emotionale Training wird von den Eltern auf eine sehr einfache Art und Weise durchgeführt. Sie impfen dem Kind Ideen und Anschauungen über seine eigene Person und über das Verhalten anderer Menschen ein, die auf jeden Fall Gefühle der Angst, Unwissenheit und Schuld erwecken. Ein Beispiel: Wenn das Kind sein Zimmer in Ordnung bringt und das Spielzeug wegräumt, sagt die Mutter: »Braver Junge.« Wenn sie nicht zufrieden ist, sagt sie: »Was bist du nur für ein Kind? Nur ungezogene Kinder räumen ihr Zimmer nicht auf.« Das Kind lernt sehr schnell, daß das Wort »ungezogen«, was immer es bedeuten mag, seine eigene Person beschreibt. Jedesmal wenn die Mutter es sagt, merkt das Kind an der Stimme und am Verhalten der Mutter, daß ihm möglicherweise etwas Erschreckendes und Unangenehmes widerfahren kann. Die Mutter sagt auch Worte wie z. B. schlecht, schrecklich, gräßlich, schmutzig, bockig, schwierig und vielleicht auch garstig oder böse – und alle beschreiben das Gleiche: nämlich es selbst. Da ist das Kind: klein, hilflos und unerfahren. Und da ist, was es fühlen »sollte«: dumm, nervös, vielleicht ängstlich und auf jeden Fall schuldig.

Wenn die Mutter dem Kind anerzieht, seine eigenen Handlungen mit emotionalen Begriffen wie »gut« oder »schlecht« zu etikettieren, leugnet sie gleichzeitig, daß sie in irgendeiner Form verantwortlich dafür ist, daß sie das Kind veranlaßt, das zu tun, was sie selbst wünscht, also z. B. das Zimmer aufzuräumen. Das hat auf ein kleines Kind dieselbe Wirkung, als wenn sie sagen würde: »Du brauchst mich gar nicht so mürrisch anzusehen. Schließlich bin *nicht ich es*, die wünscht, daß du dein Zimmer aufräumst. *Gott* will, daß du dein Zimmer aufräumst.« Durch die Anwendung des Etiketts »gut« oder »schlecht« befreit die Mutter sich von der Verantwortung, daß sie von dem Kind eine bestimmte Leistung verlangt. Mit solchen

Aussagen, die nichts mit der eigentlichen Mutter-Kind-Beziehung zu tun haben, schiebt sie irgendeiner externen Autorität, die alle Regeln aufstellt, welche wir befolgen »sollten«, die Schuld für das Mißbehagen zu, die das Kind empfindet, wenn es etwas tut, was sie selbst wünscht.

Das ist ein Zeichen für Selbstunsicherheit. Der Gebrauch der Begriffe »gut« und »schlecht« ist eine wirksame Methode zur Verhaltenskontrolle, aber es ist eine manipulative, versteckte Kontrolle und keine ehrliche Interaktion, in der die Mutter selbstsicher und kraft ihrer Autorität dem Kind sagen würde, was es auf ihren Wunsch tun soll. Statt ihre Wünsche dem selbstsicheren kleinen Kind gegenüber so lange klarzumachen, bis es darauf reagiert (und das tut es eines Tages bestimmt), findet die Mutter es leichter, wenn das Kind sich abplagt, den Entscheidungen über »gut« und »schlecht« gerecht zu werden, die vom lieben Gott, der Regierung, der Hygieneinspektion, dem alten Mann mit dem weißen Bart oder dem Polizisten an der Ecke ausgehen. Nur selten wird die Mutter sagen: »Danke. Ich freue mich, daß du dein Zimmer aufräumst«, oder gar: »Ich weiß, du magst es gar nicht, wenn ich von dir verlange, daß du dein Zimmer aufräumst, aber ich wünsche es.« Mit solchen Aussagen bringt die Mutter dem Kind bei, daß das, was sie wünscht, wichtig ist, und zwar aus dem einfachen Grund, weil *sie* es wünscht. Und das ist die Wahrheit. Sie lehrt das Kind, daß es nur von ihr und sonst niemandem überwacht wird. Auf diese Weise wird das Kind nicht angeleitet, sich ängstlich oder schuldig oder ungeliebt zu fühlen, weil ihm das, was die Mutter wünscht, nicht behagt. Es lernt nicht, daß alles, was der Mutter gefällt, gut und alles, was ihr mißfällt, schlecht ist. Wenn sie ganz einfach sagt: »Ich wünsche es«, gibt es keine Andeutungen oder unausgesprochene Drohungen, daß »gute« Kinder geliebt werden und »schlechte« nicht. Dem Kind braucht das, was die Mutter wünscht, ja gar nicht zu gefallen; es braucht nur ihren Wünschen Folge zu leisten.

Welche glückliche Situation: Das Kind darf ungehemmt sein, Mißvergnügen äußern und weiß doch, daß die Eltern es trotzdem liebhaben. Eine Manipulation des Verhaltens durch Schuldgefühle ist dagegen das Gleiche, als wenn man jemandem einimpft, daß ihm zuerst der Geschmack von Aspirin zusagen muß, bevor die Tablette seine Kopfschmerzen kurieren kann. Selbstsichere Eltern, die für ihre Entscheidungen über das, was ihr Kind tun soll oder nicht, einstehen, werden auch die Selbstsicherheit des Kindes stärken, indem sie ihm sagen, daß es als Erwachsener nicht nur tun kann, was es will, *genauso wie Mutter und Vater,* sondern daß es auch

Dinge tun muß, die es nicht mag, damit es dann die Freiheit hat, den eigenen Neigungen folgen zu können, *genauso wie Mutter und Vater es tun.*

Leider wird vielen Kindern durch die psychologische Kontrolle anerzogen, in den harmlosesten Situationen ängstlich, unwissend oder schuldbewußt zu reagieren. Ein Beispiel: Das Kind spielt ihm Wohnzimmer mit dem Hund, und die Mutter möchte auf der Couch ein Nickerchen machen. Sie lehrt das Kind, auf eine manipulative emotionale Kontrolle zu reagieren, indem sie fragt: »Warum spielst du immerzu mit Struppi?« Das Kind muß eine Antwort darauf finden. Es kennt aber keine andere Begründung als die, daß es ihm Spaß macht. Jetzt fühlt es sich unwissend, denn wenn die Mutter nach dem Grund fragt, muß es ja einen geben. Sie würde doch nicht nach etwas fragen, das es gar nicht gibt. Wenn das Kind dann ehrlich, aber etwas zaghaft erwidert: »Ich weiß es nicht«, kontert die Mutter mit: »Warum gehst du nicht zu deiner Schwester und spielst mit ihr?« Das Kind versucht wiederum, eine Begründung zu finden, und die Mutter unterbricht sein verlegenes Stottern mit der Aussage: »Anscheinend willst du nie mit deiner Schwester spielen. Aber sie möchte mit dir spielen.« Jetzt fühlt das Kind sich schuldbeladen und sagt nichts mehr. Und dann bekommt es von der Mutter den Gnadenstoß verpaßt: »Wenn du nie mit deiner Schwester spielen willst, hat sie dich nicht mehr lieb und wird ihrerseits nicht mehr mit dir spielen wollen.« Damit wird das Gefühl der Unwissenheit und Schuld noch durch die Angst davor abgerundet, was die Schwester über sein Verhalten denkt.

Für die Initiative und Selbstsicherheit des Kindes wäre es besser gewesen, wenn die Mutter ganz offen ihre sehr menschliche schlechte Laune gezeigt und gesagt hätte: »Verschwinde, ich möchte jetzt schlafen. Und nimm den räudigen Köter mit hinaus.« Mit einer solchen Reaktion hätte sie dem Kind die rauhe Wirklichkeit des Zusammenlebens mit anderen Menschen nahegebracht. Manchmal werden wir von Menschen, die wir lieben und schätzen, schäbig behandelt – eben weil sie Menschen sind. Sie erwidern zwar unsere Gefühle, können aber trotzdem sehr böse auf uns sein. Das Zusammenleben mit anderen ist nicht immer eine ungetrübte Freude, und durch gelegentliche Zornausbrüche, die aber durch die Beständigkeit ihrer Liebe gemildert werden, kann die Mutter ihr Kind emotional darauf vorbereiten, sich auf dieses menschliche Paradoxon einzustellen.

Das manipulative Training erlernter negativer Emotionen wird fortgesetzt und verstärkt, wenn das Kind das Elternhaus verläßt. Ältere Kinder, die ebenso erzogen wurden, versuchen mit Hilfe der manipulativen emotionalen Kontrolle sich andere Kinder gefügig zu machen. Auch die Lehrer bedienen sich dieser sehr wirksamen Methode, um sich Arbeit und Mühe zu ersparen. Wenn die Kontrolle durch die erlernten negativen Emotionen fest in dem Kind verwurzelt ist und die Entwicklung seiner Selbstsicherheit wirksam blockiert ist, beginnt es, mit Hilfe von passiver Aggression, passiver Flucht oder durch Gegenmanipulationen zu versuchen, selbst die Kontrolle über sein Verhalten zu übernehmen.

Die ersten Manipulationen klingen zum Beispiel so: »Mutti, warum darf Ilse immer spielen, während ich den Hof fegen muß?«, wodurch kritisch angedeutet wird, daß die Mutter ungerecht ist. Das ist natürlich eine sehr kindliche Manipulation, aber mit den Jahren wächst die Geschicklichkeit, und der Teenager kann schon sehr gut die erlernten Angst- und Schuldgefühle der Eltern für seine Zwecke ausnützen, z. B. so: »Fritz hat von seinem Vater ein Auto bekommen. Hast du denn nicht so viel Geld wie er?«

Zurück zu den ersten Versuchen, die Mutter zu manipulieren. Auf die verschleierte Kritik erwidert die Mutter: »Deine Schwester hilft mir im Haus. Es wäre ungerecht, wenn sie auch den Hof saubermachen müßte. Schließlich solltest du ja auch etwas tun. Mädchen helfen im Haushalt, Jungen bei den Außenarbeiten.« Die Mutter läßt nicht nur durchblicken, daß ihr Sohn auf dem besten Weg ist ein nutzloser Gammler zu werden, sondern daß es nicht auf ihren persönlichen Wunsch zurückzuführen ist, wenn er diese verhaßte Arbeit tun muß. Sie deutet an, daß sie lediglich sehr komplexe Regeln befolgt, die sie nicht aufgestellt hat, und die der Sohn noch nicht begreifen kann. (Auch er wird sich später dieser Regeln bedienen, ohne sie jemals ganz zu verstehen, denn jeder von uns legt sie so aus, wie es ihm jeweils am besten paßt, oder ignoriert sie, wenn das vorteilhafter ist.) Auf diese Weise wird das Kind in der willkürlichen Anwendung von Begriffen wie »gut« und »schlecht« bestärkt und gleichzeitig konditioniert, sich nach irgendwelchen vagen allgemeinen Regeln zu richten, die man befolgen »sollte«.

Der schwache Punkt in diesem Konditionierungsprozeß ist, daß diese abstrakten Regeln so allgemein gehalten sind, daß sie in ein und derselben Situation ganz nach Wunsch ausgelegt werden können. Sie werden oft dogmatisch und engstirnig interpretiert und können einen Menschen darauf abrichten, eine völlig willkürlich zudiktierte sexuelle Rolle zu akzeptieren, die weder mit dem Überleben noch mit der Fortpflanzung etwas zu tun hat. Warum soll z. B. nur der Sohn den Hof fegen, warum nicht auch die Tochter?

Die Mutter hat jedoch die viel bessere Möglichkeit, den manipulativen Aussagen ihrer Kinder selbstsicher zu begegnen. Vielleicht reagiert sie sogar mit verbaler Selbstsicherheit, was den Vorteil hat, daß sie auf diese Weise ihr Kind weder bestraft noch manipuliert. Sie könnte z. B. so antworten: »Ich kann verstehen, daß du es für ungerecht hältst, wenn du den Hof fegen mußt, während deine Schwester spielt. Sicherlich ärgert dich das, aber ich wünsche trotzdem, daß du jetzt den Hof fegst.« Durch dieses selbstsichere Verhalten angesichts der unangenehmen Aufgabe, mit der manipulativen Bemerkung ihres Sohnes fertigzuwerden, gibt die Mutter ihm emotionale Unterstützung und Sicherheit. Sie sagt ihm, daß er ein Recht darauf hat, seine Gefühle zu äußern und daß sie dafür Verständnis hat, daß sie aber nach wie vor die Lage beherrscht, auch wenn seine eigene Welt ins Wanken geraten ist, und – was wohl das Wichtigste ist – daß keine Katastrophe auf ihn lauert, denn Mutter ist klug genug, sich von einem unbedeutenden Kind, wie er selbst und seine Schwester es ist, nicht hereinlegen zu lassen.

Alle Mütter, die meine Kurse besuchen, haben angesichts der Aufgabe, ihre kleinen Kinder richtig zu erziehen, das gleiche Gefühl des Unbehagens. Für ihre Besorgnis gibt es zwei Gründe. Erstens haben die vielen unterschiedlichen Methoden für die Aufzucht von Kindern, die in den letzten Jahren veröffentlicht wurden, sie verwirrt. Spock empfiehlt die eine Methode, Gesell eine andere und Patterson eine dritte. Zweitens sind *alle* Mütter der irrigen Ansicht, daß sie bei der selbstsicheren Ausübung ihrer Pflichten nur zwei Möglichkeiten haben: Entweder führen sie ein tyrannisches Regime ein, oder sie sind Wachs in den Händen der lieben Kleinen. Sie können zwischen diesen Extremen keinen sinnvollen Mittelweg erkennen. Angesichts dieser unerfreulichen Aussichten greifen sie wieder auf die wirksame Methode der emotionalen Manipulation zurück, die ihnen von ihren Eltern eingeimpft wurde, statt offen und ehrlich die Verantwortung für die Ausübung ihrer Autorität zu übernehmen: »Ich wünsche, daß du ...«

Vom verhaltensmäßigen Standpunkt aus ist es relativ leicht, diese Autorität zu übernehmen und so auszuüben, daß Mutter und Kind die mannigfachen Belastungen besser ertragen, welche die Erziehung des Kindes mit sich bringt, aber in emotionaler Hinsicht ist es nicht so einfach. Eine Mutter fragte mich mit einem Hauch von Feindseligkeit in der Stimme: »Wie brechen *Sie* denn ein Versprechen, das Sie einem Kind gegeben haben?« Aus der Art der Fragestellung vermutete ich, daß diese Mutter wie so viele andere das Gefühl hatte, es sei unbedingt erforderlich, stets über den

Dingen zu stehen und ihrer Tochter zumindest die Illusion einer Super-Mutter zu vermitteln – also jemand zu sein, der niemals ein gegebenes Versprechen bricht.

In einem späteren Gespräch wurde meine Vermutung bestätigt. Sie fühlte sich verpflichtet, vollkommen zu sein, keine Fehler zu machen und vor allem vor anderen Menschen nicht dumm zu wirken. Ihr Versuch, eine perfekte Mutter zu sein, war von Anfang an zum Scheitern verurteilt. Irgendwann würde sie ein gegebenes Wort brechen müssen, weil sie es nicht halten konnte oder wollte. Wenn sie sich von dem Bedürfnis, perfekt zu sein, befreien könnte und aufhören würde, sich als vollkommene Mutter darzustellen, wäre sie durchaus in der Lage, ein ihrer Tochter gegebenes Versprechen auf eine Art und Weise zu brechen, die bei *beiden* die unangenehmen Gefühle mildern würde. Sie könnte beispielweise sagen: »Ich weiß, es war dumm von mir, dir ein Versprechen zu geben, das ich nicht halten kann. Wir können am Sonnabend nicht zum Baden fahren. Es ist keineswegs deine Schuld, und aufgeschoben ist nicht aufgehoben.« Durch diese selbstsichere negative Aussage würde sie ihre Tochter wissen lassen, daß auch Mutter ab und zu Fehler macht; noch wichtiger ist, daß sie ihrer Tochter als Modell dienen und ihr klarmachen würde, daß wenn Mutter nicht vollkommen ist, auch von der Tochter keine Perfektion erwartet wird. Aber sie zeigt ihrer Tochter nicht nur diese Seite der menschlichen Natur, sondern verdeutlicht auch die Wirklichkeit: Sie hat aus irgendeinem Grund entschieden, daß sie diese Woche nicht zum Schwimmen fahren, und dabei bleibt es.

Zusammenfassend sei gesagt, daß die meisten Menschen, sobald sie sprechen können und begreifen, was man zu ihnen sagt, so erzogen werden, daß sie auf eine manipulative emotionale Kontrolle reagieren. Diese Methode schützt uns während der Kindheit vor wirklichen und eingebildeten Gefahren und erleichtert den Erwachsenen das Leben. Allerdings hat diese Methode einen Nachteil. Sie bestimmt unser Verhalten, auch wenn wir erwachsen sind und selbst für uns die Verantwortung tragen. Die Gefühle der Angst, Unwissenheit und Schuld bleiben. Sie können sehr leicht von anderen Menschen dazu benützt werden, uns ihren Wünschen gefügig zu machen, gleichgültig was wir selbst für uns wünschen. Das Ziel meines Buches ist die Abschwächung wenn nicht sogar die Eliminierung dieser erlernten Emotionen beim Umgang mit Menschen, die uns im Alltag begegnen. Die folgenden Kapitel befassen sich insbesondere mit 1. den selbstunsicheren Überzeugungen, die wir auf Grund unserer Angst-, Unwissenheits- und Schuldgefühle erwerben, und wie diese Überzeugungen es anderen Menschen ermöglichen uns zu manipulieren; 2. mit den Rechten, die jeder Mensch hat, um selbstsicher die Manipulation seines Verhaltens durch andere abzuwehren; und 3. mit den systematischen verbalen Fertigkeiten, die man leicht in alltäglichen Situationen erlernen kann, und die uns die Möglichkeit geben, unser Recht auf Selbstsicherheit durchzusetzen, sei es gegenüber der Familie, Freunden, Berufskollegen, Vorgesetzten, Mechanikern, Gärtnern, Verkäufern und Geschäftsführern – kurzum gegenüber allen anderen Menschen, gleichgültig in welcher Beziehung sie zu uns stehen.

2. Kapitel
Das Recht des Menschen auf Selbstsicherheit und wie es von anderen verletzt wird

Jeder von uns gerät hin und wieder in eine Situation, in der er nicht weiß, wie er sich verhalten soll. Stellen Sie sich vor, daß ein Freund Sie bittet, um 18 Uhr seine Tante vom Flughafen abzuholen. Das letzte, was Sie sich wünschen, ist eine Fahrt zum Flughafen während des Stoßverkehrs und während der ebenso strapaziösen Rückfahrt mit jemandem, den Sie überhaupt nicht kennen, höfliche Konversation zu machen. Sie versuchen, sachlich zu sein: »Na ja, ein Freund ist ein Freund. Er würde das Gleiche für mich tun.« Aber dann können Sie Ihren Mißmut doch nicht unterdrükken: »Ich habe ihn noch nie gebeten, Besuch für mich abzuholen. Das habe ich immer selbst gemacht. Er hat mir auch nicht gesagt, warum er sie nicht selbst abholen kann. Warum fährt seine Frau nicht zum Flughafen?«

In einer solchen Lage denkt wohl jeder von uns: »Wenn ich ›nein‹ sage, fühle ich mich schuldig, aber wenn ich ›ja‹ sage, verwünsche ich mich selbst.« Ihr eigener Wunsch und die Verhaltensform, die man Ihnen in der Kindheit anerzogen hat, stehen miteinander in Konflikt. Was sollen Sie also tun? Ihr Dilemma sieht so aus: Wird mein Freund sich verletzt oder zurückgestoßen fühlen, wenn ich »nein« sage? Mag er mich dann nicht mehr? Wird er mich für einen Egoisten halten oder zumindest für jemanden, der nicht sonderlich nett ist? Wenn ich es nicht tue, bin ich dann ein rücksichtsloser Kerl? Aber wenn ich »ja« sage – hoppla, wie komme ich eigentlich dazu, immerfort etwas für andere zu tun? Bin ich denn ein Trottel? Oder ist das der Preis, den ich zahlen muß, um mit anderen in Frieden leben zu können?

Diese internen Überlegungen, wie man diese Situation handhaben soll, werden durch einen externen Konflikt zwischen uns und einer anderen Person ausgelöst. Wir möchten das eine tun, und unser Freund, Nachbar oder Verwandter glaubt, hofft, erwartet und wünscht – oder manipuliert uns sogar dahingehend –, daß wir etwas anderes tun. Der innere Konflikt, in dem Sie sich befinden, beruht darauf, daß Sie nach Ihren eigenen Wünschen handeln möchten, aber Angst davor haben, daß Ihr Freund denken könnte, Ihr Wunsch sei unrecht, oder auch davor, daß Sie einen Fehler machen oder ihn verletzen, und daß er Sie dann ablehnt, weil Sie das getan haben, was Ihrem Wunsch entsprach. Vielleicht befürchten Sie auch, daß Sie Ihren Wunsch, nach Ihrem eigenen Willen zu verfahren, nicht ausreichend begründen können (schließlich sind Sie ja nicht krank; nichts hält Sie davon ab, zum Flughafen zu fahren). Wenn Sie also versuchen, das zu tun, was Sie wünschen, gestatten Sie gleichzeitig anderen Menschen, Sie dazu zu bringen, daß Sie sich ängstlich unwissend und schuldig fühlen. Was die Auflösung dieses Konflikts so erschwert, ist, daß der durch die Erziehung manipulierte Teil unseres Wesens fraglos akzeptiert, daß irgend jemand fähig sein »sollte«, uns psychologisch zu kontrollieren, indem er diese Gefühle in uns erweckt. Da unsere angeborene Selbstsicherheit durch die Erziehung unterdrückt worden ist, reagieren wir auf die Frustration des Manipuliertwerdens mit einer Gegenmanipulation. Bewältigung durch Manipulation ist aber ein unproduktiver Zyklus, und mit einem Erwachsenen kann man nicht so einfach fertigwerden wie mit einem Kind. Wenn Sie einen Erwachsenen durch Ausnützung seiner Emotionen und Überzeugungen manipulieren, kann er Sie seinerseits auf die gleiche Art und Weise manipulieren, und so geht es immer weiter. Kehren wir zum obigen Beispiel zurück. Das Gespräch zwischen Ihnen und Ihrem Freund würde sinngemäß so verlaufen:

Sie: Großer Gott, Harry! Um diese Zeit bin ich halbtot vor Erschöpfung.

Harry: So eine schwächliche alte Dame kann schon in Angst geraten, wenn sie in einer fremden Stadt ankommt und niemand sie abholt. (Er versucht, Ihr Schuldgefühl zu erwecken, indem er Ihnen zu verstehen gibt: Was muß das für ein Mensch sein, der eine alte Dame im Stich läßt, bloß weil er ein bißchen müde ist, während Sie denken: Was soll das Gerede von einer schwächlichen alten Dame? Wenn sie eine so lange und strapaziöse Reise machen kann, ist sie zäh wie Sohlenleder.)

Sie: Für mich wäre es ein ziemlicher Umweg . . . (Sie versuchen Harrys Schuldgefühl zu erwecken, indem Sie andeuten: Für mich ist das wirklich eine Belastung, während Harry denkt: Natürlich ist dir das sehr lästig, aber du tust es ja nicht zum ersten Mal, und es wird dich nicht umbringen.)

Harry: Wenn ich sie abholen muß, kann ich nicht vor halb acht dort sein. (Indirekt sagt er damit, daß Sie keine Ahnung von den gegebenen Umständen haben, indem er Ihnen zu verstehen gibt: Ich habe einen viel längeren und schwierigeren Weg als du, während Sie denken: Der kommt wohl vom Nordpol? Wahrscheinlich ist er viel näher am Flughafen als ich.)

Dieses manipulative-gegenmanipulative Wechselgespräch ist eine reine Farce, denn es hängt nicht von Ihren eigenen Wünschen ab, wer zum Flughafen fährt, sondern davon, wer im anderen die stärkeren Schuldgefühle erwecken kann. Nach einer solchen manipulativen Interaktion fühlen Sie sich wahrscheinlich, ohne daß Sie es wollen, frustriert, gereizt oder ängstlich. Wenn Sie nicht fähig sind, Ihren Gefühlen in angemessener, wohl überlegter und selbstsicherer Form Ausdruck zu verleihen, bleibt als Alternative nur der verbale Kampf oder die Flucht übrig. Das Endresultat des ungelösten inneren Konflikts zwischen unseren natürlichen Wünschen und den seit der Kindheit in uns verwurzelten Überzeugungen und den anerzogenen Verhaltensformen läßt uns nur drei Möglichkeiten, die alle unerfreulich sind: 1. Wir können tun, was jemand anders wünscht und fühlen uns dann oft frustriert und deprimiert, ziehen uns zurück und verlieren unsere Selbstachtung. 2. Wir setzen unsere Wünsche robust durch, stoßen andere Leute vor den Kopf und verlieren unsere Selbstachtung. 3. Wir vermeiden den Konflikt, indem wir vor ihm und den Menschen, die ihn verursacht haben, davonlaufen und verlieren unsere Selbstachtung.

Der erste Schritt auf dem Weg zur Selbstsicherheit ist die Erkenntnis, *daß niemand Ihre Emotionen oder Ihr Verhalten manipulieren kann, wenn Sie es nicht gestatten.* Um die Manipulation Ihrer Gefühle oder Ihres Verhaltens abstellen zu können, müssen Sie zuerst erkennen, wie die anderen Leute dabei vorgehen. Was sagen sie, wie handeln sie und was kann ihrer Meinung nach für eine Kontrolle Ihrer Emotionen und Ihres Verhaltens benützt werden? Für eine wirksame Beendigung der Manipulation ist es auch erforderlich, daß Sie die den meisten von uns in der Kindheit anerzogenen Anschauungen und Überzeugungen berücksichtigen, welche uns für eine Manipulation durch andere anfällig machen.

Natürlich sind die Mittel und Wege der Manipulation sehr vielfältig, aber bei der Behandlung von selbstunsicheren Menschen habe ich die Erfahrung gemacht, daß bei vielen von uns die aus der Kindheit übernommenen manipulativen Erwartungen, die sie von sich selbst und anderen haben, sehr viel Ähnlichkeit aufweisen. Auch das durch diese Erwartungen verursachte manipulative Verhalten ist bei allen Menschen praktisch dasselbe. Diese Erwartungen und das mit ihnen gekoppelte Verhalten beeinträchtigen unsere Menschenwürde und unsere Selbstachtung: Wenn wir von uns selbst das Gleiche erwarten wie unsere Manipulatoren, liefern wir ihnen unsere Würde, unsere Selbstachtung, die Verantwortung für die Gestaltung unseres eigenen Lebens und die Kontrolle über unser Verhalten aus.

Dieses und das folgende Kapitel behandeln die gebräuchlichsten anerzogenen Ansichten darüber, wie wir uns benehmen »sollten«, um zu vermeiden, daß wir uns der primitiven Bewältigungsmethoden Zorn/Aggression und Angst/Flucht bedienen. Aber gerade diese Ansichten bieten anderen die Basis, wie sie uns manipulieren können, und außerdem stehen sie in direktem Widerspruch zu unserem Recht, selbstsicher und emotional ausgewogen zu sein.

Unsere Rechte auf Selbstsicherheit sind eine grundlegende Voraussetzung für eine gesunde Beteiligung an menschlichen Beziehungen jeder Art. Diese Rechte sind die Basis, auf der wir positive Beziehungen wie Vertrauen, Anteilnahme, Herzlichkeit, Vertrautheit und Liebe aufbauen können. Ohne diese Basis der Selbstsicherheit, die es uns ermöglicht, anderen gegenüber unser Selbst darzustellen, wird Vertrauen zu Mißtrauen, Anteilnahme zu Zynismus, Herzlichkeit und Vertrautheit verschwinden, und das, was wir Liebe nannten, bekommt einen ätzenden Beigeschmack. Viele Menschen scheuen sich, Liebe und Vertrautheit offen zu zeigen, weil sie Angst haben, daß man auf ihnen herumtrampelt und sie dann nicht wissen, wie sie die Ablehnung bewältigen sollen. Wenn sie dagegen überzeugt wären, daß sie die Schwierigkeiten, die sich wahrscheinlich ergeben, und sogar eine etwaige Ablehnung selbstsicher meistern könnten, würde die Angst vor einer Demonstration von Zärtlichkeit, Vertrautheit und Liebe keine so große Rolle mehr spielen. Meiner Meinung nach bedeutet Selbstsicherheit Vertrauen zu sich selbst und zu den eigenen Fähigkeiten. »Was immer geschieht, ich kann damit fertigwerden.«

Der anschließend zu behandelnde Komplex der Rechte des Menschen auf Selbstsicherheit setzt sich wie folgt zusammen: Aussagen über uns selbst als Menschen, Aussagen über die echte Verantwortung für uns selbst und unser Wohlergehen und Aussagen darüber, daß wir unser Mensch-Sein akzeptieren, die gleichzeitig wirklichkeitsbezogen abgrenzen, was andere Menschen von uns erwarten können. Betrachten wir zuerst unser wichtigstes Recht auf Selbstsicherheit, aus dem sich alle anderen Rechte ableiten: unser Recht, in letzter Instanz zu beurteilen, was wir sind und was wir tun. Und dann wollen wir untersuchen, wie wir es anderen gestatten, dieses Recht in den verschiedensten Beziehungen durch Manipulation zu verletzen.

Recht auf Selbstsicherheit I:

Jeder hat das Recht, das eigene Verhalten und seine Gedanken und Gefühle zu beurteilen und die Verantwortung für ihre Entstehung und ihre Folgen zu übernehmen.

Jeder hat das Recht, sein eigener oberster Richter zu sein: eine einfache Aussage, die so vernünftig klingt. Es ist jedoch ein Recht, das jedem von uns so viel Kontrolle über die eigenen Gedanken und Gefühle und über das eigene Verhalten gibt, daß es, je gründlicher unsere manipulative Erziehung war und je selbstunsicherer wir sind, um so wahrscheinlicher ist, daß wir es anderen Menschen oder sogar uns selbst nicht zugestehen.

Warum sollte eine so einfache Aussage Kontroversen auslösen? Wenn Sie dieses Recht auf Selbstsicherheit ausüben, nehmen Sie die Verantwortung für Ihre eigene Existenz auf sich und entlasten andere. Für diejenigen Menschen, die Angst vor dem haben, was andere tun könnten und daher eine Kontrolle für erforderlich halten, ist Ihre Unabhängigkeit von ihrem Einfluß sehr beunruhigend. Sie sind der Ansicht, daß die Menschen, zu denen Sie in Beziehungen stehen, kontrolliert werden müssen, weil Sie selbst machtlos sind. Dieses Gefühl der Hilflosigkeit ist das Ergebnis Ihrer eigenen selbstunsicheren Ansichten, Überzeugungen und Verhaltensformen, durch welche Ihr Bewältigungsvermögen geschädigt worden ist. Wenn jemand, zu dem Sie eine Beziehung haben, nicht durch irgendeine externe Verhaltensregel kontrolliert wird, glauben Sie, daß Ihre eigenen Ziele, ja sogar Ihr Wohlergehen auf Gnade und Barmherzigkeit von den Launen der unkontrollierten Person abhängen. Wenn wir tatsächlich daran zweifeln, daß wir der oberste Richter unseres eigenen Verhaltens sind, dann sind wir unfähig, ohne ein ganzes Arsenal von Verhaltensregeln unser Geschick zu lenken. Je unsicherer wir sind, desto größer ist unsere Angst ohne ein solches Korsett von willkürlichen Vorschriften. Wenn wir uns besonders unsicher und nervös fühlen, weil es für das Verhalten auf einem bestimmten Sektor keine Richtlinien gibt, erfinden wir so lange willkürliche Regeln, bis wir uns wieder sicher und nicht mehr bedroht fühlen.

In manchen Gegenden gibt es z. B. keine spezifischen Vorschriften über die Körperausscheidungen des Individuums, was eine ernste Gefahr für die öffentliche Gesundheit sein könnte. Wenn Sie am hellichten Tag an einer belebten Kreuzung den Darm entleeren, werden Sie vielleicht wegen Verunreinigung der Straße bestraft, nicht aber spezifisch für die Darmentleerung. Es gibt auch keine Vorschriften über unser *Verhalten* bei der Ausscheidung von Abfallprodukten. Darf man sich in einer öffentlichen Bedürfnisanstalt mit dem Benutzer der Nachbarkabine unterhalten? Was würde er denken? Ich weiß es nicht, aber ich möchte annehmen, daß er mich für leicht verrückt halten würde. Jedenfalls bin ich in einer solchen Situation noch nie angesprochen worden. Darf man in einem Pissoir neugierig sein, was der Mann am benachbarten Becken tut? Was würde er denken, wenn er merkt, daß er beobachtet wird? Darf man die eigenen Initialen in das Porzellan einritzen? Wie sollte man den letzten Urintropfen loswerden? Durch einen leichten Schlag, ein schnelles oder langsames Schütteln? Wenn es keine entsprechenden Vorschriften gibt, wie kommt es dann, daß alle Männer – ich eingeschlossen – sich nach dem gleichen Muster verhalten? Wir haben also willkürliche Regeln aufgestellt, was man bei dieser Funktion tun »sollte« und was nicht. Dieses Beispiel beschreibt natürlich ein unwichtiges Verhaltensmuster, das aber sehr einheitlich befolgt wird.

Das Motiv der persönlichen Unsicherheit veranlaßt uns, auch für wichtigere Bereiche Regeln aufzustellen. Welches ist die »richtige« Technik beim Geschlechtsverkehr? Mann oben, Frau unten? Was ist aber mit den Positionen, die im Kamasutra beschrieben werden? Wenn die auch akzeptabel sind, warum ist das Buch dann in vielen Ländern erst vor wenigen Jahren veröffentlicht worden? Wenden wir uns anderen Lebensbereichen zu. Wie sagen Sie Ihrer Mutter, daß sie aufhören soll, auf Ihrer Frau herumzuhakken? Gibt es Regeln darüber, wie Schwiegermütter und Schwiegertöchter sich zueinander verhalten »sollten«? Wieso kümmert Ihre Frau sich nicht selbst um dieses Problem? Dürfen nur Söhne mit ihren Müttern über wichtige Dinge sprechen? Wie sind all diese willkürlichen Regeln über das »richtige« Verhalten zustande gekommen? Die Antwort ist einfach: Wir alle erfinden diese Regeln je nach Bedarf und benützen dabei die Anschauungen, die man uns in der Kindheit eingeimpft hat, als Leitfaden. Dann wenden wir sie manipulativ an, um das Verhalten anderer Menschen zu kontrollieren, wodurch wir ihre Rechte auf Selbstsicherheit verletzen, und mildern auf diese Art und Weise unsere Unsicherheit, die darauf beruht, daß wir nicht wissen, wie wir das anstehende Problem meistern sollen.

Wenn wir jedoch das Recht wahren, der oberste Richter unseres eigenen Verhaltens zu sein, und die willkürlichen Regeln, die andere aufgestellt haben, erst gutheißen wollen, bevor wir sie befolgen, sind wir eine ernste Bedrohung der willkürlich strukturierten Ordnung, die selbstunsichere Menschen im Umgang mit uns anwenden. Es ist verständlich, daß ein selbstunsicherer Mensch sich davor scheut, anderen das Recht auf Selbstsicherheit und damit Einfluß auf die Gestaltung ihrer Beziehung zu ihm selbst zuzugestehen. Als Selbstschutzmaßnahme wird er Sie psychologisch mit Regeln und Normen über Recht und Unrecht, Fairneß, Vernunft und Logik manipulieren, um auf diese Weise ein Verhalten zu kontrollieren, das möglicherweise mit seinen eigenen Wünschen, Vorlieben und Abneigungen in Konflikt steht. Das Tragische an der Bewältigung durch Manipulation ist, daß dem Manipulator die einzige wirklich erforderliche Rechtfertigung für seine Bemühungen um die Herbeiführung einer Veränderung nicht bewußt ist – nämlich *die Tatsache, daß er eine Veränderung wünscht.*

Wenn der Manipulator sich einer externen Struktur bedient, um Sie zu überzeugen, welches die »richtige, falsche, faire oder logische« Verfahrensweise ist, bedeutet das, daß jede Struktur manipulativ ist? Bedeutet es, daß Sie sich selbst einer Manipulation preisgeben, wenn Sie mit Hilfe von Regeln und Strukturen versuchen, die Beziehungen zu anderen zu vereinfachen und zu erleichtern? Es ist schwierig, auf diese Frage mit ja oder nein zu antworten. Die Antwort, die der Wirklichkeit wohl am besten entspricht, lautet »wahrscheinlich ja«, je nachdem wie die Struktur in der betreffenden Beziehung ausgearbeitet wurde, und welcher Art die Beziehung zwischen den miteinander in Konflikt stehenden Parteien ist. Inwiefern kann eine Struktur in einer Beziehung für Sie vorteilhaft oder nachteilig sein? Welche Charakteristika einer Struktur und einer Beziehung ermöglichen Ihnen die Unterscheidung, welche Struktur zur Manipulation benützt wird, und welche Struktur dazu dienen soll, die Lage zu erleichtern, zu stabilisieren und zu klären (praktikabler Kompromiß)? Zunächst muß gesagt werden, daß alle Strukturen und Regeln in einer Interaktion zwischen zwei Menschen willkürlicher Art sind. Fast immer gibt es mehrere Mittel und Wege, um ein bestimmtes Ergebnis zu erreichen. Wenn Sie und Ihr Geschäftspartner vereinbaren, daß Sie die Büroarbeit erledigen und er den Kundenverkehr übernimmt, ist das nicht die einzige Möglichkeit für die Organisation des Geschäftsbetriebs. Sie hätten z. B. die buchhalterischen Arbeiten untereinander aufteilen oder eine Halbtagsbuchhalterin engagieren oder andere Arrangements treffen können, die alle das gleiche Resultat erbringen würden, nämlich ein erfolgreiches Geschäft und für Sie mehr Gelegenheit, das zu tun, was Ihnen liegt. Wenn die Frau zu Hause bleibt und die Kinder versorgt und der Mann seinen Beruf ausübt, ist das nur eines der möglichen willkürlichen Arrangements. Die Frau könnte die Verantwortung für die Kinder mit dem Mann teilen, einen Babysitter engagieren, die Kinder in den Tageshort oder zur Großmutter bringen und selbst eine Stellung annehmen – den Möglichkeiten sind keine Grenzen gesetzt.

Um besser verstehen zu können, wie eine Struktur zur Erleichterung der Lage oder zur Verletzung Ihres Rechts auf die eigene Entscheidung über das, was Sie wollen oder nicht wollen, verwendet werden kann, ist es zweckmäßig, die Beziehungen zu anderen Menschen in drei Kategorien aufzuteilen: 1. kommerzielle oder formale Beziehungen, 2. Autoritätsbeziehungen und 3. Beziehungen zu Gleichgestellten. In welche Kategorie Sie eine Beziehung einordnen, hängt davon ab, inwieweit diese Interaktion von Anfang an – vielleicht sogar schon bevor Sie und die betreffende Person einander kennengelernt haben – durch Regeln bestimmt worden ist. Von allen Beziehungen sind es die kommerziellen Interaktionen, die am weitestgehenden strukturiert sind, bevor sie überhaupt beginnen. Diese Struktur kann auch die Form einer Rechtsvorschrift oder eines Vertrags haben. So wissen z. B. ein Verkäufer und ein Kunde genau, wie ihre kommerzielle Interaktion ablaufen wird. Der eine wählt die Ware aus und bezahlt sie, der andere nimmt das Geld entgegen, liefert die Ware aus und preist ihre Vorzüge. Probleme entstehen bei kommerziellen Beziehungen dann, wenn eine der Parteien (für gewöhnlich ist es der Verkäufer) eine externe manipulative Struktur in die Interaktion einführt, die man nicht vorher vereinbart hatte, und die dem Kunden nicht gestattet, selbst zu entscheiden, was er tun will. Zum Beispiel: »Wir haben nichts mit der Reparatur Ihres Kühlers zu tun. Das war auf Grund eines Nebenvertrages Sache der Spezialwerkstatt. Sie müssen sich an diese Leute wenden.« (Womit der Verkäufer sagen will: Du Blödmann! Weißt du denn nicht, wie bei uns Geschäfte gemacht werden?)

Autoritätsinteraktionen (Kategorie Nr. 2) sind nur teilweise im voraus strukturiert. Das Verhalten der Beteiligten an einer solchen Beziehung wird nicht völlig von vorher vereinbarten Vorschriften geregelt, obwohl die Rollen und das System natürlich von Anfang an klar definiert sind. Zu dieser Kategorie gehört z. B. auch die Interaktion zwischen einem Vorgesetzten und einem Untergebenen. Beim Umgang mit einem Vorgesetzten sind nicht alle Regeln im vorhinein festgelegt und vereinbart worden. Sie wissen vielleicht, wie Sie mit Ihrem Vorgesetzten bei der Arbeit umgehen müssen, aber was tun Sie, wenn Sie sich nach Feierabend mit ihm treffen? Wer bezahlt die Drinks? Wer bestimmt, in welche Bar man geht? Aber auch am Arbeitsplatz ist nicht alles durch Vorschriften geregelt. Was tun Sie, wenn Ihr Chef ganz unerwartet von Ihnen verlangt, daß Sie mehr Verantwortung übernehmen, in unregelmäßigen Schichten arbeiten oder unbezahlte Überstunden machen sollen? In all diesen und ähnlichen Situationen kann es Probleme geben, wenn die manipulative Struktur willkürlich auf Gebieten angewendet wird, für die es keine gemeinsam vereinbarten Regeln gibt, und wenn diese Struktur Ihnen nicht gestattet, selbst zu entscheiden, was Sie tun wollen. Ihr Vorgesetzter am Arbeitsplatz ist keineswegs auch Ihr Vorgesetzter auf dem Tennisplatz; wie kommt es dann, daß Sie alles arrangieren müssen, wenn Sie zusammen Tennis spielen wollen? Auch nach Feierabend, auf dem Nachhauseweg, ist er nicht mehr Ihr Chef, wieso bringen Sie dann seinen Anzug in die Reinigung? Es paßt Ihnen gar nicht, sein Laufjunge zu sein, trotzdem sagen Sie nichts. Solche Dinge passieren immer wieder, wenn in einem Bereich, in dem keine Struktur für die Absicherung der Bequemlichkeit beider Seiten erforderlich ist, eine willkürliche Struktur eingeführt wird. Wenn eine Struktur einseitig eingeführt wird, zielt sie in Wirkung und Absicht auf die Kontrolle Ihres Verhaltens ab, und das verstößt gegen Ihr Recht auf Entscheidungsfreiheit.

Ein anderes gutes Beispiel für eine Autoritätsbeziehung ist die Interaktion zwischen Kind und Eltern. Anfangs haben die Eltern die autoritären Rollen von Mutter/Vater sowie die des Helfers, Lehrers, Krankenpflegers, Beschützers, Ernährers, Modells, Erziehers, Inhabers der Entscheidungsgewalt und des Richters. Das Kind beginnt mit den Rollen des Abhängigen, Schülers, Patienten, Bittstellers usw. In dem Maße wie das Kind die Verantwortung für sein eigenes Wohlergehen übernimmt, muß die ursprüngliche, der damals gegebenen Lage entsprechende Eltern-Kind-Struktur modifiziert werden. Im Laufe der Zeit verringert sich die Zahl der erforderlichen Strukturen und Regeln, da man dem Kind in wachsendem Umfange Entscheidungsfreiheit zugestehen muß, wenn es jemals fähig sein soll, sein Leben selbst zu lenken. Wenn die Rollen von Eltern und Kind sich einem gemeinsamen Niveau annähern, kann jede Seite an den persönlichen Gefühlen, Wünschen und Problemen besser Anteil nehmen. Im allgemeinen erreicht diese Anteilnahme nicht den Grad der Vertrautheit, der die Beziehung zwischen Gleichgestellten kennzeichnet. Unwissenheit und das auf Unsicherheit beruhende Festhalten an der alten, sicheren, aber überholten Struktur motivieren die Eltern, ihre ursprünglichen Rollen als allwissende(r) Mutter/Vater beizubehalten, auch wenn sie dem Kind den Erwachsenenstatus zugestehen. Dadurch beeinträchtigen sie das Recht des Kindes auf Entscheidungsfreiheit. Die Folge dieses Widerstands gegen eine unvermeidliche Veränderung ist eine ganz unnötige Distanz zwischen Eltern und Kind.

Dieser unselige Zustand war in einer Mutter-Tochter-Beziehung besonders ausgeprägt, bis die 40jährige Tochter in meine Praxis kam. Als Reaktion auf ständige Frustrationen fand die selbstunsichere Tochter wenigstens etwas Freude am Leben, indem sie gewaltige Mengen aß. Ab und zu mußte sie eine strenge Diät einhalten, um wieder etwas abzunehmen. Einmal ging sie während einer Fastenkur mit ihrer Mutter einkaufen. Als sie alle Besorgungen erledigt hatten, gingen sie in ein Café, um sich auszuruhen. Sofort begann die Mutter, ihre Tochter zu überreden, außer einer Tasse Kaffee noch etwas anderes zu sich zu nehmen, und ging dabei nach dem Motto vor: »Mutter weiß es am besten.« Die Tochter wehrte sich zuerst, aber schließlich aß sie doch etwas, obwohl sie es gar nicht wollte. Bis zur Beendigung des Selbstsicherheitstrainings wagte sie nicht mehr, mit ihrer Mutter einkaufen zu gehen. Die Mutter hatte ihre Tochter mit Hilfe einer Struktur aus einer früheren Situation (Kindheit) manipuliert, die in der Beziehung zwischen einer 60jährigen und einer 40jährigen Frau fehl am Platz war. Übrigens hatte die Mutter große Schwierigkeiten in ihrem häuslichen Leben. Ihr Mann war Invalide, und sie hatte sowohl in finanzieller als auch in organisatorischer Hinsicht ein Chaos angerichtet, weil sie sich laufend in Projekte einließ, für die sie weder Eignung noch Erfahrung mitbrachte. Die Tochter wollte ihr helfen, unterließ es aber, weil ihr bewußt war, daß die Mutter weder ihrem Urteil noch ihrem Rat vertrauen würde. Außerdem hatte sie die ständigen manipulativen Tricks ihrer Mutter satt und wollte nicht mehr mit ihr zusammen sein. Eltern dieses Schlages haben es versäumt, mit ihren Söhnen oder Töchtern neue Rollen für gleichgestellte Erwachsene auszuarbeiten, die für die einzigartige und wundervolle Beziehung, die zwischen Eltern und ihren erwachsenen Kindern bestehen kann, passender gewesen wären.

Das Gegenteil des oben geschilderten Beispiels ist die Beziehung zwischen einer Mutter und einer Tochter, die ich beide gut kenne. Auch diese beiden Frauen hatten einmal eine schwere Erschütterung durchgemacht, allerdings zu einem wesentlich früheren Zeitpunkt. Als die Tochter in die Pubertät kam, starb der Vater. Trotz aller Probleme, die dadurch entstanden, und trotz der Fehler, die beide im Laufe der ersten schwierigen Jahre begingen, entwickelte jede von ihnen Respekt für die Neigungen und Entscheidungen der anderen. Die Mutter ist jetzt 56 Jahre alt und lebt allein, die Tochter ist 31 Jahre alt, verheiratet und hat zwei Kinder. Sie sind gern zusammen, und jede ist für die andere eine gute Stütze und Ratgeberin. Kürzlich sprach die Mutter mit ihrer Tochter über die Probleme, die das Alleinleben mit sich bringt, und sagte abschließend: »Ich spreche gern mit dir über meine Probleme. Du maßt dir kein Urteil über meine Freunde an. Du zerfetzt sie nicht in der Luft und versuchst nicht, mir Vorschriften zu machen. Du hörst einfach zu und gibst mir eine Gelegenheit, mir mal alles von der Seele zu reden. Dafür bin ich dir wirklich dankbar.« Diese Mutter ist aber nicht nur fähig, von ihrer Tochter Rat und Hilfe anzunehmen, sondern sie respektiert auch die Grenzen, die ihr von der Tochter im Hinblick auf ihre Beziehung zum Schwiegersohn und zu den Enkeln gezogen werden.

In der dritten Kategorie, also der Beziehung zwischen Gleichgestellten, gibt es keine Struktur, die im voraus vereinbart ist. Alle Strukturen werden erst im Laufe der Beziehung entwickelt, und zwar durch praktikable Kompromisse. Diese von beiden Seiten vereinbarten Kompromisse gestatten eine Fortsetzung der Beziehung, ohne daß täglich erneut darüber verhandelt werden muß, wer was tut und wann. Viele Leute, die bei mir lernen, selbstsicherer zu sein, stellen die naive Forderung, daß diese Kompromisse fair sein sollten, und sind etwas verdutzt, wenn ich ihnen sage: »Es ist nicht nötig, daß ein Kompromiß fair sein muß, um nützlich zu sein. Hauptsache, er funktioniert. Wo haben Sie denn die abwegige Idee her, daß das Leben fair ist? Wenn es das wäre, könnten Sie und ich genauso wie die Millionäre in die Südsee, in die Karibik oder an die französische Riviera fahren, wann immer wir Lust hätten. Statt dessen sitzen wir in diesem muffigen Klassenzimmer und versuchen zu lernen, selbstsicher zu sein.«

Beispiele für Interaktionen zwischen Gleichgestellten sind die Beziehungen zwischen Freunden, Nachbarn, Kollegen, Ausgehpartnern, Liebespaaren, erwachsenen Familienmitgliedern und Ehepaaren. Das sind die Beziehungen, die Ihnen die größte Freiheit bieten, Ihre Wünsche zu äußern, gleichzeitig aber auch das größte Risiko, verletzt zu werden. Das deutlichste Beispiel dafür ist die Beziehung zwischen Eheleuten. In einer guten, partnerschaftlichen Ehe arbeiten Mann und Frau gemeinsam die Struktur des Kompromisses aus und modifizieren sie je nach Bedarf; die Basis dafür ist, daß jeder dem anderen sagt, was er wünscht und was er geben kann.

Keiner von beiden hat Angst, in seinen eigenen Augen merkwürdig oder selbstsüchtig zu erscheinen, oder gegen irgendwelche geheiligten traditionellen Regeln über das »richtige« Verhalten von Eheleuten zu verstoßen. Durch diese Fähigkeit des selbstsicheren Miteinanderteilens wird dem Verhalten der Partner ein Minimum an praktikablen Kompromissen auferlegt, die gelegentlich neu ausgehandelt werden müssen. Da die Struktur der Ehe so flexibel wie möglich bleibt, können die Eheleute sich mit den echten Problemen des Lebens befassen, statt daß sie sich mit frustrierenden manipulativen Konflikten abplagen.

In einer Beziehung zwischen Gleichgestellten kommt es zu Problemen, wenn einer der Partner, oder auch beide, aus Unsicherheit oder vielleicht auch Unwissenheit vorgefaßte Ideen über das »richtige« Verhalten von Freunden oder Ehepartnern mitbringt. In einer gestörten Ehe hat mindestens ein Partner eine eng umrissene Vorstellung von der Rollenverteilung. Diese willkürlichen Vorschriften gestatten es dem anderen Partner nicht, sein eigenes Verhalten in der Ehe zu beurteilen. Aber solche Zwangsvorschriften taugen nicht für die Wirklichkeit. Die Einzelheiten jeder Rolle müssen im Laufe der Zeit und je nach den Gegebenheiten ausgearbeitet werden, wenn die Partner in Harmonie miteinander leben und glücklich sein wollen. Je unsicherer ein Ehepartner ist, desto willkürlicher oder manipulativer ist die Struktur, die er dem anderen und sich selbst von Anfang an aufzuerlegen versucht. Ein unsicherer Mensch kommt am besten in einer sehr strukturierten Situation zurecht, in der es nur wenige Unbekannte gibt, mit denen er sich befassen muß. Ein unsicherer Ehemann legt seiner Frau vielleicht nur deshalb eine willkürliche Struktur auf, weil er dadurch seine eigene Furcht, daß er ihr unterlegen ist, dämpfen will. Er vertritt möglicherweise die Auffassung, daß Ehefrauen nicht berufstätig sein, sondern zu Hause bleiben sollten, daß die Aufzucht der Kinder ausschließlich ihre Sache sei, oder daß man ihnen nicht gestatten solle, die Familienfinanzen zu verwalten. Vielleicht ist er sogar der Ansicht, daß man eine Ehefrau bestrafen oder zumindest ihr Schuldgefühl erwecken sollte, wenn sie mit dieser willkürlich festgelegten Form der Ehe nicht einverstanden ist. Es ist auch nicht ausgeschlossen, daß der Ehemann gleichzeitig wohltönende Phrasen über Fairness und Geben und Nehmen in der Ehe von sich gibt.

Vor ein paar Jahren hatte ich eine Patientin, die mit einem Mann dieses Schlages verheiratet war. Keine der beiden hatte vor der Ehe soziale oder sexuelle Erlebnisse mit einem anderen Partner gehabt. Die einzige enge, gleichgestellte Beziehung, die sie kannten, war die zwischen ihnen. Andere Erfahrungen über das Verhalten in einer Interaktion zwischen Gleichgestellten hatten sie nicht. Ihre Beziehung wurde von Anfang an von der willkürlichen Struktur beherrscht, die der Ehemann festlegte, und die junge Frau verfügte nicht über genügend selbstsichere Unabhängigkeit, daß sie sich dagegen hätte wehren können. Folglich waren die einzigen Bewältigungsmethoden, die ihr zur Verfügung standen, die passive Aggression, die passive Flucht oder eine Manipulationstechnik, die sich mit der ihres Mannes nicht messen konnte. Nach sechsjähriger Ehe kamen sie in meine Behandlung. Die Frau hatte alle Bewältigungsprobleme, die sie in der Ehe hatte, unter dem Stichwort »meine Sexualprobleme« zusammengepackt. Da sie die ständigen Manipulationen ihres Mannes nicht selbstsicher bewältigen konnte, zog sie sich auf allen Bereichen, auch auf dem sexuellen Sektor, von ihm zurück. Nach vier Jahren unbefriedigender sexueller Erfahrungen klagte sie über orgasmische Dysfunktion (Frigidität), Vaginitis (Scheidenkatarrh), Vaginismus (Scheidenkrampf: ein reflektorisch-muskulärer Abwehrvorgang, der den Geschlechtsverker unmöglich macht), Dyspareunie (tiefer Vaginalschmerz, typisch für das Vortäuschen sexueller Schwierigkeiten) sowie die Unfähigkeit, von ihrem Mann sexuell stimuliert zu werden. Sie bestritt, daß sie selbstunsicher war, und versicherte, daß es mit Ausnahme des Sexualbereichs in ihrer Ehe keine Bewältigungsprobleme gäbe, und wünschte nur eine Behandlung ihrer sexuellen Dysfunktion. Im allgemeinen dauert es drei Wochen, bis ein Vaginismus durch eine Verhaltenstherapie behoben ist. Bei ihr dauerte es drei Monate. Danach wurde eine allgemeine exploratorische Psychotherapie eingeleitet, aber ohne Erfolg. Beide Eheleute konnten oder wollten nicht einsehen, daß ihre Sexualprobleme in irgendeinem Zusammenhang mit ihrem gegenseitigen Allgemeinverhalten standen. Auf die Frage, warum sie ihre sexuellen Schwierigkeiten loswerden wollte, erwiderte die Frau ganz ehrlich: »Damit Peter wieder glücklich sein kann«, sagte aber kein Wort über ihre eigene sexuelle Befriedigung. Sie konnte nicht begreifen, daß Schwierigkeiten bei der sexuellen Stimulierung durch den Ehemann eine geschickte Methode darstellen, den Mann herunterzumachen und die eigene Frustration darüber, mit ihm verheiratet zu sein, auszudrücken, ohne sich dabei zu exponieren. Wer kann einem Krüppel gegenüber brutal sein? Schon kurz nach dem Einsetzen der Behandlung brach das Ehepaar die Psychotherapie ab und zeigte auch später kein Interesse an einer Wiederaufnahme. Wie ich kürzlich erfuhr, wollen die beiden sich scheiden lassen.

Eine persönlich unsichere Ehefrau kann ebenfalls ihrer Ehe eine manipulative Struktur auferlegen, um auf diese Weise ihre Angst, daß sie das Unbekannte nicht bewältigen kann, zu dämpfen. Sie kann das Recht ihres Mannes auf Selbstbeurteilung seines Verhaltens beeinträchtigen, indem sie ihn versteckt oder sogar mit offener Herablassung wie ein verantwortungsloses Kind behandelt. Sie gesteht ihm zwar die Freiheit zu, für den Lebensunterhalt beider zu arbeiten, aber da sie ihm nicht vertraut, versucht sie, alle seine sonstigen Aktivitäten zu kontrollieren und sein Schuldgefühl zu erwecken, wenn er mit ihren starren Methoden der Problembewältigung nicht übereinstimmt. Genauso wie es auf den Fall der manipulierten Ehefrau zutrifft, muß auch der manipulierte Ehemann glauben, daß seine Frau ihn so behandeln darf, bevor er überhaupt manipuliert werden kann. Er muß selbst glauben, daß er nicht sein eigener Richter ist, ehe die ihm von seiner Frau auferlegte Struktur eine manipulative Wirkung haben kann. Wenn er das nicht glaubt, wird jeder Versuch seiner Frau scheitern, ihn manipulativ zu behandeln.

Diese Art der Interaktion zwischen Ehepartnern lag bei einem meiner Patienten vor. Ein paar Monate, bevor er zu mir kam, war er zum Geschäftsleiter eines Kettenladens befördert worden. In dieser Stellung war er sowohl dem Druck durch das Publikum als auch dem durch die Bezirksleitung seiner Firma ausgesetzt. Auf Grund seiner Selbstunsicherheit legte er keine festen Grenzen für sein Entgegenkommen gegenüber der Kundschaft fest, und verlangte auch von seiner Firma keine verbindlichen Zusagen, inwieweit sie ihn unterstützen würde. Kein Wunder, daß er seine Stellung nicht lange behielt. Während der Zeit seiner Arbeitslosigkeit fühlte er sich verpflichtet, seiner Frau vorzulügen, daß er wieder eine Stellung habe, statt ihr zu sagen, daß er Arbeitslosenunterstützung bezog. Als ihm eine Aushilfsstellung als Lagerarbeiter angeboten wurde, lehnte er ab, weil er vor einer Diskussion mit seiner Frau über die Reaktion ihrer Verwandten auf die Tatsache, daß er sein Geld als einfacher Arbeiter verdiente, Angst hatte. Der arme Kerl glaubte ganz offensichtlich nicht daran, daß er der oberste Richter seines Verhaltens sei, und benützte daher die Bewältigungsmethode der passiven Flucht statt die der verbalen Selbstbehauptung.

Probleme ergeben sich, wenn man zu einem Menschen mehr als eine Art von Beziehung hat. Wenn Sie z. B. in eine kommerzielle Beziehung zu einem Freund treten, kann es für jeden von Ihnen schwierig sein zu vermeiden, daß Ihr kommerzielles Verhalten zueinander Ihre gleichgestellten freundschaftlichen Interaktionen stört und umgekehrt. Ihr Freund manipuliert Sie vielleicht, indem er freundschaftlich vereinbarte Verfahrensweisen in die neue Beziehung einbringt, die nichts mit Ihren geschäftlichen Aktionen zu tun haben. Vielleicht findet er nichts dabei, sich Ihren Wagen für geschäftliche Fahrten zu leihen, weil Sie sich in Ihrer freundschaftlichen Beziehung öfter auf diese Weise gegenseitig ausgeholfen haben. Vielleicht versucht er, von Ihnen größere Geldsummen zu leihen, da eine frühere Vereinbarung über das Aushelfen mit kleinen Beträgen gut funktioniert hat. Wenn Sie und Ihr Freund noch keine echte gleichgestellte Interaktion entwickelt haben, die frei von jeder manipulativen Struktur ist, wird Ihr Freund vermutlich manipulative Erwartungen über das »richtige« Verhalten von Freunden in einer kommerziellen Beziehung haben, wie zum Beispiel: »Wie kann man einen Freund unter Druck setzen, nur weil ein Termin vor der Tür steht?« Eine alte Volksweisheit sagt: »Freundschaft und Geschäft vertragen sich nicht.« Dieses Problem können Sie nur dann meistern, wenn Sie der Manipulation in einer gemischten Beziehung dadurch entgegentreten, daß Sie sich Ihr eigenes Urteil bilden, selbst entscheiden, was *Sie* wünschen, und im gegebenen Fall deutlich sagen, welche Kompromisse für Sie akzeptabel sind. Das ist der einzige Weg, wie man mit einem Freund eine geschäftliche Beziehung haben und trotzdem die Freundschaft erhalten kann.

In jeder der drei Kategorien von Interaktionen mit anderen Menschen wird Ihr Verhalten manipuliert, wenn Ihnen externe Regeln auferlegt werden, denen Sie nicht vorher zugestimmt haben, und die somit Ihr Recht auf die Selbstbeurteilung Ihres Verhaltens verletzen. Wenn wir die erste uns in der Kindheit anerzogene Überzeugung, die eine Manipulation ermöglicht, in Worten ausdrücken, klingt das sinngemäß so: Du sollst kein unabhängiges Urteil über dich selbst und deine Handlungen fällen. Du mußt durch externe Regeln und Verfahrensweisen und von einer Autorität beurteilt werden, die weiser und bedeutender ist als du. Grundsätzlich kann gesagt werden, daß jedes Verhalten, das auf dieser Anschauung basiert, manipulativ ist. Die externen Regeln und die Autorität, auf welche diese Anschauung sich bezieht, haben eine große Bedeutung für die Kontrolle und Steuerung Ihrer Handlungen, Gefühle und Gedanken. Ich fragte einmal eine Gruppe von 85 Teilnehmern am Selbstsicherheitstraining, was sie von dieser ersten anerzogenen Überzeugung hielten: »Wie viele von Ihnen *glauben wirklich* daran?« Nur drei meldeten sich. Aber als ich fragte: »Wie viele von Ihnen *verhalten sich so,* als ob sie es glauben?«, hoben alle die Hand.

Das Recht, die eigene Persönlichkeit definitiv zu beurteilen, ist das wichtigste Recht auf Selbstsicherheit; es gestattet niemandem, Sie zu manipulieren. Von diesem Recht sind alle anderen Rechte auf Selbstsicherheit abgeleitet. Sie sind nur spezifischere, für Alltagssituationen geeignete Anwendungen dieses ersten Rechts. Aber auch sie sind wichtig, denn sie liefern Ihnen die Anleitung für die Bewältigung der gebräuchlichsten Methoden, mit denen andere Sie psychologisch manipulieren und Ihre persönliche Würde und Ihre Selbstachtung verletzen. Für jede dieser Methoden werden im nächsten Kapitel Beispiele gegeben. Jetzt wollen wir noch kurz einige der Folgen untersuchen, die sich aus der Ausübung Ihres Grundrechts auf Selbstbeurteilung ergeben.

Wenn Sie lernen, Ihr eigener Richter zu sein, lernen Sie gleichzeitig die Fähigkeit, unabhängig von anderen Ihre eigenen Methoden für die Beurteilung Ihres Verhaltens zu entwickeln. Diese Urteile, die Sie auf Grund Ihrer eigenen empirischen Erfahrungen fällen, sind weniger ein System von »richtig oder falsch«, sondern eher ein System von »das ist für mich geeignet, das nicht«. Ihre unabhängigen Beurteilungen stellen ein loses System von »das mag ich – das mag ich nicht« dar, nicht aber ein System von »ich sollte – ich sollte nicht« oder »du solltest – du solltest nicht«. Ihre Selbstbeurteilung ist vielleicht nicht systematisch, logisch, konsequent, von Dauer oder für andere verständlich. Es ist jedoch eine Beurteilung, die auf Ihre Persönlichkeit und ihren Lebensstil paßt.

Viele von uns versetzt die Aussicht, ihr eigener Richter zu sein, vielleicht in Angst und Schrecken, denn die Ausübung dieses Rechts ist ohne ein aus willkürlichen Regeln bestehendes Stützkorsett wie eine Reise in ein unbekanntes Land, ohne einen Fremdenführer, der uns sagt, was wir uns ansehen sollen und – was noch beunruhigender ist – ohne eine Straßenkarte, die uns den Weg weist. Es ist nicht leicht, im Vorwärtsgehen die Regeln für das eigene Leben auszuarbeiten, aber welche Wahl bleibt uns, wenn die Alternative aus Aggression, Frustration und Flucht besteht – Reaktionen, die dadurch ausgelöst werden, daß wir anderen gestatten, unsere Gefühle zu manipulieren? Wir müssen uns auf unser eigenes Urteil verlassen, denn ob wir es wahr haben wollen oder nicht, in Wirklichkeit tragen nur wir die Verantwortung für uns selbst.

Dieser Verantwortung für die Entstehung und für die Anerkennung der Folgen unseres Verhaltens können wir nicht dadurch aus dem Weg gehen, daß wir ihr Vorhandensein abstreiten oder ignorieren. Sie können weder einer anderen Person die Verantwortung für deren Wohlergehen abnehmen, noch können Sie die Verantwortung für Ihr eigenes Wohlergehen auf eine andere Person abwälzen. Sie können der Verantwortung für Ihren Lebensstil nicht dadurch ausweichen, daß Sie mit angeblich vernünftigen Begründungen beweisen wollen, wie Sie gezwungen wurden, das eine oder andere zu tun. *Es ist Ihr Leben, und was darin geschieht, ist ausschließlich Ihre Sache.* Viele Menschen bestreiten, daß sie der Richter ihres eigenen Verhaltens sind. Sie weigern sich, diese Verantwortung zu tragen und bieten für ihre Einstellung Entschuldigungen und Rechtfertigungen an. Man könnte diese Einstellung mit der klassischen Verteidigung eines Kriegsverbrechers vergleichen: »Ich habe nur Befehle befolgt.«

Bevor wir uns den spezifischen Rechten auf Selbstsicherheit zuwenden, wollen wir noch untersuchen, in welcher Beziehung ein selbstsicheres Verhalten zu einer externen Autorität, wie z. B. ethische Gebote und Gesetzesvorschriften, steht.

Ethische Gebote sind willkürliche Regeln, welche der Mensch sich zu eigen macht und benützt, um sein persönliches Verhalten und das Verhalten anderer zu beurteilen. Die Art und Weise, wie wir ethische Systeme akzeptieren und anwenden, entspricht in gewisser Hinsicht unserem Verhalten bei einer schwierigen Bergwanderung, wenn der Bergführer abgestürzt ist und sich das Genick gebrochen hat. Jeder von uns ist dann mit der schwierigen Aufgabe, den Nachhauseweg zu finden, und mit der erschrekkenden Möglichkeit konfrontiert, daß sein Wissen vielleicht nicht ausreicht, um das eigene Überleben zu garantieren. Sobald einer von uns einen Pfad gefunden hat, sagt er zu sich selbst und zu den anderen: »Das ist der richtige Weg.« Die Angst, daß wir uns in dem unbekannten Gelände verirren könnten, und dann nicht wissen, was wir tun sollen, ebbt sofort ab, wenn wir irgendein Zeichen der Zivilisation finden, auch wenn es uns noch weiter in die Berge hineinführt. Wir weigern uns, uns deswegen Sorgen zu machen, indem wir uns sagen, daß es vielleicht noch andere Wege gibt, die ins Tal führen, und daß einige von diesen Wegen vielleicht besser sind als derjenige, den wir gewählt haben. Durch die unerschütterliche Behauptung, unser Pfad sei der richtige Weg, verlagern wir die Verantwortung für die sichere Rückkehr von uns auf den willkürlich gewählten Weg. Wenn er doch nicht der richtige ist, können wir immer noch statt uns selbst den stupiden Leuten, die ihn angelegt haben, die Schuld geben. Ich habe diese Allegorie gewählt, um zu verdeutlichen, daß es kein absolut »richtiges« oder »falsches« ethisches Gebot für das Verhalten gibt; es gibt nicht einmal Regeln für ein technisch korrektes Verhalten. Es gibt nur die von jedem von uns persönlich getroffene Wahl der Verhaltensform, durch die unser Leben entweder bereichert oder ruiniert wird.

Gesetzliche Vorschriften sind willkürliche Regeln, die von der Gesellschaft akzeptiert werden, damit man mit ihrer Hilfe Verhaltensformen, welche die Gesellschaft zu unterdrücken wünscht, mit negativen Konsequenzen bestrafen kann. Ebenso wie ethische Gebote haben auch Gesetze nichts mit einem absoluten »Richtig« und »Falsch« zu tun. Systeme von »Richtig« und »Falsch« wendet man an, um die Gefühle und das Verhalten anderer zu manipulieren. Gesetze werden gemacht, um dem Verhalten Grenzen zu setzen und Streitfragen zu entscheiden. Aber Sie haben immer die Entscheidungsfreiheit, ein Gesetz zu brechen und die Folgen auf sich zu nehmen. Wer von uns hat noch nie die Entscheidung getroffen, gegen die Straßenverkehrsordnung zu verstoßen und Strafe zu bezahlen, falls er dabei erwischt wird? Wir übernehmen die Verantwortung für diese Entscheidung und die sich daraus ergebenden Konsequenzen. Viele Menschen verwechseln jedoch Systeme von »Richtig« und »Falsch« mit gesetzlichen Vorschriften. Für die meisten Gesetzgeber, Richter und Justizbeamten sind die Begriffe »Richtig« und »Falsch« genauso verwirrend wie für uns. Die immer wieder auftretenden gesetzlichen und juristischen Probleme bei der Kontrolle richtiger und falscher Verhaltensformen demonstrieren diese Verwirrung. Die Koppelung von Gesetzesvorschriften mit Systemen von »Richtig« und »Falsch« verwandelt die Gesetze in Instrumente der manipulativen emotionalen Kontrolle.

Die Anwendung von Systemen von »Richtig« und »Falsch« hat ein psychologisch bedingtes Schuldgefühl zur Folge. Wenn Gesetze benützt werden, um ein solches Schuldgefühl zu induzieren, dann verstoßen sie bzw. die Personen, die sie anwenden, gegen Ihr Recht, der oberste Richter Ihrer Emotionen zu sein. Solche *emotional angewendeten* Gesetze unterscheiden sich in ihrer Wirkung drastisch von anderen Gesetzen. Wenn Sie sich entscheiden, ein »emotionales Gesetz zu brechen, müssen Sie nicht nur die rechtlichen Folgen auf sich nehmen, sondern es wird von Ihnen erwartet – und zwar ohne Rücksicht auf Ihr eigenes Urteil –, daß Sie sich psychologisch schuldig fühlen, weil Sie dieses Gesetz gebrochen haben. Ein allerdings extremes Beispiel für die Anwendung »emotionaler Gesetze« bieten die in den USA durchgeführten Prozesse gegen Kriegsdienstverweigerer aus Gewissensgründen. Männer, die der ehrlichen Überzeugung waren, daß der Krieg eine tragische Vergeudung menschlicher Leistungskraft ist, wurden routinemäßig dazu verurteilt, anstelle einer Gefängnisstrafe mehrere Jahre lang niedrige Arbeiten, wie z. B. das Ausleeren von Bettpfannen in Krankenhäusern, zu verrichten. So unattraktiv solche Arbeiten auch sein mögen, dieser Aspekt des Urteils ist unerheblich. Viel wichtiger ist, daß die Freiheit des Kriegsdienstverweigerers, abends nach Hause zu gehen, in hohem Maße nicht nur von dem System von Richtig und Falsch abhängt, das vom Krankenhauspersonal angewendet wird, sondern auch von den ganz persönlichen Launen der Mitglieder des Personals. Wenn die Krankenhausangestellten den Kriegsdienstverweigerer nicht leiden können, wird er hinausgeworfen und muß eventuell die Gefängnisstrafe absitzen. Es ist praktisch so, als ob der Richter, der dieses Urteil verkündet, zu dem Kriegsdienstverweigerer sagt: »Du wirst dazu verurteilt, ein paar Jahre lang anderen Leuten die Stiefel abzulecken, wenn du nicht ins Gefängnis kommen willst. Du darfst nicht mehr dein eigener Richter sein, sondern ich mache andere zum Richter deines Verhaltens. Der Kriegsdienstverweigerer hat also nur die Wahl, ins Gefängnis zu gehen oder auf das Recht, sein eigener Richter zu sein, zu verzichten. Selbst wenn ein solches Urteil nicht den Erfolg hat, daß der Kriegsdienstverweigerer sich schuldig fühlt, bestraft es ihn zumindest dafür, daß er auf Grund seiner eigenen Entscheidung sein Vaterland nicht »verteidigen« wollte.

Und jetzt wollen wir uns mit den anderen Rechten auf Selbstsicherheit befassen, die alle aus dem Grundrecht, das eigene Verhalten zu beurteilen, abgeleitet sind, und mit den gebräuchlichsten Methoden der manipulativen Verletzung dieser Rechte.

3. KAPITEL
Das Recht auf Selbstsicherheit im Alltag – die gebräuchlichsten Methoden, wie andere uns manipulieren.

Die Ausübung des Rechts, sein eigener Richter zu sein, ist für unser Verhalten und für die Ansichten, die wir über uns selbst und andere haben, von erheblicher Bedeutung. Wie können wir dieser allgemeinen Aussage eine Form geben, die sinnvoll auf unser Alltagsleben angewendet werden kann? Wie können wir, wenn wir manipuliert werden, erkennen, ob unser Recht auf Selbstsicherheit verletzt wird? Mit einem Erkennungsmerkmal sind wir leider alle vertraut – wenn wir uns nämlich nach dem Ereignis sagen: »Ich weiß nicht, wie es geschehen ist, aber ich habe das unbehagliche Gefühl, daß ich hereingelegt worden bin.« Dieses erst nach der vollendeten Tatsache aufkommende Gefühl ist aber für zukünftige Problembewältigungen keine sonderliche Hilfe; wir entwickeln lediglich die Neigung, den Menschen aus dem Weg zu gehen, die uns schon öfters »hereingelegt« haben. Um Ihnen zu helfen, wie Sie erkennen können, ob oder daß Sie tatsächlich manipuliert werden, werden in diesem Kapitel die gebräuchlichsten Methoden aufgeführt, mit denen andere Menschen Sie und Ihre Rechte auf Selbstsicherheit im Alltag manipulieren.

Recht auf Selbstsicherheit II:
Jeder hat das Recht, keine Gründe oder Entschuldigungen zur Rechtfertigung seines Verhaltens vorzubringen.

Wenn Sie der oberste Richter Ihres Verhaltens sind, ist es nicht nötig, daß Sie Ihr Verhalten anderen Menschen erklären, damit diese entscheiden könnten, ob es richtig, falsch, korrekt oder unkorrekt war. Natürlich steht anderen Menschen immer das Recht zu, Ihnen zu sagen, ob Ihr Verhalten ihnen gefällt oder mißfällt. Sie selbst haben dann das Recht, diese Ansichten zu ignorieren oder einen Kompromiß zu schließen oder die Meinung anderer zu respektieren und Ihr eigenes Verhalten entsprechend zu ändern. Aber niemand hat das Recht, Ihr Verhalten und Ihre Gefühle zu manipulieren, indem er von Ihnen eine Begründung verlangt, um Sie dann überzeugen zu können, daß Sie im Unrecht sind. Die aus der Kindheit übernommene Anschauung, welche die Basis für diese Art der Manipulation bildet, besagt ungefähr folgendes: *Du sollst anderen Menschen die Gründe für dein Verhalten erklären, damit du ihnen für deine Handlungen verantwortlich bist. Du sollst deine Handlungen ihnen gegenüber rechtfertigen.* Eine Anwendung dieser Manipulation im Alltag sieht z. B. so aus: Ein Verkäufer fragt eine Kundin, die ein Paar Schuhe zurückgibt: »Warum gefallen Ihnen diese Schuhe nicht?« (Unausgesprochen: Es ist ganz ungewöhnlich, daß diese Schuhe kein Gefallen finden.) Mit dieser Frage trifft der Verkäufer für die Kundin die Entscheidung, daß sie einen Grund für ihre Ablehnung liefern sollte, der ihm akzeptabel erscheint. Wenn die Kundin den Verkäufer entscheiden läßt, daß es einen Grund für die Ablehnung geben muß, erweckt das in ihr das Gefühl der Unwissenheit. Aus diesem Gefühl heraus glaubt sie, daß sie erklären muß, warum die Schuhe ihr nicht gefallen. Wenn sie das tut, gestattet sie dem Verkäufer, seinerseits genauso stichhaltige Gründe anzuführen, warum die Schuhe ihr gefallen sollten. Natürlich hängt der Ausgang dieser Situation davon ab, wer die meisten Gründe vorbringen kann, die Kundin oder der Verkäufer, aber vermutlich wird es so ausgehen, daß die Kundin schließlich ein Paar Schuhe behalten wird, die ihr nicht gefallen. Der folgende Dialog gibt ein Beispiel, wie so etwas vor sich geht:

Verkäuferin: Warum gefallen Ihnen diese Schuhe nicht?
Kundin: Das Rot hat die falsche Nuance.
Verkäuferin: Wieso denn? Die Farbe paßt doch genau zu Ihrem Nagellack.
Kundin: Sie sitzen nicht fest genug am Fuß, und der Fersenstrap rutscht immerfort herunter.
Verkäuferin: Das können wir mit Einlagen in Ordnung bringen. Die kosten nur acht Mark.
Kundin: Aber sie sind über dem Spann zu eng.
Verkäuferin: Kein Problem! Ich kann Ihnen die Schuhe sofort ein bißchen dehnen.

Wenn die Kundin selbst entscheidet, ob sie die erste Frage beantworten soll oder nicht, wird sie vermutlich bei der schlichten Wahrheit bleiben: »Ich habe keinen besonderen Grund, die Schuhe gefallen mir einfach nicht.«

Von den Teilnehmern am Selbstsicherheitstraining werde ich immer wieder gefragt: »Wie kann ich mich einem Freund gegenüber weigern,

Gründe für mein Verhalten anzugeben, wenn er mich darum bittet?« Meine Antwort besteht in einer ganzen Reihe von provokativen Gegenfragen: »Wieso verlangt Ihr Freund von Ihnen, daß Sie ihm Ihr Verhalten erklären?« »Ist es eine Bedingung für seine Freundschaft, daß Sie ihm gestatten zu entscheiden, ob Sie sich richtig verhalten oder nicht?« »Wenn Sie ihm nicht erklären, warum Sie ihm nicht Ihren Wagen leihen wollen, genügt das schon, um Ihre Freundschaft zu zerstören?« »Welchen Wert hat eine so zerbrechliche Freundschaft?« Wenn einer Ihrer Freunde sich weigert anzuerkennen, daß es Ihr Recht ist, sich nicht manipulieren zu lassen, weil Sie Ihr Verhalten selbst beurteilen, ist er vielleicht nicht fähig, mit Ihnen anders als auf einer manipulativen Basis zu verkehren. Denken Sie daran, daß auch die Wahl Ihrer Freunde ausschließlich Ihre Sache ist.

Recht auf Selbstsicherheit III:
Jeder hat das Recht, ein Urteil zu fällen, wenn er für die Lösung der Probleme anderer verantwortlich ist.

Jeder von uns trägt die Verantwortung für das eigene psychologische Wohlbefinden, für sein Glück und für seinen Erfolg im Leben. So aufrichtig wir einander auch alles Gute wünschen mögen, niemand kann für einen anderen Menschen seelische Ausgeglichenheit, Wohlergehen oder Glück erschaffen.

Wir können zwar einem anderen Menschen eine Freude machen, indem wir ihm einen Wunsch erfüllen, aber wir können ihm nicht die Mühen, Nöte und Schmerzen abnehmen, die das Leben mit sich bringt, und auch die Angst, daß es ihm nicht gelingt, sein Leben glücklich und zufrieden zu gestalten, muß er selbst durchmachen. Bei allem Mitgefühl für die Nöte anderer – die Wirklichkeit unseres Daseins ist, daß jeder von uns lernen muß, die Probleme des Lebens selbständig zu meistern. Das ist auch einer der ersten Leitsätze der modernen Psychotherapie. Jeder, der diesen Heilberuf ausübt, hat gelernt, daß die Therapie an sich für den Patienten keine Probleme löst, ihm jedoch hilft, die Fähigkeit zu erwerben, es selbst zu tun. Man kann wohl vorübergehend helfen, indem man jemandem Ratschläge gibt, aber jeder Mensch, der mit einem Problem konfrontiert ist, hat die Verantwortung, es selbständig zu bewältigen. Wenn Sie sich nicht des Rechts bewußt sind, daß Sie auf Grund Ihrer eigenen Entscheidung die Verantwortung für sich selbst übernehmen können, dann können und werden andere Sie manipulieren, das zu tun, was sie wünschen, indem sie Ihnen ihre eigenen Probleme so präsentieren, als ob es Ihre wären. Die aus der Kindheit übernommene Einstellung, welche die Basis für diese Art der Manipulation bildet, besagt ungefähr folgendes: *Du hast eine Verpflichtung gegenüber Dingen und Institutionen, die wichtiger sind als du selbst, und die von anderen Menschen für die Ordnung des Lebens geschaffen wurden. Du sollst deine eigenen Werte opfern, damit diese Systeme nicht auseinanderfallen. Wenn diese Systeme nicht immer wirksam funktionieren, sollst du dich anpassen oder ändern, nicht jedoch das System. Sollten sich beim Umgang mit einem System Probleme ergeben, so sind das deine Probleme, für die das System nicht verantwortlich ist.* Unser Alltag bietet eine Fülle von Beispielen für das durch diese Anschauung aus der Kindheit verursachte manipulative Verhalten. Wie oft manipuliert ein Ehepartner den anderen, indem er sagt: »Wenn du nicht aufhörst mich zu ärgern, lasse ich mich scheiden.« Solche Aussagen induzieren Schuldgefühle; sie lassen durchblikken, daß der Ehevertrag und die eheliche Beziehung wichtiger sind als die individuellen Wünsche und das persönliche Glück des Partners. Wenn beide Ehepartner dieser Anschauung huldigen, gibt es folgende Möglichkeiten: Jeder tut das, was er persönlich wünscht, und fühlt sich schuldig, weil er seine eigenen Wünsche höher stellt als die eheliche Beziehung, oder jeder tut das, was der Partner wünscht, und dann sind beide frustriert, verärgert und aggressiv, so daß es noch mehr Reibungen gibt, oder sie sind deprimiert und ziehen sich voneinander zurück. Wenn der Partner, der mit der Möglichkeit einer Scheidung bedroht wird, auf Grund seiner Selbstunsicherheit in die Defensive gedrängt wird und sagt, daß eine Scheidung keine Alternative für die Lösung ihrer Probleme ist, kann er vom anderen Partner dahingehend manipuliert werden, daß er dessen Wünsche erfüllt, wie es der folgende Dialog demonstriert:

1. Partner: Wenn du nicht aufhörst, mich mit all diesen faulen Ausreden, warum du hier keinen Finger rührst, auf die Palme zu treiben, ist es wohl am besten, daß wir uns scheiden lassen.

2. Partner (durch Frustration zum Zorn getrieben): Sei nicht albern. Du willst ja gar keine Scheidung.

1. Partner: O doch! Ist dir denn unsere Ehe und das, was auf mich zukommt, wenn ich wieder allein lebe, so gleichgültig?

2. Partner (schuldbewußt): Natürlich ist mir das nicht gleichgültig! Wofür hältst du mich eigentlich? Ich tue eine Menge für uns beide!

1. Partner: Du tust nur das, worauf *du* Wert legst. Warum bist du so stur? Wenn unsere Ehe dir wirklich etwas bedeuten würde, dann würdest du versuchen, mir das Leben ein bißchen zu erleichtern. Ich tue all diese Dinge, und was tust du?

Wenn hingegen der mit der Scheidung bedrohte Partner selbstsicher reagiert und entscheidet, wo das Problem und die Verantwortung für seine Lösung liegen, wird er wahrscheinlich folgendes sagen: »Wenn du wirklich glaubst, daß du mit mir, so wie ich nun einmal bin, nicht auskommen kannst, hast du vielleicht recht. Wenn wir unsere Probleme nicht bewältigen können, sollten wir eventuell doch an eine Scheidung denken.«

Bei kommerziellen Beziehungen können Sie immer wieder die Erfahrung machen, daß man durch Manipulation versucht, Sie dazu zu bringen, die Unversehrtheit von unwirksamen Systemen über Ihr eigenes Wohlergehen zu stellen. Verkäufer versuchen oft, die Beschwerden eines energischen Kunden über eine defekte Ware abzuwimmeln, indem sie sagen: »Sie halten den Betrieb auf. Die anderen wollen auch bedient werden.« Mit dieser Aussage erweckt der Verkäufer Ihr Schuldgefühl, indem er durchblicken läßt, daß es in gewisser Weise Ihre Verantwortung sei, dafür zu sorgen, daß die Bedienung der Kundschaft reibungslos vor sich geht. Der Verkäufer hat also *für Sie* folgende Entscheidung getroffen: Wenn das in diesem Geschäft übliche System für die Behandlung von Beschwerden im Falle Ihrer Beschwerde nicht gut funktioniert, liegt die Verantwortung für die Bewältigung des Problems bei Ihnen und nicht bei dem Geschäft. Falls Sie aber selbst entscheiden, bei wem die Verantwortung liegt, würden Sie sich einfach an die Tatsachen halten: »Es stimmt, daß ich die anderen Kunden warten lasse. Ich schlage vor, daß Sie meine Beschwerde rasch erledigen, sonst müssen die anderen noch länger warten.«

Bei dem Versuch, eine defekte Ware angemessen reparieren zu lassen oder den Kaufpreis zurückerstattet zu bekommen, werden Sie von Verkäufern und Geschäftsführern oft hören: »Wir haben mit Ihrem Problem nichts zu tun. Sie haben ein Problem mit der Herstellerfirma. Der Lieferant gibt uns keine Rückerstattung für defekte Ware, also können wir Ihnen auch keine geben.« Eine solche Aussage ist ein manipulatives Ausweichen vor der Verantwortung. Wenn Sie dem Verkäufer oder dem Geschäftsführer gestatten, für Sie die Entscheidung zu treffen, daß Sie eine Lösung für das Problem des Geschäfts, rentabel zu arbeiten und wegen defekter Ware kein Geld zu verlieren, liefern müssen, werden Sie in die folgende absurde

Situation hineinmanövriert: 1. müssen Sie Ihren Ersatzanspruch für das von Ihnen bezahlte Geld zurückziehen; 2. müssen Sie die Anschauung akzeptieren, daß Sie den Angestellten oder der Firma keine Probleme verursachen dürfen; und 3. sind Sie frustriert, weil Sie nicht wissen, wie Sie Ihre Wünsche durchsetzen können, ohne andere in Schwierigkeiten zu bringen. Wenn Sie jedoch selbst entscheiden, ob Sie verantwortlich sind, eine Lösung für das Problem zwischen Geschäft und Herstellerfirma zu finden, können Sie Ihren Standpunkt wie folgt zum Ausdruck bringen: »Ich bin an Ihrem Problem mit der Herstellerfirma nicht interessiert. Ich bin nur an einer angemessenen Reparatur (bzw. an einer Rückerstattung des Kaufpreises) interessiert.«

Recht auf Selbstsicherheit IV:
Jeder hat das Recht, seine Meinung zu ändern.

Der Mensch ist weder beständig noch inflexibel. Wir ändern unsere Meinung; wir überlegen uns bessere Methoden der Arbeitsbewältigung; wir ändern sogar das, was wir erstreben; unsere Interessen ändern sich mit den Gegebenheiten und mit den Jahren. Wir müssen uns bewußt sein, daß Entscheidungen, die in der einen Situation für uns vorteilhaft sind, in einer anderen nachteilig sein können. Um wirklichkeitsnah zu leben und unser Glück und Wohlergehen zu fördern, ist eine Meinungsänderung manchmal erforderlich und als ein ganz normaler und gesunder Vorgang zu betrachten. Bei einer Meinungsänderung müssen Sie damit rechnen, daß andere sich möglicherweise Ihrer Entscheidung widersetzen und Sie zu manipulieren versuchen. Die gebräuchlichste Form der Manipulation, die ebenfalls auf einer aus der Kindheit übernommenen Einstellung beruht, besagt folgendes: *Du sollst deine Meinung nicht mehr ändern, wenn du dich bereits festgelegt hattest. Wenn du deine Meinung änderst, ist irgend etwas nicht in Ordnung. Du sollst deine neue Entscheidung rechtfertigen oder zugeben, daß du einen Fehler gemacht hast. Wenn du einen Fehler begangen hast, beweist du damit, daß du verantwortungslos bist und wahrscheinlich wieder Fehler machen und Probleme verursachen wirst. Daher bist du nicht fähig, selbständig Entscheidungen zu treffen.*

Gerade bei der Rückgabe einer Ware kann man häufig Beispiele für das Verhalten beobachten, das durch diese manipulative Anschauung hervorgerufen wird. Kürzlich gab ich neun Kanister Fassadenfarbe zurück, die ich in einem großen Fachgeschäft gekauft hatte. Der Verkäufer füllte die Gutschrift aus, und als er zu der Rubrik »Grund für die Rückgabe der Ware« kam, fragte er mich, warum ich die Farbe zurückgeben wolle. Ich erwiderte: »Als ich die Farbe kaufte, sagte man mir, ich könne ungeöffnete Kanister jederzeit zurückgeben. Ich habe einen Kanister verbraucht, aber das Ergebnis gefiel mir nicht, und so habe ich meine Meinung eben geändert.« Obwohl dieses Geschäft prinzipiell entgegenkommend ist, konnte der Verkäufer es nicht über sich bringen, »Meinungsänderung« oder »Nichtgefallen« in die Rubrik einzutragen, und wollte genau wissen, ob die Farbe irgendeinen Mangel hatte, wie z. B. Fehlfarbe, falsche Konsistenz usw. Tatsächlich forderte der Verkäufer mich auf diese Weise auf, einen Grund zu erfinden, der ihn oder seine Vorgesetzten zufriedenstellen würde, d. h. unaufrichtig zu sein und mir irgend etwas auszudenken, das ich als Entschuldigung für das verantwortungslose Verhalten, meine Meinung zu ändern, anbieten könnte. Am liebsten hätte ich ihm gesagt, daß die Farbe das Sexualleben meines Hundes störe, und ihn seiner Ratlosigkeit überlassen. Aber ich beherrschte mich und sagte nur, daß die Farbe vollkommen in Ordnung sei. Ich hätte ganz einfach meine Meinung geändert und entschieden, diese Farbe nicht zu gebrauchen. Die Geschäftsleitung hätte mir gesagt, ich dürfe ungeöffnete Kanister zurückgeben, was ich hiermit täte, und jetzt wolle ich eine Gutschrift haben. Anscheinend vermochte der Verkäufer nicht zu begreifen, wie jemand – insbesondere ein Mann! – seine Meinung ändern und das so gelassen sagen konnte, und besprach die Angelegenheit mit seinem Vorgesetzten, bevor er die Gutschrift ausstellte. Ich hätte den Verkäufer für mich entscheiden lassen können, daß es falsch war, meine Meinung zu ändern. Wenn mir dann keine Rechtfertigung für meine Meinungsänderung eingefallen wäre, hätte ich entweder lügen oder die Farbe behalten müssen. So urteilte ich aber selbst über die Berechtigung meiner Meinungsänderung und bekam die Gutschrift.

Recht auf Selbstsicherheit V:

Jeder hat das Recht, Fehler zu begehen und die Verantwortung dafür zu übernehmen.

»Wer ohne Sünde ist, der werfe den ersten Stein.« Ich zitiere diesen weisen Ausspruch, der Jesus zugeschrieben wird, nicht deshalb, weil er uns auffordert, mehr Verständnis und Toleranz für die Schwächen unserer

Mitmenschen zu zeigen, sondern wegen der viel nüchterneren Erkenntnis, die er uns aufzwingt: Kein Mensch ist vollkommen. Es gehört zum Wesen des Menschen, daß er Fehler begeht. Unser Recht darauf, Fehler zu machen und *dafür die Verantwortung zu tragen*, beschreibt ganz einfach einen Teil der Wirklichkeit des Menschseins. Wir setzen uns aber der eigensüchtigen Manipulation durch andere aus, wenn wir nicht erkennen, daß Fehler nichts anderes als das sind – eben nur Fehler. Wenn wir glauben, daß Fehler etwas »Unrechtes« sind und nicht gemacht werden »sollten«, gestatten wir anderen, unser Verhalten und unsere Gefühle zu manipulieren. Viele von uns glauben, daß man für einen Fehler Buße tun muß, weil er eine Missetat ist, und daß man versuchen muß, ihn durch ein »richtiges« Verhalten wiedergutzumachen. Die Forderung, einen Fehler zu sühnen, die andere Menschen auf die von uns begangenen Irrtümer aufpfropfen, ist für diese anderen Menschen die Basis, auf der sie unser zukünftiges Verhalten durch die Anlastung früher gemachter Fehler manipulieren. Die anerzogene Anschauung, welche die Grundlage für diese Manipulation liefert, besagt in etwa folgendes: *Du darfst keine Fehler machen. Fehler sind unrecht und bereiten anderen Menschen Schwierigkeiten. Wenn du Fehler begehst, solltest du dich schuldig fühlen. Du wirst wahrscheinlich noch mehr Fehler machen und Probleme verursachen, daher ist dein Bewältigungsvermögen mangelhaft, und du bist nicht fähig, richtige Entscheidungen zu treffen. Dein Verhalten und deine Entscheidungen sollten von anderen Menschen kontrolliert werden, damit du keine Probleme verursachst. Auf diese Weise kannst du das Unrecht wiedergutmachen, das du ihnen angetan hast.* Als Folge dieser Anschauung versuchen z. B. viele Eheleute, auch solche Verhaltensformen des Partners zu kontrollieren, die mit den von ihm begangenen Fehlern in keinerlei Zusammenhang stehen. Die Methode besteht darin, daß man dem Partner zu verstehen gibt, seine Fehler seien »unrecht« und müssen deshalb gesühnt werden (Für gewöhnlich dadurch, daß der Sünder dem »gekränkten« Partner einen Wunsch erfüllt). Ein Beispiel: Bei der Durchsicht der Scheckabschnitte regt ein selbstunsicherer Ehemann sich darüber auf, daß seine Frau schon wieder einen Verwendungszweck nicht eingetragen hat. Statt daß er sagt: »Das gefällt mir nicht, und ich wünsche, daß du in Zukunft besser aufpaßt«, deutet er durch seinen erregten Ton an, daß seine Frau etwas »Falsches« getan hat und ihm dafür etwas schuldet.

Wenn die Ehefrau ihrerseits so selbstunsicher ist, daß sie ihrem Mann gestattet, für sie die Entscheidung über ihr Verhalten zu treffen, wird sie wie folgt reagieren: 1. Sie streitet den Fehler ab; 2. sie bietet Gründe an, warum sie diese Eintragung nicht machen konnte; 3. sie tut den Fehler als unwichtig ab und zwingt dadurch ihren Mann, entweder seine Gefühle zu unterdrücken und ihr deshalb gram zu sein, oder den Konflikt zum Streit zu eskalieren, um seine selbstunsicheren zornigen Gefühle ausdrücken zu können; oder 4. sie entschuldigt sich dafür, daß sie einen Fehler gemacht hat, der ihm Ungelegenheiten bereitet, und fühlt sich grollend zu einer Wiedergutmachung verpflichtet. Wenn die Frau jedoch selbstsicher genug ist, ihre Fehler selbst zu beurteilen, wird sie vermutlich folgendes sagen: »Du hast recht. Es war dumm von mir, daß ich nicht aufgepaßt und dir all diese Extraarbeit bereitet habe.« Das ist ein kurzer Kommentar, der keine weiteren Probleme auslöst und viel aussagt: Ich habe einen Fehler begangen, dieser Fehler hat dir Mühe bereitet, ich habe keine Angst, das zuzugeben. Wie jeder andere Mensch mache auch ich Fehler.

Um den Teilnehmern am Selbstsicherheitstraining zu helfen, die automatischen Gefühle der Angst, Schuld und Unwissenheit zu mildern, weise ich sie an, niemals zu sagen »es tut mir leid«. (Zumindest nicht während des Trainings; später, *wenn sie gelernt haben, selbstsicher zu sein*, können sie selbst entscheiden, ob und wann »gute Manieren« am Platze sind.) Statt dessen empfehle ich ihnen, ihre Aussagen auf die gegebenen Tatsachen zu beschränken, z. B. »du hast recht, ich komme zu spät«, ohne sich dafür zu entschuldigen. Diese Methode hat Erfolg, denn die meisten Schüler nehmen die Fehler, die sie außerhalb des Trainings machen, gelassener und selbstsicherer hin, ohne allzusehr in Verlegenheit zu geraten.

Recht auf Selbstsicherheit VI:
Jeder hat das Recht zu sagen: »Ich weiß nicht.«

Zu den Rechten auf Selbstsicherheit gehört auch, daß Sie entscheiden, was Sie tun wollen, ohne vorher über die Folgen der geplanten Aktion in allen Einzelheiten Bescheid zu wissen. Sie haben das Recht zu sagen »ich weiß nicht«, wenn Sie auf Fragen keine präzisen Antworten geben können. Wenn Sie sich schon vorher über jede mögliche Folge Ihrer Aktionen Fragen stellen würden, könnten Sie vermutlich kaum irgendein Vorhaben durchführen, ein Zustand, der Ihrem Manipulator wahrscheinlich sehr erwünscht wäre. Wenn jemand Ihnen durch sein Verhalten zu verstehen gibt, daß Sie genau wissen »sollten«, was sich aus der Durchführung Ihrer

Absicht ergeben könnte, setzt er voraus, daß Ihnen die folgende Anschauung anerzogen worden ist: *Du sollst jede Frage über die möglichen Folgen deiner Aktionen beantworten können, denn wenn du keine Antworten weißt, bist du dir nicht im klaren, welche Probleme du anderen Menschen bereiten wirst, und deshalb handelst du verantwortungslos und mußt kontrolliert werden.* Manipulationen dieser Art kommen im Alltag häufig vor. Die Teilnehmer meiner Kurse haben mir berichtet, daß ihnen von anderen Leuten vorgeworfen wird, sie seien verantwortungslos, weil sie nicht an die Folgen ihres selbstsicheren Verhaltens denken würden. Ein manipulativer Ehemann versuchte zu erreichen, daß seine Frau sich ihm wieder unterordnete und von ihm kontrollieren ließ, indem er sie fragte: »Was glaubst du wohl, was in diesem Land passiert, wenn jeder beschließen würde, sein eigener Richter zu sein?« Mit dieser Frage bezweckte der Ehemann, daß seine nunmehr selbstsichere Frau sich unwissend und damit auch unfähig fühlte, ihre eigenen Entscheidungen zu treffen. Nachdem seine Frau für sich selbst entschieden hatte, ob diese Frage eine Antwort erfordere, erwiderte sie: »Keine Ahnung. Was würde denn passieren?«

Eines Tages erschien ein Ehepaar, beide Ende fünfzig, bei mir. Ich sollte den Geisteszustand der Frau im Hinblick auf ihre Zwangseinweisung in eine Anstalt begutachten. Im Laufe des Gesprächs fand ich heraus, daß der Ehemann die Einweisung seiner Frau in ein Nervenkrankenhaus wünschte, weil sie sich weigerte, weiter mit ihm zusammenzuleben, und eine eigene kleine Wohnung haben wollte, so daß sie ihre Bedürfnisse befriedigen konnte, ohne ständig von ihrem Mann bedrängt zu werden. Es kommt in vielen gestörten Ehen vor, daß der eine Partner den anderen zum Psychotherapeuten schleppt, damit der Arzt dem angeblichen Kranken sagt, daß er ein Fehlverhalten zeigt. Als der Ehemann erkannte, daß ich nicht bereit war, ihm zu helfen, das Verhalten und die Wünsche seiner Frau zu kontrollieren oder sie gegen ihren Willen in eine Anstalt einweisen würde, nur weil sie von ihm unabhängig sein wollte, versuchte er mich zu manipulieren. Mit verächtlichem Beiklang in der Stimme sagte er: »Aber, Herr Doktor! Was würde wohl geschehen, wenn jede Ehefrau ihre eigene Wohnung haben wollte, sich ihre Bekannten nach eigenem Geschmack aussuchen und sich mit anderen Männern herumtreiben würde?« Ich unterdrückte den unprofessionellen Wunsch, ihm zu sagen, was meiner Meinung nach mit seiner Frau geschehen würde, wenn sie ihn verließe, und welche Chance sie dadurch haben würde, wieder eine eigenständige Persönlichkeit zu werden. Statt dessen beschränkte ich mich darauf, nur auf seine

Frage zu antworten: »Ich habe nicht die leiseste Ahnung. Was würde denn geschehen?« Es fiel ihm gar nicht auf, wie gelassen ich auf seine Frage reagiert hatte, und er sagte: »Würden Sie es für richtig halten, wenn Ihre Frau dasselbe zu Ihnen sagt, was meine Frau zu mir gesagt hat?« Ich erwiderte freimütig: »Ehrlich gesagt, ich würde mir weniger Gedanken darüber machen, ob das, was sie wünscht, richtig oder falsch ist, als vielmehr darüber, warum sie das, was sie wünscht, nicht bei mir findet.« Anscheinend war er nicht gewillt, sich mit dieser Alternative zu der Zwangseinweisung seiner Frau näher zu befassen, und so nahm er sie beim Arm und ging mit ihr hinaus. Die Erfahrung hat uns gelehrt, daß man niemandem eine Psychotherapie aufzwingen kann. Dieser bedauernswerte Mann war nur daran interessiert, das Verhalten seiner Frau zu kontrollieren, nicht aber daran, die Beziehung zwischen ihm und seiner Frau zu verbessern. Traurig, aber leider nur allzu oft wahr.

Eine Manipulation, deren Basis die anerzogene Anschauung ist, daß man auf jede Frage eine Antwort wissen muß, kann sowohl in unverhüllter als auch in subtiler Form erfolgen. Für gewöhnlich kann man sie an folgenden Redewendungen erkennen: »Was würde geschehen, wenn . . .«, »Was muß das für ein Freund, Mensch, Ehemann, Sohn usw. sein, wenn er . . .«. Um mit einer solchen Manipulation fertigzuwerden, brauchen Sie gar nicht wissen, was geschehen würde, wenn . . . Niemand kann alle Folgen seines Verhaltens im voraus abschätzen. Wenn der Manipulator das Bedürfnis hat, Spekulationen anzustellen, dann lassen Sie ihn das ruhig tun.

Recht auf Selbstsicherheit VII:

Jeder hat das Recht, vom guten Willen anderer unabhängig zu sein, bevor er sich mit ihnen befaßt.

Man kann es nicht allen Menschen recht machen. Was immer wir auch tun, irgend jemandem mißfällt es bestimmt, oder er wird vielleicht sogar in seinen Gefühlen verletzt. Wenn Sie glauben, daß für den Umgang mit einem anderen Menschen der gute Wille des Betreffenden eine Voraussetzung ist, setzen Sie sich in dem Maße manipulativen Einflüssen aus, das Ihrem Bedürfnis nach diesem guten Willen entspricht. Diese Ansicht ist weit verbreitet, aber für den erfolgreichen und selbstsicheren Umgang mit einem anderen Menschen sind Sie nicht auf dessen guten Willen angewiesen. Natürlich würde es keinem von uns gut tun, wenn wir uns von allen anderen Menschen abschließen. Die beste Verhaltensform ist, wenn wir nur für die Bedürfnisse der relativ wenigen Menschen, die uns wirklich nahestehen, empfänglich sind, doch muß das in einer realistischen Art und Weise geschehen. Menschen, zu denen wir eine kommerzielle oder eine Autoritätsbeziehung haben, können uns ihren guten Willen entziehen, trotzdem können wir mit ihnen auf einer sachlichen Basis umgehen, auch wenn sie uns nicht mögen. Viele meiner Schüler sind mit dieser Einstellung nicht einverstanden. Sie sagen, daß es ihnen nicht gefallen würde, bei irgendwelchen Unstimmigkeiten einen Kellner oder einen Verkäufer durch ein selbstsicheres Verhalten in die Enge zu treiben. Ich pflege darauf folgendes zu sagen: »Das klingt ja so, als ob der Verkäufer sein ganzes Gehalt für wohltätige Zwecke spendete, als er Ihnen das Zehn-Gang-Fahrrad verkaufte, bei dem nur vier Gänge funktionierten.« Oder: »Korrigieren Sie mich, falls ich mich irre, aber ich habe den Eindruck, daß sich in einer solchen Situation entweder der Kellner oder Sie unbehaglich fühlen würde. Was wäre Ihnen lieber – Sie oder der Kellner?«

Auch bei Beziehungen mit Gleichgestellten wird unsere Fähigkeit der Problembewältigung in keiner Weise beeinträchtigt, wenn unser Partner einen Mangel an gutem Willen zeigt. Bei vielen Ehepartnern ist es üblich, daß im Falle eines Konflikts einer dem anderen seinen guten Willen entzieht. Dieser vorübergehende Mangel an gutem Willen bedeutet nicht, daß die Ehe kaputt oder das Wochenende verdorben ist, oder daß der Rest des Abends nicht doch noch harmonisch verlaufen kann. Als ich mit meiner Lektorin Joyce Engelson über den Entzug des guten Willens diskutierte, faßte sie die Summe meiner jahrelangen klinischen Erfahrungen mit diesem Problem in wenigen Sätzen sehr treffend zusammen: »Die meisten Menschen geraten in panische Angst, wenn jemand ihnen mit dem Entzug seiner Zuneigung droht oder zeigt, daß er sie tatsächlich nicht mehr mag. Sie sind wie gelähmt und können weder ihr Berufs- noch ihr Privatleben zufriedenstellend bewältigen. Manchmal möchte man ihnen zurufen: *Du wirst nie geliebt werden, wenn du nicht riskieren kannst, daß man dich ablehnt.*«

Meine klinischen und persönlichen Erfahrungen haben mir gezeigt, daß ein Mensch einem anderen nur dann seinen guten Willen entzieht, wenn ihm das Vorteile einbringt. Wenn Sie reagieren, als ob Ihr Verhalten durch den Entzug des guten Willens Ihres Partners beeinflußt wird, gibt das Ihrem Partner ein wirksames manipulatives Instrument an die Hand, das er bestimmt wieder einsetzen wird. Wenn Sie sich nicht durch den Entzug des guten Willens manipulieren lassen, erbringt diese Methode Ihrem Partner keine Vorteile, und er wird sie immer seltener anwenden. Die anerzogene Anschauung, welche die Grundlage für diese Art von Manipulation bildet, besagt folgendes: *Du brauchst den guten Willen der Menschen, zu denen du in einer Beziehung stehst, andernfalls können sie dich daran hindern, irgendein Vorhaben zu realisieren. Du brauchst die Kooperation anderer Menschen, um überleben zu können. Es ist sehr wichtig, daß du beliebt bist.* Beispiele für Manipulationen auf der Basis dieser Anschauung kommen im Alltagsleben häufig vor, insbesondere in engen Beziehungen, aber auch in den Autoritätsinteraktionen am Arbeitsplatz und in der Schule. Beobachten Sie sich einmal selbst und Sie werden merken, daß Sie ängstlich und für eine Manipulation durch andere anfällig werden, wenn Sie automatisch glauben, was in folgenden Redewendungen angedeutet wird: »Das werde ich nicht vergessen«, »das wird dir noch einmal leid tun« oder »eher vereist die Hölle, bevor ich . . .« Es gibt auch subtilere Andeutungen, wie z. B. ein »verletzter« oder »kühler« Blick. Solche Aussagen ähneln in Sinn und Absicht denjenigen, mit deren Hilfe wir als Kinder konditioniert wurden, automatisch Angst zu empfinden. Wenn wir den Erwachsenen lästig fielen, sagte man, um unser Verhalten zu kontrollieren, z. B. folgendes: »Wenn du nicht aufhörst (unausgesprochen: wenn du mich weiter ärgerst), wird der schwarze Mann dich holen (unausgesprochen: dann mag ich dich nicht mehr und werde dich nicht vor ihm beschützen).« Wenn ein Erwachsener auf die Bemerkung »das werde ich nicht vergessen (ich mag dich nicht mehr, und vielleicht kann ich mich eines Tages rächen)«, ängstlich reagiert, bedeutet das, daß er sich in die Bedingungen der Kindheit zurückversetzt fühlt, als er hilflos war und den guten Willen und die Freundschaft aller anderen Menschen brauchte, um sich glücklich und geborgen zu fühlen. Wenn Sie nach solchen einschüchternden Andeutungen über mögliche Vergeltungsmaßnahmen selbst entscheiden, ob Sie den guten Willen aller anderen Menschen brauchen, um glücklich zu sein, werden Sie wahrscheinlich vernünftig und selbstsicher erwidern: »Das verstehe ich nicht, was wirst du nicht vergessen?«, oder: »Das verstehe ich nicht, das klingt ja ganz so, als ob du mich nicht mehr leiden kannst.« Es ist nicht nötig, daß andere Ihr Verhalten gutheißen oder bewundern, noch brauchen Sie Angst davor zu haben, daß man Sie vielleicht nicht mag. Wichtig ist nur, daß Sie Ihr Ziel erreichen, Form und Stil sind dabei gleichgültig.

Vielen von uns fällt es schwer, auf eine Bitte oder auf eine Einladung mit einem schlichten »Nein« zu antworten. Aus irgendeinem unklaren Grund nehmen wir bewußt oder unbewußt an, daß die andere Person unsere

Weigerung nicht bewältigen kann und verletzt sein wird, oder daß man ohne eine vollkommene Übereinstimmung beider Seiten keine Beziehung aufrechterhalten kann. Das Ergebnis dieser selbstunsicheren Einstellung wird durch das folgende Beispiel demonstriert: Sie werden zu einer geselligen Veranstaltung eingeladen. Würden Sie es wagen, selbstischer Ihre wahre Meinung zu enthüllen, indem Sie schlicht und einfach sagen: »Nein, dieses Wochenende habe ich keine Lust, verschieben wir es auf einen späteren Zeitpunkt«? Statt dessen erfinden Sie »gute« Gründe, um zu verhindern, daß die andere Person verärgert ist, sich zurückgestoßen fühlt und Sie möglicherweise nicht mehr mag. Wir praktizieren dieses alberne Verhalten auf Grund der anerzogenen Anschauung, daß wir nicht viel erreichen können, wenn wir etwas tun, das andere Leute veranlaßt, uns ihren guten Willen ganz oder teilweise zu entziehen. Obwohl ich Verallgemeinerungen für gefährlich und nutzlos halte, ist unser Verhalten auf diesem Gebiet so kindlich, daß ich doch folgendes sagen möchte: Man kann nicht in ständiger Angst davor leben, daß man die Gefühle anderer verletzt. Manchmal tut man es eben. Auch das gehört zum Leben.

Recht auf Selbstsicherheit VIII:
Jeder hat das Recht, unlogische Entscheidungen zu treffen.

Die Logik ist der Prozeß des folgerichtigen Erkennens, der uns oft helfen kann, etwas zu beurteilen, einschließlich unserer eigenen Person. Aber nicht immer entsprechen logische Aussagen der Wahrheit, und durch logische Schlußfolgerungen kann man nicht immer vorhersagen, was in einer bestimmten Situation geschehen wird. Insbesondere ist die Logik dann von keinem großen Nutzen, wenn es um unser Verhalten gegenüber eigenen und fremden Bedürfnissen, Motivationen und Gefühlen geht. Logik und Schlußfolgerungen gestatten nur klare und definitive Aussagen. Aber unsere Bedürfnisse, Motivationen und Gefühle sind nicht immer klar definiert. Oft haben wir in bezug auf Dinge und Personen gemischte Gefühle. Die Intensität unserer Gefühle kann von Zeit und Ort abhängen. Vielleicht haben wir sogar in ein und demselben Zeitpunkt unterschiedliche Wünsche. In dieser »unlogischen« Grauzone der menschlichen Natur kann uns die Logik nicht viel weiterhelfen bei dem Versuch, zu begreifen, warum wir bestimmte Wünsche haben, oder wie wir Probleme lösen sollen, die durch kontroverse Motivationen entstanden sind.

Andererseits ist die Logik ein gutes Hilfsmittel, wenn man jemanden überreden will, sein Verhalten zu ändern. Wenn ich einem kleinen Kind die Bedeutung des Wortes »Logik« erklären sollte, würde ich mit folgender Ausdeutung nicht allzu weit von der Wahrheit abweichen: »Logik ist das, was andere Leute benützen, um zu beweisen, daß du im Irrtum bist«, und das Kind würde begreifen, was ich meine. Die Logik ist einer der externen Maßstäbe, den viele Menschen zur Beurteilung des eigenen und des Verhaltens anderer anwenden. Trotz des Mißbrauchs der Logik in zwischenmenschlichen Beziehungen haben viele von uns die anerzogene Meinung, daß wir zur Rechtfertigung unserer Wünsche und Ziele und unserer Handlungen »gute« Gründe angeben müssen, und daß das scharfe Skalpell der Logik und der Schlußfolgerungen den Knoten unserer verwirrten Gefühle durchschneidet und den Weg, den wir nehmen sollen, freilegt. Viele Leute bedienen sich der Logik, um uns so zu manipulieren, daß wir ihre Wünsche erfüllen. Die Basis für diese Manipulation ist die folgende anerzogene Anschauung: *Du mußt der Logik folgen, weil sie besser urteilen kann als irgendeiner von uns.* Auch diese Art der Manipulation kommt im Alltag häufig vor. So erklärt z. B. ein Ehepartner dem anderen, daß sie irgendein Vorhaben aufgeben sollten, »weil es zu anstrengend ist«, oder »weil wir morgen sehr früh aufstehen müssen«, oder wegen irgendeiner anderen negativen Konsequenz, die sich aus dem ergeben könnte, was wir wünschen. Diese Manipulation geschieht in einer hilfreichen, altruistischen und logischen Art und Weise, ohne daß der Manipulator klar und deutlich sagt, was er statt des ursprünglich beabsichtigten Unternehmens tun möchte. Die logische Manipulation vereitelt ein Gespräch der Ehepartner über die kontroversen Bedürfnisse und bewirkt außerdem, daß der manipulierte Partner sich schuldig oder unwissend fühlt, weil er ein so unlogisches Verhalten auch nur vorgeschlagen hat.

Die Anwendung von Logik bedeutet nicht unbedingt, daß Sie ein anstehendes Problem meistern werden. Ihre tatsächliche Bedeutung ist, daß Sie bei Ihren Überlegungen nur Dinge in Betracht ziehen, die Sie vollkommen begreifen, aber in vielen Fällen wird die Lösung des Problems weit außerhalb dieser Grenzen liegen. Manchmal werden Sie einfach raten müssen, gleichgültig wie grob oder unelegant dieser intellektuelle Prozeß ist.

Recht auf Selbstsicherheit IX:
Jeder hat das Recht zu sagen: »Das verstehe ich nicht.«

Sokrates hat gesagt, daß die wahre Weisheit erst dann zu uns kommt, wenn uns bewußt wird, wie wenig wir über das Leben, uns selbst und unsere Umwelt wissen. Diese Aussage ist eine treffende Beschreibung eines Aspekts der menschlichen Natur. Kein Mensch hat ein so schnelles und präzises Wahrnehmungsvermögen, daß er das meiste von dem, was um uns herum geschieht, begreifen könnte. Trotz dieser von der Natur gezogenen Grenzen sind wir durchaus überlebensfähig. Wir lernen unser Verhalten durch eigene Erfahrungen, und durch die Erfahrungen mit anderen Menschen lernen wir, daß wir nicht immer begreifen, was eine andere Person meint oder wünscht.

Nur sehr wenige von uns können die Gedanken anderer lesen, und das auch nur sehr mangelhaft, und doch versuchen viele Menschen, uns ihren Wünschen gefügig zu machen, indem sie uns durch Anspielungen, Andeutungen und versteckte Vorschläge manipulieren, oder aber indem sie sich so verhalten, als ob sie von uns erwarten, daß wir etwas für sie tun. Die anerzogene Anschauung, die diese Art der Manipulation ermöglicht, besagt folgendes: *Wenn wir alle ohne Disharmonie zusammenleben wollen, mußt du die Bedürfnisse anderer Menschen erahnen und auf sie reagieren. Es wird von dir erwartet, daß du diese Bedürfnisse verstehst, ohne dadurch Probleme zu verursachen, daß du von anderen Menschen verlangst, dir ihre Bedürfnisse zu erklären. Wenn du nicht begreifst, was andere Menschen wünschen, bist du nicht fähig, mit ihnen in Harmonie zu leben und bist verantwortungslos oder unwissend.* Beispiele für diese Art der Manipulation kommen im Alltag häufig vor. Familienmitglieder, Berufskollegen usw., die an dieser Anschauung festhalten, können durch »verletzte« oder zornige Blicke oder auch durch Schweigen versuchen, Sie so zu manipulieren, daß Sie Ihr Verhalten ihnen gegenüber ändern. Diese manipulativen Versuche erfolgen für gewöhnlich nach einem Konflikt zwischen Ihnen und der »verletzten« Partei, der dadurch entstanden ist, daß Sie etwas getan haben, was der Gegenseite mißfällt. Statt daß Sie mit Hilfe der verbalen Selbstsicherheit versuchen, Ihre Wünsche durch einen Kompromiß wenigstens teilweise durchzusetzen, treffen diese Leute für Sie die Entscheidung, daß Sie etwas »Falsches« getan haben; daß Sie intuitiv verstehen »sollten«, daß den anderen Ihr Verhalten mißfällt; daß Sie ebenso intuitiv verstehen »sollten«, welche Art von Verhalten ihnen mißfällt; und daß Sie Ihr

Verhalten ihnen gegenüber ändern »sollten«, damit sie nicht länger verletzt oder zornig sind. Wenn Sie eine solche Manipulation zulassen, wird Ihnen schließlich nicht nur jeder Weg versperrt sein, das zu tun, was *Sie* wünschen, sondern Sie werden als Sühne für Ihre Wünsche irgend etwas anderes tun.

Diese Manipulation, die auf dem anerzogenen Glauben basiert, daß Sie »verstehen müssen«, findet man auch in kommerziellen Interaktionen. Wenn Sie z. B. zum ersten Mal zu einem Arzt gehen, müssen Sie einen Vordruck mit Fragen über Ihre Person, die Art Ihrer Versicherung, Ihren Arbeitsplatz usw. ausfüllen, was manchmal länger dauert als die Untersuchung. Bisweilen habe ich den – sicherlich falschen – Eindruck, daß der Arzt glaubt, man bittet ihn um ein Darlehen und nicht um eine ärztliche Behandlung.

Als ich kürzlich zu einem Orthopäden ging, wurde verlangt, daß ich meine Sozialversicherungsnummer angebe. Das war mir zuviel, und ich hörte auf, die Karte auszufüllen. Die Arzthilfe sagte, ich müsse die Nummer angeben, sonst könnte ich nicht behandelt werden. Als ich erwiderte, ich könne nicht verstehen, warum die Sozialversicherungsnummer für die Behandlung meines Ellbogens wichtig sei, sagte die Arzthelferin nur, die Nummer sei erforderlich, und ihre herablassende Miene sagte zusätzlich, daß ich wissen »sollte«, warum diese Auskunft notwendig sei. Da ich trotz all meiner Erfahrungen als Psychologe noch immer keine Gedanken lesen konnte, wiederholte ich mein Argument. Daraufhin erklärte die Arzthelferin mir, viele Fälle würden von der Arbeiterwohlfahrt und anderen Organisationen überwiesen, und die Nummer diene der Erleichterung des Schriftverkehrs. Inzwischen war ich fest entschlossen, mich zu behaupten, und traf meine eigene Entscheidung über die Notwendigkeit, Leuten, die ich für ihre Dienste bezahlte, meine Sozialversicherungsnummer bekanntzugeben. Nun, ich wurde trotzdem ausgezeichnet verarztet. Bis heute kann ich nicht verstehen, warum ich wegen einer solchen Lappalie soviel Aufheben machte. Wenn Sie ebenso wie ich nicht einmal Ihre eigenen Gedankengänge vollständig begreifen, wie können Sie dann von sich erwarten, daß Sie die Gedanken anderer Menschen verstehen?

Recht auf Selbstsicherheit X:
Jeder hat das Recht zu sagen: »Das ist mir gleichgültig.«

Sie werden bemerkt haben, daß die hier beschriebenen Rechte auf Selbstsicherheit überlappen; das liegt daran, daß es sich bei ihnen nur um detaillierte Abhandlungen des wichtigsten Rechts handelt – des Rechts, Ihr eigener oberster Richter zu sein. Auch bei den am häufigsten verbreiteten Anschauungen, welche die Basis für die Manipulation Ihres Verhaltens durch andere sind, kommt es zu Überlappungen, da sie alle das Gleiche aussagen, wenn auch auf verschiedene Art und Weise – nämlich daß Sie *nicht* Ihr eigener oberster Richter sind. All die selbstunsicheren Anschauungen und Methoden, durch deren Anwendung versucht wird, Ihr Verhalten zu manipulieren, setzen folgendes voraus: Wenn Sie kein vollkommener Mensch sind, »sollten« Sie zumindest nach Vollkommenheit streben, und wenn Sie nicht Ihr Selbst verbessern können, »sollten« Sie wenigstens den *Wunsch* haben, Ihr unbefriedigendes Verhalten zu verbessern. Wenn Sie diese Art und Weise der Betrachtung Ihrer Person akzeptieren, sind Sie für jede nur erdenkliche Manipulation Ihres Verhaltens anfällig. In Worten ausgedrückt, würde diese Einstellung ungefähr so klingen: *Auf Grund deiner menschlichen Natur bist du minderwertig und hast viele Makel. Du mußt versuchen, dieses Menschsein wettzumachen, indem du danach strebst, dich zu verbessern, bis du in jeder Hinsicht vollkommen bist. Da du aber ein Mensch bist, wirst du diese Verpflichtung wahrscheinlich nicht erfüllen können; trotzdem mußt du den Wunsch haben, dich zu verbessern. Wenn jemand dir erklärt, wie du dich selbst verbessern kannst, bist du wirklich verpflichtet, dieser Anleitung Folge zu leisten. Tust du das nicht, bist du verdorben, faul, degeneriert und wertlos und verdienst nicht, daß andere Menschen – einschließlich du selbst – dich achten.* Wenn Sie sich bemühen, in irgendeiner Beziehung vollkommen zu sein, erwarten Sie nur Enttäuschung und Frustration. Sie haben jedoch das Recht zu sagen, daß Sie keinen Wert darauf legen, gemäß der Definition irgendeines Menschen, einschließlich Ihrer selbst, vollkommen zu sein, denn was dem einen sin Ul', ist dem andern sin Nachtigall.

Diese Art der Manipulation wird in vielen Beziehungen angewendet. So kann z. B. Ihr Ehepartner versuchen, Ihren Hang zur Unordentlichkeit zu kontrollieren, indem er sagt: »Du verstreust immer deine Sachen im ganzen Haus. Hast du denn nie den Wunsch, dich zu bessern?« Wenn Sie in die manipulative Falle gehen, daß Sie wünschen »sollten«, Ihr Verhalten zu verbessern (gemäß der willkürlichen Entscheidung eines anderen Menschen, wie eine solche Verbesserung aussehen sollte), sind Sie gezwungen zu begründen, warum Sie Ihre Sachen so unordentlich herumliegen ließen: es war gestern schon so spät, ich war zu müde, ich habe es einfach vergessen, ich tue es ja nicht oft, und was der kindlichen Reaktionen mehr sind. Wenn Sie jedoch selbstsicher entscheiden, ob Sie sich selbst verbessern wollen oder nicht, reagieren Sie wahrscheinlich realistischer auf diese Situation: »Es ist mir klar, daß ich besser Ordnung halten sollte, aber manchmal ist es mir einfach gleichgültig. Ich weiß, daß du dich darüber ärgerst, aber vielleicht können wir einen Kompromiß schließen. Wenn du mich nicht herunterputzt, weil ich etwas getan habe, das dir mißfällt, werde ich versuchen, dich nicht herunterzuputzen, wenn du mich ärgerst. Sag es mir einfach, wenn ich etwas tue, was dich stört, und ich werde es genau so halten.« So etwas nenne ich eine ehrliche Sprache und eine offene Kommunikation.

Im Berufsleben wird oft darüber diskutiert, wie man die eigene Leistung verbessern könnte, oder daß es besser oder wirksamer oder ästhetischer wäre, dies oder jenes zu ändern. Einer meiner Patienten, den ich Gerhard nennen will, war Geschäftsleiter eines großen Einzelhandelsgeschäfts. Er hatte durch Erfahrung gelernt, wie er die Ware am besten zur Schau stellen konnte. Als er zu mir kam, war er sehr depressiv, weil ein paar neue Angestellte ständig versuchten, ihn so zu manipulieren, daß er ihnen die Dekorationsarbeiten übertrug, statt sie bei der Kundenbedienung einzusetzen, wie er es wollte. Sie wiesen ihn immer wieder darauf hin, wie man die bisherigen Arrangements verbessern könnte. Gerhard wußte nicht, wie er diese Manipulation bewältigen sollte, und eines Tages machte er seinem angestauten Ärger Luft, was für den Geschäftsbetrieb negative Folgen hatte. Nach ein paar Wochen systematischen Selbstsicherheitstrainings war Gerhard fähig, mit dieser Art von manipulativer Einmischung gelassen fertigzuwerden, ohne daß der Betrieb darunter litt. Außerdem war er erfreut über die Entdeckung, daß er keineswegs vollkommen sein mußte und nicht einmal den Wunsch zu haben brauchte, sich selbst zu verbessern.

In vielen Fällen ist es außerordentlich schwierig, eine Manipulation, die darauf basiert, daß Sie sich verbessern »sollten«, zu bewältigen. Der einzige sichere Weg, wie Sie das erreichen können, besteht darin, daß Sie sich fragen, ob Sie mit Ihrer Leistung oder mit sich selbst zufrieden sind, *und dann selbst entscheiden, ob Sie etwas ändern wollen oder nicht.* Von vielen meiner Schüler und Patienten habe ich im Anfangsstadium des Selbstsicherheitstrainings zu hören bekommen, daß es für sie oft schwierig ist, zwischen einer Manipulation ihres Verhaltens und ihren eigenen Wünschen zu unterscheiden. Diese Unsicherheit wird z. B. so geschildert: »Ich möchte dies oder jenes tun, und dann denke ich plötzlich: ›Nein, das kann ich nicht tun!‹ Es ist niemand da, der mich manipuliert. Manipuliere ich mich selbst?« Um ihnen auf möglichst einfache Art und Weise zu helfen, die Lage klarer zu sehen, fordere ich sie auf, ihren inneren Konflikt in eine der folgenden drei Kategorien einzordnen: »Ich wünsche«, »Ich muß«, »Ich sollte«. Die erste Kategorie ist eindeutig: Ich möchte dreimal in der Woche ein Steak zum Abendessen haben, ich möchte ins Kino gehen, statt eine Fernsehsendung anzusehen, ich möchte den Rest meines Lebens am Strand von Tahiti verbringen. Aus diesen Wünschen ergeben sich bestimmte Forderungen und Folgen. Die Forderungen sind Kompromisse, die Sie mit sich selbst oder mit anderen schließen. Wenn ich mir dreimal in der Woche ein Steak *wünsche,* dann muß ich mir das Geld dafür beschaffen. Wenn ich das Geld beschaffen muß – und zwar auf ehrliche Art und Weise! –, muß ich eine Arbeit tun, durch die ich genug verdiene, so daß ich mir dreimal in der Woche ein Steak leisten kann (oder irgendein anderer Kompromiß, der praktikabel ist). Wenn ich heute Abend *wünsche,* ins Kino zu gehen, *muß* ich auf meine Lieblingssendung im Fernsehen verzichten. Wenn ich mir wünsche, den Rest meines Lebens am Strand von Tahiti zu verbringen, muß ich mich an tropische Kost gewöhnen. Alle diese Folgen, die sich aus einem bestimmten Wunsch ergeben, sind unkompliziert. Sie brauchen nur zu entscheiden, ob der *Wunsch* das *Muß* wert ist. Oft wird jedoch »Ich muß« mit »Ich sollte« verwechselt, und dann gibt es Verwirrung. Als Faustregel gilt, daß ein »Sollte« als manipulative Struktur einzuordnen ist, die angewendet wird, damit Sie das tun, was jemand anders wünscht, oder als eine willkürliche Struktur, die Sie sich selbst auferlegen, um Ihre Unsicherheit in bezug auf das, was Sie »tun können oder nicht tun können«, zu bewältigen. Zum Beispiel: *Ich sollte* arbeiten, weil jeder Mensch produktiv sein *sollte,* und nicht nur, weil ich mir dreimal in der Woche zum Abendessen Fleisch wünsche; ich *solle* abends ausgehen, weil ich nicht immer vor dem Fernseher sitzen *sollte;* Ich *sollte* nicht den Wunsch haben, nach Tahiti zu übersiedeln, weil niemand ein Strandgammler sein *sollte.* Wann immer Sie sich selbst oder jemand anders »sollte« sagen hören, fahren Sie Ihre antimanipulative Antenne so weit wie möglich aus und lauschen Sie aufmerksam. Sehr wahrscheinlich folgt bald eine Botschaft nach, deren Text »du bist nicht dein eigener Richter« lautet.

4. KAPITEL
Die erste Stufe auf dem Weg zur Selbstsicherheit: Beharrlichkeit

Nachdem Sie das Material über Ihre Rechte auf Selbstsicherheit durchstudiert haben, möchten Sie vielleicht das Gleiche sagen wie einer meiner Schüler: »Insgeheim habe ich schon immer so über mich und die anderen Menschen gedacht. Aber sowie ich es in Worten ausdrückte, wurde mir jedesmal gesagt, daß diese Art des Denkens falsch sei . . . daß ich keine Gefühle dieser Art haben sollte. Ich freue mich, daß andere Leute glauben, daß ich ein Recht auf meine eigenen Gedanken und Methoden habe. Wunderbar – aber ich weiß immer noch nicht, wie ich es anzufangen habe, daß ich selbstsicher bin. Was soll ich jetzt tun?« Die Antwort ist sehr einfach: »Tun Sie nichts . . . noch nicht.« Um selbstsicher zu sein, müssen Sie nicht nur Ihre Rechte kennen, sondern Sie müssen auch lernen, sie in der Praxis anzuwenden. Wie ich im Einführungskapitel sagte, hat der Mensch in einer Konfliktsituation als Alternative zu der primitiven Bewältigung durch Kampf oder Flucht die einzigartige Fähigkeit der verbalen Problembewältigung, die ihm gestattet, Schwierigkeiten durch das Gespräch mit anderen zu bereinigen. Ein wichtiger Bestandteil dieser Fähigkeit ist unser selbstsicheres verbales Verhalten. Zur Durchsetzung der Rechte auf Selbstsicherheit genügt es nicht, nur darüber zu reden. Die Existenz dieser Rechte und der Umstand, daß Sie sie als einen Teil Ihres Selbst akzeptieren, bedeutet nicht, daß andere Leute sie respektieren oder begreifen, oder daß sie ihr manipulatives Verhalten ändern, selbst wenn Sie ihnen Ihre Rechte erklären. Wenn Sie zu einem Verkäufer, der Sie zu manipulieren versucht, sagen: »Hören Sie auf, mich zu manipulieren!«, würde er vermutlich antworten: »Von was für einer Manipulation reden Sie? Ich habe Sie nicht angerührt. Hat irgend jemand gesehen, daß ich die Dame angefaßt habe? Hast du gesehen, daß ich sie manipuliert habe, Otto?« Oder wenn Sie als Reaktion auf sein manipulatives Verhalten sagen: »Ich bin mein eigener oberster Richter«, wird er wahrscheinlich denken: »Was ist denn das für ein Verrückter? Ich versuche, ihm unseren Ersatzteildienst zu erklären, und er will philosophieren!« Oder wenn Sie Ihrer Mutter Ihre Rechte auf Selbstsicherheit erklären, weil sie versucht, durch Manipulation zu erreichen, daß Sie öfter zu ihr kommen, würde sie nicht nur denken, daß Sie als Erwachsener genauso eigensinnig und verzogen sind, wie Sie es als Kind waren, sondern daß Sie jetzt auch noch verrückte Ideen haben. Sie ist vielleicht an Ihren Rechten auf Selbstsicherheit genauso wenig interessiert wie der Verkäufer, oder sie schiebt sie einfach beiseite: »Das hört sich wunderschön an, Liebes, und ich bin froh, daß ich dich auf die höhere Schule geschickt habe. Wann kommst du mich wieder besuchen?«

Um Ihre Rechte auf Selbstsicherheit durchzusetzen und der Manipulation Ihres Verhaltens Einhalt zu gebieten, müssen Sie Ihre Reaktion auf eine Manipulation ändern, das heißt, Sie müssen das Verhalten ändern, das Sie für Manipulationen anfällig macht. Alle nachfolgenden Kapitel befassen sich mit dem Erlernen selbstsicherer verbaler Fertigkeiten, die Ihnen wirkungsvoll helfen, Ihre Rechte auf Selbstsicherheit in den Beziehungen zu anderen Menschen geltend zu machen.

Schallplatte mit Sprung

Wenn ich meine Schüler in die erste systematische verbale Fertigkeit, die Methode der Schallplatte mit Sprung, einführe, beginne ich mit der Frage: »Warum sind Sie für gewöhnlich der Verlierer, wenn Sie mit einem Automechaniker wegen der Korrektur nachlässig durchgeführter Reparaturen in Konflikt geraten?« Die Antwort ist jedesmal ein tiefes Schweigen. »Sie wissen es also nicht?« fahre ich fort. »Dann will ich es Ihnen sagen. Weil Sie so gut wie immer nach dem ersten ›Nein‹ aufgeben. Wenn jemand ›nein‹ zu Ihnen sagt, dann sagen Sie ›na gut‹ oder murmeln irgend etwas Unfreundliches und gehen. Sie verlieren, weil Sie zu leicht aufgeben. Ihr Gegenspieler hat nur ein paar Standard-Nein auf Lager. Wenn er drei hat, brauchen Sie nur vier, wenn er sechs hat, brauchen Sie nur sieben. So einfach ist das.« An dieser Stelle erfolgt jedesmal ein Einwurf: »Das kann ich nicht. Ich kann es nicht einfach ignorieren, wenn jemand ›nein‹ gesagt hat.« Meine Antwort: »Was soll das heißen, Sie *können* nicht. Es gibt ja niemanden, der Sie mit Gewalt daran hindert. Ich respektiere Ihre Entscheidung, daß Sie es *nicht wollen*, aber ich respektiere nicht, daß Sie es *nicht können*. Und wenn Sie es nicht wollen, dann sind Sie zweifellos so erzogen worden wie wir alle: Sie sollen nett sein und brav zuhören, wenn der Automechaniker ›nein‹ zu Ihnen sagt. Stimmt's? Schließlich will er ja nur das, was wir alle wollen, nämlich seinen Lebensunterhalt verdienen. Er muß seine Familie ernähren, genau wie Sie. Wenn er Verlustgeschäfte macht, kann er seiner Familie nicht das bieten, was sie haben will. Aber wenn er Pfuscharbeit leistet, wo steht dann geschrieben, daß Sie seine geschäftliche Existenz sichern und ihm zu einem Profit verhelfen müssen?«

Wenn auch Sie so reagieren wie dieser Schüler, müssen Sie lernen, wie man sich durch Beharrlichkeit behauptet. Einer der wichtigsten Aspekte der verbalen Selbstsicherheit ist, daß Sie Ihre Wünsche beharrlich wiederholen, ohne dabei zornig, gereizt oder laut zu werden. Um die Kommunikation in einer Konfliktsituation aufrechtzuerhalten, müssen Sie beharrlich sein und dürfen sich nicht von Ihrem Ziel abbringen lassen. Ein selbstunsicherer Mensch läßt sich von einer Wortlawine überrollen und außer Gefecht setzen, wenn sein Gegenspieler eine »logische« Begründung für sein ›Nein‹ gibt. Deshalb muß ein selbstunsicherer Mensch lernen, keine Gründe oder Rechtfertigungen oder Entschuldigungen für seine Wünsche anzubieten; er muß Aussagen, die sein Schuldgefühl erwecken, ignorieren. Eine verbale Fertigkeit, mit deren Hilfe selbstunsichere Menschen lernen, wie sie das erreichen können, besteht in einer Technik, die mein Kollege Dr. Zev Wanderer entwickelt und als erster im Selbstsicherheitstraining angewendet hat, und der er die treffende Bezeichnung *Schallplatte mit Sprung* gab. Durch die Übung, wie eine Schallplatte mit Sprung zu reden, lernen wir, beharrlich zu sein und am Thema festzuhalten, immer wieder das zu sagen, was wir sagen wollen, und alle Abweichungen vom Thema, die von der Gegenseite vorgebracht werden, zu ignorieren. Mit Hilfe dieser Technik verhindern Sie, daß die Gegenseite Sie einschüchtert; Sie wiederholen so lange, was Sie wünschen, bis die Gegenseite Ihrem Wunsch nachkommt oder kompromißbereit ist. Der Zweck dieser Methode ist nicht, daß Sie lernen, wie eine Schallplatte mit Sprung zu reden, sondern Sie zu lehren, wie Sie sich durch Beharrlichkeit durchsetzen können. Zur Verdeutlichung folgt hier ein einfacher Dialog, wie er sich in einer simplen kommerziellen Situation abspielen könnte.

Dialog Nr. 1
Karl und der Angestellte im Supermarkt

Karl war in einer Nachbargemeinde in der Abteilung für Öffentlichkeitsarbeit beschäftigt und nahm an einem meiner Kurse teil. Nach der vierten Unterrichtsstunde erzählte er mir, daß er am vergangenen Sonnabend für seine Frau zum Einkaufen gegangen war, und als er die Tüten zu Hause auspackte, konnte er das Fleisch nicht finden, das er gekauft hatte. Karl fragte seinen Vater, der zu Besuch gekommen war, ob er ihn zum Supermarkt begleiten wolle.

Szene des Dialogs: Die Warenausgabe des Supermarkts.

Angestellter: Sie wünschen?

Karl: Ich habe heute unter anderem drei Steaks, einen Rinderbraten und zwei Hühner gekauft. Als ich die Sachen zu Hause auspackte, fehlte das Fleisch. Ich möchte mein Fleisch haben.

Angestellter: Haben Sie schon in Ihrem Wagen nachgesehen?

Karl: Ja. Ich möchte mein Fleisch haben. *(Schallplatte mit Sprung)*

Angestellter: Ich glaube nicht, daß ich Ihnen helfen kann. *(Ausweichen vor der Verantwortung)*

Karl: Ich verstehe Ihre Einstellung, aber ich möchte mein Fleisch haben. *(Schallplatte mit Sprung)*

Angestellter: Haben Sie Ihren Kassenbon?

Karl: Ja, hier ist er, und jetzt möchte ich mein Fleisch haben. *(Schallplatte mit Sprung)*

Angestellter: Hier sind sechs Portionen Fleisch getippt.

Karl: Stimmt. Ich möchte mein Fleisch haben. *(Schallplatte mit Sprung)*

Angestellter: Ich habe mit der Fleischabteilung nichts zu tun. (Ausweichen vor der Verantwortung)

Karl: Ich kann Ihre Einstellung verstehen, aber Sie sind derjenige, dem ich das Geld gegeben habe, und ich möchte mein Fleisch haben. *(Schallplatte mit Sprung)*

Angestellter: Sie müssen nach hinten gehen und mit dem Abteilungsleiter sprechen. (Ausweichen vor der Verantwortung)

Karl: Wird er mir mein Fleisch geben? *(Schallplatte mit Sprung)*

Angestellter: Er ist für diese Angelegenheit zuständig. (Ausweichen vor der Verantwortung)

Karl: Wie heißt er?

Angestellter: Herr Schmidt.

Karl: Rufen Sie ihn bitte her.

Angestellter: Gehen Sie ruhig nach hinten, Sie werden ihn schon finden. (Ausweichen vor der Verantwortung)

Karl: Ich sehe dort hinten niemanden, bitte rufen Sie ihn her. *(Schallplatte mit Sprung)*

Angestellter: Gehen Sie nach hinten, er kommt sicher gleich. (Ausweichen vor der Verantwortung)

Karl: Ich habe keine Lust, nach hinten zu gehen und stundenlang zu warten. Ich habe es eilig, also rufen Sie ihn bitte her. *(Schallplatte mit Sprung)*

Angestellter: Sie halten den Betrieb auf, die anderen Kunden wollen schließlich auch bedient werden. (Induziertes Schuldgefühl: Sind Ihnen andere Menschen gleichgültig?)

Karl: Ich weiß, daß sie bedient werden wollen, genauso wie ich bedient werden möchte. Bitte holen Sie den Leiter der Fleischabteilung her. *(Schallplatte mit Sprung)*

Angestellter: (Sieht Karl ein paar Sekunden lang prüfend an, sagt etwas zu dem Mädchen in der Scheckannahme und kommt zurück) Er wird gleich hier sein.

Karl: Vielen Dank.

Ein paar Minuten später kommt Herr Schmidt, der Leiter der Fleischabteilung, zur Warenausgabe.

Angestellter: Der Kunde hier hat das Fleisch verloren, das er gekauft hat.

Schmidt zu Karl: Wo haben Sie es verloren?

Karl: Hier, ich habe es nämlich gar nicht bekommen, und ich möchte mein Fleisch haben. *(Schallplatte mit Sprung)*

Schmidt: Haben Sie den Kassenbon?

Karl: Hier ist er, und ich möchte mein Fleisch haben. *(Schallplatte mit Sprung)*

Schmidt: Hier sind sechs Posten von der Fleischabteilung.

Karl: Stimmt, drei Steaks, ein Rinderbraten, zwei Hühner. Und jetzt möchte ich bitte mein Fleisch haben. *(Schallplatte mit Sprung)*

Schmidt: Haben Sie in Ihrem Wagen nachgesehen, ob die Sachen aus der Tüte gefallen sind? (Induzierung von Unwissenheit und Schuldgefühlen: Ihre Handlungen müssen überprüft werden. Sie sind kein zuverlässiger Mensch.)

Karl: Ja, und ich möchte mein Fleisch haben. *(Schallplatte mit Sprung)*

Schmidt: Könnten Sie die Sachen irgendwoanders verloren haben? (Induzierung von Unwissenheit und Schuldgefühlen)

Karl: Ja, hier. Und jetzt will ich mein Fleisch haben. *(Schallplatte mit Sprung)*

Schmidt: Ich meinte irgendwo außerhalb unseres Geschäfts.

Karl: Nein. Ich möchte mein Fleisch haben. *(Schallplatte mit Sprung)*

Schmidt: Die meisten Leute, die behaupten, daß sie gekaufte Waren verloren haben, erinnern sich später, daß sie die Sachen irgendwoanders liegengelassen haben. Wie wäre es, wenn Sie morgen wieder herkommen, falls Sie die Sachen nicht finden können? (Induzierung von Unwissenheit und Schuldgefühlen: Sie haben kein gutes Gedächtnis und haben sich geirrt)

Karl: Ich kann Ihre Einstellung verstehen, aber ich möchte mein Fleisch haben. *(Schallplatte mit Sprung)*

Schmidt: Wir machen gleich zu. (Induzierung von Schuldgefühlen: Sie hindern mich daran, pünktlich nach Hause zu gehen.)

Karl: Ich kann Sie gut verstehen, aber ich möchte mein Fleisch haben. *(Schallplatte mit Sprung)*

Schmidt: Ich kann nicht darüber entscheiden. (Ausweichen vor der Verantwortung)

Karl: Wer ist dafür zuständig?

Schmidt: Der Geschäftsführer.

Karl: Gut. Rufen Sie ihn her.

Schmidt: Er ist jetzt sehr beschäftigt. Kommen Sie doch Montag wieder her und reden Sie dann mit ihm. (Induzierung von Schuldgefühlen: Er ist ein vielbeschäftigter, wichtiger Mann, und Sie sollten ihn nicht mit einer solchen Lappalie belästigen.)

Karl: Ich habe volles Verständnis für Sie, aber auch ich habe heute noch viel zu tun. Rufen Sie ihn bitte her. *(Schallplatte mit Sprung)*

Schmidt, nachdem er Karl ein paar Sekunden lang schweigend angestarrt hat: Ich werde mit ihm sprechen und sehen, was ich tun kann.

Karl: Das ist nett von Ihnen. Ich warte hier auf Sie.

Herr Schmidt geht nach hinten, und kurz danach kann man ihn hinter dem Fenster eines Büros sehen, wo ein Mann an einem Schreibtisch sitzt. Herr Schmidt spricht zu ihm, der Mann antwortet. Herr Schmidt schüttelt den Kopf und sieht zu Karl hin. Der Mann sagt wieder etwas, steht auf, wirft einen Blick auf Karl und sagt abermals etwas. Herr Schmidt antwortet und schüttelt wieder den Kopf. Der Mann sagt noch etwas und setzt sich wieder an den Schreibtisch. Herr Schmidt geht zur Warenausgabe zurück.

Schmidt: Es tut uns leid, daß so etwas passieren konnte. Bitte gehen Sie zur Fleischabteilung und suchen Sie sich einen Ersatz für die verlorene Ware aus.

Karl: Mach' ich, vielen Dank.
Schmidt: Nächste Woche haben wir sehr gute Sonderangebote in Fleisch.
Karl: Danke, ich werde es meiner Frau sagen.

Karls Vater war sehr begeistert über die Art und Weise, wie Karl mit den Angestellten des Supermarkts umgegangen war. Er sagte verblüfft: »Wenn ich an deiner Stelle gewesen wäre, ich hätte in meinen Taschen, im Wagen, in der Küche, im Keller und auf dem Boden nach dem Fleisch gesucht!« Dann fragte er Karl, wo er gelernt hätte, so aufzutreten. Bescheiden, aber keineswegs ohne Selbstvertrauen erwiderte Karl: »Das habe ich in einem Kurs über Selbstsicherheit am Arbeitsplatz gelernt. Wenn du willst, bringe ich es dir gern bei.«

Dieser Dialog demonstriert, wie Karl unter Anwendung der Technik der Schallplatte mit Sprung den Angestellten des Supermarkts seinen Wunsch klarmachte, nämlich Ersatz für das bezahlte, aber nicht ausgelieferte Fleisch zu bekommen. Sobald in dem Gespräch andere Punkte berührt wurden, zögerte Karl nicht, mit Hilfe der gleichen Methode den Angestellten die Wünsche mitzuteilen, die sich daraus ergaben, d. h. den zuständigen Mann herzuholen. Der Zweck der Methode der Schallplatte mit Sprung ist, der Person, gegenüber der man sich behaupten will, wiederholt zu sagen: »Ich lasse mich nicht abschieben und kann den ganzen Tag so weitermachen, wenn es sein muß«, gleichgültig mit welchen manipulativen Tricks diese Person operiert.

Bei den Übungen zur erfolgreichen Anwendung der Methode der Schallplatte mit Sprung lasse ich meine Schüler die folgende Situation durchspielen: Ein Vertreter will eine Enzyklopädie verkaufen und bedient sich dabei der Methode, in dem potentiellen Kunden Angst- oder Schuldgefühle zu erwecken. Karls Erlebnis im Supermarkt war eine echte Alltagssituation, und er reagierte freiwillig auf das manipulative Verhalten der Angestellten. Seine Antworten waren wohlüberlegt, und er sagte nur das, was er sagen wollte. In dem Übungsdialog, in dem Karl erstmals lernte, sich selbstsicher und nicht-manipulierbar zu verhalten, mußte er, ebenso wie die anderen Schüler, buchstäblich wie eine Schallplatte mit Sprung sprechen. Was immer sein Gegenspieler sagte, Karl erwiderte nur: »Ich bin nicht interessiert (daran, eine Enzyklopädie zu kaufen). Ich kann Sie (Ihre Gefühle) verstehen«, und zwar mit *ruhiger, gelassener* Stimme. Dieses Verfahren sollte Karl helfen, mit dem Glauben und der Gewohnheit zu brechen, daß alles, was er sagt, von dem abhängt, was jemand anders vorher zu ihm gesagt hat.

Dialog Nr. 2
Wie man lernt, beharrlich »Nein« zu sagen

Vertreter: Es ist doch sicherlich Ihr Wunsch, daß Ihre Kinder schneller lernen.

Karl: Ich verstehe Sie sehr gut, aber ich bin an einem Kauf nicht interessiert.

Vertreter: Ihre Frau würde die Enzyklopädie bestimmt gern für ihre Kinder haben.

Karl: Ich verstehe Sie, aber ich bin nicht interessiert.

Vertreter: Schrecklich heiß heute, könnte ich wohl hereinkommen und einen Schluck Wasser trinken?

Karl: Ich verstehe Sie, aber ich bin nicht interessiert.

Vertreter: Heißt das, daß Sie mir nicht mal einen Schluck Wasser geben wollen?

Karl: Ich verstehe Sie, aber ich bin nicht interessiert.

Vertreter: Sie verstehen eben nicht, sonst würden Sie diese Bücher für Ihre Kinder kaufen wollen.

Karl: Ich verstehe Sie, aber ich bin nicht interessiert.

Vertreter: Sie sagen immer nur ›ich verstehe‹. Können Sie nichts anderes sagen?

Karl: Ich verstehe Sie, aber ich bin nicht interessiert.

Vertreter: Ich möchte nur eine Frage an Sie stellen. Wie alt sind Ihre Kinder?

Karl: Ich verstehe Sie, aber ich bin nicht interessiert.

Vertreter: Sie wollen mir nicht mal sagen, wie alt Ihre Kinder sind?

Karl: Ich verstehe Sie, aber ich bin nicht interessiert.

Vertreter: Was, Sie wollen mir nicht eine einzige Frage beantworten?

Karl: Ich verstehe Sie, aber ich bin nicht interessiert.

Vertreter: Wenn Sie nicht mit mir reden wollen, dann gehe ich eben.

Karl: Ich verstehe Sie, aber ich bin nicht interessiert.

Vertreter: Glauben Sie, daß Ihr Nachbar an der Enzyklopädie interessiert sein könnte?

Karl: Ich verstehe Sie, aber ich bin nicht interessiert.

Mit Hilfe von stereotypen Übungsdialogen nach der Methode der Schallplatte mit Sprung lernten Karl und seine Kollegen, mit der Zwangsgewohnheit zu brechen, auf jede Frage, die man ihnen stellte, zu antworten, oder auf jede Aussage zu reagieren. Diese Gewohnheit beruht auf dem Glauben, daß wir stets eine Antwort bereit haben und auf alles, was jemand anders sagt, gezielt eingehen »sollten«. Die ersten Übungen mit Dialogen dieser Art sind für viele Schüler überraschend, denn sie waren sich vorher nicht bewußt gewesen, wie stark diese Gewohnheit ist, und wie unbehaglich sie sich fühlten, wenn sie nicht automatisch auf an sie gerichtete Fragen antworteten. Wie über der Hälfte meiner Schüler fällt es schwer zu lernen, die Stichworte und Fragen anderer Leute zu ignorieren und sich gleichzeitig danach zu richten, was sie selbst sagen wollen, statt das zu sagen, was die Gegenseite von ihnen erwartet. Diese Art der Reaktion ist ihnen fremd, und sie müssen durch entsprechende Anweisungen immer wieder ermutigt werden, ihr bisheriges manipulierbares Verhalten zu ändern. Stoße ich dabei auf Widerstand, fällt meine »Ermutigung« etwas rauh aus (natürlich nicht bei Patienten mit Angstzuständen): »Was, zum Teufel, bilden Sie sich ein? In welchem Gesetzbuch steht geschrieben: ›Wenn jemand mir eine Frage stellt, muß ich sie beantworten.‹ Zeigen Sie mir den Vertrag, in dem das drin steht und den Sie unterschrieben haben. Was, Sie haben keinen derartigen Vertrag unterschrieben? (Schweigen in der Klasse.) Warum verhalten Sie sich dann so, als ob Sie einen unterschrieben hätten? Und jetzt versuchen Sie es noch einmal, und zwar so, wie ich es wünsche. Sie beantworten keine einzige Frage. Tun Sie so, als ob Sie eine Schallplatte mit Sprung sind.«

Zumindest in der ersten Zeit des Trainings betrachten einige Schüler und Patienten ihre Rechte auf Selbstsicherheit und die systematischen Fertigkeiten, mit deren Hilfe sie durchgesetzt werden können, als ein Mittel, um sich an ihren Manipulatoren zu »rächen«. In jeder Gruppe oder Klasse gibt es wenigstens einen Teilnehmer, der mich fragt: »Ich verstehe, was Sie sagen, aber wie kann ich das, was ich hier lerne, anwenden, um meinen Mann (meine Frau, Schwester, meinen Sohn oder Vater) dazu zu bringen, daß er tut, was ich wünsche?« Meine Antwort ist sehr einfach: »Das können Sie nicht.« Wenn Sie die Frage des Schülers im Licht Ihrer eigenen Erfahrungen mit anderen Menschen untersuchen, wird Ihnen meine Antwort einleuchten. Sie können jemanden überreden, etwas zu tun, Sie können ihn manipulieren, und Sie können selbstsicher sagen, was jemand auf Ihren Wunsch tun soll, aber Sie können das Verhalten eines Erwachsenen nicht vollkommen kontrollieren. Wenn Sie einen anderen Menschen durch Lügen und Tricks oder durch Manipulation dazu bringen, daß er tut, was Sie wünschen, kann er Gleiches mit Gleichem vergelten; wenn Sie aber selbstsicher sagen, was

Sie von ihm wollen, kann er nur ablehnen oder Ihnen mitteilen, was er zum Ausgleich von Ihnen wünscht, also einen praktikablen Kompromiß schließen. Von diesen drei Möglichkeiten ist die letztgenannte die produktivste, da sie Manipulationen ausschaltet und es Ihnen und der Gegenseite gestattet, offen miteinander zu sprechen und gemeinsam eine Lösung zu finden.

Ebenso gibt es in jeder Klasse mindestens einen Schüler, der mit meiner Meinung, daß die systematische Selbstsicherheit die beste Methode der Konfliktbewältigung ist, nicht übereinstimmt und sagt: »Welchen Schutz gibt es dagegen, daß Sie die andere Person nicht übervorteilen, falls sie nicht zufällig auch diesen Kurs besucht hat? Wenn Sie über all diese selbstsicheren verbalen Methoden verfügen, können Sie jeden Gesprächspartner wie eine Dampfwalze überrollen.« Ich teilte zwar die Befürchtung dieses Schülers nicht, daß die Menschen hilflos sind, wenn sie mit systematischer Selbstsicherheit konfrontiert werden, aber ich konnte ihn verstehen; es beunruhigte ihn, daß hier Menschen verbale Fertigkeiten lernten, die es ihnen ermöglichen würden, ihr Recht auf Selbstbeurteilung durchzusetzen, und die ihnen eine wirksame Methode an die Hand geben würden, wie sie ihre eigenen Wünsche verwirklichen könnten. Die beste Antwort, die ich jemals auf Bedenken dieser Art gehört habe, stammt von Fred Sherman, einem alten Kollegen aus dem Friedenskorps: »Diese selbstsicheren verbalen Fertigkeiten sind wie alle anderen Fertigkeiten, die Sie lernen: Sie sind potentiell unmoralisch. Wenn Sie Auto fahren gelernt haben, können Sie diese Fertigkeit anwenden, um Kinder zu einem Picknick zu fahren, oder Sie können Sie anwenden, um einen Fluchtwagen für die Mafia zu fahren.« Wenn Sie Ihr eigener Richter sind, dann sind Sie auch für Ihr selbstsicheres Verhalten verantwortlich. Wie Sie es einsetzen, ist Ihre Sache.

Praktikabler Kompromiß

Viele Erwachsene, die lernen, selbstsicher zu sein, verstehen nicht, warum verbale Fertigkeiten wie die Methode der Schallplatte mit Sprung angewendet werden. Sie fragen: »Was soll ich tun, wenn die andere Person nicht nachgibt oder mir ebenfalls selbstsicher gegenübertritt?« Die Antwort lautet, daß unser Gefühl für Selbstachtung wichtiger ist als alles andere. Wenn Sie also Ihre Selbstachtung bewahren, indem Sie Ihre Rechte auf Selbstsicherheit mit Hilfe von Methoden wie die der Schallplatte mit Sprung ausüben, gibt Ihnen das ein gutes Gefühl, auch wenn Sie Ihr Ziel nicht sofort erreichen. Dieses Wohlgefühl ist eines der wichtigsten Ziele des Selbstsicherheitstrainings. Wenn wir ein gutes Gefühl über uns selbst haben, wächst unsere Fähigkeit der Konfliktbewältigung. Ein solches Gefühl schließt jedoch nicht die Möglichkeit aus, daß Sie das erreichen, was Sie wünschen, und gleichzeitig Ihre Selbstachtung bewahren. Wenn die Gegenseite sich ebenfalls selbstsicher verhält, so führt das dazu, daß die tatsächlichen strittigen Punkte bereinigt werden, wobei das Endergebnis nicht davon abhängt, wer die stärkere Persönlichkeit oder der geschicktere Manipulator ist. Wenn Sie sicher sind, *daß Ihre Selbstachtung nicht angetastet wird,* ist es immer zweckmäßig, der Gegenseite einen praktikablen Kompromiß vorzuschlagen. Sie könnten z. B. anbieten, eine bestimmte Zeit zu warten, bis eine defekte Ware repariert ist oder entsprechend ersetzt wird, oder sich bereit erklären, das nächste Mal das zu tun, was die andere Person wünscht, oder Sie können auch einfach knobeln, wer was wann tun soll. Sie können mit anderen immer um Ihre materiellen Ziele feilschen, es sei denn, daß der Kompromiß Ihre Selbstachtung antastet. Wenn das erstrebte Ziel jedoch mit Ihrem Selbstwert in Zusammenhang steht, darf es keinen Kompromiß geben.

Von einigen Ausnahmen abgesehen, können wir durch die Anwendung von systematischen verbalen Fertigkeiten und durch praktikable Kompromisse Konflikte besser und sauberer bewältigen. Welches sind nun die Ausnahmesituationen, in denen es besser ist, keine systematische Selbstsicherheit zu praktizieren? Wir wollen uns kurz mit dieser Frage beschäftigen.

In Situationen, in denen Sie wenig Einfluß auf den Ablauf des Geschehens haben, ist es unklug und möglicherweise sogar gefährlich, wenn Sie sich auf die hier beschriebene Art und Weise behaupten wollen. Im allgemeinen handelt es sich dabei um Situationen, in denen juristische oder physische Faktoren eine Rolle spielen.

Nicht jeder Beamte oder Richter ist selbstsicher. Es gibt leider immer wieder Mitglieder dieser Berufsgruppe, die ein offizielles Mäntelchen um ihre persönlichen Neigungen hängen, und die kraft ihrer Stellung die Autorität haben, nach ihren persönlichen Gefühlen zu handeln. Es hat wenig Sinn, sich einem erzürnten Richter gegenüber mit Hilfe der Methode der Schallplatte mit Sprung behaupten zu wollen. Das kann einem höchstens eine Beugehaft einbringen. Wenn Sie von einem Polizisten grob behandelt werden, hat es für gewöhnlich keinen Zweck sich zu wehren, denn das reizt ihn nur, noch härter zuzupacken. Eine solche Begrenzung des selbstsicheren Verhaltens soll aber nicht bedeuten, daß man schweigen und stillhalten muß. Gegen einen aggressiven Polizisten kann man Beschwerde einlegen, und wenn mehrere Fälle dieser Art zur Meldung gebracht werden, wird er sein feindseliges Verhalten ändern.

Dieses Gleichgewicht zwischen Zurückhaltung und Selbstsicherheit wird durch den Fall von Walter demonstriert. Als er zu mir kam, war er siebzehn Jahre alt. Seit drei Jahren hatte er Drogen genommen, darunter Heroin, Kokain und Amphetamine. Wie viele andere drogenabhängige Patienten war auch Walter in höchstem Grade selbstunsicher und wußte nicht, wie er mit »normalen« Menschen umgehen sollte, also mit seinen Eltern, Verwandten, Lehrern, Polizisten usw. Es gab mehrere Gründe, die ihn bewogen, in der selbstunsicheren Welt der Drogensüchtigen zu bleiben. Er wurde von seinen Gesinnungsgenossen nie kritisiert oder bedrängt, sie verlangten nie etwas von ihm, das ihm unangenehm war, und sie ließen ihn weitgehend tun, was ihm behagte. Walter verhielt sich ihnen gegenüber genauso – ein selbstunsicherer, fügsamer Außenseiter, der in den Begriffen »Liebe«, »Friede« und »Brüderlichkeit« schwelgte. Walter blieb in diesem Kreis, weil es ihm dort gefiel, und weil man ihn in Ruhe ließ. Die Behandlung schloß auch ein Selbstsicherheitstraining ein, damit er wieder lernte, mit Menschen, die nicht suchtkrank waren, erfolgreich umzugehen. Nach vier Monaten Gruppentherapie und zwei Monaten Einzeltherapie gab er seinen Job als Drogen-Pusher für die Mittelschule, die er früher besucht hatte, auf, nahm eine reguläre Arbeit an, und nach einem Jahr meldete er sich in einem College an. Die in den folgenden zwei Jahren durchgeführten Kontrollen ergaben, daß Walter nie wieder harte Drogen genommen hatte und nur gelegentlich Haschisch rauchte.

Bevor Walter am Selbstsicherheitstraining teilnahm, wurde er bei Kontrollen der Verkehrspolizei regelmäßig angehalten und abgeklopft, und sein Wagen wurde durchsucht. Auch wenn er »sauber« und nicht festgenommen wurde, benahm er sich immer so, daß die Polizei ihn für »verdächtig« hielt. Seit Beendigung der Therapie ist Walter ein paar Mal von der Polizei angehalten worden, aber er wurde nie wieder abgeklopft, noch durchsuchten die Polizisten seinen Wagen. Bei einigen dieser Gelegenheiten bekam er Strafmandate wegen irgendwelcher Verstöße gegen die Straßenverkehrsordnung. Einmal war er fest überzeugt, daß er sich nichts hatte zuschulden kommen lassen, und ging vor Gericht. Ich hatte befürchtet, daß Walter möglicherweise wegen ungebührlichen Betragens eine Haftstrafe bekommen würde, erfuhr jedoch zu meiner angenehmen Überraschung, daß er dem Richter ganz einfach erzählte, wie sich der Vorfall seiner Meinung nach abgespielt hatte – und der Richter stimmte mit ihm überein. Für Walter bedeutete ein selbstsicheres Verhalten vor Gericht nichts weiter, als daß er den Vorfall aus seiner Sicht schilderte und angehört wurde, gleichgültig ob seine Meinung akzeptiert wurde oder nicht. Walters Erfahrung vor Gericht ist ein gutes Beispiel für das Gleichgewicht zwischen Selbstsicherheit und Zurückhaltung unter Bedingungen, die jemandem die Macht geben, nach eigenem Ermessen die Zukunft eines anderen Menschen negativ zu beeinflussen.

Eine andere Situation, in der ein selbstsicheres Verhalten fehl am Platze ist, dürfte wohl jedem verständlich sein, nämlich wenn man einem anderen Menschen physisch ausgeliefert ist. Bei Straßenkämpfen, Raubüberfällen oder tätlichen Angriffen durch Rockerbanden nützt Selbstsicherheit wenig. Helmut, ein Geschichtsstudent im letzten Semester, fragte mich, wie man sich in der folgenden Situation verhalten solle: Eines Abends wurde er auf dem Nachhauseweg von vier großen, gewalttätig aussehenden Männern angehalten. Einer von ihnen zückte ein Klappmesser und verlangte, Helmut solle ihm zehn Mark »leihen«. Meine Antwort lautete: »Ist das alles, was Sie wollen? Ich kann Ihnen auch zwanzig Mark leihen!« Wenn Sie keine andere Wahl haben, ist es zu Ihrem eigenen Besten, wenn Sie jemandem, der sie körperlich bedroht, möglichst entgegenkommen. Helmut hatte in seinen Gedanken – aber nicht in seinem Verhalten (er »lieh« dem Mann nämlich die zehn Mark) – unangebrachte Tapferkeit (Dummheit) und Selbstsicherheit nicht klar auseinanderhalten können. Bei einer tätlichen Bedrohung nützt es einem gar nichts, nach der Methode der Schallplatte mit Sprung immer wieder zu sagen: »Ich gebe Ihnen kein Geld«, in der Hoffnung, daß der Strolch sein Vorhaben aufgibt und geht.

Es gibt auch Situationen, in denen Sie trotz selbstsicherer Beharrlichkeit der Verlierer sind und Ihr materielles Ziel nicht erreichen. Keine Fertigkeit und keine Technik kann immer einen 100%igen Erfolg garantieren. Das trifft besonders auf kommerzielle und formale Interaktionen zu, in denen Sie versuchen, durch systematische selbstsichere Techniken eine Ihnen in der Vergangenheit auferlegte und von Ihnen akzeptierte Struktur zu korrigieren. So erging es einem meiner Schüler, der um Anleitung bat, wie er einen Autoreifen, der an einer Seite einen Defekt hatte, zurückgeben wollte. Nach der entsprechenden Unterweisung ging er zum Reifenhändler und versuchte, durch Anwendung der Methode der Schallplatte mit Sprung sein Geld wiederzubekommen, aber der Händler lachte ihn nur aus. Der Schüler berichtete über seinen Mißerfolg, und die anderen Kursteilnehmer wollten genau wissen, wie das Gespräch verlaufen war. Da sie an dem Verhalten ihres Kollegen keinen Fehler entdecken konnten, war ihnen die Angelegenheit rätselhaft, bis einer ihn fragte, warum der Händler seiner Meinung nach eine Rückerstattung verweigert hatte. Zum größten Erstaunen der Zuhörer erwiderte der Schüler: »Wahrscheinlich deswegen, weil der Reifen schon 38 000 Kilometer drauf hatte, als ich ihn zurückbrachte.« Wie ich später herausfand, hatte er versucht, durch ein selbstsicheres Verhalten seine Selbstachtung wiederzugewinnen, die er achtzehn Monate zuvor verloren hatte, als er widerspruchslos einen defekten Reifen angenommen hatte. Ich gestand dem jungen Mann eine Menge »Chutzpe« zu, aber nicht viel gesunden Menschenverstand. Falls Sie dieses jiddische Wort nicht kennen – »chutzpe« ist das hervorstechende Wesensmerkmal eines Menschen, der seine Eltern erschlägt und dann das Gericht um Milde bittet, weil er ein Waisenkind ist.

5. KAPITEL
Selbstsicherheit bei der sozialen Konversation und Kommunikation

Sowohl in meiner Praxis als Psychotherapeut als auch in den Kursen zum Training der Selbstsicherheit habe ich beobachtet, daß die soziale Gewandtheit eines Menschen in direktem Verhältnis zu seiner Selbstsicherheit steht. Ich habe ferner die Erfahrung gemacht, daß Menschen, denen das Erlernen der systematischen Selbstsicherheit Nutzen bringt, für gewöhnlich Hilfe brauchen, um ihre soziale Gewandtheit verbessern zu können. Ein selbstunsicherer Mensch hat in sozialen Situationen meistens Kommunikationsschwierigkeiten. Er ist scheu. Erwachsene dieses Typs sind manchmal selbst in einer entspannten, nicht-bedrohlichen sozialen Atmosphäre so schüchtern, ängstlich und verklemmt, wie man es oft bei Teenagern beobachten kann. Daraus ergibt sich die Frage: Welche Bedeutung hat die soziale Konversation für unsere eigene Selbstsicherheit? Die Antwort ist einfach, hat aber für jeden von uns in bezug auf die wichtigen oder potentiell wichtigen Beziehungen zu anderen Menschen bestimmte Folgerungen. Die Kommunikation ist der »Kleber«, der zwei Menschen zusammenhält, während eine Beziehung wächst und sich entwickelt, bis aus ihr gegenseitige Unterstützung, Rat, Produktivität, Anregung und Befriedigung erwachsen. Für die positive Entwicklung einer sozialen Beziehung brauchen beide Partner wenigstens ein Minimum an Selbstsicherheit im Umgang miteinander. Wenn diese Selbstsicherheit fehlt, auch schon beim ersten Kontakt, dauert es Monate, bis die Beziehung sich weiterentwickelt, wenn sie es überhaupt tut. Wenn eine neue Beziehung nicht recht vorankommt oder in die Brüche geht – insbesondere eine heterosexuelle Beziehung –, dann hat sehr wahrscheinlich einer der Partner den anderen nicht selbstsicher genug wissen lassen, welche Art Mensch er ist, was er für Wünsche, Vorlieben, Abneigungen und Interessen hat, was er tut oder tun möchte, und wie er es tut. Die Fähigkeit, über sich selbst zu sprechen, zu enthüllen, wer man ist und wie man lebt, und die Fähigkeit, andere Menschen zu veranlassen, in der gleichen Art und Weise und ohne Scheu über sich zu sprechen, sind selbstsichere soziale Fertigkeiten. Ein selbstsicheres Verhalten bedeutet also viel mehr als nur die Durchsetzung Ihrer Rechte gegenüber anderen oder die Abwehr von Manipulationen durch andere. Im sozialen Sinn bedeutet Selbstsicherheit, daß Sie einem anderen Menschen übermitteln, was Sie sind, was Sie wünschen, und was Sie vom Leben erwarten, in der Hoffnung, daß auch die andere Person selbstsicher ist und Sie eine Basis für eine beide Seiten befriedigende und eigenständige Beziehung entdecken können. Genauso wichtig ist, daß die soziale Selbstsicherheit es Ihnen ermöglicht herauszufinden, ob nur wenige oder gar keine gemeinsamen Interessen vorhanden sind, so daß Sie eine Beziehung vermeiden können, die in eine Sackgasse führt und keinem der Partner etwas Positives bietet.

Wenn Sie nicht über diese sozialen Fertigkeiten verfügen, kann die Ursache der Blockade der Kommunikation in wiederholten frustrierenden Erfahrungen im Umgang mit anderen Menschen liegen. Eine solche Vorgeschichte könnte in Ihnen eine Angstreaktion auslösen, wenn Sie sich in einer sozialen Situation befinden, die Ihnen nicht vertraut ist. Die von den Enttäuschungen der Vergangenheit konditionierte Angst verhindert, daß Sie ohne Scheu über sich selbst sprechen oder das aufnehmen und verarbeiten können, was ein anderer Mensch über sich selbst enthüllt. Bei der Ausarbeitung einer Methode, durch die selbstunsichere Menschen lernen, eine soziale Beziehung zu bewältigen, die potentielle Angstelemente enthält, habe ich die Beobachtung gemacht, daß wir in sozialen Situationen alle dazu neigen, ohne spezifische Aufforderung freie Informationen über uns zu geben. Diese freien Informationen beziehen sich zu einem großen Teil auf unsere Interessen, Bedürfnisse und Vorurteile, auf das was uns glücklich macht oder bedrückt, und auf unseren Lebensstil. In einem Gespräch, gleichgültig welches Thema es behandelt, geben Sie Ihrem Partner immer viele freiwillige Hinweise auf das, was in diesem Augenblick Ihres Lebens für Sie wichtig ist.

Freie Information

Für eine selbstsichere soziale Kommunikation müssen Sie zwei Fertigkeiten beherrschen. Erstens müssen Sie lernen, auf die Anhaltspunkte zu achten, die andere Leute Ihnen über sich selbst geben. Wenn Sie auf die auf diese Weise erhaltenen freien Informationen eingehen, erreichen Sie zweierlei: Die freien Informationen liefern Ihnen weiteren Gesprächsstoff und verhindern, daß sich ein peinliches Schweigen ausbreitet, während Sie sich fragen: »Was soll ich jetzt bloß sagen?« Noch wichtiger ist, daß Sie durch das Anknüpfen an freie Informationen Ihr Interesse an dem zeigen, was für Ihren Gesprächspartner wichtig ist, und daß Sie es ihm dadurch erleichtern, über sich selbst zu sprechen.

Selbstenthüllung

Die zweite Fertigkeit, die Sie beherrschen müssen, ist die Selbstenthüllung. Wenn Sie selbstsicher Informationen über sich selbst geben – wie Sie denken, fühlen und auf die freien Informationen Ihres Gesprächspartners reagieren –, kann sich die soziale Kommunikation von beiden Seiten aus entwickeln. Ohne Selbstenthüllung würde das Eingehen auf die freien Informationen des Partners nur zu einer gezwungenen Konversation führen und den Eindruck erwecken, daß Sie die Rolle eines Interviewers oder Inquisitors spielen oder ganz einfach Ihre Nase in die Angelegenheiten Ihres Gesprächspartners stecken, ohne ihm irgendwelche Informationen über sich selbst zu geben.

Und jetzt wollen wir untersuchen, wie wir freie Informationen erkennen können, und kurz diskutieren, was Selbstenthüllung ist.

Wenn Sie auf einer sozialen Veranstaltung jemandem vorgestellt worden sind oder durch eigene Initiative kennengelernt haben, können Sie diese Begegnung ausbauen, indem Sie z. B. fragen: »Wohnen Sie hier in der Nähe, Frau Müller?« Wenn die Betreffende darauf nur mit einem ›Nein‹ antwortet, hat sie Ihnen keinerlei freie Informationen über sich selbst gegeben. Sagt sie jedoch: »Nein, ich wohne direkt am Ufer des Starnberger Sees«, hat Sie Ihnen zwei Informationen gegeben, nach denen Sie nicht gefragt haben: 1. daß sie am Starnberger See wohnt, und 2. daß sie wahrscheinlich gern Wassersport treibt. Wie können Sie diese Informationen verwenden, um Frau Müller besser kennenzulernen und ihr gleichzeitig Gelegenheit zu geben, etwas über Sie zu erfahren? Sie können z. B. einfach fragen, wie es sich am Starnberger See lebt. Dann wird Frau Müller Ihnen eine Menge über den Starnberger See erzählen, aber wahrscheinlich sehr wenig über sich selbst. Sie können Ihre Frage aber auch mit einer Selbstenthüllung einleiten: »Ich bin nur ein paarmal besuchsweise dort gewesen, aber ich glaube, daß es sehr schön ist, dort zu wohnen. Leben Sie schon lange dort?« Dieses Anknüpfen an eine freie Information zielt mehr auf Frau Müller persönlich ab als auf eine Beschreibung der Gegend. Aus dem weiteren Gespräch ergibt sich vielleicht, daß Frau Müller gern segelt und töpfert, verheiratet ist usw. Wenn Sie diese Informationen weiterverfolgen, erfahren Sie eventuell, ob das Töpfern Frau Müllers Beruf oder ihr Hobby ist, daß sie drei Kinder hat und an Segelregatten teilnimmt.

Um Ihren eigenen Anteil an der sozialen Kommunikation zu erfüllen, müssen Sie auch Informationen über sich selbst liefern. Sie können über Themen sprechen, die Ihre Partnerin interessieren, oder über Ihre eigene Einstellung zu diesen Themen. Eine Selbstenthüllung, die letzteres betrifft, kann z. B. sehr einfach sein: »Ich verstehe leider von der Töpferei gar nichts. Wie wird das eigentlich gemacht?«, oder: »Ich komme leider nie dazu, solche Hobbys zu pflegen. Wie finden Sie denn die Zeit dafür?« Wenn Sie als Reaktion auf die freien Informationen Ihres Gesprächspartners etwas über sich selbst enthüllen, erleichtern Sie es ihm, Sie nach weiteren Informationen über Ihre Interessen, Ihren Lebensstil oder sogar über Ihre Probleme zu fragen.

Ich habe zwei Übungsmethoden entwickelt, mit deren Hilfe meine Schüler lernen, freie Informationen zu erkennen, an sie anzuknüpfen und durch Selbstenthüllung weiter auszubauen. Bei der ersten Übung tut der Schüler nichts weiter, als an die freien Informationen anzuknüpfen, die ein Gesprächspartner ihm liefert. Der Schüler seinerseits bietet keine freien Informationen oder Selbstenthüllungen an. Er konzentriert sich nur darauf, die freien Informationen seines Partners zu erkennen und weiterzuverfolgen. Danach werden die Rollen vertauscht, und wenn beide Partner genug Übung haben, beginnt der zweite Teil. Der Schüler muß auf jede freie Information des Partners mit einer Selbstenthüllung antworten. Nachdem jeder von ihnen gelernt hat, eine erhaltene Information mit einer eigenen Information zu beantworten und diesen Austausch weiterzuentwickeln, dürfen beide diesen Gesprächsstil gleichzeitig praktizieren. In dieser letzten Stufe ist aus der Übung eine lebhafte und ungezwungene Unterhaltung geworden, der man nicht anmerkt, daß beide Partner erlernte Fertigkeiten anwenden.

Unter den Schülern, die bei mir die Fertigkeit der selbstsicheren sozialen Kommunikation lernen wollen, gibt es immer wieder einen, der die folgende Aussage macht: »Ich glaube, daß ein zwischenmenschlicher Kontakt nicht künstlich hergestellt werden kann. Er ist entweder da oder nicht. Diese Übungen, wie man mit jemandem systematisch spricht, sind unnatürlich und mechanisch.« Im allgemeinen vermeide ich die langen Diskussionen, die sich aus einem solchen vorgefaßten Standpunkt ergeben können. Statt dessen weise ich auf die Ähnlichkeit hin, die zwischen dieser Aussage und der Antwort jener alten Dame besteht, die nach der ersten Landung eines Menschen auf dem Mond von einem Reporter gefragt wurde, ob sie nicht Lust hätte, auch einmal zum Mond zu fliegen. Sie sagte: »Wenn Gott gewollt hätte, daß wir zum Mond fliegen, hätte er uns keine Fernsehgeräte gegeben, damit wir es von hier aus beobachten können.«

Der folgende Dialog ist eine der Übungen, wie sie in den Gruppen, die am Selbstsicherheitstraining teilnehmen, durchgeführt werden. Es handelt sich zwar um ein Gespräch zwischen zwei sehr jungen Menschen, aber die dabei praktizierten Fertigkeiten, freie Informationen zu erkennen und durch Selbstenthüllung weiter auszubauen, haben für soziale Situationen aller Art Geltung.

Dialog Nr. 3
Freie Information und Selbstenthüllung im Gespräch

Szene des Dialogs: Peter und Eva haben sich zum ersten Mal miteinander verabredet, und Peter holt Eva ab.

Peter: Tag, Eva.
Eva: Tag, Peter, wie geht's?
Peter: Gut, und dir?
Eva: Ich freue mich auf unseren Kinobesuch.
Peter: Geht mir genauso.
Eva: Also dann los, ich bin fertig.
Peter: Gehen wir zu Fuß. Es ist ja nicht weit, und wir können uns dabei unterhalten.
Eva: Einverstanden.
Peter: Was hast du heute gemacht? Irgendwas Besonderes?
Eva: Nein, ich habe den ganzen Tag gebüffelt. (*Freie Information.* Zuerst hat Eva Peters Frage mit »Nein« beantwortet, dann gab sie die freie Information, daß sie Schularbeiten gemacht hatte – bei einem Schüler ein sehr wahrscheinliches Verhalten, das aber nicht immer vorausgesetzt werden kann. Schüler tun auch andere Dinge als nur lernen. Peter könnte jetzt fragen: 1. Was tut sie, wenn sie nicht lernt? 2. Was hat sie in letzter Zeit Interessantes erlebt? 3. Wofür lernt sie gerade? 4. Warum hat sie gerade in diesem Zeitpunkt gelernt?)
Peter: Wofür hast du denn gebüffelt?

Eva: Wir schreiben nächste Woche zwei Klassenarbeiten. (*Freie Information* über Unterrichtsplan.)

Peter: In welchen Fächern?

Eva: Shakespeares Werk und Biologie der Fortpflanzung. (Peter könnte auf diese Aussage auf zweierlei Art und Weise reagieren: 1. Unpersönlich, 2. auf Evas persönliche Interessen abgestimmt. Die erste Reaktion wäre z. B.: »Erzähle mir etwas über Shakespeares Dramen.« Die zweite wäre persönlicher gehalten: »Wie kommt es, daß du so an Shakespeare interessiert bist?«)

Peter: Ich habe fürs Theater viel übrig. Was für eine Kombination: Shakespeare und Fortpflanzung! Warum du an der Fortpflanzung interessiert bist, weiß ich. Aber wieso an Shakespeare? (*Selbstenthüllung*)

Eva: Meine Mutter hat Schauspielunterricht genommen, bevor sie meinen Vater kennenlernte. (*Freie Information* über die Eltern)

Peter: Bei uns hat nie jemand eine Begabung fürs Theater gehabt. Schade, daß deine Mutter die Schauspielerei aufgegeben hat. Es müßte bestimmt interessant sein, wenn man jemanden in der Familie hat, der all die Theater- und Filmleute kennt. (*Selbstenthüllung*)

Eva: Ja, das wäre nett gewesen, aber mir gefällt meine Mutter so, wie sie jetzt ist – ich meine, daß sie Vater und uns versorgt. (*Freie Information* über die Mutter)

Peter: Glaubst du, daß das auch dein Lebensstil ist – nur Hausfrau und Mutter zu sein? Ich könnte mir vorstellen, daß das manchmal sehr langweilig ist. (*Selbstenthüllung*)

Eva: Ach, ich weiß nicht. Ich weiß nur, daß ich nicht so schnell heiraten will. Zuerst möchte ich beruflich etwas erreichen. (*Freie Information* über persönliche Ziele)

Peter: Das ist auch meine Ansicht, ich möchte ein paar Jahre unabhängig sein. Was willst du denn werden? Schauspielerin? (*Selbstenthüllung*)

Eva: Vielleicht, wenn ich gut genug bin, um Erfolg zu haben. Und was willst du werden? (*Freie Information* über Selbstzweifel)

Peter: Ich habe mich noch nicht entschieden, ob ich Neurochirurg oder Straßenbahnfahrer werden will.

Eva: Sehr komisch. Darüber hat schon Methusalem gelacht.

Peter: Ich weiß, aber es ist mein Lieblingswitz. Hast du in letzter Zeit ein paar gute gehört?

Eva: Nein, ich erinnere mich nur an ein paar Ostfriesenwitze. (*Freie Information* über bevorzugte Art von Humor)

Peter: Die sind auch gut. Vielleicht kennst du ein paar, die ich noch nicht gehört habe? (*Selbstenthüllung*)
Eva: Ich möchte lieber über dich reden. Was willst du nach dem Abitur machen? (*Selbstenthüllung*)
Peter: Fragst du jeden, mit dem du ausgehst, so gründlich aus?
Eva: Nun sag schon. Was willst du studieren?
Peter: O diese Hartnäckigkeit! Also gut, ich will's gestehen: Flugzeugbau. Wieder mal einer von diesen Kriegstreibern! (*Freie Information* über politische Empfindlichkeit)
Eva: So schlimm ist's nicht. Aber du siehst nicht wie ein Flugzeugkonstrukteur aus.
Peter: Wie sollte ich denn aussehen?
Eva: (kichernd): Du siehst eher wie ein Jockey aus.
Peter: Dachte ich's mir doch. Du hast es mit Pferden.
Eva: Na und? Was paßt dir daran nicht?
Peter: Recht hast du. Was sollte mir daran nicht passen?

Die Selbstenthüllung ist nicht nur bei der sozialen Konversation eine wirksame Fertigkeit, sondern auch in Konfliktsituationen. Man kann sich nicht mit den Gefühlen und Sorgen oder auch mit der Unwissenheit oder Unentschlossenheit eines Menschen befassen, wenn man die Echtheit dieser Gefühle ignoriert oder gar bestreitet. Wenn Sie z. B. ungern Ihren Wagen verleihen, hebt es Ihre Stimmung bestimmt nicht, wenn jemand Sie darum bittet. Sie weigern sich vielleicht und erfinden viele Gründe, warum Sie gerade jetzt Ihren Wagen nicht verleihen wollen, ohne der anderen Person oder sich selbst einzugestehen, daß es Sie unruhig und nervös macht, jemandem Ihren Wagen zu leihen. Vielleicht sind Ihre Bedenken sogar unbegründet. Bisher ist nie etwas passiert, wenn Sie Ihren Wagen verliehen haben. Aber solche Überlegungen sind nutzlos. Ihre Gefühle mögen irrational sein, aber es sind Ihre wahren Gefühle und müssen als solche respektiert werden. *Leider respektieren wir unsere eigenen Gefühle der Sorge und Ungewißheit nur selten.* Wir sagen uns, daß wir uns keine Sorgen machen »sollten«, wenn jemand unser Auto leihen will. Statt ehrlich und ohne weitere Erklärungen »nein« zu sagen oder zuzugeben, »daß ich mir zu viele Sorgen mache, wenn ich meinen Wagen verleihe«, erfinden wir Gründe, die uns selbst akzeptabel erscheinen. Diese Art der freiwilligen Selbstenthüllung betrifft natürlich nur Gefühle, von denen wir glauben, daß wir sie verbergen sollten: Abneigung, Sorgen, Unwissenheit, Angst usw.

Die freiwillige Selbstenthüllung darf nicht mit jenen Geständnissen über den eigenen Unwert verwechselt werden, die unfreiwillig und automatisch herausbrechen und fast konditionierte Charakteristika haben. Die freiwillige Enthüllung von negativen Faktoren über Ihre eigene Persönlichkeit und die Tatsache, daß Sie diese Faktoren akzeptieren, ist wahrscheinlich die wirksamste selbstsichere Fertigkeit, mit der Sie eine Manipulation verhindern und Ihre seelische Ausgeglichenheit sichern können. Wenn die Reaktion anderer Menschen auf die Enthüllung Ihrer innersten Gefühle und Ängste darin besteht, daß sie Ihnen einreden wollen, Sie »sollten« oder dürften nicht so fühlen, brauchen Sie nur zu erwidern: »Vielleicht hast du recht, aber ich habe trotzdem diese Gefühle.« Eine solche offene und ehrliche Reaktion kann nicht manipulativ abgetan werden. Wenn Sie Ihre persönlichen Bedürfnisse offen enthüllen, muß Ihr Partner in dieser Interaktion sich genauso verhalten, oder der Konflikt bleibt ungelöst.

Bisher habe ich hauptsächlich über unser verbales Verhalten gegenüber anderen gesprochen. Das Ziel eines systematischen selbstsicheren Verhaltens ist, sich als eine Person darzustellen, die Selbstvertrauen hat und Konfliktsituationen meistern kann. Dieser Eindruck schwindet jedoch, wenn Sie gleichzeitig sichtbare Zeichen der Angst zeigen. Wir alle haben schon erlebt, daß jemand irgend etwas sagt, während seine Körperhaltung gleichzeitig das Gegenteil ausdrückt. Man kann die Anzeichen der Angst zwar nicht immer identifizieren, aber man kann sie trotzdem richtig interpretieren. Das deutlichste Zeichen für Ihre Nervosität beim Umgang mit einem anderen Menschen, ist das Fehlen des Auge-in-Auge-Kontakts. Wenn Sie jemandem eine positive verbale Botschaft übermitteln und gleichzeitig ängstlich wirken, wird Ihr Gesprächspartner mehr auf Ihre Nervosität achten als auf das, was Sie sagen. Ihre Chancen, dem Partner Ihre Wünsche klarzumachen, sinken, denn in unserer westlichen Zivilisation gilt Ängstlichkeit als anomales Verhalten, und das Modell für unsere Reaktion darauf ist die Art und Weise, wie wir uns einem Betrunkenen gegenüber verhalten. Die meisten von uns üben Nachsicht, wenn sie es mit einer Person zu tun haben, deren Verhalten in irgendeiner Hinsicht von der Norm abweicht. Man verspricht dem Betreffenden alles Mögliche, um ihn schnell loszuwerden, und für gewöhnlich hat man nicht die Absicht, dieses Versprechen einzuhalten.

Fehlender Auge-in-Auge-Kontakt, das häufigste Anzeichen von Angst, ist eine erlernte Vermeidungsreaktion. Wir lernen sie, ohne daß es uns bewußt ist. Wenn Sie in einer Konfliktsituation einen Auge-in-Auge-Kontakt herstellten und diesen Konflikt nicht gut meistern konnten, deutet das darauf hin, daß Ihr Gegenspieler Sie nervös gemacht hat. Um die Angst vor einem abermaligen Versagen zu mildern, entwickeln wir eine konditionierte Vermeidungsreaktion. Wir lassen unseren Blick von der Person, die uns nervös macht, wegschweifen und fühlen uns zumindest vorübergehend besser. Wenn wir der anderen Person nicht ins Auge sehen, empfinden wir das als Erleichterung. Nachdem wir dieses Verhalten eine Zeitlang praktiziert haben, wird es zur Gewohnheit.

Da die Vermeidung des Auge-in-Auge-Kontakts eine Reaktion ist, die durch Angstgefühle produziert wird, ist die Behandlung einfach. Ich wende die folgende Methode an, um meinen Schülern oder Patienten zu helfen, ihre Angstgefühle beim Auge-in-Auge-Kontakt zu überwinden: Je zwei Schüler sitzen einander in ein bis zwei Meter Entfernung gegenüber. Dann sage ich: »Ich möchte, daß einer von Ihnen die Augen des Partners beobachtet und versucht festzustellen, wo er hinsieht. Wenn er Ihre Füße betrachtet, werden Sie das wahrscheinlich genau feststellen können. Wenn sein Blick in einem imaginären Kreis von zwanzig Zentimetern um Ihre Nase herumwandert, können Sie zwar sehen, daß seine Augen sich bewegen, aber Sie können nicht sagen, wohin er tatsächlich sieht. Jetzt möchte ich, daß von jedem Paar einer auf Nase, Kinn, Hals, Adamsapfel, Hemdkragen und obere Brust des Partners sieht, und zwar in dieser Reihenfolge, und dann werden wir versuchen festzustellen, *wann* Ihr Partner merkt, daß Sie ihm *nicht* ins Auge sehen. – Kann jemand von Ihnen genau sagen, wann Ihr Partner Ihnen nicht ins Auge gesehen hat? Ich meine nicht, wenn er seine Augen bewegt hat, sondern wenn sie sich nicht bewegten? Wie stark waren Ihre Angstgefühle, als Sie ihm ins Auge sahen? Setzen wir dafür eine Skala von eins bis hundert an. Null bedeutet, daß Sie vollkommen entspannt waren, hundert bedeutet, daß Sie in Panik gerieten. Und jetzt richten Sie beide Ihren Blick dorthin, wo ich es sage. Und sehen Sie zehn bis dreißig Sekunden lang auf diese Stelle. Rechter Fuß – linker Fuß, rechtes Knie usw. usw. über den Körper zum Gesicht und zuletzt: beide Augen. Halten Sie den Blick eine Minute lang.«

Die Schüler müssen diese Übung dreimal pro Woche über eine Zeit von ungefähr drei Wochen zu Hause wiederholen. Im Kurs müssen die gleichen Partner unmittelbar nach dieser Übung den Auge-in-Auge-Kontakt üben, während sie sich unterhalten. Für viele Leute ist es schwierig, jemandem ins Auge zu sehen, während sie eine Frage beantworten oder eine Aussage machen. Es stört ihr Konzentrationsvermögen. In solchen Fällen empfehle ich, daß sie ihren Blick z. B. auf ein Ohr des Partners richten. Die meisten Schüler machen die Feststellung, daß sie bei der Beantwortung einer Frage weniger Angst haben und sich besser konzentrieren können, wenn sie ihren Blick auf ein Ohr des Gesprächspartners richten.

6. KAPITEL
Die selbstsichere Bewältigung des großen Manipulators – der Kritik

Die Anwendung der verbalen Fertigkeiten, die ich *Vernebelungstaktik, negative Selbstsicherheit* und *negative Befragung* nenne, erbringt zwei Ergebnisse. Das erste und wichtigste ist – gemessen an dem Ziel, ein in jeder Hinsicht lebenstüchtiger Mensch zu werden –, daß die Anwendung dieser Fertigkeiten die typische, negative emotionale Reaktion auf ein Mindestmaß reduziert, welche durch Kritik in uns ausgelöst wird, gleichgültig ob es eine echte oder eine imaginäre, eine Selbst- oder eine Fremdkritik ist. Diese Änderung unserer emotionalen Reaktion und Einstellung vollzieht sich in dem Maße, wie wir Übung in diesen Fertigkeiten erwerben; das ist eine klinisch gesicherte Tatsache und nicht etwa eine theoretische Annahme. Warum das so ist, kann hier nicht abgehandelt werden, der Stoff ist zu umfangreich. Jedenfalls ist das Ergebnis dieses inneren Prozesses, daß wir uns mehr in Einklang mit uns selbst befinden und daher sowohl die negativen als auch die positiven Aspekte unserer Persönlichkeit gelassener hinnehmen können. Das zweite Resultat der Anwendung dieser Fertigkeiten ist, daß die erworbenen automatischen Impulsgeber ausgeschaltet werden, welche die automatischen Reaktionen gegen Fremdkritik – manchmal bis zur Panik gesteigert – in uns auslösen; auf Grund dieser Reaktionen können wir so manipuliert werden, daß wir unsere Wünsche verteidigen, statt sie in die Tat umzusetzen.

Im Frühjahr 1970 begann ich mit der Ausarbeitung einer Methode, die es z. B. einem Ehemann oder einer Ehefrau ermöglicht, die manipulative Kritik eines selbstunsicheren, vielleicht auch nörglerischen Partners zu bewältigen. In fast allen derartigen Fällen konnte ich beobachten, daß die kritisierte Person in Abwehrstellung geht und die Kritik zurückweist. Die Wurzel dieser manipulativen Kritik ist die Tatsache, daß z. B. eine nörglerische Ehefrau als Kind gelernt hat, ihre Wünsche müßten vernünftig und berechtigt sein und jeder Prüfung standhalten können. Wie jeder Mensch, der psychologisch »auf Vordermann« getrimmt worden ist, hat sie Schwierigkeiten, logische und stichhaltige Gründe anzugeben, die das »rechtfertigen«, was sie sich vom Leben wünscht. Sie hat gelernt, daß sie einen Grund haben muß, warum sie sich diese Dinge wünscht. Wenn ihr Mann sie auf irgendeine Weise hindert, das zu tun, was sie wünscht, hat sie keine Möglichkeit für eine selbstsichere Bewältigung seines Verhaltens, sondern *kann nur ihre eigene selbstunsichere, willkürliche und manipulative Struktur auf ihn projizieren und ihn kritisieren, weil er sich nicht in Übereinstimmung damit verhält.* Beim Umgang mit anderen Menschen bedient man sich immer wieder der manipulativen Kritik, denn wenn man will, kann man am lieben Nächsten immer einen Fehler finden. Das kann ganz einfach dadurch geschehen, daß wir unsere eigene willkürliche Struktur, welche die Regeln für »richtig und falsch« festlegt, auf eine Beziehung übertragen. Den meisten von uns ist anerzogen worden, die Struktur, die eine andere Person auf uns überträgt, zu akzeptieren und sogar für richtig zu halten. Eine selbstunsichere Ehefrau kann ihre Kritik an einem Verhalten ihres Mannes, das ihr mißfällt, z. B. so ausdrücken: »Das ganze Wochenende hast du nur an dem Auto herumgebastelt.« Die willkürliche Struktur, die sie auf die eheliche Beziehung und auf das Verhalten ihres Mannes übertragen will, besagt, daß es irgendwie falsch ist, das ganze Wochenende nichts weiter zu tun, als sich auszuruhen und an etwas herumzubasteln. Diese willkürliche Struktur hat nichts damit zu tun, ob es *ihr gefällt*, daß ihr Mann am Wochenende ausspannt, statt mit ihr zusammen irgend etwas zu unternehmen. Daß sie lieber irgend etwas anderes tun würde, ist nicht manipulativ. Daß sie ihre eigenen Bedürfnisse durch Kritik an ihrem Mann bewältigt, ist manipulativ und die Folge ihrer eigenen Selbstunsicherheit. Sie kann ihren Wunsch, mal aus dem Haus herauszukommen und Freunde zu besuchen, nicht rechtfertigen. Wenn der Ehemann die willkürliche Struktur in Bezug auf richtig und falsch, die seine Frau auf ihn überträgt, automatisch akzeptiert, muß er genauso automatisch akzeptieren, daß jede Kritik an einer Abweichung seines Verhaltens von dieser Struktur der Wahrheit entspricht. Ferner muß er akzeptieren, daß die Kritik seiner Frau berechtigt ist; er ist im Unrecht und »sollte« das ändern, was ihre Kritik herausfordert. Da die meisten von uns gelernt haben, sich ängstlich, unsicher oder schuldig zu fühlen, wenn sie Fehler machen, wird auch der selbstunsichere Ehemann versuchen, durch Logik, Argumente oder sogar durch Gegenkritik am Verhalten seiner Frau den (total unerheblichen) Wahrheitsgehalt der manipulativen Kritik abzustreiten, z. B. so: »Ich habe nicht das ganze Wochenende am Auto gearbeitet! Ich habe gestern beim Mittagessen nicht einmal daran gedacht! Und heute nachmittag habe ich mindestens eine Stunde geschlafen. Außerdem, du hast's gerade nötig. Alles, was du tust, wenn ich nicht zu Hause bin, ist, vor dem Fernseher zu sitzen.« Diese wie durch Dressur ausgelöste Art der Reaktion auf kleinliche Kritik wird unausweichlich durch neue Kritik beantwortet, und so geht es weiter, bis ein Partner zornig wird, ein Kampfverhalten zeigt und schließlich hinausgeht. In einer solchen Situation muß eine andere Bewältigungsmethode als die der Abwehr und des Ableugnens von wirklichen, imaginären oder angedeuteten Fehlern angewendet werden, damit der Konflikt sich nicht allzu negativ auf die eheliche Beziehung auswirkt. Ein Verhalten, das eine wirksame, selbstsichere und nicht-manipulative Bewältigung von Kritik ermöglicht, müßte die folgenden wichtigen Elemente enthalten:

1. Das Bewältigungsverhalten würde Sie lehren, zwischen (a) Wahrheiten, die andere Ihnen über Ihr Verhalten sagen (daß Sie immer am Auto herumbasteln) und (b) dem willkürlichen Etikett »richtig« oder »falsch« zu unterscheiden, das andere an wahre Aussagen über Ihr Verhalten anhängen, indem sie andeuten oder durchblicken lassen, daß Sie im Unrecht sind.

2. Das Bewältigungsverhalten würde Sie lehren, gelassen zu bleiben, wenn Ihnen eine Wahrheit über Ihr Verhalten in der Form von Kritik gesagt wird und die andere Person nicht offen über das »Richtig« oder »Falsch« Ihres Verhaltens spricht, sondern nur durch ihren kritischen Ton erkennen läßt, daß Ihr Verhalten falsch ist (alles, was du am Wochenende tust, ist, am Auto herumzubasteln); da Kritik Sie nicht mehr so ängstlich macht, brauchen Sie auf die angedeutete Missetat nicht einzugehen und müssen sich nur mit den offen ausgesprochenen Wahrheiten über Ihr Verhalten befassen. (Ja, es stimmt, ich beschäftige mich viel mit meinem Auto.)

3. Das Bewältigungsverhalten würde Sie lehren, gelassen zu bleiben, wenn eine Wahrheit über Ihr Verhalten offen als ein Vergehen im Rahmen der willkürlichen Struktur ausgelegt wird, die Ihr Partner auf Sie überträgt (es ist unrecht von dir, dich am Wochenende so viel mit dem Auto zu beschäftigen); da Kritik Sie nicht mehr so ängstlich macht, brauchen Sie die willkürliche Struktur des Partners in bezug auf »richtig und falsch« nicht automatisch zu akzeptieren. Statt dessen können Sie die Struktur des Partners einer Prüfung unterziehen, indem Sie fragen, was an Ihrem Verhalten falsch ist (ich verstehe nicht, was daran falsch ist, wenn ich mich viel mit

dem Wagen beschäftige). Auf diese Weise schalten Sie die Anwendung einer manipulativen Struktur aus und veranlassen den Partner, zu sagen, was er wünscht: »Ich möchte, daß wir unsere Freunde besuchen, statt das ganze Wochenende zu Hause zu bleiben.«

4. Das Bewältigungsverhalten würde Sie lehren, zwischen (a) Wahrheiten, die andere Ihnen über Ihre Fehler und Irrtümer sagen (du hast schon wieder die Verschlußkappe nicht auf die Zahnpastatube geschraubt), und (b) dem willkürlichen Richtig und Falsch zu unterscheiden, das andere als Etikett an die Wahrheiten über Ihre Fehler und Irrtümer anhängen. (Es ist »falsch«, wenn man vergißt, die Zahnpastatube zu verschließen.)

5. Das Bewältigungsverhalten würde Sie lehren, Ihre Fehler gelassen hinzunehmen. Fehler und Irrtümer sind zwar Zeichen von Unzulänglichkeit und Vergeudung, sind meistens, aber nicht immer unproduktiv und unklug und müssen für gewöhnlich korrigiert werden, aber sie haben in Wirklichkeit nichts mit den Begriffen richtig und falsch zu tun, also muß die Antwort lauten: »Du hast recht, es war dumm von mir, die Verschlußkappe nicht aufzuschrauben.«

Die Entwicklung der systematischen verbalen Bewältigungsfertigkeiten – Vernebelungstaktik, negative Befragung und negative Selbstsicherheit – ist das Ergebnis meiner Bemühungen, anderen Menschen zu helfen, die manipulative Kritik zu bewältigen, die ihre Wurzel in der willkürlichen Strukturierung einer Beziehung durch uns selbst oder durch andere hat. Wir wollen uns jetzt mit diesen verbalen Bewältigungsmethoden im einzelnen befassen.

Die Vernebelungstaktik

Eine Voraussetzung für die Bewältigung manipulativer Kritik ist, daß man kritische Bemerkungen nicht abstreitet (damit würde man nur in gleicher Münze zurückzahlen), nicht in Abwehrstellung geht und nicht mit Gegenkritik reagiert. Während meiner Zeit an der Klinik in Sepulveda begann ich, eine Methode zur Bewältigung von Kritik zu entwickeln. Ich erklärte den Patienten, daß es ihnen beim Erlernen dieser Methode helfen würde, wenn sie sich manipulativer Kritik gegenüber verhalten würden wie eine »Nebelbank«. Eine Nebelbank verfügt über einige bemerkenswerte Eigenschaften. Sie hat ein großes Beharrungsvermögen. Wir können nicht klar durch sie hindurchsehen. Sie bietet keinen Widerstand, wenn wir in sie eindringen. Sie wehrt sich nicht. Sie hat keine harten Flächen, von denen ein Wurfgeschoß zurückprallen könnte, so daß wir es aufheben und abermals gegen sie schleudern könnten. Wenn wir einen Gegenstand durch die Nebelwand hindurchwerfen, bleibt sie davon unbeeinflußt. Schließlich geben wir es auf, den hartnäckigen, unabhängigen, nicht manipulierbaren Nebel verändern zu wollen und lassen ihn in Ruhe. Im übertragenen Sinn bedeutet das, daß Sie Kritik bewältigen können, indem Sie ihr keinen Widerstand – d. h. harte psychologische Aufprallflächen – bieten.

Anfangs hatte ich für diese Methode andere Bezeichnungen gewählt, z. B. *Übereinstimmung mit der Wahrheit, Übereinstimmung im Prinzip, Übereinstimmung mit der möglichen Wahrheit,* aber der ursprünglich von mir im Klinik-Jargon verwendete Ausdruck »Vernebelung« scheint sich doch eingebürgert zu haben, denn er wird sowohl von Kollegen mit langjähriger Berufserfahrung als auch von solchen, die frisch von der Universität kommen, benützt, obwohl er eine unzulängliche Beschreibung der vielen Möglichkeiten ist, die uns in den verschiedensten Situationen für eine verbale Bewältigung von Kritik zur Verfügung stehen. Wie immer man diese Methode nennen will, wir können sie zur Bewältigung von Kritik anwenden, indem wir 1. mit den Teilen der Kritik übereinstimmen, die der Wahrheit entsprechen. Hier ein Beispiel: Eine übermäßig besorgte Mutter überwacht ihre Tochter weiterhin, obwohl diese erwachsen ist und eine eigene Wohnung hat. Als sie durchblicken läßt, daß der Lebensstil ihrer Tochter zu Kritik Anlaß gibt, reagiert die Tochter durch die Anwendung einer selbstsicheren Vernebelungstaktik.

Mutter: Du bist gestern wieder spät nach Hause gekommen. Ich habe bis halb ein Uhr versucht, dich anzurufen.

Tochter: Das stimmt, Mutti. Ich bin gestern wieder lange aus gewesen.

2. Wir können mit den Teilen der Kritik übereinstimmen, die eine *mögliche Wahrheit* enthalten. Wenn die Mutter in Ihrer Kritik einen direkten Vorwurf erhebt, kann die Tochter die Vernebelungsmethode wie folgt anwenden:

Mutter: Wenn du so oft erst nach Mitternacht nach Hause kommst, wirst du deine Gesundheit ruinieren.

Tochter: Da könntest du recht haben. (Oder: Wahrscheinlich hast du recht. Oder: Ich bin ganz deiner Meinung. Wenn ich nicht so oft ausgehen würde, könnte ich besser ausschlafen.)

3. Wir können mit der *allgemeinen Wahrheit* in *logischen* Aussagen übereinstimmen, mit denen andere Menschen uns manipulieren wollen (Übereinstimmung im Prinzip). Wenn die Mutter immer wieder versucht, ihre eigenen Lebensregeln auf den Lebensstil ihrer Tochter zu übertragen, kann die Tochter sich mit Hilfe der verbalen Vernebelung behaupten.

Mutter: Du weißt, wie wichtig es ist, daß ein junges Mädchen gut aussieht, wenn es einen netten Mann zum Heiraten finden will. Wenn du so oft spät nach Hause kommst, wirst du bald nicht mehr gut aussehen. Und das willst du doch nicht, oder?

Tochter: Du hast recht, Mutti. Was du sagst, klingt vernünftig, und ich werde in Zukunft nicht mehr so lange ausbleiben, wenn ich merke, daß es mir nicht gut tut.

In der ersten Übung zum Erlernen der *Vernebelungsmethode* bilden die Schüler oder Patienten Zweiergruppen. Ein Schüler praktiziert die Vernebelungstaktik, der andere spielt die Rolle des aggressiven Kritikers. Der Schüler wird angewiesen, die Kritik hinzunehmen, indem er mit allen tatsächlichen oder möglichen Wahrheiten, welche die Kritik enthält, übereinstimmt. Der Kritiker wird angewiesen, seine Kritik mit negativen Bemerkungen über die Kleidung und die Haltung des Schülers zu beginnen und allmählich auf den Charakter und das wahrscheinliche Sexualverhalten auszudehnen und seiner Phantasie freien Lauf zu lassen. Danach werden die Rollen vertauscht, und wenn die Übung beendet ist, nehme ich mir jede Gruppe einzeln vor und versuche, die Grenze zwischen gespielter und realistischer Kritik zu verwischen. Damit beabsichtige ich, daß die Reduzierung der Angstreaktion auf Kritik nicht nur auf die Übungssituation beschränkt bleibt. Den Schülern bleibt diese Absicht natürlich verborgen. Dann lasse ich sie einen Teil des Gesprächs wiederholen und werfe mit ernster Miene drohende, aber total unrealistische Bemerkungen dazwischen, wie z. B.: »Das könnten Sie besser machen; das war nicht sonderlich gut; Sie scheinen sehr langsam zu lernen; Ihr Partner macht das viel besser als Sie; vielleicht wäre in Ihrem Fall eine Tiefenanalyse angebrachter als eine Gruppentherapie« usw. Sobald der Schüler gelernt hat, auf jede Bemerkung zu antworten: »Da könnten Sie recht haben«, können Sie wetten, daß er sich gleichzeitig ein Grinsen verbeißen muß. An diesem Punkt habe auch ich Mühe, nicht in ein schallendes Gelächter auszubrechen. Nicht immer kann ich mich so gut beherrschen wie meine Schüler, und so wird das, was anfangs eine angsterfüllte Übung für sie war, zu einem vergnüglichen Erlebnis. Welch paradoxe Situation – man amüsiert sich, während man kritisiert wird! Die Schüler lernen diese Methode so schnell, daß ich gelegentlich das Übungsmuster variiere und sie in Vierergruppen üben lasse: ein Schüler übt sich in der Vernebelungsmethode, einer spielt die Rolle des Kritikers und zwei fungieren als Beobachter bzw. Anfeurer. Im ersten Teil der Übung feuern die Beobachter den »Vernebler« an, im zweiten Teil den Kritiker, damit er sich immer neue und beleidigende Spitzen gegen den Schüler ausdenkt. Drei Kritiker gegen einen selbstsicheren Menschen ist gewiß nicht fair – gegenüber den Kritikern!

Dialog Nr. 4
Eine erste Übung in der Anwendung der Vernebelungstaktik als Antwort auf Kritik

Szene des Dialogs: Ein Klassenzimmer, in dem zwei Schüler die Anwendung der Vernebelungstaktik üben. Die kritischen und die *vernebelnden* Aussagen wurden aus mehreren Übungsdialogen zusammengestellt.

Kritiker: Wie ich sehe, sind Sie mal wieder so schlampig angezogen, wie es für Sie typisch ist.

Schüler: Stimmt. Ich habe mich so angezogen, wie ich es immer tue. *(Vernebelung)*

Kritiker: Diese zerknautschten Hosen! Als ob Sie sie aus einer Kleidersammlung rausgefischt hätten.

Schüler: Ja, sie sind wirklich ein bißchen zerknittert. *(Vernebelung)*

Kritiker: Zerknittert ist die Untertreibung der Woche. Sie sehen scheußlich aus.

Schüler: Wahrscheinlich haben Sie recht. Sie sehen tatsächlich etwas abgetragen aus. *(Vernebelung)*

Kritiker: Und dieses Hemd! Ihr Geschmack scheint sich nur aufs Essen zu beschränken.

Schüler: Kann sein. Geschmack in der Kleidung gehört nicht zu meinen Stärken. *(Vernebelung)*

Kritiker: Wenn jemand sich so kleidet, kann er auch sonst nicht viel taugen.

Schüler: Sie haben ganz recht. Ich habe eine Menge Fehler. *(Vernebelung)*

Kritiker: Fehler nennen Sie das? Wahre Abgründe sind das! Ihre Persönlichkeit ist wie eine düstere und tiefe Schlucht.

Schüler: Da könnten Sie recht haben. Es gibt vieles an mir, das ich verbessern könnte. *(Vernebelung)*

Kritiker: Ich bezweifle, daß Sie fähig sind, gute Arbeit zu leisten, wenn Sie sich nicht mal anständig anziehen.

Schüler: Das stimmt. Ich könnte meine Arbeitsleistung verbessern. *(Vernebelung)*

Kritiker: Und wahrscheinlich streichen Sie Ihr Gehalt ein, ohne die leisesten Gewissensbisse gegenüber Ihrem bedauernswerten Chef zu empfinden.

Schüler: So ist es. Ich habe keinerlei Schuldgefühle. *(Vernebelung)*

Kritiker: Das ist ja unglaublich! Sie sollten aber schuldbewußt sein.

Schüler: Wahrscheinlich haben Sie recht, ich könnte wirklich ein etwas schlechteres Gewissen haben. *(Vernebelung)*

Kritiker: Wahrscheinlich teilen Sie das Geld nicht mal richtig ein, das Sie anderen Leuten – hart arbeitenden anderen Leuten! – abschwindeln, die nicht solche Faulpelze sind wie Sie.

Schüler: Da haben Sie wohl recht, ich könnte mein Geld wirklich besser einteilen, und ich bin tatsächlich ziemlich faul. *(Vernebelung)*

Kritiker: Wenn Sie klüger wären und ein moralisches Empfinden hätten, könnten Sie jemanden fragen, wie Sie sich anziehen sollen, um nicht wie ein Landstreicher auszusehen.

Schüler: Das stimmt, ich könnte jemanden fragen, was für Garderobe ich kaufen sollte, um besser auszusehen, und etwas klüger könnte ich auch sein. *(Vernebelung)*

Kritiker: Sie sehen so nervös aus, wenn ich irgend etwas sage, das Ihnen nicht paßt.

Schüler: Ich weiß, daß ich nervös aussehe. *(Vernebelung)*

Kritiker: Sie sollten aber nicht nervös sein, ich bin ja Ihr Freund.

Schüler: Das ist wahr, ich sollte nicht so nervös sein, wie ich es bin. *(Vernebelung)*

Kritiker: Ich bin wahrscheinlich der einzige Mensch auf der Welt, der Ihnen diese Dinge sagen würde.

Schüler: Da dürften Sie recht haben! *(Vernebelung* mit sarkastischem Beiklang)

Kritiker: Das klang aber ziemlich sarkastisch.

Schüler: Ja, das gebe ich zu.

(Vernebelung)

Kritiker: Sie sind aber nicht hier, um zu lernen, wie man sarkastisch ist, denn das können Sie schon sehr gut! Sie sträuben sich bewußt, die Vernebelungsmethode zu lernen.

Schüler: Sie haben recht, ich kann sarkastisch sein, und wahrscheinlich sträube ich mich dagegen, etwas Neues zu lernen. *(Vernebelung)*

Kritiker: So benimmt sich nur ein dummer Mensch.

Schüler: Wahrscheinlich haben Sie recht, das war vielleicht dumm von mir. *(Vernebelung)*

Kritiker: Sie werden diese Methode nie lernen.

Schüler: Da könnten Sie recht haben, vielleicht werde ich sie nie richtig beherrschen. *(Vernebelung)*

Kritiker: Sie kratzen sich ja schon wieder am Ohr.

Schüler: Ja, das stimmt. *(Vernebelung)*

Kritiker: Und Sie haben Ihre Hand schnell weggezogen, als ich Sie darauf aufmerksam machte.

Schüler: Ja, das habe ich wohl getan. *(Vernebelung)*

Kritiker: Und es hat Sie nervös gemacht, daß ich Sie darauf hinwies.

Schüler: Ja, Sie haben recht. *(Vernebelung)*

Kritiker: Sie sind ein hoffnungsloser Fall.

Schüler: Vielleicht haben Sie recht. *(Vernebelung)*

Kritiker: Und was ist denn das für eine Frisur? So laufen auch diese schmuddeligen Hippies herum.

Schüler: Ja, das stimmt. *(Vernebelung)*

Kritiker: Und Ihre Haare sehen auch genauso schmutzig aus.

Schüler: Ja, die könnten wirklich sauberer sein. *(Vernebelung)*

Kritiker: Wahrscheinlich würden Sie auch gern so leben wie die Hippies, immer ungewaschen und nichts als Sex im Kopf.

Schüler: Da könnten Sie recht haben. Vielleicht sollte ich mal darüber nachdenken. *(Vernebelung)*

Kritiker: Und wahrscheinlich würden Sie auch die sexuellen Perversionen genießen, die diese Leute praktizieren.

Schüler: Also, darüber sollte ich mir vielleicht wirklich mal Gedanken machen! *(Vernebelung)*

Kritiker: Bei näherer Überlegung drängt sich mir der Eindruck auf, daß Sie es gar nicht nötig haben, von den Hippies sexuelle Perversionen zu lernen. Wahrscheinlich haben Sie auf diesem Gebiet schon umfangreiche Kenntnisse.

Schüler: Stimmt. Das Studium der Sexualität hat mich schon immer interessiert. *(Vernebelung)*

Kritiker: An Ihrem lüsternen Blick kann ich sehen, daß Sie einige dieser Kenntnisse schon in die Tat umgesetzt haben.

Schüler: *(grinsend)* Da könnten Sie recht haben. *(Vernebelung)*

Kritiker: Sie sollten nicht grinsen, wenn ich versuche, Ihnen ins Gewissen zu reden.

Schüler: Sie haben recht, ich sollte wirklich nicht grinsen. *(Vernebelung)*

Kritiker: Sie tun nichts weiter als mir in einem fort rechtzugeben.

Schüler: Ja, das ist wahr. *(Vernebelung)*

Kritiker: Sie klingen wie ein Ja-Sager, der weder Persönlichkeit noch Rückgrat hat.

Schüler: Ja, so klingt es wirklich. *(Vernebelung)*

Kritiker: Sie *klingen* nicht nur so, Sie *sind ein Ja-Sager.*

Schüler: Vielleicht haben Sie recht. *(Vernebelung)*

Kritiker: Na bitte, Sie tun's ja schon wieder!

Schüler: Ja, das ist wahr. *(Vernebelung)*

Kritiker: Ich glaube nicht, daß Sie jemals etwas anderes als ›ja‹ sagen können.

Schüler: Ich verstehe sehr gut, warum Sie so denken. *(Vernebelung)*

Kritiker: Können Sie überhaupt aus Überzeugung ›nein‹ sagen?

Schüler: Vielleicht.

Kritiker: Wissen Sie es denn nicht?

Schüler: Warten wir's ab.

Dieser Übungsdialog ist ein Beispiel für die Wirkung der Vernebelungstaktik. Erstens zwingt sie den Schüler, genau auf das zu achten, was der Kritiker sagt, z. B. »Sie klingen wie . . .«, worauf der Schüler antwortet: »Sie haben recht, ich klinge wirklich wie . . .« Wenn der Kritiker sagt: »Ich glaube, daß Sie . . .«, erwidert der Schüler: »Ich verstehe, warum Sie glauben, daß ich . . .« Der Schüler lernt, nur auf das zu antworten, was der Kritiker tatsächlich sagt und nicht auf wirkliche oder imaginäre Andeutungen zu reagieren. Ferner lernt er, seine Aufmerksamkeit nur auf die vom Kritiker gemachten Aussagen zu konzentrieren, ohne sich von seinen Selbstzweifeln und seiner Unsicherheit eine Auslegung diktieren zu lassen. Außerdem zwingt diese Methode den Schüler zu lernen, wahrscheinlichkeitsbezogen zu denken und nicht immer feststehende Tatsachen vorauszusetzen. Und schließlich lernt der Schüler, daß jede kritische Aussage ein Körnchen Wahrheit enthält, je nachdem, unter welchen Gesichtspunkten sein Verhalten und seine Persönlichkeit begutachtet werden.

Während des Unterrichts in der Methode der Vernebelung werde ich immer wieder gefragt: »Wie kann ich jemandem zustimmen, der etwas zu mir sagt, das nicht wahr ist. Ich will nicht über mich selbst lügen!« Meiner Erfahrung nach sind Fragen dieser Art entweder der Ausdruck der tiefen Unsicherheit, welche durch die »unwahre« Kritik ausgelöst wird, d. h. die Kritik hat einen neuralgischen Punkt berührt, oder der Schüler hat so wenig Selbstvertrauen, daß er die positiven Aspekte seiner Persönlichkeit mit aller Kraft schützen muß, denn er erträgt es nicht, daß darüber gelästert wird. In solchen Fällen pflege ich den Schüler zu fragen: »Wie würden Sie reagieren, wenn jemand zu Ihnen sagt, daß Sie einen Meter über dem Boden schweben? Da Sie ja den Beweis vor Augen haben, daß Sie mit den Füßen fest auf dem Boden stehen, würden Sie wahrscheinlich nur lachen. Aber wie steht es mit Dingen, für die Sie keinen absoluten, garantierten und unleugbaren Beweis haben? Wenn jemand zu Ihnen sagt, daß Sie dumm sind, was würden Sie darauf antworten? Sie sind doch nicht dumm, oder?« Diese Frage wird immer mit einem Kopfschütteln beantwortet. »Ich beglückwünsche Sie. Sie sind wirklich glücklich dran, denn von mir selbst muß ich sagen, daß ich sehr dumm bin. Manchmal bin ich wirklich ein Dummkopf. Natürlich kann ich auch sehr intelligent sein, aber oft bin ich einfach dumm. Aber welche Vergleichsbasis habe ich für diese Aussage? Im Vergleich zu Einstein und Oppenheimer bin ich der letzte Dorftrottel. Aber im Vergleich zu vielen Leuten, die ich kenne, bin ich ein absolutes Genie. Wenn mir jemand also sagt, daß ich dumm bin, kann ich ihm ohne weiteres zustimmen: Du hast wahrscheinlich recht, im Vergleich zu manchen Menschen bin ich wirklich dumm, und in meinen eigenen Augen bin ich manchmal geradezu ein Trampel. Also höre ich auf das, was andere Leute über mich sagen, und gestehe ihnen zu, daß sie vielleicht recht haben könnten. Möglicherweise haben sie sogar recht, aber auch in diesem Fall entscheide ich selbst darüber und tue, was *ich* entschieden habe.« Ein Schüler verfolgte dieses Thema weiter, und es entspann sich folgendes Gespräch:

Schüler: Kennen Sie Ihren Intelligenzquotienten?
Ich: Ja.
Schüler: Ist er über dem Durchschnitt, also über hundert?
Ich: Ja.
Schüler: Wie können Sie dann die Vernebelungsmethode anwenden, wenn ich zu Ihnen sage: Ihr I.Q. ist so niedrig, daß ein Schwachsinniger Ihren Platz einnehmen könnte.

Ich: Ich würde einfach sagen: Es überrascht mich nicht, daß Sie so denken. Manchmal funktioniert mein Gehirn so mangelhaft, daß ich mich frage, ob die Leute, die meinen Intelligenztest ausgewertet haben, sich nicht geirrt haben.

Schüler: Versuchen wir mal etwas anderes. Sind Sie schwul?

Ich: Ich glaube nicht.

Schüler: Lassen Sie es mich anders ausdrücken: Sind Sie ein praktizierender Homosexueller?

Ich: Nein.

Schüler: Wie können Sie mir dann zustimmen, wenn ich sage: Sie sind der tuntigste Lehrer, den ich je erlebt habe. Sie tänzeln ständig in der Gegend herum.

Ich: Auch das ist einfach. Ich kann zum Beispiel sagen: Vielleicht haben Sie recht. Ich frage mich, ob das der Grund ist, warum ich sexuell nicht mehr so potent bin wie früher. Mit siebzehn habe ich den ganzen Tag nur an Sex gedacht. Heute denke ich nur noch den halben Tag daran. – Genügt Ihnen das, oder möchten Sie noch einen Versuch machen?

Gelegentlich demonstriere ich die Vernebelungsmethode, indem ich meine Schüler auffordere, meinen Unterrichtsstil zu kritisieren. Anschließend werde ich immer wieder gefragt: »Aber haben Sie es denn ganz ehrlich gemeint, als Sie durch Vernebeln mit meiner Kritik übereinstimmten?« Ich gebe darauf eine Antwort, von der ich hoffe, daß sie den Schüler zu weiterem Nachdenken anregt: »Ist das wirklich so wichtig?« Man kann davon ausgehen, daß jemand, der Fragen dieser Art stellt, ein eingeschworener Anhänger der Logik und all der anderen externen Systeme ist, durch deren Anwendung man einem anderen Menschen das Recht, sein eigener Richter zu sein, wegnehmen kann. In diesem Zusammenhang berichtete Fred Sherman mir von einer Studentin, die ihn nur dann als Lehrer akzeptieren konnte, wenn er entweder »total aufrichtig« oder »total unaufrichtig« war. Sie war nicht fähig, ihm einen Mittelweg zwischen diesen beiden Extremen zuzugestehen, denn einen Menschen, der weder aufrichtig noch unaufrichtig war, konnte sie durch ihre Logik nicht beeinflussen. Die Anwendung einer Wahrscheinlichkeit als Unterscheidungsmittel zwischen Wirklichkeit und Wahrheit behagte ihr nicht, weil das praktisch der Aussage entsprach: »Ich bin nicht manipulierbar. Ich passe nicht in deinen Spielplan. Das gefällt dir nicht? Na gut, dann suche dir jemanden, bei dem du dich wohler fühlst.«

Meine Erfahrungen haben gezeigt, daß von allen verbalen Fertigkeiten die Methode der Vernebelungstaktik bei den Schülern am besten ankommt. Kürzlich traf ich einen ehemaligen Schüler, der jetzt Physiker an einem Forschungsinstitut der Technischen Universität von Kalifornien ist. Er erzählte mir die folgende lustige Geschichte. Eines Abends hatte ich vor Studenten der T. U. einen Einführungsvortrag über selbstsichere verbale Fertigkeiten gehalten. Einer der Studenten arbeitete in dem betreffenden Forschungsinstitut, und am nächsten Tag antwortete er auf alles, was man zu ihm sagte, nach der Methode der Vernebelungstaktik. Sogar auf die Frage, ob er eine Tasse Kaffee haben wolle, antwortete er enthusiastisch: »Da könnten Sie recht haben.« Diese Phase ist ganz typisch, und man kann sie mit dem Impuls vergleichen, den z. B. ein funkelnagelneues Werkzeug auslöst: Man sucht nach Gelegenheiten, um es anwenden zu können.

Das therapeutische Ziel der Vernebelungsmethode ist, den Schüler zu lehren, diejenigen persönlichen Eigenschaften, über die er Zweifel hat, ohne ein Gefühl der Unsicherheit nüchtern zu betrachten und dann zu sagen: »Na und? Meine Fähigkeiten reichen trotzdem aus, um Probleme bewältigen zu können und ein glücklicher und zufriedener Mensch zu sein.« Es genügt aber nicht, dieses Konzept nur mit dem Verstand zu begreifen. Die systematische Anwendung der Vernebelungstaktik liefert das, was das kognitive Erfassen – d. h. das Wissen, daß man seinem Kritiker zustimmen kann – nicht gibt, nämlich die Reduzierung der konditionierten, quälenden Angst als Reaktion auf den Reiz der persönlichen Kritik.

Die negative Selbstsicherheit

Bei den Überlegungen, wie ich meine Patienten lehren konnte, durch die Anwendung der Vernebelungsmethode manipulative Kritik an ihrem Verhalten zu bewältigen, wurde mir klar, daß die Fehler, die diese Leute begingen, zum großen Teil auch darauf beruhten, daß ihr Bewältigungsvermögen im Hinblick auf Konfliktsituationen des Alltags mangelhaft war. Um wieder selbstsichere und lebenstüchtige Menschen zu werden, mußten sie lernen, ihre eigenen Fehler zu bewältigen, ohne sich durch eine feindselige Kritik an diesen Fehlern verunsichern zu lassen. Als ich dann auch außerhalb der Klinik Therapiekurse einrichtete, wurde mir eindringlich bewußt, wie viele von uns die gleichen Schwierigkeiten bei der Bewältigung der Fehler haben, die wir im Alltag begehen. Ein Schüler fragte mich: »Wie kann ich denn anders reagieren und meine persönliche Würde und meine

Selbstachtung bewahren, wenn ich wegen eines unbestreitbaren, hundertprozentigen Fehlers kritisiert werde, den ich tatsächlich gemacht habe?« Diese Einstellung ist weit verbreitet. Um Ihre eigenen Fehler realistischer bewältigen zu können, müssen Sie lernen, Ihr verbales Verhalten zu ändern, wenn Sie mit diesen Fehlern konfrontiert werden, und Sie müssen den anerzogenen Glauben, daß ein Fehler automatisch mit *Schuld* gekoppelt ist, modifizieren.

Wenn Sie bei der Bewältigung Ihrer eigenen Fehler selbstunsicher sind, können andere, ebenfalls selbstunsichere Menschen Sie dahingehend manipulieren, daß Sie 1. um Verzeihung ansuchen, weil Sie den Fehler begangen haben, und sich bemühen, in irgendeiner Form dafür zu sühnen, oder 2. durch Abwehr und Gegenkritik den Fehler abstreiten, wodurch Sie Ihrem feindlichen Kritiker sozusagen einen Sandsack liefern, an dem er seine eigenen frustrierten Gefühle austoben kann. In jedem Fall ist der Bewältigungserfolg schlecht und Ihre Gemütslage noch schlechter.

Einen in der Kindheit anerzogenen Glauben kann man kaum dadurch ändern, daß man bewußt darüber nachdenkt; das gleiche gilt auch für die Anschauung, daß Fehler etwas Unrechtes sind. Zuerst müssen wir unser verbales Bewältigungsvermögen ändern, wenn wir mit einem Fehler konfrontiert werden, damit unsere Empfindlichkeit gegen Kritik (auch gegen Selbstkritik) geringer wird. Erst wenn das erreicht ist, können wir uns von der anerzogenen Anschauung, daß ein Fehler eine Schuld ist, befreien.

Wie können Sie Ihre Fehler selbstsicher bewältigen? Die einfachste Methode ist, daß Sie Ihre Fehler nur als das betrachten – Fehler sind Fehler und weiter nichts. In der Terminologie der systematischen Selbstsicherheit heißt das, daß Sie die negativen Aspekte Ihrer Persönlichkeit *selbstsicher akzeptieren*. Während meiner Arbeit in Sepulveda entwickelte ich eine verbale Methode, die ich negative Selbstsicherheit nenne, um meinen Patienten zu helfen, ihre eigenen Fehler oder Unzulänglichkeiten zu bewältigen. Wenn man Sie auf eine kritische oder sogar feindselige Art und Weise mit einem Fehler konfrontiert, den Sie begangen haben, können Sie den Fehler als solchen wie folgt akzeptieren: Nehmen wir an, Sie haben versprochen, einen Ordner mit Informationsmaterial auf Ihrem Schreibtisch liegenzulassen, weil ein Arbeitskollege es am Wochenende durchsehen will. Am Montag kommt der Kollege zu Ihnen und fragt, wo der Ordner war. Sie erinnern sich, daß Sie ihn am Freitag in den Aktenschrank eingeschlossen haben. Was können Sie jetzt sagen? Wenn Sie die Methode der negativen Selbstsicherheit anwenden, würden Sie wahrscheinlich folgendes sagen: »Ach herrje! Ich habe vergessen, den Ordner auf meinem Schreibtisch liegenzulassen. Wie dumm von mir! Anscheinend leide ich schon an Verkalkung. Was wollen Sie jetzt tun?« Je nachdem, wie Ihr Kollege diese Aussage aufnimmt, wird sie wiederholt, bis er erkennt, daß er nichts erreicht, wenn er Ihren Fehler kritisiert, weil dadurch ja die Uhr nicht zurückgedreht werden kann.

Die negative Selbstsicherheit ist auch auf anderen Gebieten eine gute Bewältigungsmethode. Wenn z. B. Ihre Arbeitsleistung oder Ihr soziales Verhalten berechtigt kritisiert werden, können Sie diese Kritik wie folgt bewältigen:

Kritik: »Ihre Leistung in ... war nicht besonders gut.« Antwort: »Sie haben recht. Ich habe mich nicht gerade von meiner besten Seite gezeigt.« *(Negative Selbstsicherheit)*

Auch wenn unsere persönliche Kompetenz, unsere Gewohnheiten oder unser Aussehen kritisiert werden, können wir uns dieser Methode bedienen: »Für ein junges Mädchen mit einer so guten Figur bewegst du dich wie ein Elefant.« »Das ist mir auch schon aufgefallen. Ich habe wirklich einen komischen Gang.« *(Negative Selbstsicherheit)*

Oder: »Du hättest dir deine Haare nicht abschneiden lassen sollen. Die neue Frisur steht dir nicht.« »Ja, das war dumm von mir. Ich bin auch nicht begeistert davon.« *(Negative Selbstsicherheit)*

Oder: »In diesem Kleid siehst du aus wie die Unschuld vom Lande.« »Ja, das habe ich befürchtet. Diese neue Mode steht mir einfach nicht.« *(Negative Selbstsicherheit)*

Vergessen Sie bitte nicht, daß diese verbalen Fertigkeiten entwickelt wurden, um Ihnen zu helfen, soziale Konflikte zu bewältigen, nicht aber Probleme physischer oder juristischer Natur. Wenn jemand zu Ihnen sagt: »Sie sind mir über den Fuß gefahren, als Sie mit Ihrem Wagen zurückstießen«, lautet die richtige Antwort nicht etwa: »Wie dumm von mir!«, sondern: »Hier ist die Adresse meiner Versicherung (oder meines Anwalts).«

Von der Hartnäckigkeit Ihres Kritikers hängt es ab, ob Sie außer der Methode der *negativen Selbstsicherheit* zur Bewältigung Ihrer Fehler noch zusätzliche Techniken anwenden müssen, um sich auch in anderer Hinsicht zu behaupten, wie z. B. die *Vernebelungstaktik* und die *negative Befragung*. Die Anwendung mehrerer Methoden in einem Gespräch wird in den Kapiteln 9, 10 und 11 demonstriert.

Es mag seltsam klingen, aber ein Mensch, der Kritik nicht selbstsicher bewältigen kann, ist für gewöhnlich auch nicht fähig, Komplimente zu bewältigen. Wenn wir unter Kritik leiden, sollte es eigentlich so sein, daß jedes Kompliment, das uns gemacht wird, die Last der uns angekreideten Mängel erleichtert. Aber leider ist das meistens nicht der Fall. Wenn man uns lobt oder uns Komplimente macht, fangen wir an zu stottern, murmeln irgend etwas Unverständliches, sind linkisch und verlegen, rutschen auf dem Stuhl hin und her und wechseln so schnell wie möglich auf ein anderes Thema über. Dieses mangelhafte Bewältigungsvermögen beruht nicht auf Bescheidenheit, sondern auf der anerzogenen Anschauung, daß andere Menschen die Richter unseres Verhaltens sind. Wenn wir in unseren Gedanken und Gefühlen und in unserem Verhalten unabhängig und selbstsicher sind, behalten wir uns das endgültige Urteil über alle unsere Handlungen, einschließlich der positiven, vor. Diese Einstellung bedeutet keineswegs, daß Sie Lob und Komplimente ablehnen, sondern nur, daß Sie selbst den Wert und die Berechtigung dieser Aussagen beurteilen. So können Sie z. B. auf ein Kompliment über Ihren modischen Geschmack, das sich mit Ihrer eigenen Meinung deckt, antworten: »Danke, ich finde auch, daß das Kleid mir gut steht.« *(Übereinstimmung mit der Wahrheit.)* Falls Sie jedoch den Verdacht haben, es handelt sich um eine manipulative Schmeichelei, können Sie z. B. sagen: »Das verstehe ich nicht. Was ist denn an dem Kleid dran, daß ich so gut darin aussehe?« (*Positive Befragung*, s. Kap. 7) Sollten Sie selbst noch keine klare Meinung über das haben, wofür man sie lobt, können Sie Ihre wahren Gefühle enthüllen: »Vielen Dank für das Kompliment, aber ich bin mir selbst noch nicht im klaren, wie gut das ist.« Ob es um die Bewältigung positiver oder negativer Aussagen geht, die Basis für Ihr Verhalten und Ihre Einstellung ist die gleiche: Sie sind der oberste Richter Ihrer eigenen Persönlichkeit.

7. KAPITEL
Wie Sie Menschen, die Sie schätzen, veranlassen können, sich Ihnen gegenüber selbstsicherer und weniger manipulierend zu verhalten

Bei der Bewältigung der manipulativen Kritik von Menschen, zu denen Sie eine formale oder kommerzielle Beziehung haben, ist die Vernebelungstaktik eine sehr wirksame Methode. Sie macht Sie gegen Kritik unempfindlicher und bewirkt sogar, daß man Sie seltener kritisiert. Sie bringt schnell eine psychologische Distanz zwischen Ihnen und Ihrem Kritiker zustande. Aber diese Methode ist eine passive Fertigkeit, die Ihren Partner nicht veranlaßt, sich Ihnen gegenüber selbstsicher statt manipulierend zu verhalten, und gerade das wäre ja in einer engen persönlichen Beziehung sehr wünschenswert. Um dieses Ziel zu erreichen, ist die Anwendung der verbalen Fertigkeit, die ich *negative Befragung* nenne, sehr wahrscheinlich nützlicher als die Anwendung der Vernebelungstaktik. Auch bei dieser Methode reagieren Sie auf Kritik nicht durch Ableugnen, Abwehr oder Gegenmanipulation. Statt dessen unterbrechen Sie den manipulativen Zyklus, indem Sie ruhig und gelassen Kritik über sich selbst herausfordern oder um nähere Informationen über das »Vergehen« bitten, das Ihnen angelastet wird. Wie aus der Bezeichnung dieser Methode hervorgeht, möchten Sie mehr Einzelheiten über Ihre Persönlichkeit und Ihr Verhalten erfahren, auch wenn es sich dabei um negative Aussagen handelt.

Die negative Befragung

Zum besseren Verständnis des Konzepts der negativen Befragung wollen wir uns den Unterschied zwischen zwei ähnlichen Aussagen als Antwort auf Kritik betrachten. Nehmen wir an, es handelt sich um eine Kritik von Ihrer Ehefrau, auf die Sie wie folgt antworten: 1. »Ich verstehe dich nicht. Was ist so schlimm daran, daß ich angeln gehen will?« 2. »Wieso glaubst du, daß es schlecht ist, zum Angeln zu gehen?« Die erste Aussage ist eine selbstsichere, nicht-defensive Reaktion in der Form der negativen Befragung, die keine Kritik an Ihrer Partnerin enthält und sie veranlaßt, weitere kritische Aussagen zu machen und die Struktur von Richtig und Falsch zu überprüfen, die sie zur Bewältigung dieser Konfliktsituation anwendet. Die zweite Aussage ist defensiv und lenkt die Aufmerksamkeit von Ihnen auf Ihre Frau ab. Diese Aussage kann von – ihr – und in den meisten Fällen trifft das auch zu – als sarkastisch und herabsetzend ausgelegt werden. Der Unterschied zwischen diesen beiden Aussagen, die scheinbar den gleichen Inhalt haben, ist enorm. Mit der ersten Aussage deuten Sie auf sich selbst und fordern Ihre Frau auf: »Betrachten wir uns einmal näher, was ich falsch mache oder was dir nicht gefällt.« *Ihr Verhalten drückt aus, daß man sich über Kritik nicht aufregen muß.* Mit der zweiten Aussage deuten Sie auf Ihre Frau und drücken die folgende Einstellung aus: »Wer bist du denn, daß du mir irgendwelche Vorschriften machen willst?«

Wenn Ihre Frau auf die erste Aussage »logische« oder »gute« Gründe anbietet, warum Angeln schlecht ist, wie z. B. »Du bekommst jedesmal Kopfschmerzen davon«, oder »es macht dich zu müde«, oder »du riechst dann so scheußlich«, können Sie weiter fragen: »Das verstehe ich nicht. Was ist so schlimm daran, wenn man angeln geht und Kopfschmerzen bekommt (oder müde wird oder schlecht riecht)?« Durch die beharrliche Anwendung der negativen Befragung zum Zweck der weiteren Informationsbeschaffung über kritische Aussagen, wie z. B. »es macht dich zu müde«, verhindern Sie die Übertragung manipulativer Strukturen, und Ihre Frau wird jetzt vermutlich offen sagen, was sie an Ihrer Angelleidenschaft stört: »Wenn du so müde bist, gehen wir abends nicht mehr aus (oder unterhalten wir uns nicht mehr usw.).« Damit ist der Kernpunkt des Konflikts enthüllt und kann nun von Ihnen gemeinsam bewältigt werden. Sie können jetzt einen Kompromiß aushandeln, der es Ihnen gestattet, angeln zu gehen, und gleichzeitig die Wünsche Ihrer Frau berücksichtigt.

Das Ergebnis der ersten Anwendung der negativen Befragung ist, daß Ihre Frau zumindest ihre eigene Struktur von Richtig und Falsch überprüft (Kopfschmerzen sind falsch, müde sein ist falsch etc.), das heißt, die Struktur, die sie auf Sie übertragen will, um Sie zu manipulieren, statt daß sie ihre eigenen Wünsche äußert. Das optimale Ergebnis wäre, daß Ihre Frau aufhört, durch die Übertragung ihrer eigenen willkürlichen Struktur auf die eheliche Beziehung Probleme lösen zu wollen, und beginnt, ihre Wünsche selbstsicher zum Ausdruck zu bringen. Im ungünstigsten Fall – wenn Ihre Frau nicht selbstsicher reagiert und nicht sagt, was sie wünscht – endet diese erste verbale Interaktion durch negative Befragung mit einem Unentschieden, wobei ihre manipulative Kritik nur vorübergehend ausgeschaltet ist. Sie können versuchen, diesen Stillstand zu beenden, indem Sie

Ihre Frau durch negative Befragung veranlassen, für sich selbst einzustehen: »Ich verstehe dich wirklich nicht. Es muß doch noch andere Gründe dagegen geben, daß ich zum Angeln gehe, außer daß ich müde werde, das Haus verstänkere oder Kopfschmerzen bekomme. Was ist sonst noch falsch daran, oder was mißfällt dir, wenn ich angeln gehe?« Eine solche nicht-kritische Ermutigung erhöht die Wahrscheinlichkeit, daß Ihre Frau selbstsicher reagiert und Ihnen sagt, was *sie* am Wochenende tun möchte, und dann kann ein Kompromiß ausgearbeitet werden, der beide Seiten zufriedenstellt.

Leider hängt das Konfliktverhalten in sehr vielen Fällen von einer Konfrontation mit einer willkürlichen Struktur von Richtig und Falsch ab. Manipulationen dieser Art führen zu Konflikten über Kleidung, Ordnung, Unpünktlichkeit, prompte Bezahlung von Rechnungen, Flirten auf sozialen Veranstaltungen, Aufteilung der Hausarbeit, Verantwortung für die Kinder usw. Auf diesen Verhaltenssektoren kann eine Manipulation auf der Basis der anerzogenen Anschauung über richtig und falsch durch die Anwendung der negativen Befragung ausgeschaltet werden, wodurch eine echte Verhandlung über persönliche Vorlieben und Abneigungen möglich wird, die zu einem praktikablen Kompromiß führt.

Um meinen Schülern die nicht-defensive Grundidee der negativen Befragung klarzumachen, verwende ich den folgenden Dialog als erste Übung. Wie in der Übung zur Anwendung der Vernebelungstaktik macht der Kritiker zuerst herabsetzende Bemerkungen über die Kleidung des Schülers, ein Thema, das die meisten von uns ohne allzu großes Unbehagen ertragen können. Sobald der Schüler gelernt hat, diese Kritik durch negative Befragung zu bewältigen, statt sie zurückzuweisen oder durch aggressive Gegenkritik zu beantworten, wird sie allmählich auf das persönlichere Gebiet der äußerlichen Erscheinung und schließlich auf das Persönlichkeitsbild und den »moralischen« Charakter des Schülers ausgedehnt. Der Schüler wird angewiesen, die negative Befragung nicht mit Sarkasmus zu verbrämen, wie Neulinge es oft tun, da der Kritiker dadurch zu aggressiven Reaktionen herausgefordert wird und wahrscheinlich die Interaktion und möglicherweise sogar die ganze Beziehung abbricht.

Dialog Nr. 5
Eine erste Übung in der Anwendung der negativen Befragung als Antwort auf Kritik

Paul: Lisa, du siehst heute nicht gut aus.
Lisa: Wie meinst du das, Paul?
Paul: Mir ist heute dein Aussehen aufgefallen. Es gefällt mir nicht sonderlich.
Lisa: Liegt das an meinem allgemeinen Aussehen oder an meiner Kleidung? *(Negative Befragung)*
Paul: Diese Bluse sieht nicht gut aus.
Lisa: Was stimmt an der Bluse nicht, so daß ich unvorteilhaft aussehe? (*Negative Befragung*, Antwort)
Paul: Sie paßt nicht gut.
Lisa: Meinst du, daß sie zu weit ist? (*Negative Befragung*, Aufforderung)
Paul: Ja, vielleicht ist es das.
Lisa: Und was ist mit der Farbe, steht die mir nicht? (*Negative Befragung*, Aufforderung)
Paul: Die Farbe ist nicht sehr vorteilhaft.
Lisa: Gibt es außer der Farbe nocht etwas, das dir mißfällt? (*Negative Befragung*, Aufforderung)
Paul: Nein, das ist alles.
Lisa: Und meine Hosen? Wie sehen die aus? (*Negative Befragung*, Aufforderung)
Paul: Nicht besonders gut.
Lisa: Warum sehe ich in diesen Hosen nicht gut aus? (*Negative Befragung*, Antwort)
Paul: Sie sehen irgendwie nicht gut aus.
Lisa: Liegt es an der Farbe? (*Negative Befragung*, Aufforderung)
Paul: Nein, das ist es nicht.
Lisa: Und was ist mit dem Schnitt? (*Negative Befragung*, Aufforderung)
Paul: Sie sehen ausgebeult aus.
Lisa: Habe ich sonst noch etwas an mir, das nicht in Ordnung ist? (*Negative Befragung*, Aufforderung)
Paul: Na ja, du neigst dazu, etwas zuviel zu reden.
Lisa: Das möchte ich genau verstehen. Ich rede zuviel? (*Negative Befragung*, Aufforderung)
Paul: Du neigst dazu, dich in ein Thema zu verbeißen und es zu zerreden.

Lisa: Du meinst, ich finde kein Ende? (*Negative Befragung*, Aufforderung)
Paul: Ja, das ist es, du redest und redest und hörst nicht auf das, was ich sage.
Lisa: Das möchte ich genau verstehen. Du sagst, daß ich dir nicht zuhören will? (*Negative Befragung*, Aufforderung)
Paul: Es scheint dir gleichgültig zu sein, ob ich dir etwas sage oder nicht.
Lisa: Das klingt, als ob du sagen willst, daß ich gefühllos bin, habe ich das richtig verstanden? (*Negative Befragung*, Aufforderung)
Paul: Ja, das ist es. Du bist gefühllos.
Lisa: Fällt dir sonst noch etwas an mir auf, außer daß ich gefühllos bin? (*Negative Befragung*, Aufforderung)
Lisa: Ja, du kommst mir irgendwie so anders vor.
Lisa: Inwiefern komme ich dir anders vor als sonst? (*Negative Befragung*, Antwort)
Paul: Ich meine, so wie du jetzt bist, das ist irgendwie ganz anders als sonst.
Lisa: Willst du mir das genauer erklären? (*Negative Befragung*, Aufforderung)
Paul: Nein, im Moment nicht.
Lisa: Vielleicht hast du das nächste Mal, wenn wir zusammen sitzen, mehr Lust, darüber zu sprechen, einverstanden?
Paul: Einverstanden.

Die negative Befragung kann zwar gelegentlich bei der Konfliktbewältigung in formalen und teilweise strukturierten Beziehungen von Nutzen sein (besonders in Verbindung mit den anderen selbstsicheren verbalen Fertigkeiten), aber am wirksamsten erweist sie sich im Umgang mit Menschen, die Ihnen nahestehen, also in nichtstrukturierten Beziehungen unter Gleichgestellten, und zwar aus folgenden Gründen: 1. Diese Methode macht Sie unempfindlicher gegen Kritik von Menschen, die Sie schätzen, so daß Sie ihnen gelassener zuhören können. 2. Sie schaltet die Wiederholung von manipulativen kritischen Bemerkungen aus, und erspart Ihnen dadurch Ärger. 3. Sie schränkt die Versuche Ihres Partners ein, seine eigene willkürliche Struktur von Richtig und Falsch auf die Beziehung zu Ihnen zu übertragen, und veranlaßt ihn, seine Wünsche *selbstsicher* zum Ausdruck zu bringen, so daß ein beide Seiten befriedigender Kompromiß ausgearbeitet werden kann.

Dialog Nr. 6
Mit Hilfe der negativen Befragung bewältigt Inge die Manipulationen eines Nachbarn

Ein ausgezeichnetes Beispiel dafür, wie man nur mit Hilfe der negativen Befragung einen Konflikt zwischen Nachbarn bewältigen kann, wurde mir von Inge berichtet, einer jungen Hausfrau in einem Vorort, die am Selbstsicherheitstraining teilnahm. Auf Grund ihrer Selbstunsicherheit und auch, weil sie keine Kinder hatte und sich langweilte, hatte sie die volle Verantwortung für die Pflege von Haus und Garten übernommen. Nachdem sie die Methoden der Schallplatte mit Sprung, der Vernebelungstaktik und der negativen Selbstsicherheit gelernt hatte, war sie von der Technik der negativen Befragung besonders fasziniert. Eine Woche nach der ersten Übung in dieser verbalen Fertigkeit hatte sie den folgenden kurzen Dialog mit ihrem Nachbarn Georg. Er hatte seit Monaten davon gesprochen, daß er sich einen Swimmingpool zulegen wollte, um nackt sonnenbaden zu können. Jedesmal, wenn er mit Inge über seinen Plan sprach, sagte sie: »Wunderbar. Das ist die beste Methode, um schön gleichmäßig braun zu werden.« Aus Georgs Reaktion auf diese Bemerkung gewann Inge den Eindruck, daß er aus irgendeinem Grund etwas anderes von ihr hören wollte.

Szene des Dialogs: Inge beschneidet ein paar Rosensträucher am Zaun zwischen den beiden Grundstücken. Georg sieht sie und geht zu ihr.

Georg: Ich werde bald alle diese Sträucher ausgraben müssen. Dieser Zaun ist ziemlich ramponiert, und ich habe vor, eine Mauer aus Hohlziegeln zu ziehen.

Inge: Das verstehe ich nicht. Wieso ist dieser Zaun ramponiert?

Georg: Eines Tages wird er umfallen.

Inge: Was soll denn den Zaun zum Umfallen bringen?

Georg: Die Bäume, die auf Ihrer Seite so dicht am Zaun stehen.

(Inge hat ein paar zweieinhalb Meter hohe japanische Ahornbäume am Zaun entlang gepflanzt, und einige Zweige sind durch den Maschendraht gewachsen.)

Inge: Wieso werden die Bäume den Zaun zum Umfallen bringen?

Georg: Es sind diese Zweige, die durch den Maschendraht gewachsen sind. Die werden den Zaun eines Tages umstürzen.

Inge: Das verstehe ich nicht. Wieso werden diese Zweige den Zaun umstürzen?

Georg (schweigt einen Augenblick und wechselt dann das Thema): Verstehen Sie etwas davon, wie man Aprikosenbäume veredelt? Was meinen Sie, habe ich diesen Baum hier richtig veredelt?

Inge war während dieses Gesprächs klar geworden, daß Georg wünschte, sie solle sich an den Kosten der Hohlziegelmauer beteiligen, die ihn vor neugierigen Blicken schützen würde. Da für Inge die Beziehung zu Georg keine wichtige Rolle spielte, war es ihr gleichgültig, ob er sich ihr gegenüber selbstsicher verhielt oder nicht. Ihr genügte es, daß sie mit seiner manipulativen Begründung, warum sie für die neue Mauer mitbezahlen »sollte«, fertig wurde. Sie fühlte sich nicht verpflichtet, Georg zu veranlassen, ihr offen zu sagen, was er wünschte: eine Mauer zum halben Preis, damit er nackt im Garten herumhüpfen konnte. Sie hätte sowieso »nein« gesagt, auch wenn sie sich der Mühe unterzogen hätte, einen Menschen, der ihr nichts bedeutete, zu einem selbstsicheren Verhalten zu veranlassen. Übrigens hat Georg dieses Thema nie wieder berührt.

Bisher habe ich nur davon gesprochen, welchen Wert die Fertigkeiten der Schallplatte mit Sprung, der Vernebelungstaktik, der negativen Selbstsicherheit und der negativen Befragung als Antwort auf Versuche haben, durch Manipulation – gleichgültig ob eigennützig oder uneigennützig motiviert – Ihr Verhalten zu kontrollieren.

Die Anwendung dieser Fertigkeiten verfolgt noch einen Zweck, den man nicht übersehen oder zu gering bewerten darf: *Sie soll die gewohnheitsmäßige Abwehr- und Angstreaktion* eliminieren, die immer dann auftritt, *wenn jemand etwas zu uns sagt, das uns unangenehm ist.* Nicht jeder Kritiker will uns manipulieren oder handelt aus einem eigenen Gefühl der Unsicherheit heraus. Es gibt Menschen, die auf das Verhalten und die Leistung anderer eingehen und nur von dem Wunsch motiviert sind, diesen anderen zu helfen. Ein Beispiel für einen nicht-manipulativen Kritiker ist ein Vorgesetzter, der eine Bitte um Gehaltserhöhung einzig und allein deshalb ablehnt, weil die Arbeitsleistung des betreffenden Untergebenen eine solche Anerkennung nicht rechtfertigt. Zur Bewältigung einer solchen Situation können Sie unter Anwendung aller selbstsicheren Fertigkeiten und besonders der negativen Befragung Ihren Vorgesetzten zu einer detaillierteren Kritik veranlassen und die Kommunikation zwischen ihm und Ihnen verbessern. Auf diese Weise übermitteln Sie ihm mehrere klare

Botschaften: 1. Sie sind interessiert daran, Ihr Leistungsniveau so anzuheben, daß eine Gehaltserhöhung gerechtfertigt ist; 2. Sie brechen unter Kritik nicht zusammen, sondern Sie wünschen Kritik zu hören und ziehen daraus Nutzen; 3. Durch einen häufigeren kritischen Feedback kann er Ihnen helfen, daß Sie Ihr Ziel, eine ausgezeichnete Leistung zu erbringen, erreichen. Ein zusätzlicher Vorteil, der sich aus der Bewältigung diffiziler Situationen auf diese nicht-defensive und selbstsichere Art und Weise ergibt, ist die Verbesserung der persönlichen und dienstlichen Beziehungen zwischen Ihrem Kritiker und Ihnen. Durch eine nicht-defensive Reaktion und durch Ihr Interesse an seinem Standpunkt helfen Sie Ihrem Kritiker, seine manchmal sehr schwierige Aufgabe, einen negativen Feedback zu geben, zu erfüllen.

Dialog Nr. 7
Wie man Kritik herausfordert, um eine Gehaltserhöhung zu bekommen

Der folgende Dialog spielt sich zwischen mir und einem Schüler ab, der eine Gehaltserhöhung haben wollte und mich um Rat bat, wie er dabei vorgehen sollte. Unser Gespräch ist ein gutes Beispiel für die Bewältigung nichtmanipulativer Kritik durch die Anwendung der negativen Befragung, ohne dabei Angstgefühle zu entwickeln oder die Kritik zurückzuweisen.

Ich: Harry, ich wollte Sie fragen, warum Sie mich nicht für eine Gehaltserhöhung vorgeschlagen haben.

Schüler: Die Antwort lautet schlicht und einfach, daß Sie es nicht verdient haben.

Ich: Das verstehe ich nicht. Woran liegt es, daß meine Arbeitsleistung keine Anerkennung verdient? (*Negative Befragung*, Antwort)

Schüler: Nun, zunächst einmal sind Sie noch neu hier. Sie sind noch keine sechs Monate bei uns, stimmt's?

Ich: Ja, das stimmt.

Schüler: In dieser kurzen Zeit konnten Sie sich noch nicht mit allen Einzelheiten Ihrer Arbeit vertraut machen. Ihre Leistungen sind nicht schlecht, sondern durchschnittlich, würde ich sagen.

Ich: Woran liegt es, daß meine Arbeitsleistung nur als durchschnittlich bezeichnet werden kann? (*Negative Befragung*, Antwort)

Schüler: Sie machen alle die Fehler, die für einen Neuen typisch sind.

Ich: Können Sie mir genau sagen, was ich falsch mache? (*Negative Befragung*, Antwort)

Schüler: Da sind ein paar Dinge, wie zum Beispiel der Kostenvoranschlag für die Luftschächte in dem neuen Wohnhaus.

Ich: Inwiefern habe ich dabei einen Fehler gemacht? (*Negative Befragung*, Antwort)

Schüler: Sie haben die Kosten um tausend Mark zu niedrig angesetzt. Diesen Betrag haben wir durch Ihren Fehler verloren.

Ich: Es war dumm von mir, daß ich meine Zahlen nicht mit einem der älteren Mitarbeiter oder mit Ihnen durchgegangen bin. *(Negative Selbstsicherheit)*

Schüler: Lassen Sie sich deswegen keine grauen Haare wachsen. Jeder von uns macht Fehler, und Sie sind keine Ausnahme.

Ich: Gibt es sonst noch etwas, das ich nur durchschnittlich tue und verbessern könnte? (*Negative Befragung*, Aufforderung)

Schüler: Ja, da wäre noch etwas.

Ich: Bitte sagen Sie es mir.

Schüler: Sie arbeiten immer noch etwas langsam.

Ich: Ich brauch zuviel Zeit? (*Negative Befragung*, Antwort)

Schüler: Nein, nicht zuviel. Gerade durchschnittlich für Ihre Berufserfahrung.

Ich: Sonst noch etwas? (*Negative Befragung*, Aufforderung)

Schüler: Mir fällt nur noch ein Punkt ein. Schreiben Sie die kleinen Druckbuchstaben auf Ihren Entwürfen etwas deutlicher, sonst sind sie auf den Blaupausen zu schwer zu lesen.

Ich: Ist meine Arbeitsleistung noch in irgendeinem anderen Punkt nur durchschnittlich? (*Negative Befragung*, Aufforderung)

Schüler: Ich glaube, das ist im Augenblick alles.

Ich: Ich möchte mal kurz wiederholen. Es sieht also ganz so aus, als ob ich meine Arbeit nicht sorgfältig genug überprüfe, ist das richtig? (*Negative Befragung*, Aufforderung)

Schüler: Ja, das stimmt.

Ich: Und ich könnte schneller arbeiten, ohne noch mehr Fehler zu machen, die eine Menge Geld kosten? (*Negative Befragung*, Aufforderung)

Schüler: So ist es.

Ich: Und ich könnte auch mehr darauf achten, daß meine Entwürfe ordentlich aussehen? (*Negative Befragung*, Aufforderung)

Schüler: Stimmt.

Ich: Ich will das nächste Mal unbedingt auf die Liste der Gehaltserhöhungen kommen. Deshalb würde ich in Zukunft gern die Punkte, über die ich mir nicht im klaren bin, mit Ihnen durchsprechen. Da ich meine Leistungen verbessern muß, möchte ich das so schnell wie möglich erreichen. *(Negative Selbstsicherheit)*

Schüler: Sie können jederzeit zu mir kommen.

Auch in Beziehungen zwischen Gleichgestellten kann die Kommunikation dadurch verbessert werden, daß man Kritik über sich selbst herausfordert. Nehmen wir einmal an, daß es einem Menschen, der Ihnen nahesteht oder zu dem Sie eine engere Beziehung herstellen möchten, nicht liegt, in der Interaktion mit Ihnen seine Wünsche manipulativ durchzusetzen; statt dessen hat er vielleicht ein passives Bewältigungsverhalten, das es ihm erschwert, selbstsicher zu sagen, in welcher Hinsicht ihm eine Änderung Ihres Verhaltens erwünscht wäre. Aber wenn in einer Beziehung zwischen Gleichgestellten Schwierigkeiten nicht durch ein offenes Gespräch bereinigt werden können, ist diese Beziehung zum Scheitern verurteilt. Sie sollten auch an die Möglichkeit denken, daß Ihr bisheriges Verhalten – ob es nun manipulativ war, oder ob Sie auf Kritik zornig oder ängstlich (Fluchtverhalten) reagierten – einer der Faktoren war, der die Passivität Ihres Partners verursacht hat, oder daß es ihm zumindest nicht geholfen hat, mehr Selbstsicherheit im Umgang mit Ihnen zu entwickeln. Die Anwendung von verbalen Fertigkeiten, wie z. B. die Vernebelungstaktik, die negative Selbstsicherheit und die negative Befragung, kann bei der Herstellung einer guten Kommunikation helfen, weil sie Ihnen verschiedene Möglichkeiten bietet, Ihren Partner zu veranlassen, daß er sich offen ausspricht. Wenn Sie im Laufe der Zeit Ihre Geschicklichkeit in der Anwendung dieser Fertigkeiten weiterentwickelt haben, können Sie auch die Beanstandungen an Ihrem Verhalten, die Ihr Partner auf Ihre Veranlassung zum Ausdruck bringt, nüchtern betrachten und bewältigen. Eine der ersten Auswirkungen der Anwendung dieser verbalen Fertigkeit ist, daß sie Ihre automatischen, konditionierten Angst- und Abwehrreaktionen auf Kritik reduziert und Ihnen hilft, mit der alten Gewohnheit zu brechen, auf kritische Bemerkungen Ihres Partners mit der klassischen Entgegnung zu kontern: »Wie meinst du das, daß ich immer auf dir herumhacke? Wenn du dein Verhalten ändern würdest (und das tust, was ich wünsche), dann bräuchte ich mich nicht so oft aufzuregen!« Ist es angesichts einer solchen manipulativen und Schuldgefühle erweckenden Reaktion auf die Kritik Ihres Partners und der Forderung, daß er sein Verhalten ändern solle, ein Wunder, wenn er sich für den passiven Weg entscheidet und eine enge Interaktion mit Ihnen vermeidet? In einigen der letzten Dialoge dieses Buches wird demonstriert, wie ein ehemals defensiver und/oder manipulativer Mensch die Passivität seines Partners bewältigen kann.

Und nun wenden wir uns dem Thema zu, auf das die ersten Kapitel dieses Buches hingeführt haben: die selbstsichere Bewältigung der Probleme, die der Alltag uns in so reichem Maße beschert.

8. KAPITEL
Kommerzielle Situationen im Alltag – Selbstsicherheit in Fragen, die Geld betreffen

In den vorangegangenen Kapiteln habe ich die systematische Anwendung der einzelnen verbalen Fertigkeiten behandelt. Jeder Dialog war auf die Anwendung einer bestimmten Fertigkeit ausgerichtet, während die anderen Fertigkeiten mehr in den Hintergrund traten. In Alltagssituation, die von Ihnen Selbstsicherheit erfordern, wird es Ihnen leichter fallen, Manipulationen zu bewältigen, wenn Sie sich daran erinnern, daß die verbalen Fertigkeiten sehr gut miteinander kombiniert werden können. In manchen Situationen kann es nützlich sein, wenn Sie von mehreren oder auch von allen Fertigkeiten gleichzeitig Gebrauch machen, um Manipulationen zu bewältigen und Ihr Ziel oder einen praktikablen Kompromiß zu erreichen.

Alle in den folgenden Kapiteln geschilderten Interaktionen – ausgenommen die spezifisch als Übungen gekennzeichneten Dialoge – sind Berichte über wirkliche Situationen, in denen Schüler die systematischen selbstsicheren Fertigkeiten praktisch angewendet haben. Sie wurden aus Notizen, Bandaufnahmen und mündlichen Berichten zusammengestellt und redigiert, wo dies aus Gründen der Klarheit, Kürze und Belehrung erforderlich war. Einige sehr kurze Dialoge sind Beispiele dafür, wie eine Manipulation sehr schnell eliminiert werden kann. Andere sind sehr lang und wurden nicht gekürzt, um Ihnen zu demonstrieren, wie beharrlich Sie in manchen Situationen sein müssen. Alle Dialoge sind Beispiele für die Anwendung der systematischen verbalen Fertigkeiten in den verschiedensten Situationen. Natürlich umfaßt diese Auswahl nicht jede Situation, in der ein selbstsicheres Bewältigungsverhalten angebracht sein könnte, aber sie gibt Ihnen Hinweise, wie Sie sich in ähnlich gelagerten Fällen verhalten können. Eine Manipulation durch Induzierung von Schuldgefühlen, Angst oder Unwissenheit ist und bleibt eine Manipulation, ob sie nun von Ihrem Arzt, Ihrem Rechtsanwalt, Ihrer Schwiegermutter, einem Freund oder einem Verkäufer ausgeht. Obwohl es natürlich vorkommen kann, daß Sie in einer bestimmten Konfliktsituation die eine oder andere Fertigkeit bevorzugt anwenden, sind die systematischen selbstsicheren Fertigkeiten der Schallplatte mit

Sprung, der Vernebelungstaktik, der negativen Befragung und der negativen Selbstsicherheit allgemeine Bewältigungsmethoden, deren Anwendung nicht auf spezifische Situationen oder auf einen bestimmten Personenkreis beschränkt ist.

Dialog Nr. 8
Wie man mit einem Vertreter an der Tür umgeht

Dieser Dialog, in dem erstmals verbale Fertigkeiten kombiniert angewendet werden, ist eine Übung, die ich sowohl in den Kursen als auch in der klinischen Therapie verwende. Ein Fremder oder eine Fremde klingelt an Ihrer Tür und stellt sich Ihnen – je nach seinem Alter – wie folgt vor: 1. als Invalide aus dem Spanisch-Amerikanischen Krieg, aus dem Ersten oder Zweiten Weltkrieg, aus dem Korea- oder Vietnam-Krieg; 2. als Repräsentant einer bedürftigen Minderheitsgruppe; 3. als Repräsentant der Internationalen Gesellschaft für körperlich behinderte Kinder; 4. als Student, der sich sein Studium verdienen muß; 5. als Nachbarin aus dem übernächsten Haus, die sich für die Landverschickung von Stadtkindern während der großen Ferien einsetzt. Nachdem er sich vorgestellt hat, erklärt der Fremde Ihnen, daß er für eine Reihe hochinteressanter Publikationen Abonnements verkauft, und daß seine Firma einen bestimmten Prozentsatz der Einnahmen aus diesen Abonnements für den edlen Zweck stiftet, den er vertritt. Szene des Dialogs: Der Vertreter hat sich und seine Ware vorgestellt und beginnt das Gespräch mit dieser Aussage:

Vertreter: Ich bin sicher, daß Sie diese Zeitschriften gern für Ihre Weiterbildung und als Freizeitunterhaltung haben würden.

Schüler: Ich kann verstehen, daß Sie so denken, aber ich bin nicht daran interessiert.

Vertreter: Sie sollten an den Nutzen denken, den es diesen behinderten Kindern bringt, wenn Sie die Zeitschriften bestellen.

Schüler: Ja, das sollte ich wohl, aber ich bin nicht interessiert. *(Vernebelung* und *Schallplatte mit Sprung)*

Vertreter: Wenn wir genug Abonnementen bekommen, könnte das einen echten wissenschaftlichen Durchbruch und bessere Behandlungsmöglichkeiten für diese Kinder bedeuten.

Schüler: Wahrscheinlich haben Sie recht, aber ich bin nicht interessiert. *(Vernebelung* und *Schallplatte mit Sprung)*

Vertreter: Ich kann es nicht glauben, daß Sie diese Kinder hilflos ihren Leiden überlassen wollen.
Schüler: Ich kann verstehen, daß Sie das nicht glauben wollen, aber ich bin nicht interessiert. *(Vernebelung* und *Schallplatte mit Sprung)*
Vertreter: Alle Ihre Nachbarn haben unterschrieben.
Schüler: Das bezweifle ich nicht, aber ich bin nicht interessiert. *(Vernebelung* und *Schallplatte mit Sprung)*
Vertreter: Was muß das für ein Mensch sein, dem kleine Kinder – verkrüppelte kleine Kinder – gleichgültig sind?
Schüler: Keine Ahnung. *(Selbstenthüllung)*
Vertreter *(versucht eine andere Methode):* Haben Sie andere Zeitschriften abonniert?
Schüler: Ich bin wirklich nicht daran interessiert, irgendeine Zeitschrift zu abonnieren. *(Schallplatte mit Sprung)*
Vertreter: Das hier sind nicht die einzigen Zeitschriften, die wir in unserem Programm haben. Wenn Sie andere abonniert haben, kann ich wahrscheinlich die Verlängerung dieser Abonnements übernehmen, und dann können diese armen Kinder doch von Ihrer Hilfe profitieren.
Schüler: Vielen Dank, aber ich bin nicht daran interessiert. *(Schallplatte mit Sprung)*
Vertreter: Ist Ihr Mann (oder Ihre Frau) zu Hause? Er würde sich bestimmt für diese Zeitschrift über Heimwerkzeuge interessieren.
Schüler: Möglich, aber ich will sie trotzdem nicht bestellen. *(Vernebelung* und *Schallplatte mit Sprung)*
Vertreter: Kann ich mal mit ihm sprechen?
Schüler: Ich bin nicht daran interessiert. *(Schallplatte mit Sprung)*
Vertreter: Wie steht es mit Ihren Kindern, wir haben eine gute Auswahl von pädagogischen Kinderzeitschriften. Sie möchten doch, daß sie schneller lernen und gute Zensuren bekommen, nicht wahr?
Schüler: Ja, das stimmt, aber ich möchte keine Zeitschriften kaufen. *(Vernebelung* und *Schallplatte mit Sprung)*
Vertreter: Und Sie wollen nicht einmal um Ihrer Kinder willen von Ihrer Einstellung abgehen?
Schüler: Sie haben recht, das will ich nicht. *(Vernebelung)*
Vertreter: Ich bin froh, daß Ihre Nachbarn nicht so sind wie Sie.
Schüler: Das kann ich gut verstehen. *(Vernebelung)*

Immer wieder berichten mir Teilnehmer am Training in der Bewältigung kommerzieller Situationen, daß sie Vertretern einfach die Tür vor der Nase zumachen, weil sie ihre Zeit nicht mit solchem Unfug vergeuden wollen. Ich empfehle diesen Schülern, daß eine so unbedeutende Situation eine sichere und fast risikolose Gelegenheit ist, sich in den verbalen Fertigkeiten praktisch zu üben und sich so auf die Bewältigung ernsterer Konflikte vorzubereiten. Später, wenn sie diese Fertigkeiten beherrschten, könnten sie ja wieder tun und lassen, was sie wollten.

Und jetzt wollen wir einen wirklichen Dialog studieren, in dem eine Kundin sich einem Abteilungsleiter gegenüber behauptet, um den Kaufpreis für eine defekte Ware rückerstattet zu bekommen.

Dialog Nr. 9
Anni gibt in einem Kaufhaus ein Paar Stiefel zurück, die fehlerhaft sind

Anni, eine attraktive junge Frau, hatte ein Paar wadenhohe Party-Stiefel gekauft. Schon beim ersten Tragen löste sich der Absatz des linken Stiefels ab. Sie war so aufgebracht, daß sie schwor, sie würde das Geld zurückverlangen, das sie für diese minderwertige Ware bezahlt hatte.

Szene des Dialogs: Anni geht in der Schuhabteilung des Kaufhauses auf einen Verkäufer zu.

Verkäufer: Kann ich etwas für Sie tun?

Anni: Vielleicht, aber ich möchte lieber mit Ihrem Abteilungsleiter sprechen. *(Vernebelung)*

Verkäufer: Der ist zur Zeit beschäftigt. Wollen Sie sich über irgend etwas beschweren?

Anni: Ich glaube gern, daß er beschäftigt ist, aber ich möchte trotzdem mit ihm sprechen. *(Vernebelung* und *Schallplatte mit Sprung)*

Verkäufer *(nach kurzem Überlegen):* Ich will versuchen, ihn herzuholen.

Anni: Gut, ich möchte ihn gern sprechen. *(Schallplatte mit Sprung)*

Der Verkäufer verschwindet durch eine Tür hinter dem Ladentisch und kommt nach ein paar Minuten wieder.

Verkäufer: Er wird gleich kommen.

Anni *(sieht auf ihre Uhr):* Danke.

Nachdem fünf Minuten verstrichen sind, wendet Anni sich wieder an den Verkäufer.

Anni: Wie heißt Ihr Abteilungsleiter?

Verkäufer *(verlegen):* Oh! Er heißt Herr Simon.

Anni: Bitte richten Sie Herrn Simon aus, daß ich ihn immer noch sprechen möchte. Wenn er jetzt keine Zeit hat, möchte ich wissen, wann es ihm besser paßt oder wann ich mit seinem Chef sprechen kann. *(Schallplatte mit Sprung* und *praktikabler Kompromiß)*

Der Verkäufer geht schnell wieder in das rückwärtige Büro und kommt ein paar Sekunden später mit Herrn Simon zurück. Herr Simon wendet sich an Anni.

Abteilungsleiter: Was kann ich für Sie tun?

Anni *(zeigt ihm die defekten Stiefel):* Ich möchte das Geld zurück haben, das ich vorige Woche für diese Stiefel bezahlt habe. Sie sind defekt. Gleich beim ersten Tragen ging ein Absatz ab.

Abteilungsleiter *(betrachtet die Stiefel):* Hmm ... Das ist bei dieser Art Stiefel noch nie vorgekommen. (Mögliche Andeutung: »Was haben Sie damit gemacht?«)

Anni: Ich glaube Ihnen, daß das noch nie vorgekommen ist, aber jetzt ist es passiert, und deshalb interessieren mich die anderen Stiefel nicht, die Sie verkauft haben. Ich bin nur an diesem einen Paar interessiert und möchte mein Geld wiederhaben. *(Vernebelung, Selbstenthüllung* und *Schallplatte mit Sprung)*

Abteilungsleiter *(steckt die Stiefel wieder in die Tüte):* Wir versuchen zuerst immer, defekte Ware zu reparieren, bevor wir den Kaufpreis zurückerstatten. Ich werde die Stiefel in unsere Werkstatt schicken, vielleicht können sie repariert werden.

Anni: Ich verstehe, daß Sie zuerst versuchen wollen, die Stiefel zu reparieren, bevor Sie mir mein Geld zurückgeben, aber ich bin nicht daran interessiert, daß sie wieder in Ordnung gebracht werden. Ich möchte mein Geld wiederhaben. *(Vernebelung, Selbstenthüllung* und *Schallplatte mit Sprung)*

Abteilungsleiter: Es ist bei uns nicht üblich, daß wir defekte Ware zurücknehmen und den Kaufpreis rückerstatten.

Anni: Ich glaube Ihnen, daß das bei Ihnen nicht der Brauch ist, aber diese Stiefel sind nicht akzeptabel, und ich möchte mein Geld zurück haben. *(Vernebelung* und *Schallplatte mit Sprung)*

Abteilungsleiter: Sie sagten, daß Sie die Stiefel nur einmal getragen haben?

Anni: Ja, und ich möchte eine Rückerstattung des Kaufpreises. *(Schallplatte mit Sprung)*

Abteilungsleiter: Haben Sie in den Stiefeln getanzt?

Anni: Ich verstehe Ihre Frage nicht. Inwiefern ist es für diese Stiefel nicht zuträglich, wenn man darin tanzt? *(Negative Befragung)*

Abteilungsleiter: Nun, manche Leute nehmen beim Tanzen keine Rücksicht auf ihre Schuhe.

Anni: Da haben Sie sicher recht, aber sind diese Stiefel denn so schlecht verarbeitet, daß man darin nicht tanzen sollte? *(Vernebelung* und *negative Befragung)*

Abteilungsleiter: Nein ... Man sollte in diesen Stiefeln tanzen können.

Anni: Das freut mich zu hören. Es bestätigt meine Meinung, daß diese Stiefel Ausschuß sind. Ich möchte mein Geld zurück haben. *(Selbstenthüllung* und *Schallplatte mit Sprung)*

Abteilungsleiter: Ich bin sicher, daß wir sie einwandfrei herrichten können.

Anni: Ich kann Ihre Einstellung verstehen, aber wenn ich für eine Ware so viel bezahle, und dann stellt sie sich als defekt heraus, ist sie für mich nicht akzeptabel. Ich möchte eine volle Rückerstattung des Kaufpreises. *(Vernebelung, Selbstenthüllung* und *Schallplatte mit Sprung)*

Abteilungsleiter: Aber das können wir nicht tun.

Anni: Ich glaube Ihnen, daß das Ihre ehrliche Meinung ist, aber ich möchte eine Rückerstattung und keine reparierte Ware für mein Geld. *(Vernebelung* und *Schallplatte mit Sprung)*

Abteilungsleiter: Ich werde sehen, was ich tun kann. (Er geht weg. Nach ein paar Minuten kommt er zurück und wendet sich an Anni:) Ich kann verstehen, daß das alles für Sie sehr lästig ist, aber ich habe gerade mit unserer Werkstatt gesprochen. Sie befindet sich in der Feldstraße. Wenn Sie die Stiefel selbst hinbringen, wird man sie sofort reparieren. Wenn wir sie hinschicken, dauert es eine Woche, bis Sie sie zurückbekommen.

Anni: Das sehe ich ein, aber ich habe nicht das geringste Interesse daran, daß diese Stiefel repariert werden. Ich bestehe auf einer vollen Rückerstattung des Kaufpreises. *(Vernebelung, Selbstenthüllung* und *Schallplatte mit Sprung)*

Abteilungsleiter: Aber wir können das Geld nicht zurückzahlen. Nach den Lieferungsbedingungen dürfen wir in solchen Fällen den Kaufpreis nicht rückerstatten.

Anni: Ich glaube Ihnen, daß Ihr Lieferant keine Rückerstattung erlaubt. Aber es interessiert mich nicht, ob der Lieferant eine Rückerstattung macht oder nicht. Ich möchte, daß Sie die Rückerstattung vornehmen. *(Vernebelung, Selbstenthüllung* und *Schallplatte mit Sprung)*

Abteilungsleiter: Das ist ja das Problem. Wenn der Lieferant uns nicht entschädigt, können wir Ihnen den Kaufpreis nicht zurückzahlen.

Anni: Ich glaube Ihnen, daß Sie ein Problem mit dem Lieferanten haben. Aber das ist Ihr Problem, nicht meins. Es interessiert mich nicht, welche Probleme Sie mit der Fabrik haben. Mich interessiert nur, daß Sie mir den Kaufpreis voll rückerstatten. *(Vernebelung, Selbstenthüllung* und *Schallplatte mit Sprung)*

Abteilungsleiter: Aber eine Rückerstattung würde einen Verlust für uns bedeuten.

Anni: Ich glaube Ihnen, daß Sie dabei Geld verlieren würden, aber das interessiert mich nicht. Ich bin nur an einer Rückerstattung des Kaufpreises interessiert. *(Vernebelung, Selbstenthüllung* und *Schallplatte mit Sprung)*

Abteilungsleiter: Ich kann die Rückerstattung nicht veranlassen, dazu bin ich nicht autorisiert.

Anni: Das glaube ich Ihnen, und deshalb möchte ich den Namen Ihres Vorgesetzten wissen, der eine Rückerstattung genehmigen kann. *(Vernebelung* und *praktikabler Kompromiß)*

Der Abteilungsleiter schweigt.

Anni: Können Sie mir den Namen sagen, oder soll ich mich an jemand anders wenden? *(Praktikabler Kompromiß)*

Abteilungsleiter: Ich will sehen, was ich für Sie tun kann. (Er geht in das rückwärtige Büro und kommt nach ein paar Minuten wieder zurück.) Für gewöhnlich tun wir das nicht, aber wenn Sie mir Ihre Quittung geben, schreibe ich Ihnen eine Anweisung für die Kasse aus.

Anni: Haben Sie vielen Dank.

Anni gehörte nicht zu den Teilnehmern an meinen Kursen. Sie war eine selbstunsichere Kollegin, die bei Unterhaltungen in der Mittagspause oder auf sozialen Veranstaltungen hier ein Wort und da ein Wort von mir aufschnappte und sich auf diese Weise mit den verbalen Fertigkeiten vertraut machte. Sie erwarb eine große Geschicklichkeit in der Anwendung dieser Fertigkeiten, und zwar auf eigene Faust und ohne an Gruppenübungen teilzunehmen. Die Interaktion mit dem Abteilungsleiter war die erste von vielen erfolgreichen Erfahrungen, die Anni mir im Laufe der Zeit berichtete. In dem Maße, wie ihre Selbstsicherheit wuchs, änderte sich ihre

Persönlichkeit, genauso wie ich es auch bei anderen Schülern beobachten konnte. Sie ist jetzt beharrlicher, viel unempfindlicher gegen Kritik, kann ihre eigenen Fehler besser bewältigen, hat weniger Angst vor Problemen und Konflikten mit anderen Menschen (weniger Bewältigung durch Flucht) und war gegenüber Menschen, die ihr nahestanden, nicht mehr so heftig und aggressiv. Als ich sie kürzlich fragte, was für sie der wertvollste Gewinn sei, den sie aus der Anwendung der selbstsicheren verbalen Fähigkeiten gezogen hätte, streifte sie die positiven emotionalen Veränderungen in ihr selbst nur flüchtig und nannte ihre veränderte Einstellung zu sich selbst und zu anderen Menschen und den Zuwachs an Selbstvertrauen, der aus der Fähigkeit resultierte, Manipulationen durch andere erkennen und bewältigen zu können.

Und jetzt wollen wir uns einmal auf die andere Seite begeben und einen Angestellten beobachten, der selbstsicher den Konflikt mit einer Kundin bewältigt, die einen berechtigten Grund zur Klage hat.

Dialog Nr. 10
Andreas im Umgang mit einer verärgerten Kundin, die sich über die Lieferung fehlerhafter Ware beschwert

Andreas arbeitet im Kundendienst eines großen Kaufhauses. Am Spätnachmittag, wenn die Kundendiensttechniker unterwegs sind und sein Chef etwas anderes zu tun hat, ist er oft allein im Büro. Es war für ihn schwierig, mit den Beschwerden verärgerter Kunden fertigzuwerden, und manchmal war er so nervös, daß er telefonische Aufträge oder sogar das Klingeln des Telefons ignorierte. Er nahm am Selbstsicherheitstraining teil und praktizierte die neu erworbenen Fähigkeiten in Telefongesprächen mit Kunden.

Szene des Dialogs: Andreas sitzt in seinem Büro am Schreibtisch. Das Telefon klingelt.

Andreas: Hier Abteilung Kundendienst.

Kundin: Hier ist Frau Müller. Sie haben mir heute nachmittag meinen neuen Kühlschrank geliefert, und er funktioniert nicht. Bitte schicken Sie sofort jemanden her, der ihn in Ordnung bringt, oder schicken Sie mir einen anderen Kühlschrank.

Andreas: Ich würde Ihnen gern helfen, aber unsere Techniker sind alle unterwegs, und wahrscheinlich können wir Ihnen erst morgen jemanden schicken. *(Selbstenthüllung)*

Kundin: Das ist mehr als ärgerlich. Als ich den Kühlschrank in Ihrem Geschäft bestellt habe, hat der Verkäufer mir versprochen, daß ich ihn heute früh hier habe. Ich gebe heute abend eine Party und muß ja schließlich die Lebensmittel und die Drinks kalt stellen. Geliefert wurde der Kühlschrank um drei Uhr nachmittags, und jetzt funktioniert er nicht einmal.

Andreas: Ich kann verstehen, daß Sie verärgert sind. Mir würde es an Ihrer Stelle genauso gehen. *(Vernebelung* und *Selbstenthüllung)*

Kundin: Sie müssen mir jemanden herschicken. Man hat mir versprochen, den Kühlschrank pünktlich zu liefern, so daß ich ihn für heute abend zur Verfügung habe.

Andreas: Wenn wir Ihnen versprochen haben, den Kühlschrank pünktlich zu liefern und dann unsere Zusage nicht eingehalten haben, scheint offensichtlich etwas schiefgelaufen zu sein. Das war sehr dumm von uns. *(Negative Selbstsicherheit)*

Kundin: Nun ja, Sie müssen mir eben sofort jemanden herschicken.

Andreas: Ich möchte Ihnen wirklich gern helfen, aber um diese Zeit ist außer mir niemand hier im Büro. (*Selbstenthüllung* und *Schallplatte mit Sprung*)

Kundin: Können Sie herkommen?

Andreas: Ich bin kein Techniker, ich würde gar nicht wissen, was ich tun soll. Sind Sie sicher, daß der Kühlschrank angeschlossen ist? *(Selbstenthüllung)*

Kundin: Ja, das habe ich schon überprüft.

Andreas: Und er funktioniert überhaupt nicht? Macht nicht mal das leiseste Geräusch?

Kundin: Nein.

Andreas: Dann weiß ich nicht, was ich Ihnen sagen soll. Haben denn die Leute, die den Kühlschrank brachten, sich nicht davon überzeugt, daß er funktioniert? *(Selbstenthüllung)*

Kundin: Sie haben ein bißchen daran herumgemurkst, als sie ihn an die Wand schoben. Jetzt wollte ich gerade die Lebensmittel hineinlegen und sehe, daß er nicht funktioniert.

Andreas: Ich würde Ihnen ja gern helfen, aber vor morgen früh kann ich praktisch nichts tun. *(Selbstenthüllung* und *Schallplatte mit Sprung)*

Kundin: Das ist ja ein seltsames Geschäftsgebaren. Wie kann man sich dann noch auf Sie verlassen?

Andreas: Sie haben vollkommen recht, da haben wir wirklich ein Verhau angerichtet. Ich sage Ihnen, was ich tun kann. Ich werde persönlich dafür sorgen, daß gleich morgen früh ein Techniker zu Ihnen kommt. *(Vernebelung, negative Selbstsicherheit* und *praktikabler Kompromiß)*

Kundin: Können Sie nicht noch heute jemanden schicken?

Andreas: Ich würde es gern tun, aber um diese Zeit kann ich nichts mehr unternehmen. Aber ich verspreche Ihnen, daß die Sache gleich morgen früh erledigt wird. *(Selbstenthüllung, Schallplatte mit Sprung* und *praktikabler Kompromiß)*

Kundin: Ich möchte mit Ihrem Vorgesetzten sprechen.

Andreas: Das ist eine gute Idee, aber er ist im Moment nicht hier. *(Vernebelung)*

Kundin: Wo kann ich ihn erreichen?

Andreas: Das weiß ich nicht. *(Selbstenthüllung)*

Kundin: Würden Sie mich bitte anrufen und mir Bescheid geben, wann der Techniker morgen kommt?

Andreas: Das will ich gern tun, oder Sie können mich vor neun Uhr anrufen. *(Praktikabler Kompromiß)*

Kundin: Nach wem soll ich fragen?

Andreas: Verlangen Sie einfach Andreas im Kundendienstbüro.

Nachdem Andreas diesen Konflikt mit einer verärgerten Kundin erfolgreich bewältigt hatte, ohne dabei ins Zittern zu geraten, wie es früher immer der Fall gewesen war, meinte er, daß er wohl bald mit der Therapie aufhören könne, und ich stimmte ihm bei. Er berichtete, daß er sich während des Gesprächs mit der Kundin etwas nervös gefühlt habe, und fragte, ob er es jemals schaffen würde, solche Situationen vollkommen gelassen zu bewältigen. Ich versicherte ihm, daß es den meisten Schülern so erginge wie ihm, denn auf Grund der vielen Mißerfolge in der Vergangenheit seien sie immer noch darauf eingestellt, daß es Schwierigkeiten geben würde, gleichgültig wie oft sie solche Situationen in den Übungen durchgespielt hätten. Aber mit dem Erfolg in der Praxis würde sich auch das Angstgefühl legen. Wie ich es vorhergesagt hatte, verschwand auch Andreas' Nervosität im Laufe der Zeit.

Wenden wir uns jetzt einer Situation zu, in der ein Kunde sich am Telefon erst gegen die Angestellten eines Geschäfts und schließlich gegen den Geschäftsinhaber behaupten muß, um seine Wünsche durchzusetzen.

Dialog Nr. 11
Wie Herr und Frau Schmidt den Ausflüchten eines Möbelhändlers selbstsicher begegnen

Max und Edith Schmidt hatten nach langem Suchen eine Couch gefunden, die ihrem Geschmack entsprach. Edith war zuerst sehr zufrieden damit, aber nach acht Monaten mußte sie feststellen, daß die Polsternähte aufplatzten, obwohl die Couch nicht übermäßig strapaziert worden war. Sie rief sofort in dem Geschäft an und beschwerte sich. Die Polster wurden repariert, aber sechs Monate später begannen die Nähte wieder aufzuplatzen. Edith rief abermals im Geschäft an und sagte der Sekretärin, daß die Polster neu bezogen werden müßten, eine Reparatur durch einfaches Zunähen der Nähte käme nicht in Frage. Die Sekretärin sagte, der Geschäftsinhaber sei zur Zeit aut Reisen, aber es würde jemand von der Fabrik kommen, die Polster abholen und alles weitere veranlassen. Auch dem Abgesandten von der Fabrik erklärte Edith, daß die Polster neu bezogen werden müßten, und daß sie mit einer Reparatur der alten Bezüge nicht einverstanden sei. Zu ihrer Überraschung rief die Sekretärin zwei Wochen später an und sagte, daß die Polster repariert worden seien. Als Edith wiederum sagte, daß sie auf neuen Bezügen bestehe, teilte die Sekretärin ihr mit, daß sie leider nichts weiter tun könne. Die Fabrik hätte die alten Bezüge nur repariert, da der Hersteller keine Haltbarkeitsgarantie für den Stoff gegeben hatte. Edith erklärte, daß sie an den Problemen der Fabrik nicht interessiert sei, sondern nur daran, was das Geschäft jetzt unternehmen würde. Sie verweigere die Annahme der reparierten Polster. Dann bat sie, daß der Geschäftsinhaber nach seiner Rückkehr ihren Mann anrufen würde.

Szene des ersten Dialogs: Herr Grimson, der Inhaber des Möbelgeschäfts, ruft Max im Büro an.

Max: Guten Tag, Herr Grimson. Sind Sie über die Sache mit meiner Couch informiert?

Inhaber: Ja. Ich wollte Ihnen nur mitteilen, daß die Polster hier bei mir im Büro sind. Sie können sie jederzeit abholen.

Max: Sie sind also neu bezogen worden?

Inhaber: Das war nicht notwendig. Die Fachleute in der Fabrik haben sich das Problem angesehen und dann entschieden, daß eine Verstärkung unter den Ecken ausreichen würde. Jetzt sind die Polster so gut wie neu.

Max: Ich glaube Ihnen, daß die Leute in der Fabrik dieser Meinung sind, aber ich bin es nicht. Vor sechs Monaten wurde uns von Angestellten Ihres Geschäfts versichert, daß die Polster anständig repariert werden würden, und das erwies sich als Unwahrheit. Ich weiß nicht, was ich tun soll, wenn die Nähte in sechs Monaten wieder aufplatzen. An den Ecken löst der Stoff sich ja jetzt schon auf. Ich wünsche, daß die Polster neu bezogen werden. *(Vernebelung, Selbstenthüllung* und *Schallplatte mit Sprung)*

Inhaber: Herr Schmidt, Sie dürfen mir glauben, daß die Polster jetzt in Ordnung sind.

Max: Ich glaube Ihnen, daß Sie davon überzeugt sind, Herr Grimson, aber ich bin es nicht. *(Vernebelung* und *Selbstenthüllung)*

Inhaber: Das Problem liegt bei der Fabrik. Die wollen keine neuen Bezüge genehmigen.

Max: Herr Grimson, meiner Meinung nach habe ich kein Problem mit der Fabrik, sondern mit Ihnen. Und ich interessiere mich auch nicht für Ihr Problem mit der Fabrik. Ich möchte nur, daß die Polster neu bezogen werden. *(Selbstenthüllung* und *Schallplatte mit Sprung)*

Inhaber: Ich muß über diese Sache erst nachdenken, und dann rufe ich Sie zurück.

Max: Wann wird das ungefähr sein?

Inhaber: Ich treffe mich Freitag mit den Leuten von der Fabrik zum Mittagessen. Ich rufe Sie entweder Freitag nachmittag oder am Montag an.

Max: Gut, ich erwarte Ihren Anruf.

Szene des zweiten Dialogs: Am Mittwoch der folgenden Woche ruft Max den Geschäftsinhaber an, da er nichts von ihm gehört hat.

Max: Guten Tag Herr Grimson. Haben Sie schon veranlaßt, daß meine Polster neu bezogen werden? *(Schallplatte mit Sprung)*

Inhaber: Ich konnte mich am Freitag nicht mit den Leuten von der Fabrik treffen.

Max: Ich verstehe Sie nicht. Was hat denn die Fabrik mit dieser Angelegenheit zu tun? *(Selbstenthüllung)*

Inhaber: Ich bemühe mich, für Sie einen Handel mit der Fabrik abzuschließen, und ich verspreche Ihnen, daß ich mein Bestes für Sie tun werde.

Max: Ich bin wirklich nicht daran interessiert, was Sie mit der Fabrik aushandeln. Ich habe die Couch von Ihnen gekauft, nicht von der Fabrik. Es ist Ihre Sache, was Sie für Arrangements treffen, damit die Polster neu bezogen werden. Ich möchte nur, daß sie neu bezogen werden und nicht nur repariert. *(Selbstenthüllung* und *Schallplatte mit Sprung)*

Inhaber: Ich bin am Freitag wieder mit dem Fabrikleiter verabredet, und ich brauche etwas Zeit, um die Sache zu regeln.

Max: Werden Sie veranlassen, daß die Polster neu bezogen werden? *(Schallplatte mit Sprung)*

Inhaber: Ich werde sogar versuchen, eine funkelnagelneue Couch für Sie zu bekommen.

Max: Das ist sehr nett von Ihnen, Herr Grimson, aber eine neue Couch ist wirklich nicht nötig. Ich möchte nur, daß die Polster neu bezogen werden. *(Selbstenthüllung* und *Schallplatte mit Sprung)*

Inhaber: Lassen Sie es mich auf meine Weise versuchen. Sie werden bestimmt zufrieden sein. Aber inzwischen könnten Sie doch die Polster bei mir abholen, so daß Sie Ihre Couch wieder benützen können.

Max: Ich bin überzeugt davon, daß ich zufrieden sein werde, aber die Polster lasse ich bei Ihnen, bis sie neu bezogen worden sind. *(Vernebelung* und *Schallplatte mit Sprung)*

Inhaber: Lassen Sie mir eine oder zwei Wochen Zeit, um diese Angelegenheit zu regeln.

Max: Einverstanden. Wenn ich innerhalb von zwei Wochen nichts von Ihnen höre, rufe ich Sie wieder an. *(Praktikabler Kompromiß)*

Inhaber: Ich rufe Sie bestimmt schon vorher an.

Max: Sollten Sie mich aus irgendeinem Grund nicht anrufen, melde ich mich bei Ihnen, damit wir in Kontakt bleiben, bis alles erledigt ist. *(Praktikabler Kompromiß)*

Inhaber: Gut. Ich werde mein Bestes tun.

Max: Davon bin ich überzeugt. *(Vernebelung)*

Szene des dritten Dialogs: Zwei Wochen später ruft Max Herrn Grimson an.

Max: Herr Grimson, ich habe seit zwei Wochen nichts von Ihnen gehört. Sind die Polster neu bezogen worden? *(Schallplatte mit Sprung)*

Inhaber: Ich habe mit dem Fabrikleiter gesprochen, aber sie wollen nichts dergleichen tun. Ich habe wirklich mein Bestes für Sie getan.

Max: Ich glaube Ihnen, daß Sie Ihr Bestes getan haben, aber es interessiert mich wirklich nicht, was die Fabrik tun oder nicht tun kann. Mich interessiert nur, was Sie tun werden. Ich möchte, daß die Polster neu bezogen werden. *(Vernebelung, Selbstenthüllung* und *Schallplatte mit Sprung)*

Der Geschäftsinhaber schweigt ein paar Sekunden lang.

Max: Herr Grimson, sind Sie noch da? Sind wir unterbrochen worden?

Inhaber: Ich habe gerade nachgedacht. Vielleicht gibt es noch eine Möglichkeit. Lassen Sie mir ein paar Tage Zeit, damit ich sehe, was ich tun kann.

Max: Ich glaube Ihnen, daß es noch eine andere Möglichkeit gibt, aber auch wenn es wieder nicht klappt, möchte ich meine Polster neu bezogen haben. *(Vernebelung* und *Schallplatte mit Sprung)*

Inhaber: *(etwas verärgert):* Herr Schmidt, ich werde wirklich mein Möglichstes für Sie tun. Bitte haben Sie noch etwas Geduld.

Max: Wann darf ich Ihren Anruf erwarten? *(Praktikabler Kompromiß)*

Inhaber: Ich verspreche Ihnen, daß ich mich am Freitag mit Ihnen in Verbindung setze.

Szene des vierten Dialogs: Am Freitag ruft Max um drei Uhr nachmittags in Herrn Grimsons Geschäft an. Die Sekretärin teilt ihm mit, daß Herr Grimson nicht im Büro sei. Max sagt der Sekretärin, daß er Herrn Grimson möglichst noch am Nachmittag sprechen wolle, andernfalls solle Herr Grimson ihn abends zu Hause anrufen. Um dreiviertel fünf Uhr ruft Herr Grimson zurück.

Inhaber: Guten Tag, Herr Schmidt. Manche Tage sollten fünfundzwanzig Stunden haben, damit man alles erledigen kann.

Max: Da haben Sie recht. Wenn ich einen Tag übrig hätte, Herr Grimson, würde ich ihn Ihnen schenken, aber leider habe ich keinen übrig. *(Vernebelung* und *Selbstenthüllung)*

Inhaber: Kommen wir zum Thema. Also, ich habe eine neue Couch für Sie bestellt, die am Ersten des kommenden Monats geliefert wird. Der Möbelwagen nimmt dann Ihre alte Couch gleich mit.

Max: Das ist wirklich sehr freundlich von Ihnen, Herr Grimson, aber es muß nicht sein. Ich möchte ja nur, daß die Polster neu bezogen werden. *(Selbstenthüllung* und *Schallplatte mit Sprung)*

Inhaber: Nein, ich möchte, das es so gemacht wird. Sie hatten genug Ärger mit der Couch, und die Fabrik hat zugegeben, daß sie defekt ist. Wir werden die Kosten auffangen, denn die Zufriedenheit unserer Kunden ist die Basis unseres Geschäfts.

Max: Warum tauschen wir nicht einfach die Polster aus? Damit wäre ich sofort einverstanden. *(Praktikabler Kompromiß)*

Inhaber: Das geht nicht, weil die Farbe doch etwas anders sein wird.

Max: Gut. Bitte lassen Sie mir ein paar Tage vorher Bescheid geben, wann die Lieferung erfolgt, damit jemand zu Hause ist.

Inhaber: Ich werde dem Fabrikleiter sagen, daß er Sie selbst anrufen und einen Termin mit Ihnen vereinbaren soll. Übrigens, in welchem Zustand ist Ihre Couch? Die Polster sehen wie neu aus. Ist die übrige Couch auch so gut erhalten?

Max: Ja, mit Ausnahme der Polsternähte sieht die Couch wie neu aus.

Inhaber: Dann kann ich Ihre alte Couch als Ausstellungsstück verwenden, und damit ist alles in Ordnung.

Max: Ich danke Ihnen für alles, was Sie getan haben, Herr Grimson.

Inhaber: Keine Ursache. Es tut mir leid, daß dies passiert ist. Sagen Sie doch Ihrer Frau, sie soll sich gelegentlich mal unser neues Programm ansehen. Es wird ihr bestimmt gefallen.

Max: Das will ich ihr gern ausrichten.

Die größte Schwierigkeit lag für Max darin, mit der raffinierten Technik des Geschäftsinhabers fertigzuwerden. Sie bestand darin, daß der Geschäftsinhaber durchblicken ließ, Max's Problem liege ja eigentlich bei der Fabrik und nicht bei ihm, daß er aber trotzdem hundertprozentig hinter Max stünde und Himmel und Erde in Bewegung setze, um Max gegen diese abgebrühten Gauner in der Fabrik zu helfen. Beim ersten Mal fiel es Max schwer, einfach zu sagen, daß er nicht an der Fabrik interessiert sei, sondern nur daran, was der Möbelhändler tun würde. Die nächsten Male dachte er sich nichts mehr dabei.

Nachdem Max diese Situation erfolgreich bewältigt hatte, wurde ihm bewußt, daß er außer seiner Selbstsicherheit und Beharrlichkeit keinerlei Hilfsmittel zur Verfügung gehabt hatte. Der Rechtsweg wäre aussichtslos gewesen. Er hatte auch keine privaten oder geschäftlichen Beziehungen, die er als Druckmittel gegen Herrn Grimson hätte verwenden können. Wenn er versucht hätte, die Schuldgefühle des Geschäftsinhabers wegen dieses Vorfalls zu wecken, hätte er bei diesem meisterhaften Manipulator nicht viel erreicht. Max konnte nur selbstsicher verlangen, daß Herr Grimson einen

Defekt an der Ware, die er verkauft hatte, behob. Wenn der Geschäftsinhaber sich beharrlich geweigert hätte, wäre Max hilfslos gewesen. Eine beharrliche Selbstsicherheit garantiert nicht immer den Erfolg, aber – wie Max und andere Schüler feststellen konnten – die meisten Leute in der Welt des Handels haben nur wenige »Nein« auf Lager, mit denen sie Forderungen abwehren können. Sobald diese Barriere bewältigt ist, kann man meistens sehr schnell einen Kompromiß erreichen.

In der nächsten Situation gehört es zu der Arbeit einer Behördenangestellten, daß sie nicht mit verärgerten oder manipulativen Besuchern befaßt.

Dialog Nr. 12
Die Behördenangestellte Doris im Umgang mit dem Publikum

Doris arbeitet in einer Behörde, die für Rechtsfragen zuständig ist. Die Arbeit ist so eingeteilt, daß Doris und ihre Kolleginnen im Turnus Schreibarbeiten erledigen oder die Besucher abfertigen. Bevor Doris mit der Therapie zur Stärkung der Selbstsicherheit begann, vermied sie soweit wie möglich den Kontakt mit dem Publikum. Sie erzählte: »Ich war immer nervös und wußte nicht, was ich sagen sollte, wenn ich den Leuten nicht behilflich sein konnte.« Mehrere Wochen lang übte sie systematisch, wie sie sich bei unerfüllbaren Ansuchen selbstsicher verhalten konnte.

Ein älteres Ehepaar kommt an ihren Schalter.

Doris: Sie wünschen?

Die Frau: Wir möchten Erbschaftsformulare.

Doris: Darüber weiß ich leider nicht Bescheid. Bisher hat noch nie jemand danach gefragt. Bitte gedulden Sie sich einen Moment. (Sie ruft ihren Vorgesetzten an, erklärt ihm die Situation, hört sich seine Antwort an und wendet sich wieder an das Ehepaar.) Wir haben hier keine Erbschaftsformulare. Sie müssen zu einer staatlichen Dienststelle gehen. Ich schreibe Ihnen hier die Adresse und die Telefonnummer auf. *(Selbstenthüllung)*

Der Mann: Der Portier im Empfang hat uns aber gesagt, wir würden die Erbschaftsformulare in diesem Zimmer bekommen.

Doris: Er hat bestimmt geglaubt, daß Sie sie hier bekommen könnten. *(Vernebelungstaktik)*

Der Mann: Es wäre wirklich wünschenswert, wenn die Informationsstellen einem die richtige Auskunft geben würden.

Doris: Da haben Sie recht. Das wünschte ich auch. *(Vernebelungstaktik und Selbstenthüllung)*

Die Frau: Jemand sollte dem Portier sagen, daß er die Leute nicht aufs Geratewohl herumschicken soll.

Doris: Wenn ich ihn in der Mittagspause sehe, will ich ihm gern sagen, daß wir keine Erbschaftsformulare haben. *(Praktikabler Kompromiß)*

Die Frau: Wissen Sie, wieviel Geld wir verlieren, wenn wir die Formulare nicht rechtzeitig einreichen?

Doris: Nein, das weiß ich nicht. *(Selbstenthüllung)*

Die Frau: Ich kann Ihnen verraten, daß es eine ganze Menge ist.

Doris: Ja, das glaube ich gern. *(Vernebelungstaktik)*

Die Frau: Warum haben Sie denn nicht diese Formulare hier, statt daß Sie uns bis ins Stadtzentrum schicken?

Doris: Das weiß ich nicht. Wahrscheinlich, weil es sich um staatliche Formulare handelt, und wir sind eine städtische Behörde. *(Selbstenthüllung)*

Die Frau: Ich finde, daß die Behörden bei so wichtigen Sachen zusammenarbeiten sollten.

Doris: Ich kann sehr gut verstehen, daß Sie verärgert sind, weil Sie die lange Fahrt machen müssen. *(Selbstenthüllung)*

Die Frau: Wenn man so jung ist wie Sie, kann man unsere Sorgen nicht begreifen. Aber wenn Sie erst mal so alt sind wie wir, dann werden Sie schon sehen, wie schwierig alles ist.

Doris: Vielleicht haben Sie recht. Ich kann heute noch nicht wissen, wie mir das Leben gefällt, wenn ich älter bin. Kann ich sonst noch etwas für Sie tun? *(Vernebelungstaktik* und *Selbstenthüllung)*

Der Mann: Nein, danke. Das war alles. (Er zieht seine Frau vom Schalter weg.)

Über Doris' Selbstsicherheit bei der Bewältigung von unerfüllbaren Forderungen brauche ich kein Wort zu verlieren. Sie spricht für sich selbst!

Und jetzt befassen wir uns mit einer Situation, in der es relativ leicht ist, den vollen Gegenwert für sein Geld zu bekommen: in der Auto-Reparaturwerkstatt.

Dialog Nr. 13
Arnold läßt die Bremsen reparieren

Arnold hatte einen ausländischen Kleinwagen gekauft, und nach 1500 Kilometern merkte er, daß auf allen vier Reifen Ölspuren waren. Er brachte den Wagen zum Händler zurück und sprach mit dem Werkstattmeister, der ihm sagte, es läge an den Bremszylindern und man würde sie in Ordnung bringen. Nach der Reparatur holte Arnold den Wagen ab, aber wenige Tage später quietschten die Bremsen jedesmal, wenn er sie betätigte, was ihn sehr störte.

Szene des Dialogs: Arnold fährt zum Händler und spricht mit dem Werkstattmeister.

Arnold: Ich habe vor ein paar Tagen die Bremsen unter Garantie reparieren lassen, und jetzt quietschen sie laut. Das stört mich.

Meister: Da können wir leider nichts machen. Das sind Standardbremsen, und die quietschen alle.

Arnold: Ich glaube Ihnen, daß alle Standardbremsen so quietschen, aber als ich den Wagen kaufte, haben sie nicht gequietscht, und ich will nicht haben, daß sie jetzt quietschen. *(Vernebelungstaktik* und *Schallplatte mit Sprung)*

Meister: Das können wir nicht ändern.

Arnold: Wie heißt der Kundendienstleiter, und wo kann ich ihn finden?

Meister: In dem Büro da drüben.

Arnold: Wie heißt er? *(Schallplatte mit Sprung)*

Meister: Gerhard Braun.

Arnold geht in das Büro von Herrn Braun, bei dem sich gerade ein anderer Kunde beschwert, und wartet geduldig, bis der Kunde gegangen ist.

Braun: Bitte nehmen Sie Platz. Womit kann ich Ihnen dienen?

Arnold (bleibt stehen, blickt auf den Kundendienstleiter hinunter und spricht mit ruhiger Stimme): Was soll dieser Unsinn, den Ihr Werkstattmeister mir verzapft, daß Sie meine Bremsen nicht in Ordnung bringen können?

Braun: Haben Sie die Reparaturbescheinigung?

Arnold: Ja, hier ist sie, und ich möchte Bremsen, die nicht quietschen. *(Schallplatte mit Sprung)*

Braun: Hier steht, daß die Bremszylinder aller vier Räder undicht waren. Wir haben sie in Ordnung gebracht. Ich kann Ihnen erklären, was dann passiert ist. Vermutlich fand der Mechaniker etwas Bremsflüssigkeit auf den Bremsbacken und beschloß, sie auszuwechseln, um die Bremswirkung zu verbessern. Das hätte er nicht zu tun brauchen, aber wir sind stets darauf bedacht, daß jeder Wagen, den wir repariert haben, für unseren Kunden vollkommen sicher ist. Wir haben Ihnen nichts dafür berechnet. Sie haben einen kompletten Satz Bremsen umsonst bekommen.

Arnold: Natürlich glaube ich Ihnen, aber als ich den Wagen kaufte, haben die Bremsen nicht gequietscht, und seit der Reparatur quietschen sie. Ich will an meinem Wagen Bremsen haben, die nicht quietschen. *(Vernebelungstaktik* und *Schallplatte mit Sprung)*

Braun: Das hier sind die Ersatzbremsen, die wir vom Werk bekommen. Die sind viel besser als die ursprünglichen. Sie sind härter und halten länger, und daher quietschen sie ein bißchen.

Arnold: Ehrlich gesagt, es ist mir egal, was für Probleme Sie mit den Ersatzteilen vom Werk haben. Vielleicht sind diese Bremsen wirklich besser, aber ich will an meinem Wagen Bremsen haben, die nicht quietschen. *(Selbstenthüllung, Vernebelungstaktik* und *Schallplatte mit Sprung)*

Braun: Aber das sind doch funkelnagelneue Bremsen, die wir gratis eingebaut haben. Dazu waren wir nicht verpflichtet. Wir haben es in Ihrem Interesse getan. Wir sind eben um die Sicherheit unserer Kunden besorgt.

Arnold: Sehr freundlich von Ihnen, aber ich will an meinem Wagen keine Bremsen haben, die quietschen. *(Vernebelungstaktik* und *Schallplatte mit Sprung)*

Braun: Aber wenn wir wieder Bremsen einsetzen, wie sie ursprünglich in Ihrem Wagen waren, dann halten die nicht mal halb so lange wie die neuen.

Arnold: Die neuen Bremsen halten wahrscheinlich länger, aber, ehrlich gesagt, es ist mir egal, was Sie für Bremsbacken einsetzen, Hauptsache, sie quietschen nicht, wenn ich bremse. *(Vernebelungstaktik* und *Selbstenthüllung)*

Braun (schweigt ein paar Sekunden, beißt sich auf die Unterlippe und runzelt die Stirn): Können Sie den Wagen heute nachmittag hierlassen und ihn um fünf Uhr abholen?

Arnold: Stellen Sie die Bremsen so ein, daß sie nicht mehr quietschen? *(Schallplatte mit Sprung)*

Braun: Wenn Sie den Wagen hierlassen, sorge ich dafür, daß die Bremsen in Ordnung gebracht werden.
Arnold: Haben Sie vielen Dank.

In dieser Interaktion entdeckte Arnold, daß die vielbesungene Sturheit der Automechaniker und Kundendienstleiter nur ein Mythos ist (wahrscheinlich durch die Selbstunsicherheit vieler Kunden künstlich hochgezüchtet und verstärkt). Er stellte fest, daß der Werkstattmeister nur ein paar manipulierende Standardantworten parat hatte, und der Kundendienstleiter hatte sogar noch weniger auf Lager. Vielleicht sind meine Leser der Ansicht, daß dieser Dialog zu einfach und für Verhandlungen mit Mechanikern nicht sonderlich nützlich ist. Ich betrachte es immer als Glücksfall, wenn neue Teilnehmer meiner Therapiegruppen über Autoreparaturen berichten. Die Bewältigung dieser Art von Schwierigkeiten ist eine der lehrreichsten und leichtesten praktischen Aufgaben, die ich ihnen stellen kann. Bisher hat noch keiner von ihnen auf diesem Geschäftsgebiet einen Mißerfolg gehabt, auch wenn es manchmal Wochen dauerte, bis sie ihr Ziel erreicht hatten.

Der nächste Dialog ist ein Beispiel für eine geschäftliche Situation, in der Sie etwas mehr Beharrlichkeit und die Fähigkeit benötigen, mit einer wochen- oder zumindest tagelangen Manipulation Ihres Verhaltens fertigzuwerden.

Dialog Nr. 14
Hans bekommt eine Rückzahlung von einem Gebrauchtwagenhändler

Hans ist Werkstudent. Er hatte ein altes Auto, das eines Tages endgültig den Geist aufgab und auf einem Schrottplatz landete. Da Hans wußte, daß es nur eine Frage der Zeit war, bis der alte Wagen auseinanderfallen würde, hatte er zwei Jahre lang gespart und konnte sofort für DM 4000,– einen Gebrauchtwagen kaufen, den er per Scheck bezahlte. Am Tag nach dem Kauf sickerte aus dem automatischen Getriebe eine beträchtliche Menge Öl heraus. Hans brachte den Wagen zum Händler zurück, der ihm versprach, ihn reparieren zu lassen. Zwei Tage nach der Reparatur sickerte wieder Öl aus. Hans kam zu mir, und wir besprachen ausführlich, ob weitere Reparaturen, ein Umtausch oder die Rückzahlung des Kaufpreises in Frage kämen, und wie Hans dieses Problem bewältigen könnte. Auf der Fahrt zum Händler soff der Motor immer wieder ab und konnte nur mit Mühe in

Gang gebracht werden; schließlich mußte der Wagen sogar angeschoben werden. Als Hans in den Hof des Händlers einfuhr, hatte er beschlossen, daß er sein Geld zurückhaben und kein neues Geschäft mit diesem Händler tätigen wollte.

1. Tag. Szene des Dialogs: Hans geht in das Verkaufsbüro und spricht mit dem Angestellten, der ihm den Wagen verkauft hatte.

Hans: Herr Kirtz, der Wagen, den Sie mir verkauft haben, ist ein Schrotthaufen, und ich will mein Geld zurückhaben.

Verkäufer: Was ist denn los? Ich dachte, wir hätten am Freitag alles in Ordnung gebracht?

Hans: Stimmt. Das dachte ich auch, aber aus dem Getriebe ist wieder Flüssigkeit herausgesickert, und jetzt läuft der Wagen schlechter als mein alter. Ich will mein Geld zurück. *(Vernebelungstaktik, Selbstenthüllung* und *Schallplatte mit Sprung)*

Verkäufer: Wir haben mit der Getriebewerkstatt nichts zu tun. Da müssen Sie selbst hingehen.

Hans: Ich kann Sie gut verstehen, aber Sie haben mein Geld bekommen und nicht die Getriebewerkstatt. Die Leute gehen mich nichts an, und ich will mein Geld wiederhaben. *Vernebelungstaktik* und *Schallplatte mit Sprung)*

Verkäufer: Da täuschen Sie sich aber gewaltig. Natürlich gehen die Leute Sie was an. Sie haben ja den Wagen selbst hingebracht, stimmt's?

Hans: Ja, das ist richtig. War dumm von mir, ihn selbst hinzubringen, statt darauf zu bestehen, daß Sie sich um die ganze Sache kümmern, nicht wahr? *(Negative Selbstsicherheit)*

Verkäufer: Nein, das war ganz in Ordnung. Ich will es Ihnen erklären. Wir haben unsere Zusage gehalten. Mit uns haben Sie kein Problem. Wir haben mit dieser Werkstatt nichts zu tun. Sie müssen sich an diese Leute halten. Sie müssen mit denen wegen des Getriebes reden. Wir können hier nichts für Sie tun. Wir sind gar nicht auf solche Reparaturen eingerichtet. Deshalb haben wir Sie dort hingeschickt.

Hans: Sie wollen, daß ich zu der Werkstatt gehe, das habe ich sehr gut verstanden, aber ich tue es nicht. Ich habe mit den Leuten kein Problem, wohl aber mit Ihnen, und ich will mein Geld zurück. *(Vernebelungstaktik* und *Schallplatte mit Sprung)*

Verkäufer: Wenn Ihnen so viel daran liegt, will ich gern in der Werkstatt anrufen und in Ihrem Namen mit den Leuten reden.

Hans: Herr Kirtz, von mir aus können Sie die Werkstatt ruhig anrufen, aber nur in Ihrem eigenen Namen und keinesfalls in meinem. Ich gebe zu, daß ich den Wagen hingebracht und auch wieder abgeholt habe, aber ich habe nichts mit den Leuten zu tun. Es ist mir egal, was Sie mit dem Wagen machen. Ich will nur mein Geld zurückhaben. *(Vernebelungstaktik* und *Schallplatte mit Sprung)*

Verkäufer (sieht Hans kühl an): Wenn Sie glauben, daß wir für einen von uns verkauften Wagen keine Verantwortung übernehmen, sind Sie im Irrtum. Wir werden das Getriebe für Sie in Ordnung bringen lassen.

Hans: Ich bezweifle nicht, daß Sie das wirklich so meinen, aber dasselbe haben Sie mir beim ersten Mal auch gesagt, und es wurde nicht in Ordnung gebracht. Ehrlich gesagt, nach dieser Erfahrung kann ich Ihnen nicht mehr glauben, wenn Sie mir das erzählen. *(Vernebelungstaktik* und *Selbstenthüllung)*

Verkäufer: Junger Mann, so dürfen Sie nicht mit mir reden. Ich habe mir viel Mühe gemacht, um Ihren Wagen sofort reparieren zu lassen. Es ist nicht meine Schuld, wenn die Werkstatt schlecht gearbeitet hat. Sie haben kein Recht, mir so etwas zu sagen. Wir werden den Wagen in Ordnung bringen lassen.

Hans: Sie meinen das sicherlich ernst, Herr Kirtz, aber ich glaube Ihnen trotzdem nicht, und ich will mein Geld zurück. *(Vernebelungstaktik, Selbstenthüllung* und *Schallplatte mit Sprung)*

Verkäufer: Wenn das Ihr Standpunkt ist, kann ich nichts weiter tun.

Hans: Mag sein, aber ich will immer noch mein Geld wiederhaben *(Vernebelungstaktik* und *Schallplatte mit Sprung)*

Verkäufer: Ich kann Ihnen das Geld nicht zurückgeben. Die Papiere waren schon bei der Zulassungsstelle. Wir können amtliche Papiere nicht ändern. Das ist Ihr Wagen. Er ist auf Ihren Namen registriert. Da können wir nichts mehr machen.

Hans: Ich glaube Ihnen, daß das wirklich Ihre Meinung ist, deshalb schlage ich folgendes vor: Wir beide gehen zu Ihrem Chef, und der kann mir mein Geld zurückgeben. *(Vernebelung* und *praktikabler Kompromiß)*

Verkäufer: Ich weiß nicht, ob Herr Schmidt heute da ist.

Hans: Möglich, aber auch wenn Sie nichts tun wollen, damit ich mein Geld wiederbekomme, möchte ich Ihren Chef sprechen. *(Vernebelungstaktik* und *Schallplatte mit Sprung)*

Verkäufer: Ich werde mal fragen. (Er telefoniert mit jemandem.) Er kommt erst morgen wieder her.

Hans: Gut. Wann können wir morgen mit ihm sprechen?
Verkäufer: Er kommt meistens gegen neun Uhr.
Hans: Sind Sie um halb zehn hier?
Verkäufer: Ja, ich bin den ganzen Tag da.
Hans: Fein, dann sagen Sie Herrn Schmidt, sobald Sie ihn sehen, daß ich mit ihm sprechen möchte. Richten Sie ihm aus, daß wir drei uns morgen um halb zehn treffen. Abgemacht?
Verkäufer: Einverstanden.
Hans: Ach ja – hier sind die Wagenschlüssel.
Verkäufer: Wir brauchen Ihre Wagenschlüssel nicht.
Hans: Ich kann Sie verstehen, aber ich lasse den Wagen genau in Ihrer Einfahrt stehen, und sicherlich wollen Sie ihn wegfahren. *(Selbstenthüllung)*
Verkäufer: Nehmen Sie den Wagen. Sie müssen ja irgendwie nach Hause kommen. Wir bringen das alles morgen in Ordnung.
Hans: Sehr richtig, aber ich lasse den Wagen hier. *(Vernebelungstaktik, Schallplatte mit Sprung)*
Verkäufer: Wie Sie wollen, aber parken Sie ihn auf der Straße.
Hans: Ich gebe Ihnen den Wagen zurück. Es ist mir gleichgültig, wo Sie ihn abstellen. *(Selbstenthüllung)*
Der Verkäufer schweigt, wirft Hans einen scharfen Blick zu und stubst mit einem Finger die Schlüssel auf seinem Schreibtisch herum.
Hans: Also bis morgen um halb zehn.

Sofort nach diesem Gespräch rief Hans seine Bank an und wollte den Scheck sperren lassen. Der Betrag war jedoch bereits ausgezahlt worden. Trotzdem war Hans entschlossen, sich durchzusetzen und sein Geld zurückzubekommen.

2. Tag. Szene des Dialogs: Hans und Herr Kirtz gehen in das Büro des Geschäftsführers.

Geschäftsführer: Nehmen Sie Platz. Wie ich höre, haben Sie Ärger mit Ihrem Wagen.
Hans: Ja, und ich möchte, daß Sie mir den Kaufpreis zurückerstatten.
Geschäftsführer: Warum wollen Sie den Wagen nicht behalten?
Hans: Darüber haben Herr Kirtz und ich schon gestern gesprochen. Hat er es Ihnen nicht berichtet?

Geschäftsführer: Doch, aber der Wagen ist bestimmt in Ordnung, sobald das Getriebe repariert ist.

Hans: Das ist sicherlich Ihre ehrliche Meinung, aber ich glaube es nicht, und ich will mein Geld zurück. *(Vernebelungstaktik, Selbstenthüllung* und *Schallplatte mit Sprung)*

Geschäftsführer: Wollen Sie mich einen Lügner heißen?

Hans: Herr Schmidt, ich bin überzeugt, daß Sie glauben, was Sie sagen. Die Sache ist die, daß ich es nicht glaube. Ich habe das Gerede von der Reparatur unter Garantie schon einmal gehört und lasse mich nicht mehr darauf ein. Ich will mein Geld wiederhaben. *(Vernebelungstaktik, Selbstenthüllung* und *Schallplatte mit Sprung)*

Geschäftsführer: (nach kurzem Schweigen): Das Auto gefällt Ihnen nicht, na gut. Es gibt eine Menge Autos, die auch mir nicht gefallen. Ich schlage folgendes vor: Sie sehen sich zusammen mit Herrn Kirtz die anderen Wagen an und suchen sich einen aus, der Ihnen zusagt. Wir nehmen Ihren Wagen zurück und machen nur einen Preisausgleich. Das ist doch ein vernünftiges Angebot.

Hans: Gewiß, aber ich will keinen anderen Wagen von Ihnen. Ich will nur mein Geld zurück. *(Vernebelung* und *Schallplatte mit Sprung)*

Geschäftsführer: Sie befürchten, daß der Ersatzwagen nicht in Ordnung sein könnte? Fahren Sie ihn eine Woche, und wenn Sie nicht zufrieden sind, geben wir Ihnen einen anderen. Wenn Sie wollen, helfe ich Ihnen beim Aussuchen. Da fällt mir ein, wir haben einen ganz prima Wagen, der Ihnen bestimmt gefällt. Den würden wir Ihnen zum gleichen Preis in Tausch geben. Herr Kirtz, holen Sie mal den kleinen Roten her, der auf dem hinteren Platz steht.

Hans: Es ist bestimmt ein gutes Auto, Herr Schmidt, aber ich will keinen anderen Wagen von Ihnen. Ich will mein Geld zurückhaben. *(Vernebelungstaktik* und *Schallplatte mit Sprung)*

Geschäftsführer: Ausgeschlossen. Die Papiere waren schon bei der Zulassungsstelle. Sie sind der Besitzer des Wagens, und er ist auf Ihren Namen registriert.

Hans: Das verstehe ich nicht. Wieso ist es unmöglich, den Wagen zurückzunehmen und das Geld rückzuerstatten, wenn es möglich ist, den Wagen zurückzunehmen und mir dafür einen anderen zu geben? *(Selbstenthüllung)*

Geschäftsführer: Das ist kein Problem. Wir schicken einfach eine Mitteilung, daß bei der Registrierung ein Irrtum passiert ist.

Hans: Ich verstehe immer noch nicht. Wieso kann man einerseits eine Mitteilung hinschicken, daß der Wagen gegen einen anderen umgetauscht wurde, aber andererseits nicht einfach melden kann, daß der Kaufpreis rückerstattet wurde? *(Selbstenthüllung)*

Geschäftsführer: Es geht eben nicht!

Hans: Ich glaube Ihnen, daß Sie davon überzeugt sind, Herr Schmidt, aber trotzdem will ich mein Geld zurück. *(Vernebelungstaktik* und *Schallplatte mit Sprung)*

Geschäftsführer: Warum wollen Sie nicht einen anderen Wagen nehmen? Das würde das ganze Problem aus der Welt schaffen. Ich habe gute Wagen hier.

Hans: Möglich, aber ich möchte nicht das Risiko eingehen, wieder an ein klapprige Mühle zu geraten. Ich will nur mein Geld zurück haben. *(Vernebelungstaktik, Selbstenthüllung* und *Schallplatte mit Sprung)*

Geschäftsführer zu Herrn Kirtz: Ich erledige die Sache. Sie können wieder an Ihre Arbeit gehen. (Herr Kirtz verläßt das Büro.)

Geschäftsführer zu Hans: Sind Sie verärgert, weil er wegen der Reparatur Schwierigkeiten gemacht hat? Na ja, ich kann den Kerl auch nicht leiden. Regeln wir das Ganze unter uns. Ich kümmere mich selbst darum, daß Ihr Wagen in Ordnung gebracht wird, oder ich helfe Ihnen, einen anderen auszusuchen, für den ich persönlich die Garantie übernehme. Ist das nicht fair?

Hans: Wie ich bereits sagte, es klingt fair, nur will ich nicht, daß der Wagen repariert wird, und ich will auch keinen anderen haben. Ich möchte nur mein Geld. *(Vernebelungstaktik* und *Schallplatte mit Sprung)*

Geschäftsführer: Sie verlangen Unmögliches. Das kann ich einfach nicht machen.

Hans: Ich glaube Ihnen, daß Sie davon überzeugt sind. Haben Sie vielleicht einen Vorgesetzten, der dazu autorisiert wäre? *(Vernebelungstaktik* und *praktikabler Kompromiß)*

Geschäftsführer: Da müßten Sie mit dem Firmeninhaber sprechen.

Hans: Wann können wir zu ihm gehen?

Geschäftsführer: Er kommt immer nach dem Mittagessen.

Hans: Wie wäre es um zwei Uhr?

Geschäftsführer: Einverstanden.

Hans: Ich verlasse mich darauf, daß Sie die Besprechung arrangieren und werde morgen um zwei Uhr wieder hier sein.

3. Tag. Szene des Dialogs: Herr Schmidt führt Hans in das Büro des Inhabers, stellt Hans vor und geht wieder.

Inhaber: Bitte nehmen Sie Platz. Was ist denn nun eigentlich los?
Hans: Hat Herr Schmidt Ihnen die Situation erklärt?
Inhaber: Ja, aber warum wollen Sie Ihr Geld zurückhaben?
Hans: Ich bin mit dem Wagen nicht zufrieden und will mein Geld wiederhaben.
Inhaber: Was haben Sie an dem Wagen auszusetzen?
Hans: Wenn Herr Schmidt Ihnen die Situation erklärt hat, wissen Sie ja Bescheid.
Inhaber: Ich muß sagen, wir reißen uns geradezu ein Bein aus, um Sie zufriedenzustellen. Wir wollen Ihren Wagen in Ordnung bringen oder Ihnen einen anderen geben. Was haben Sie daran zu beanstanden? Meiner Meinung nach ist das ein gutes Angebot. Ich kann Ihnen versichern, daß wir das nicht für jeden tun.
Hans: Das glaube ich Ihnen, aber ich bin weder an diesem Wagen noch an einem anderen interessiert. Ich will lediglich mein Geld zurück. *(Vernebelungstaktik, Selbstenthüllung* und *Schallplatte mit Sprung)*
Inhaber: Das ist unmöglich.
Hans: Eine Rückzahlung macht sicherlich ein paar Schwierigkeiten, aber ich will mein Geld wiederhaben. *(Vernebelungstaktik* und *Schallplatte mit Sprung)*
Inhaber: Wir wollen ja nur das tun, was fair und angemessen ist. Warum können Sie nicht vernünftig sein?
Hans: Ich glaube Ihnen, daß Sie fair sein wollen. Ich möchte mein Geld zurückhaben. *(Vernebelungstaktik* und *Schallplatte mit Sprung)*
Inhaber: Was glauben Sie, was in der Geschäftswelt los wäre, wenn jeder sich einbilden würde, er könne einfach hereinspazieren und sein Geld zurückverlangen, nur weil er seine Meinung geändert hat? Wie lange könnte eine Firma wohl bestehen, wenn sie so arbeiten würde?
Hans: Keine Ahnung. *(Selbstenthüllung)*
Inhaber: Also, es geht einfach nicht.
Hans: Ich glaube Ihnen, daß das Ihre ehrliche Überzeugung ist, aber der Wagen steht auf Ihrem Gelände, und die Schlüssel liegen auf Ihrem Schreibtisch. Ich nehme ihn nicht zurück und möchte, daß Sie mir den Kaufpreis zurückerstatten. *(Vernebelungstaktik* und *Schallplatte mit Sprung)*

Inhaber: Ich finde Ihre Einstellung sehr unvernünftig.

Hans: Möglich, aber ich will trotzdem mein Geld zurück. *(Vernebelungstaktik* und *Schallplatte mit Sprung)*

Inhaber: Wenn Sie sich immer so benehmen, werden Sie im Leben nichts als Schwierigkeiten haben.

Hans: Vielleicht haben Sie recht, aber ich will trotzdem mein Geld zurückhaben. *(Vernebelungstaktik* und *Schallplatte mit Sprung)*

Inhaber (verliert die Beherrschung, steht auf, greift nach den Wagenschlüsseln, wirft sie wieder auf die Schreibtischplatte und brüllt): Ihr miesen Halbstarken, ihr bildet euch ein, daß ihr euch alles leisten könnt. Kommt hier rein und glaubt, daß er wer weiß wie schlau ist! Nur ein Parasit Ihrer Sorte würde einen geschlossenen Vertrag brechen. Sie Strolch!

Hans (kühl und gelassen): Ich kann verstehen, daß Sie verärgert sind, aber ich möchte mein Geld so schnell wie möglich zurückbekommen. Ich habe heute nämlich noch anderes zu tun als das hier. *(Vernebelungstaktik, Schallplatte mit Sprung* und *Selbstenthüllung)*

Inhaber (starrt Hans schweigend und mit offenem Mund an. Dann fängt er sich wieder, lächelt Hans an und geht um den Schreibtisch herum zu ihm. Sein Verhalten ist geradezu unglaublich verändert): Ich bin froh, daß Sie zu mir gekommen sind, so daß wir diese Sache bereinigen konnten. Der gute Wille des Kunden ist in unserem Geschäft das Wichtigste. Gehen wir jetzt zur Kasse, dort bekommen Sie einen Scheck. Wenn Sie mal wieder ein Auto brauchen, stehe ich jederzeit persönlich zu Ihrer Verfügung. Ich kann Ihnen bestimmt ein sehr gutes Angebot machen. Wir haben die beste Auswahl in der ganzen Stadt. (Er geleitet Hans höflich hinaus – ganz der perfekte Verkäufer.)

Hans berichtete mir jedes Gespräch mit den Angestellten des Autohändlers. Wir diskutierten über das mögliche manipulative oder Kampf-und-Flucht-Verhalten der Angestellten im weiteren Verlauf der Angelegenheit, und ich gab Hans Ratschläge, wie er diese Verhaltensformen bewältigen könnte. So unglaublich es auch klingen mag, aber die Verhaltensweisen, die wir diskutierten, entsprachen bis in die kleinsten Einzelheiten denjenigen, mit denen Hans konfrontiert wurde, einschließlich der Tatsache, daß der Inhaber beim letzten Gespräch die Autoschlüssel auf die Schreibtischplatte warf, Hans beschimpfte und ihm unmittelbar danach das Geld zurückgab.

Natürlich war Hans sehr zufrieden mit dem Ergebnis unserer detaillierten Vorbereitungen und mit seinem eigenen Verhalten in der wirklichen Situation. Wir hatten sogar für die Möglichkeit vorgeplant, daß der Verkäufer frustriert und zornig oder nervös werden könnte und Hans einfach stehenlassen würde; in diesem Fall sollte Hans ihn zurückrufen oder sich an seine Fersen heften – eine ziemlich unwahrscheinliche Entwicklung, da es ja zu den Aufgaben des Verkäufers gehörte, mit unzufriedenen Kunden fertigzuwerden und er vermutlich viele erfolgreiche Erfahrungen auf diesem Gebiet hatte. Außerdem hatte Hans sich sehr gründlich darauf vorbereitet, nicht die Beherrschung zu verlieren, mit dem Standpunkt des Verkäufers übereinzustimmen und trotzdem unbeirrt an seinem eigenen Ziel festzuhalten.

Als Hans nach dem Gespräch mit dem Inhaber bei mir erschien, legte er einfach den Scheck vor mich hin und sagte lächelnd: »Es war wirklich ein Kinderspiel.« Hans' Erfahrung ist natürlich für andere Schüler eine Ermutigung, die erlernten systematischen selbstsicheren Fertigkeiten in der Praxis anzuwenden, doch muß man zwei wichtige Punkte berücksichtigen, um Hans' Erfolg in die richtige Perspektive zu rücken. Die erste Frage, die sich automatisch ergibt, stellte mir ein Kollege, nachdem Hans ihm von seinem Erfolg erzählt hatte: »Woher wußten Sie, was Sie Hans sagen sollten? Wie konnten Sie so exakt vorhersagen, was der Verkäufer und der Inhaber tun würden?« Nun, das ist sehr einfach erklärt. Vor zwanzig Jahren, als ich selbst noch studierte, hatte ich mit einem Gebrauchtwagenhändler einen ähnlichen Konflikt, den ich erfolgreich bewältigte. Wie sich herausstellte, traf meine Vermutung zu, daß sich das Verhaltensmuster von Kampf und Flucht seitdem nicht viel geändert hatte. Ausschlaggebend für den Erfolg dieser Interaktion waren allerdings nicht die Ratschläge, die ich Hans gab, sondern sein eigenes Bewältigungsvermögen. Dies ist der zweite Punkt, an den wir denken müssen, um Hans' Erfolg aus der richtigen Perspektive zu sehen. Hans hatte gelernt, selbstsicher zu sein, seine Selbstachtung zu bewahren und zu verhindern, daß sein Verhalten von anderen manipuliert wurde. Für ihn ging es nicht nur um die Rückerstattung des Kaufpreises. Auch wenn er darauf verzichtet oder wenn der Inhaber sich geweigert hätte, das Geld zurückzugeben, hätte Hans sein eigentliches Ziel erreicht – nämlich sich einfach vor jemandem hinzustellen und seine Wünsche unmißverständlich zu äußern, ohne sich einschüchtern oder manipulieren zu lassen, also einen Konflikt zu bewältigen und dadurch seine Selbstachtung zu stärken. Und genau das hatte er erreicht.

Die beiden nächsten Dialoge demonstrieren, wie zwei Personen selbstsicher Konflikte bewältigen, die sich oft in einer kommerziellen Situation ganz anderer Art ergeben, und zwar in der Arzt-Patient-Beziehung.

Dialog Nr. 15
Wie man durch selbstsicheres Verhalten Schwierigkeiten in der Arzt-Patient-Beziehung bewältigt

Im ersten Dialog diskutiert meine Schülerin Maria mit ihrem Arzt über ihren Zustand, und im zweiten Dialog befaßt sich ein Psychiater mit dem Vater eines Patienten, der unrealistische Forderungen an ihn stellt.

Maria ist eine ältere Frau, die vor einiger Zeit einen leichten Gehirnschlag gehabt hatte, durch den sie sechs Wochen lang stark behindert gewesen war. Sie sprach mit mir über das Problem, wie sie ihrem Arzt ihre Wünsche klarmachen konnte. Vor allem wollte sie jetzt wieder Hormontabletten verschrieben bekommen, aber der Arzt gab ihr nur Hormonspritzen, und nach jeder Injektion tat ihr das Gesäß tagelang weh. Maria beschrieb ihr Problem mit folgenden Worten: »Wie kann ich jemandem, der mehr von Medizin versteht, als ich jemals lernen werde, vorschreiben, was er tun soll?« Wie so viele andere Menschen (einschließlich einiger Halbgötter in Weiß) verwechselte Maria eine Autoritätsbeziehung mit einer kommerziellen Interaktion. Ihr Arzt war und ist nicht der oberste Richter über das, was Maria tun »sollte« oder nicht, und das gilt auch für Fragen, die ihr körperliches Wohlbefinden betreffen. Bei ihren Bemühungen um eine Behandlung, die ihren Wünschen entspricht, wird Maria, genau so wie andere selbstunsichere Patienten, mit der harten Wirklichkeit konfrontiert, daß Ärzte nur technische Berater sind, die für ein bestimmtes Problem spezifische medizinische Verfahren empfehlen, von denen sie den gewünschten Erfolg erhoffen. Auch als Patientin ist Maria Herrin über ihre eigenen Entscheidungen, und sie trägt auch die alleinige Verantwortung dafür, ob sie dem Rat ihres Arztes folgt oder nicht. Andererseits ist der Arzt verantwortlich dafür, welche Behandlung er anwendet oder nicht. Auch er muß sich bei seiner Entscheidung nach der Wirklichkeit richten. Die grundlegende Beziehung zwischen Arzt und Patient ist also der Art, daß sie Verhandlungen über die Einzelheiten des therapeutischen Verfahrens erfordert. Realistisch betrachtet, handelt es sich um eine kommerzielle Interaktion und nicht um eine Beziehung, in der eine Autoritätsperson jemandem vorschreibt, was er tun soll, ohne daß der Betreffende eine andere Wahl hat.

Maria befürchtete jedoch, daß der Arzt, wenn sie ihm gegenüber selbstsicher auftrat, sich keinen Pfifferling mehr um ihr Wohlergehen scheren würde, oder daß er ihr sogar sagen würde, sie solle sich einen anderen Arzt suchen. Diese beiden Möglichkeiten konnten zwar nicht ausgeschlossen werden, waren aber nicht wahrscheinlich. Maria ging seit über zwanzig Jahren zu diesem praktischen Arzt. Sie betrachtete ihn als ihren Hausarzt und vertraute ihm. Es war kaum anzunehmen, daß er auf die Selbstbehauptung einer alten Patientin so radikal reagieren würde. Sollte er es doch tun, konnte sie ja ohne weiteres zu einem anderen Arzt gehen. Wenn ein Angehöriger eines Heilberufs so unsicher über sich selbst und seine Sachkenntnis ist, daß er sich weigert, ein therapeutisches Verfahren zu überdenken, das einem Patienten nicht zusagt, dann würde ich mir nicht einmal ein Pflaster von ihm aufkleben lassen. Wie der folgende Dialog zeigt, war Marias Arzt durchaus fähig, ihr selbstsicheres Verhalten zu bewältigen und trotzdem ihre Wünsche zu erfüllen.

Szene des Dialogs: Maria kommt ins Sprechzimmer und nimmt dem Arzt gegenüber Platz.

Arzt: Also, Maria, die Schwester hat mir gesagt, daß Ihr Blutdruck nur 140 zu 80 ist. Das ist viel besser als vor drei Wochen.

Maria: Ich habe alle Übungen gemacht, die Sie mir vorgeschrieben haben, und mich vor Überanstrengungen gehütet.

Arzt: Sehr gut! Und jetzt wollen wir uns mal Ihren Arm ansehen. Können Sie das Handgelenk schon bewegen?

Maria: Es ist ein bißchen besser geworden. Sorgen machen mir immer noch die Finger. Ich kann damit noch nicht zugreifen.

Arzt: Auch das wird sich durch die Übungen bald bessern. Ich bin sehr zufrieden mit Ihnen. Stellen Sie sich bitte in zwei Wochen wieder vor. Die Schwester soll Ihnen einen Termin geben.

Maria: Herr Doktor, ich wollte mit Ihnen über die Hormone sprechen, die Sie mir früher verschrieben haben. Die sind mir viel besser bekommen. Ich habe mich richtig jung gefühlt, solange ich sie einnahm. *(Selbstenthüllung)*

Arzt: Ja, ich halte sie auch für gut. Ich lasse Ihnen gleich eine Injektion geben.

Maria: Darüber wollte ich ja mit Ihnen sprechen. Ich möchte die Hormone haben, aber ich will keine Injektion haben. Jedesmal, wenn die Schwester dieses Riesending in mich hineingejagt hatte, konnte ich tagelang nicht sitzen. Ich möchte statt dessen Tabletten haben. *(Schallplatte mit Sprung* und *Selbstenthüllung)*

Arzt (betrachtet Maria nachdenklich): Es ist aber viel besser, die Hormone in Injektionsform zu nehmen. Eine einzige Spritze, und das Ganze ist erledigt, bis Sie wiederkommen.

Maria: Das stimmt, aber ich ziehe die Tabletten vor. *(Vernebelung* und *Schallplatte mit Sprung)*

Arzt: Wenn ich Ihnen Tabletten verschreibe, müssen Sie jeden Tag daran denken, sie einzunehmen.

Maria: Ja, das muß ich, aber ich ziehe die Tabletten trotzdem vor. *(Vernebelung* und *Schallplatte mit Sprung)*

Arzt: Maria, das Problem bei den Tabletten ist, daß viele Frauen in Ihrem Alter Mißbrauch damit treiben. Sie glauben, wenn zwei ihnen guttun, werden vier ihnen doppelt so gut tun, und schließlich nehmen sie zu viele ein, und das hat ernste Folgen.

Maria: Ich glaube Ihnen, daß viele Frauen es so machen, aber ich möchte trotzdem lieber Tabletten haben als diese widerlichen Injektionen! *(Vernebelung* und *Schallplatte mit Sprung)*

Arzt: Maria, dieser Gehirnschlag bereitet Ihnen genug Probleme. Warum lassen Sie sich nicht heute eine Injektion geben, und wenn Sie das nächste Mal hier sind, reden wir noch einmal über die Tabletten, falls Sie darauf bestehen.

Maria: Werden Sie mir dann die Tabletten verschreiben? *(Praktikabler Kompromiß)*

Arzt: Ich möchte mich erst noch einmal mit Ihnen darüber unterhalten.

Maria: Das kann ich verstehen, aber ich will immer noch die Tabletten haben, und ich werde mir keine Injektion mehr geben lassen. *(Selbstenthüllung* und *Schallplatte mit Sprung)*

Arzt (nachdem er Maria einen Moment lang angesehen hat): Machen wir es doch so: Ich verschreibe Ihnen eine Menge, die bis zu Ihrem nächsten Besuch ausreicht, und dann werden wir ja sehen, ob es so geht. Einverstanden?

Maria: Ja, damit bin ich sehr einverstanden. *(Praktikabler Kompromiß)*

Maria berichtete, daß sie über die Reaktion des Arztes auf ihre so energisch geäußerten Wünsche sehr erleichtert war; sie hatte auch das Gefühl, daß durch ihr selbstsicheres Verhalten ein positiver Wandel in der Beziehung zwischen dem Arzt und ihr eingetreten war. Obwohl sie ihn seit zwanzig Jahren kannte, hatte sie sich in seiner Gegenwart immer nervös gefühlt und Angst davor gehabt, was er wohl über sie dachte. Nachdem sie das Zögern des Arztes, die Behandlung nach ihren Wünschen fortzuführen, bewältigt hatte, fühlte sie sich an der Therapie viel mehr beteiligt. Die Folge davon war, daß sie vor ihrem Arzt weniger Angst hatte und mit ihm freier über die wirklichen Probleme sprechen konnte, die sich aus ihrem Zustand ergaben.

Es ist für jede Arzt-Patient-Beziehung schlecht, wenn der Arzt nicht fähig ist, dem Patienten bei der Bewältigung seiner Angstgefühle zu helfen, oder wenn er spezifische Fragen des Patienten nicht beantworten kann. Es gibt Ärzte, die solche Forderungen nach Information nicht bewältigen können, ohne den Patienten zu belächeln, oder sie werden ärgerlich oder empfehlen dem Patienten sogar zur Stabilisierung seines Geisteszustandes eine psychotherapeutische Behandlung. Dieses Bewältigungsverhalten ist sehr unangebracht, auch wenn der Patient nicht nur ängstlich, sondern sogar hysterisch ist.

In wohltuendem Gegensatz dazu steht das Verhalten eines Psychiaters, mit dem ich befreundet bin, und den ich hier Abel nennen will. Er fand es sowohl in seinem eigenen als auch im Interesse seiner Patienten nützlicher, einem Patienten oder dem Verwandten eines Patienten gegenüber klar abzugrenzen, was er tun wollte, und gleichzeitig zu erklären, daß diese Grenzen (für gewöhnlich die Ablehnung der Bitte eines Patienten) eine persönliche Entscheidung von ihm selbst sind und nicht etwa die Manifestation eines beruflichen Kodex über den Umgang mit »hysterischen« oder »dummen« Patienten. Abels Geschicklichkeit bei der Bewältigung von Forderungen, deren Erfüllung er vor seinem ärztlichen Gewissen nicht verantworten kann, ist ein ausgezeichnetes Modell für die selbstsichere Ausarbeitung des realistischen Gleichgewichts zwischen dem, was der Patient wünscht, und dem, was der Arzt geben kann. Kürzlich besprach ich mit ihm die Probleme, die sich im Umgang mit den Eltern von stationär behandelten Kindern ergeben. Nachdem Abel den Vater eines sechzehnjährigen Schizophrenen um sein Einverständnis gebeten hatte, durfte ich dem Gespräch zwischen ihm und dem Vater beiwohnen.

Szene des Dialogs: Der Vater, Herr Miller, hat in dem Zustand seines Sohnes, der seit fünf Tagen in der Klinik ist, eine auffallende Veränderung festgestellt. Er möchte ihn über das Wochenende mit nach Hause nehmen.

Miller: Ich bin wirklich froh, daß wir Robert zu Ihnen gebracht haben, Herr Doktor. Robert ist fast wieder normal.

Abel: Ich kann verstehen, daß Sie über die Besserung in Roberts Zustand sehr erleichtert sind, Herr Miller, aber er hat noch einen weiten Weg vor sich, bevor er als normal bezeichnet werden kann. *(Vernebelung* und *Schallplatte mit Sprung)*

Miller: Er spricht wieder mit mir, statt den Kopf zu senken und zu schweigen. Ich weiß, daß es ihm viel besser geht.

Abel: Ja, es geht ihm besser, aber ich möchte nicht, daß Sie Ihre Hoffnungen und Erwartungen zu hoch schrauben. *(Vernebelung* und *Selbstenthüllung)*

Miller: Nach unserem gestrigen Besuch sagte meine Frau, daß sie ihn dieses Wochenende gern zu Haus haben möchte.

Abel: Obwohl sein Zustand sich gebessert hat, glaube ich nicht, daß es jetzt schon gut wäre, ihn über das Wochenende nach Hause zu entlassen. *(Vernebelung* und *Selbstenthüllung)*

Miller: Seine Schwester kommt für ein paar Tage zu uns. Sie hat Robert seit fünf Monaten nicht mehr gesehen, und deshalb möchte meine Frau, daß Robert nach Hause kommt.

Abel: Ich kann verstehen, daß Ihre Tochter ihn sehen will, aber Roberts Zustand gestattet es noch nicht, daß er nach Hause entlassen wird, nicht einmal übers Wochenende. Wie wäre es, wenn Sie Ihre Tochter am Wochenende hierher bringen, damit sie Robert besuchen kann? *(Vernebelung, Schallplatte mit Sprung* und *praktikabler Kompromiß)*

Miller: Ich möchte ihr den Schock ersparen, Robert in einem Nervenkrankenhaus zu sehen.

Abel: Das glaube ich Ihnen, aber sie ist ja ein erwachsener Mensch und muß sich mit der Tatsache abfinden, daß ihr Bruder einen psychotischen Einbruch hatte. *(Vernebelung* und *Selbstenthüllung)*

Miller: Ich möchte aber, daß Robert sie zu Hause trifft. Können Sie ihm nicht irgendein Medikament geben, damit er sich über das Wochenende in Ordnung fühlt?

Abel: Ich kann Patienten, die über das Wochenende nach Hause dürfen, Medikamente mitgeben, und ich tue es auch, aber ich verfüge über kein Medikament, das es Ihrem Sohn ermöglichen würde, in diesem Zeitpunkt seiner Erholung den Streß, wieder inmitten der Familie zu sein, zu bewältigen. Ich wünschte, ich hätte eins. *(Vernebelung* und *negative Selbstsicherheit)*

Miller: Ich gehe diese Risiko ein. Ich will ihn am Wochenende zu Hause haben.

Abel: Ich verstehe Ihren Wunsch, Herr Miller, aber ich werde keinen Wochenendurlaub für Robert genehmigen. *(Vernebelung* und *Schallplatte mit Sprung)*

Miller: Sie können mich nicht daran hindern, daß ich meinen Sohn mit nach Hause nehme!

Abel: Sie haben recht, ich kann Sie nicht daran hindern, und ich würde Sie auch gar nicht daran hindern wollen. Aber wenn Sie sich weigern, meinen Behandlungsplan zu befolgen, werde ich Ihren Sohn in Ihre Pflege entlassen. Sie können ihn mitnehmen, wenn Sie unterschreiben, daß die Entlassung gegen den Rat des behandelnden Arztes erfolgt. Die Entscheidung liegt bei Ihnen. *(Vernebelung, Selbstenthüllung* und *praktikabler Kompromiß)*

Miller: Übertreiben Sie das Ganze nicht etwas? Ich will ja Robert nur über das Wochenende nach Hause mitnehmen.

Abel: Ich kann verstehen, daß es Ihnen übertrieben vorkommt, Herr Miller, aber ich bin der Meinung, daß Robert noch nicht in der Lage ist, den Umgang mit der Familie zu bewältigen, und ich habe keine andere Möglichkeit, die sich mit meinem Berufsethos vertragen würde. *(Vernebelung, Schallplatte mit Sprung* und *negative Selbstsicherheit)*

Miller: Sind Sie der Leiter dieser Klinik? Ich möchte mit Ihrem Vorgesetzten sprechen!

Abel: Sie können natürlich mit der Klinikverwaltung sprechen, wenn Sie es wünschen, aber ehrlich gesagt, ich glaube, daß die Leute dort Sie nur mit ein paar beruhigenden Floskeln abspeisen werden. Sie schreiben mir nicht vor, was ich als Arzt tun soll, und ich schreibe ihnen nicht vor, wie sie die Klinik verwalten sollen. Aber bitte, ich werde Sie gern anmelden, wenn Sie das beruhigt. *(Selbstenthüllung* und *praktikabler Kompromiß)*

Miller: Nein! Sie brauchen sich nicht zu bemühen. Ich werde am Freitag einfach herkommen und meinen Sohn abholen.

Abel: Ich werde die Stationsschwester bitten, die Papiere für eine Entlassung gegen den Rat des Arztes fertigzumachen. Ich werde auch mit Robert sprechen, um ihn auf seine Entlassung vorzubereiten, und ich werde ihm ein Rezept für einen Monatsvorrat Tranquiliser geben. Einverstanden? *(Praktikabler Kompromiß)*

Herr Miller holte seinen Sohn am Freitag nachmittag ab. Am folgenden Montag war er um neun Uhr wieder bei Abel, aber jetzt schätzte er Abels Ratschläge ganz anders ein. Wie Abel vorhergesagt hatte, waren Roberts Verhalten und Stimmung in der Familienatmosphäre drastisch umgeschlagen. Obgleich man im ersten Augenblick hätte sagen können, daß Abels Konfrontation mit dem Vater im Hinblick auf die Therapie eine Katastrophe war, erwies sie sich später als ein Segen, weil die Eltern von da an Abels Ratschläge befolgten. Außerdem wußten sie jetzt, daß Abel es ernst meinte, wenn er etwas sagte. Er machte ihnen keine Vorwürfe, weil sie anfangs nicht auf ihn gehört hatten, sondern erklärte ihnen nur, weshalb er ihr Verhalten für falsch hielt, und ließ sie dann selbst entscheiden, was sie tun wollten.

9. KAPITEL
Autoritätsinteraktionen im Alltag – Selbstsicherheit gegenüber Vorgesetzten, als Aufsichtsperson und als Vortragsredner

Die meisten meiner Schüler haben stärkere Zweifel an ihrem Bewältigungsvermögen, wenn es um Beziehungen geht, die nicht vorstrukturiert sind wie formale kommerzielle Interaktionen. Es fällt ihnen leichter sich zu behaupten, wenn es Verhaltensregeln gibt, die auch von der Gegenseite akzeptiert werden. Aber wenn es weniger Regeln gibt, weniger im voraus vereinbarte Struktur, die festlegt, wie etwas gehandhabt werden »sollte«, hat der Neuling mehr Angst davor, sich selbstsicher zu verhalten. Vielleicht kennen Sie dieses Verhaltensmuster aus eigener Erfahrung. Sie können sich ohne weiteres vornehmen, dem Automechaniker morgen wegen der nachlässigen Reparaturen ordentlich die Meinung zu sagen, aber können Sie das Gleiche mit Ihrem Chef tun, der eine ganz andere Art von Beziehung zu Ihnen hat? In der Beziehung zu Ihrem Chef gibt es weniger klar definierte Struktur und mehr nicht abwägbare Möglichkeiten. Was kann der Mechaniker tun, wenn ihm das, was Sie ihm sagen, mißfällt? Nichts. Aber was kann Ihr Chef tun, wenn ihm das, was Sie sagen, nicht paßt? Kann er Ihnen kündigen? Kann er Sie in eine niedrigere Gehaltsgruppe versetzen? Kann er Ihnen alle unangenehmen Arbeiten aufhalsen? Die realistischste Antwort ist wohl, daß der Ausgang der Konfrontation davon abhängt, welche Kompromisse Sie durch Anwendung der verbalen Fertigkeiten mit Ihrem Chef aushandeln. Das selbstsichere Aushandeln von Kompromissen mit Autoritätspersonen (einschließlich Sie selbst) ist das Thema dieses Kapitels.

Eine allgemein bekannte Bedeutung des Wortes Autorität ist, daß ein Mensch die Macht hat, einem anderen Menschen zu sagen, was er tun soll; Beispiele hierfür sind die Beziehungen zwischen Eltern und Kind und zwischen Vorgesetzten und Untergebenen. Eine andere Bedeutung bezieht sich auf *Sachkenntnis*, wie z. B. in den Interaktionen zwischen Lehrer und Schüler oder Vortragsredner und Zuhörer. Die in diesen Fällen vorgegebene Struktur ist, daß der Schüler vom Lehrer lernt und der Lehrer den Fortschritt des Schülers im Lernen benotet. Je jünger der Schüler ist, desto mehr nimmt der Lehrer die Autorität einer Aufsichtsperson an. Vielleicht haben Sie sich schon gefragt, warum ich die kommerziellen Aspekte der Arzt-Patient-Beziehung stärker betont habe als ihre anderen Eigenschaften. Schließlich ist ja die ursprüngliche Bedeutung des Titels Doktor »Lehrer«. Warum habe ich also die Arzt-Patient-Beziehung nicht auf Grund der medizinischen Sachkenntnis des Arztes als eine Form der Autoritätsinteraktion klassifiziert? Wenn ich zu einem Arzt gehe, setze ich voraus, daß er mich ungefähr so viel über meinen Gesundheitszustand lehren wird, wie ein Mechaniker mir über mein Auto erzählt. Wenn ein Arzt mir nicht von einem anderen Arzt empfohlen worden ist, dem ich vertraue, gehe ich von der Annahme aus, daß ich in einer kommerziellen Beziehung zu ihm stehe, und frage selbstsicher nach genauen Informationen über die medikamentöse Therapie, die Nachbehandlung, Komplikationen, Kosten usw. Überlegen Sie sich einmal folgendes: Würde ein Rennfahrer seinen Wagen von einem wildfremden Mechaniker überholen lassen?

Zum Glück haben die meisten Autoritätsinteraktionen, bei denen Sachkenntnis eine Rolle spielt, nicht die potentiell ernsten Folgen für unser Wohlergehen, wie sie durch eine medizinische Behandlung ausgelöst werden können. Eine Autoritätsinteraktion, die auf Sachkenntnis basiert, kann sogar Spaß machen, wie z. B. die zwischen einem Vortragsredner und seinem Publikum. Auch diese Situation ist teilweise vorstrukturiert. Der Redner ist bereit zu sprechen, und sein Publikum ist bereit zuzuhören. Der Experte bietet seinem Publikum neue Informationen an, und die Zuhörer reagieren mit Forderungen nach weiteren Informationen oder Erklärungen und – hoffentlich! – mit Applaus. Der übrige Teil der Interaktion ist freibleibend. Der Vortragsstil, die Bedingungen, unter denen der Redner den Vortrag hält, die Themen, über die er spricht oder nicht spricht – all das hängt in erster Linie davon ab, wie er sich seinem Publikum gegenüber behauptet. Um seine Sachkenntnis zur Geltung zu bringen, muß ein Redner nicht nur wissen, was er sagen will, sondern er muß auch wissen, wie er es sagen soll, und wie er es einem kritischen oder sogar skeptischen Publikum präsentiert. All diese Punkte sind für den Redner genauso wichtig wie seine Fähigkeit, in den Zuhörern Vertrauen zu dem zu erwecken, was er sagt.

Von besonderem Wert ist ein selbstsicheres Verhalten in Interaktionen, die sehr wenig vorstrukturiert sind, also z. B. bei der Bewerbung um eine Stellung. In diesen Interviews werden dem Bewerber oft geradezu idiotische Fragen gestellt, und es hängt ganz von seiner eigenen Geschicklichkeit ab, ob er seine Kenntnisse und Fähigkeiten gut verkaufen kann.

In den folgenden Dialogen liegt der Schwerpunkt auf der Ausarbeitung praktikabler Kompromisse, die auf einer bereits vorhandenen Struktur basieren, sowie auf der Ausschaltung manipulativer Strukturen, die einseitig auf die Interaktion übertragen werden. Diese Art der Bewältigung ist sowohl für Untergebene als auch für Vorgesetzte von Vorteil. Der Untergebene kann Manipulationen durch seinen Chef abwehren, und der Chef kann sich gegenüber seinem Untergebenen behaupten, und zwar nicht nur innerhalb der bereits bestehenden und vereinbarten Regeln, sondern auch in jener Grauzone, in der es keine Verhaltensmaßregeln gibt.

Nach dieser kurzen Einführung wollen wir uns dem ersten der Dialoge zuwenden, die sich mit Konflikten in Autoritätsinteraktionen befassen. Im ersten Fall handelt es sich um einen Angestellten, der die übertriebenen Forderungen bewältigt, die sein Chef an seine Freizeit stellt.

Dialog Nr. 16
Michael wehrt sich gegen Überstunden

Michael ist achtzehn Jahre alt und arbeitet in einem konzessionierten Auslieferungslager für Lebensmittel. Der Betrieb hat zehn Angestellte, die in Schichten arbeiten, und ist die ganze Woche, einschließlich Sonntag, vierzehn Stunden pro Tag geöffnet. In einer solchen Organisation wird natürlich viel geschwänzt, und der Personalverschleiß ist groß. Michael ist sehr gewissenhaft; er hält nicht nur seinen eigenen Arbeitsplan strikt ein, sondern ist auch oft auf Bitten des Geschäftsleiters für »kranke« Arbeitskollegen eingesprungen. Er hat über seine Arbeit gemischte Gefühle. Einerseits gefällt es ihm im Lebensmittelhandel, wo er mit allen möglichen Leuten in Kontakt kommt, andererseits behagt es ihm nicht, daß sein soziales Leben auf Grund der unregelmäßigen Arbeitszeit zu kurz kommt. Noch mehr stört es ihn, daß der Geschäftsleiter, Herr Tiege, immer ihn anruft, wenn Not am Mann ist. Er ärgert sich darüber, daß er so viele Überstunden machen muß, weiß aber nicht, wie er sich gegen die Forderungen des Geschäftsleiters behaupten kann. Er befürchtet, daß Herr Tiege beleidigt sein könnte und ihm möglicherweise kündigt, wenn er es einmal ablehnen würde, Überstunden zu machen. Nachdem Michael diese Situation in seiner Therapiegruppe durchgespielt hatte, kam es zu folgendem Gespräch zwischen ihm und Herrn Tiege:

Tiege: Guten Abend, Michael. Georg ist krank, und Sie müssen morgen vormittag für ihn einspringen.

Michael: So ein Pech, Herr Tiege. Ich habe für morgen schon etwas vor und stehe Ihnen leider nicht zur Verfügung.

Tiege: Das müssen Sie eben absagen, ich brauche Sie morgen.

Michael: Das glaube ich Ihnen, aber ich stehe Ihnen nicht zur Verfügung. *(Vernebelung* und *Schallplatte mit Sprung)*

Tiege: Was ist es denn? Müssen Sie zum Arzt?

Michael: Nein, es ist nichts Ernstes. Es ist nur so, daß ich Ihnen nicht zur Verfügung stehe. *(Schallplatte mit Sprung)*

Tiege: Was haben Sie denn vor?

Michael: Es handelt sich um eine Privatangelegenheit, Herr Tiege. Um etwas, das ich schon lange erledigen wollte, und deshalb stehe ich Ihnen morgen nicht zur Verfügung. *(Selbstenthüllung* und *Schallplatte mit Sprung)*

Tiege: Können Sie es nicht verschieben? Sie lassen mich ganz schön in der Klemme sitzen.

Michael: Das glaube ich Ihnen, Herr Tiege, aber wenn ich es wieder verschiebe, komme ich wahrscheinlich niemals dazu, und dann würde ich mir Vorwürfe machen. Deshalb kann ich Ihnen morgen nicht zur Verfügung stehen. *(Vernebelung, negative Selbstsicherheit* und *Schallplatte mit Sprung)*

Tiege: Ich kann es einrichten, daß Sie am Sonntag frei haben, wenn Sie morgen kommen.

Michael: Ich glaube Ihnen, daß Sie das tun würden, aber ich kann morgen nicht kommen. *(Vernebelung* und *Schallplatte mit Sprung)*

Tiege: Da sitze ich aber wirklich in der Klemme. Ich weiß nicht, wer für Georg einspringen könnte.

Michael: Ja, das ist schlimm, aber ich bin sicher, daß Sie irgendeine Lösung finden werden. *(Vernebelung)*

Tiege: Na ja, es wird schwierig sein, aber ich werde schon jemanden finden, der einspringen kann.

Michael: Bestimmt werden Sie das. *(Vernebelung)*

Tiege: Georg wird vermutlich auch am Dienstag nicht da sein. Ich möchte, daß Sie seine Schicht übernehmen, falls er nicht kommt.

Michael: Wahrscheinlich wird er noch krank sein, aber ich kann Ihnen auch am Dienstag nicht zur Verfügung stehen. *(Vernebelung* und *Schallplatte mit Sprung)*

Tiege: Wer soll denn dann für ihn einspringen?

Michael: Das weiß ich nicht. *(Selbstenthüllung)*

Tiege: Das ist ein harter Brocken, Michael. Sie sind bisher immer so zuverlässig gewesen.

Michael: Ich kann Sie verstehen, Herr Tiege. Ich weiß selbst nicht, wie es so gekommen ist, aber bisher habe ich Ihnen immer zur Verfügung gestanden, wenn Sie mich darum gebeten haben, stimmt's? *(Vernebelung* und *negative Selbstsicherheit)*

Tiege: Ich muß eben irgend jemand anderen finden, auf den ich mich verlassen kann.

Michael: Das ist richtig, aber warum rufen Sie mich nicht das nächste Mal wieder an, wenn Sie einen Ersatzmann brauchen? Vielleicht kann ich Ihnen zur Verfügung stehen, vielleicht nicht. Fragen kostet ja nichts. *(Vernebelung* und *praktikabler Kompromiß)*

Tiege: Na schön, wir werden ja sehen.

Michael: Ich hoffe, daß Sie einen Ersatz für Georg bekommen können.

Tiege: Machen Sie sich keine Sorgen, ich werde schon jemanden finden.

Michael: Also dann, auf Wiedersehen.

Michael berichtete, daß er sich nach diesem Gespräch seinem Chef gegenüber viel selbstsicherer fühlte. Dieses Gefühl war natürlich eine Folge der Tatsache, daß er sich gegen den Druck der Forderungen seines Chefs behauptet hatte. Am meisten hatte ihn jedoch überrascht, wie sehr Herr Tiege sich bemüht hatte, einen Kompromiß auszuhandeln, der für Michael akzeptabel war. Vor diesem Gespräch hatte Michael immer das Gefühl gehabt, ihm bliebe keine andere Wahl als das zu tun, was von ihm verlangt wurde. Aber jetzt hatte er den Eindruck, daß Herr Tiege ihn und seine Wünsche mehr respektierte und bei zukünftigen Schwierigkeiten mit ihm zusammenarbeiten würde, statt ihm nur Anweisungen zu erteilen.

Miachel war auch weiterhin im Umgang mit seinem Chef selbstsicher und offen und sagte ihm ohne Umschweife, was er wünschte und was nicht. Herr Tiege paßte sich dieser Veränderung in Michaels Verhalten an und akzeptierte sie ohne ein Anzeichen von Unmut. Ich vermute, daß er Michael früher für einen netten Jungen gehalten hatte, der Anleitung und Kontrolle brauchte (und den man folglich ausnützen konnte). Vielleicht ist er jetzt der Ansicht, daß Michael kein netter Junge mehr ist, der Anleitung braucht, aber auch kein aufsässiger Halbstarker, dem man nicht trauen kann, sondern ein erwachsener Mann, mit dem man zusammenarbeiten kann.

Im nächsten Dialog bewältigt ein Vorgesetzter das manipulative Verhalten eines Untergebenen.

Dialog Nr. 17
Franz sagt einem Untergebenen, daß die Arbeitsleistung steigen muß

Franz ist 37 Jahre alt und arbeitet in einem Großunternehmen, wo er eine Abteilung mit vierzehn Angestellten leitet. Mit einigen dieser Angestellten ist er befreundet, und er macht sich oft Gedanken darüber, wie er diese Freundschaft aufrechterhalten und gleichzeitig allen gegenüber ein kompetenter und fairer Vorgesetzter sein kann. Zwar ist auch er der Ansicht, daß man Freundschaft und Geschäft nicht miteinander vermischen sollte, und daß es nicht zu den Pflichten eines Chefs gehört, Beliebtheitswettbewerbe zu gewinnen, aber seiner Meinung nach braucht ein Chef, um anerkannt zu werden, seinen Untergebenen gegenüber keineswegs kühl, unfreundlich, unpersönlich oder gleichgültig zu sein. Um die Zeit, als der folgende Dialog stattfand, war Franz in einer schwierigen Lage. In der vorangegangen Woche hatte die Unternehmensleitung alle Abteilungsleiter zu einer Besprechung gebeten und ihnen ihre Entscheidung mitgeteilt, daß sobald wie möglich Sparmaßnahmen eingeleitet werden sollten. Franz hatte sofort seine Zweifel geäußert, daß auf seinem Gebiet nennenswerte Einsparungen möglich wären. Die Firmenleitung hörte ihn zwar an, beschloß aber trotzdem Budgetkürzungen für alle Abteilungen. Franz hatte solche Maßnahmen schon zweimal erlebt, seit er bei der Firma war, und er hatte Angst davor, seinen Untergebenen mitzuteilen, daß sie ihre Produktivität steigern müßten. Außerdem war ihm bewußt, daß er diese Situation in der Vergangenheit schlecht gehandhabt hatte; er hatte damals einfach den unpersönlichen, auf Abstand bedachten und »robusten« Chef gespielt und hatte sich hinterher seinen Freunden gegenüber nervös und schuldbewußt gefühlt.

Um Franz zu helfen, diesen Konflikt diesmal besser zu bewältigen, wurde die Situation in einem Übungsdialog durchgespielt. Franz wurde angewiesen, keine Entschuldigungen wegen der Mehrarbeit abzugeben, die von der Firmenleitung beschlossene Politik nicht zu verteidigen, mit allen der Wahrheit entsprechenden Aussagen über sich selbst und die Sparmaßnahmen, welche seine Untergebenen in ihren Protesten gegen die Mehrarbeit vorbrachten, einfach übereinzustimmen, jede Aussage über den möglichen Zusammenbruch der Büroorganisation zu akzeptieren und sich trotzdem ihre Mitarbeit bei der Neueinteilung der Arbeit zu sichern.

Szene des Dialogs: Franz sieht in der Kaffeepause seinen Freund Harry und geht zu ihm, um ihn über die beschlossene Heraufsetzung der Arbeitsleistung zu informieren.

Franz: Tag, Harry. Hast du eine Minute Zeit?

Harry: Klar, Franz. Setz dich. Was gibt's denn?

Franz: Du hast sicher von der Konferenz der Abteilungsleiter gehört, die letzte Woche stattfand?

Harry: Ich weiß, daß eine stattgefunden hat, aber das ist alles.

Franz: Nachdem die Aufregung sich gelegt hatte, wurde das Sparprogramm beschlossen. Unsere Abteilung muß in den nächsten drei bis sechs Monaten eine fünfzehnprozentige Steigerung der Arbeitsleistung vorweisen, und zwar ohne eine Vergrößerung des Personalbestands oder Budgeterhöhung.

Harry: Das ist doch geradezu hirnverbrannt. Wir sind jetzt schon überlastet und kratzen die Kurve so gerade eben. Hast du ihnen das gesagt?

Franz: (lächelnd) Ich habe ihnen nicht gesagt, daß das eine hirnverbrannte Idee ist, aber ich habe ihnen gesagt, daß es außerordentlich schwierig, wenn nicht sogar unmöglich sein würde.

Harry: Franz, ich weiß nicht, wie es mit den anderen steht, aber ich bin förmlich eingeschneit. Ich kann meine Arbeitsleistung nicht um fünfzehn Prozent steigern. Ich würde nicht mal ein Prozent schaffen.

Franz: Ich bin ganz deiner Meinung, Harry. Wahrscheinlich ist es nicht durchführbar, und du wirst ebenso große Schwierigkeiten haben wie alle anderen, aber das ändert nichts an der Tatsache, daß der Arbeitsanfall größer wird. *(Vernebelung* und *Schallplatte mit Sprung)*

Harry: Ein genialer Beschluß. Hast du ihnen gesagt, daß es in unserer Abteilung unmöglich ist?

Franz: Ich kann dir nur zustimmen. Es ist wirklich ein genialer Beschluß. Ich habe ihnen ungefähr das Gleiche gesagt, was du eben zu mir gesagt hast, nur etwas diplomatischer. *(Vernebelung)*

Harry: Wenn du weniger diplomatisch und dafür etwas deutlicher gewesen wärst, hätten sie vielleicht mehr auf dich gehört.

Franz: Vielleicht. *(Vernebelung)*

Harry: Was heißt hier vielleicht. Wenn du deine Meinung energisch vertreten hättest, dann würden sie uns diese fünfzehn Prozent nicht antun. Die wissen ja gar nicht, wie überlastet wir jetzt schon sind.

Franz: Du hast wahrscheinlich recht, aber wir müssen die Arbeitsleistung trotzdem erhöhen. *(Vernebelung* und *Schallplatte mit Sprung)*

Harry: Aber du weißt doch, daß ich es schon jetzt kaum schaffe!

Franz: Das stimmt, Harry, und deswegen bitte ich dich, gleich zu mir zu kommen, wenn dir die Arbeit über den Kopf wächst. Nach dem ersten

Monat soll jeder eine Aktennotiz über seine spezifischen Probleme machen, damit ich etwas Munition habe, wenn ich denen da oben erzählen muß, was bei uns los ist. *(Vernebelung* und *praktikabler Kompromiß)*

Harry: Das ist ja alles gut und schön, aber ich glaube nicht, daß ich fünfzehn Prozent mehr schaffe.

Franz: Wahrscheinlich hast du recht, und deswegen werden wir ganz langsam anfangen und abwarten, wie die Sache läuft. Du hast jetzt sechzig Fälle in Bearbeitung. Nimm in den kommenden zwei Wochen noch vier von den neuen Fällen dazu. *(Vernebelung* und *praktikabler Kompromiß)*

Harry: Aber Franz! Bei vier neuen Fällen brauche ich mindestens acht Stunden, um sie zu sichten und die Berichte zu schreiben. Das schaffe ich nur mit Überstunden.

Franz: Da könntest du recht haben. Wenn du feststellst, daß du bei den alten Fällen keine Zeit sparen kannst, die du für die Bearbeitung der neuen Fälle verwenden könntest, und deshalb Überstunden machen mußt, dann schreibe dir die Überstunden genau auf, und ich werde sie deinem Urlaub zuschlagen. *(Vernebelung* und *praktikabler Kompromiß)*

Harry: Die Sache gefällt mir trotzdem nicht.

Franz: Ich bin ganz deiner Meinung. Harry. Ich kann verstehen, wenn du dich darüber aufregst. Aber die Entscheidung liegt nicht in unseren Händen, und so müssen wir es eben versuchen. Einverstanden? *(Vernebelung* und *praktikabler Kompromiß)*

Harry: Wir werden ja sehen.

Franz: Einverstanden?

Harry: Meinetwegen.

Dieser Dialog wurde mit verschiedenen Variationen wiederholt, und zwar wurden manipulative Drohungen eingeflochten, die von Beschwerden bei der Gewerkschaft bis zu Franz' sozialer Isolierung reichten. Nachdem er genügend Übung hatte, erklärte Franz, daß er jetzt gelassen an das Problem herangehen könne. Tatsächlich waren seine Untergebenen nicht auf ihn persönlich wütend, und ihre Proteste, kritischen Aussagen und Manipulationsversuche hielten sich in Grenzen.

Der nächste Dialog demonstriert, wie eine Angestellte sich einem Chef gegenüber behauptet, der sich in ihr Privatleben einmischt.

Dialog Nr. 18
Wie Betti ihren Chef abwehrt, der sich in ihr Privatleben einmischt

Betti ist eine lebhafte, attraktive junge Sekretärin, die seit kurzem geschieden ist. Nach der Scheidung war sie mit dem Problem konfrontiert, wie sie die unerwünschte Einmischung ihres Chefs in ihre Privatsphäre abwehren könnte. Er war in vorgerücktem Alter, verheiratet und während der schwierigen Zeit, als Betti ihren Lebensstil von dem einer etwas gesetzten Ehefrau wieder in den einer aktiveren Junggesellin umwandeln mußte, hatte er ihr väterlich beigestanden. Es paßte Betti zwar nicht so ganz, ihren Chef an ihren persönlichen Entscheidungen und Sorgen teilnehmen zu lassen, aber sie fühlte sich emotional und intellektuell nicht imstande, ihm einfach zu sagen, er solle sich nicht in ihr Privatleben einmischen. Er wollte über alles Bescheid wissen, und als sie ihm die Wohnung beschrieb, die sie mieten wollte, sagte er prompt, das sei nicht das Richtige für sie und sie solle sich eine Wohnung suchen, die den von ihm aufgestellten Spezifikationen entspräche. Wenn sie ihm erzählte, daß sie mit einem Mann ausgegangen war, erklärte er ihr sofort, warum und wieso dieser Mann kein passender Umgang für sie sei. Er wollte auch wissen, was sie in ihrer Freizeit machte, und als sie ihm erzählte, daß sie Abendkurse an der Volkshochschule belegt hätte und gern Ausflüge mit dem Fahrrad machte, sagte er ihr sofort, welche Kurse sie belegen und welche Fahrradmarke sie wählen sollte. Sie identifizierte ihn sehr stark mit ihrem Vater, und weil sie während ihrer emotionalen Krise bei der Arbeit viele Fehler gemacht hatte, dachte sie, daß ihr nichts anderes übrig bliebe, als ihrem Chef diese Einmischung zu gestatten, um auf diese Weise ihre Fehler wiedergutzumachen. Schließlich begann sie sich darin zu üben, ihm gegenüber selbstsicher zu sein. Sie wollte keine Angst mehr vor ihm haben, aber sie wollte ihn auch nicht vor den Kopf stoßen und dadurch ihre Arbeitsbeziehung zu ihm zerstören, so daß sie gezwungen gewesen wäre, zu kündigen, oder hinausgeworfen worden wäre. Sie wollte durch die Gruppentherapie folgendes erreichen: 1. sich sowohl gegen die kritischen als auch gegen die wohlmeinenden, aber trotzdem unerwünschten Aussagen ihres Chefs zu desensitivieren und 2. seine Neigung ausschalten, solche Aussagen überhaupt zu machen. Ferner wollte sie erreichen, daß er sie wie eine erwachsene, verantwortungsbewußte Frau behandelte, die ihr Leben selbst meistern konnte und keine Anleitung oder Billigung von anderen brauchte.

Szene des Dialogs: Betti sitzt an ihrem Schreibtisch. Ihr Chef kommt aus seinem Büro und sagt zu ihr:

Chef: Na, wie geht's denn heute?
Betti: Sehr gut.
Chef: Machen Sie gerade die Bestelliste für diesen Monat?
Betti: Ja.
Chef: Irgendwelche Probleme?
Betti: Nein.
Chef: Ich hoffe, daß Sie die Liste für diesen Monat sorgfältiger ausfertigen als die für den vergangenen Monat.
Betti: Ja, die war wirklich katastrophal, nicht wahr? *(Negative Selbstsicherheit)*
Chef: Das kann man wohl sagen.
Betti: Es war ein unglaublicher Verhau, den ich da angerichtet habe. *(Negative Selbstsicherheit)*
Chef: Ich hoffe, daß Sie alles bald verkraftet haben und nicht mehr so nervös sind, daß Ihre Arbeit darunter leidet.
Betti: Sie haben ganz recht. Das hoffe ich auch. *(Vernebelung* und *Selbstenthüllung)*
Chef: Haben Sie sich schon entschieden, welche Fortbildungskurse Sie belegen wollen?
Betti: Für einige habe ich mich schon eingeschrieben.
Chef: Aber doch hoffentlich nicht für die Vortragsreihe über die Literatur des Mittelalters?
Betti: Darüber habe ich mich noch nicht entschieden. *(Selbstenthüllung)*
Chef: Den Kurs sollten Sie nicht belegen. Das ist reine Zeitvergeudung.
Betti: Ja, vielleicht. *(Vernebelung)*
Chef: Belegen Sie ihn oder nicht?
Betti: Vielleicht, ich habe mich noch nicht entschieden. *(Schallplatte mit Sprung)*
Chef: Sie sollten etwas Praktisches wählen, damit Sie etwas lernen, das Sie gebrauchen können.
Betti: Wahrscheinlich haben Sie recht. Nun, sobald ich mich entschieden habe, werden wir mehr wissen. *(Vernebelung)*
Chef: Ich hoffe, daß Sie eine vernünftige Entscheidung treffen.
Betti: Das hoffe ich auch. *(Selbstenthüllung)*

Als Betti mir am nächsten Tag über diesen Dialog berichtete, war sie immer noch sehr begeistert darüber, daß sie sich so mühelos und ohne Angstgefühle gegen die Einmischung ihres Chefs behauptet hatte. Aber natürlich war diese eine Erfahrung nicht ausreichend, und erst nachdem sie mehr Übung in der selbstsicheren Bewältigung von Konflikten hatte, hörte ihr Chef allmählich auf, sich in ihr Privatleben einzumischen. Gleichzeitig wuchs auch Bettis Sicherheit bei der Arbeit, und sie machte viel weniger Fehler als früher. Sie drückte es so aus: »Ich freue mich jetzt auf die Arbeit. Ich habe das Gefühl, daß ich etwas leiste.« Ich war nicht überrascht, als Betti sich nach einer anderen Stellung umsah, die ihr eine interessantere Arbeit mit mehr Verantwortung bot, und schon nach zwei Monaten fand sie eine Position als stellvertretende Büroleiterin. Viel überraschender war, daß die neue Selbstsicherheit, die Betti auch gegenüber ihren Männerbekanntschaften an den Tag legte – insbesondere gegenüber Thomas, den sie am liebsten mochte –, eine Veränderung in ihrem Sexualleben bewirkte, die sie kaum fassen konnte. Sie kam jetzt bei jedem Geschlechtsverkehr mit Thomas zum Orgasmus, und das war früher, auch während ihrer Ehe, sehr selten vorgekommen.

Im nächsten Übungsdialog wird demonstriert, wie man bei der Bewerbung um eine Stellung Selbstsicherheit praktiziert und die Fragen bewältigt, die einem gestellt werden.

Dialog Nr. 19
Selbstsicherheit bei der Stellenbewerbung

Sowohl die Teilnehmer am Selbstsicherheitstraining als auch psychiatrische Patienten, die wieder in den Alltag entlassen wurden, berichten mir immer wieder über ihre Schwierigkeiten bei der Bewerbung um eine Stellung. Bei diesen Interviews sind sie nervös und versuchen ihre Unsicherheit zu verbergen, statt daß sie gleich zu Anfang sagen würden: »Ich bin immer ein bißchen nervös, wenn ich mich um eine Stellung bewerbe. Wird sich das störend auf das Interview auswirken?« *(Negative Selbstsicherheit* und *negative Befragung.)* Selbstunsichere Personen wissen nicht, wie sie auf spezifische negative Kommentare über ihre bisherige berufliche Laufbahn und ihre Berufserfahrung reagieren sollen. Sehr oft übertragen sie die Selbstzweifel an ihrer Befähigung, selbst anspruchslose Arbeiten verrichten zu können, auf den Interviewer und erwecken in ihm den Eindruck, daß man sehr vorsichtig und rücksichtsvoll mit ihnen umgehen muß, und das ist für keine Firma eine verlockende Aussicht. Meine Beobachtungen wurden auf einer Tagung der Mitarbeiter des Staatlichen Rehabilitationszentrums von Kalifornien bestätigt. Auch diese Fachleute waren der Ansicht, daß das Hauptproblem darin liegt, ihre Patienten so vorzubereiten, daß sie bei einer persönlichen Vorstellung einen positiven Eindruck machen, und nicht etwa darin, ihnen berufliche Fertigkeiten beizubringen. Diese Patienten haben – ebenso wie viele andere selbstunsichere Menschen – gegenüber Job-Interviewern eine Einstellung, die ich nur als einen irrealen Drang, andere »teilhaben zu lassen«, bezeichnen kann. Hier ein typisches Beispiel: Einer meiner Patienten berichtete, daß er, bevor er in meine Behandlung kam, »versucht« hatte, eine Stellung zu bekommen. Man fragte ihn: »Können Sie Auto fahren?«, und statt einfach »ja« zu sagen oder auch: »Ja, aber ich muß meinen Führerschein erneuern lassen«, erwiderte er: »Ich bin Auto gefahren, bevor ich für sechs Monate ins Nervenkrankenhaus eingewiesen wurde. Als man im Amt für öffentliche Ordnung erfuhr, daß es sich um eine Zwangseinweisung handelte, wurde mein Führerschein eingezogen.« Damit war das Interview natürlich sofort beendet. Es handelt sich bei diesem Fall zwar um eine sehr krasse Demonstration von Selbstunsicherheit und mangelndem Selbstvertrauen, aber dieses Verhaltensmuster und diese Einstellung finden sich nicht nur bei ehemaligen psychiatrischen Patienten. Viele meiner Schüler haben dieselben Schwierigkeiten, ein Job-Interview selbstsicher zu bewältigen. Sobald der Interviewer ein Gebiet berührt, auf dem der Schüler Selbstzweifel hat, wird er nervös, übertreibt seine Mängel, gesteht seine Selbstzweifel ein und versucht dann, diesen ungünstigen Eindruck zu verwischen, indem er sich bemüht, seine Unzulänglichkeiten vor dem Interviewer zu rechtfertigen.

Vielleicht haben auch Sie sich schon einmal Gedanken über die gleichen Fragen gemacht, die mir von meinen Schülern gestellt werden: Was antworte ich, wenn der Interviewer diplomatisch sagt: »Sie sind etwas jünger (oder älter), als wir es uns für diese Position vorgestellt haben«, oder: »Sie scheinen ziemlich häufig die Stellung zu wechseln (oder: bei dieser Firma sind Sie ja ziemlich lange gewesen)«, oder wenn er irgendeine andere Bemerkung macht, die den Bewerber veranlassen soll, über sich selbst zu reden. In dem folgenden Übungsdialog lernt Agnes, eine junge Registratur-Angestellte, auf die Angst induzierenden Aussagen zu reagieren, mit denen sie bei der Bewerbung um eine Stellung konfrontiert werden kann.

Bei der letzten Bewerbung, die sie vor dem Beginn des Selbstsicherheitstrainings unternommen hatte, wurde sie gefragt: »Können Sie Schreibmaschine schreiben?« Sie erwiderte: »Ich kann nur vierzig Wörter in der Minute schreiben und mache sehr viele Tippfehler.« Dann versuchte sie, diesen offensichtlichen Mangel zu erklären: »Ich konnte noch nie gut tippen, im Schreibmaschinenkurs bin ich zweimal durchgefallen und bestand ihn erst nach der dritten Prüfung.« Die Stellung, um die sie sich bewarb, war für eine Kontoristin ausgeschrieben und erforderte keine Fertigkeit im Tippen. Im folgenden Übungsdialog diskutierten Agnes und ich über ihre Schwierigkeiten bei persönlichen Vorstellungen.

Ich: Ich vermute, daß der Interviewer Sie fragte, ob Sie tippen können, weil er herausfinden wollte, ob Sie gelegentlich einen Brief schreiben würden, wenn die Stenotypistinnen und Sekretärinnen keine Zeit haben.

Agnes: Daran habe ich gar nicht gedacht.

Ich: Könnten Sie ab und zu einen Brief tippen?

Agnes: Ja, natürlich.

Ich: Warum haben Sie ihm das dann nicht gesagt oder seine Frage einfach mit ›ja‹ beantwortet, statt all diesen Mist zu verzapfen, wie schlecht Sie Schreibmaschine schreiben?

Agnes: Wenn ich's mir jetzt überlege, dann weiß ich es auch nicht. Ich glaube, ich wollte ganz einfach keine falschen Versprechungen machen.

Ich: Haben Sie ihn gefragt, ob für diese Position eine Fertigkeit im Schreibmaschineschreiben erforderlich ist?

Agnes: Nein. In dem Inserat wurde auch nichts davon erwähnt.

Ich: Hat es Sie nicht ein bißchen verwundert, daß er über das Schreibmaschineschreiben sprach, obwohl es in dem Inserat nicht erwähnt wurde?

Agnes: Als er anfing vom Tippen zu reden, war mein Gehirn wie leergefegt ...

Ich: Und Sie fingen an, lauter Blödsinn von sich zu geben.

Agnes: ... und ich fing an, Blödsinn von mir zu geben.

Ich: Versuchen wir es jetzt gleich einmal. Ich interviewe Sie für eine Stellung, und Kathi wird Ihnen helfen, wenn Sie nicht weiterwissen.

Agnes: Einverstanden. Was für ein Job soll es sein?

Ich: Das entscheiden Sie. Fahrstuhlführer, Neurochirurg, CIA-Agent oder Kontoristin; das ist gleichgültig. Das Verfahren ist für alle dasselbe.

Agnes: Ich möchte den Teil des Interviews wiederholen, der mir Schwierigkeiten bereitet hat.

Ich: Wie steht's mit noch ein paar anderen Dingen, die ein Interviewer Ihnen entgegenschleudern kann?

Agnes: Einverstanden.

Ich (in meiner Rolle): Können Sie tippen?

Agnes: Ja.

Ich: Das ist gut, denn manchmal geht es bei uns ziemlich hektisch zu, und wir legen Wert darauf, daß einer dem anderen aushilft.

Agnes: Das finde ich großartig, aber ich verstehe nicht ganz, ist denn Schreibmaschineschreiben eine Voraussetzung für diese Stellung? *(Vernebelung* und *Selbstenthüllung)*

Ich: Nein, aber wie ich schon sagte, wie möchten jemanden, der flexibel ist.

Agnes: Ich habe Sie danach gefragt, weil ich nicht den Eindruck erwecken möchte, daß ich erstklassig tippen kann. Das kann ich nicht. Wenn Sie wirklich jemanden brauchen, der sehr schnell tippen kann, dann bin ich nicht die Richtige für diese Stellung. Aber ich kann natürlich einen Brief oder eine Aktennotiz tippen, wenn es sein muß.

Ich: Nein, Ihre Arbeit würde hautpsächlich darin bestehen, daß Sie im Büro für Ordnung sorgen.

Agnes: Das klingt gut.

Ich: Wie ich aus Ihren Unterlagen sehe, haben Sie noch nicht viel Erfahrung in Büroarbeit.

Agnes: Das stimmt, aber nur in bezug auf die Zeit. Ich habe in meinen früheren Stellungen eine ganze Menge über Büroarbeit gelernt. Man mußte dort hart arbeiten und schnell lernen, wenn man seinen Job behalten wollte. *(Vernebelung)*

Ich: Ich sehe auch, daß Sie Ihre Stellung häufig gewechselt haben.

Agnes: Ja, das stimmt. Wenn sich etwas Besseres bot, habe ich sofort zugegriffen. *(Vernebelung)*

Ich: Wir legen aber Wert darauf, daß unsere Angestellten lange bei uns bleiben.

Agnes: Das glaube ich Ihnen. Welche Anreize bieten Sie denn, damit Ihre Angestellten nicht weggehen?

Ich: Ich werde Ihnen später etwas über unsere Altersversorgung erzählen. Sie sind etwas jünger als die Leute, die wir sonst engagieren.

Agnes: Das glaube ich Ihnen, und ich nehme es Ihnen nicht übel, wenn Sie vorsichtig sind. Viele Mädchen in meinem Alter sind nocht recht unreif und kommen schlecht mit anderen Leuten aus, aber für mich ist das kein Problem. *(Vernebelung)*

Ich: Ich sehe, daß Sie bisher nur in der Registratur gearbeitet haben.

Agnes: Das ist richtig. Ich habe nicht genug Erfahrung, um auch nur daran zu denken, eine Position als Büroleiterin zu übernehmen. *(Vernebelung)*

Ich: Was glauben Sie, was Sie in ein paar Jahren machen werden?

Agnes: Hoffentlich noch in Ihrer Firna arbeiten, aber das hängt nicht zuletzt von Gehaltserhöhungen und Beförderungen ab. Ich weiß nicht genug über diese Firma, um eine realistische Antwort geben zu können. *(Negative Selbstsicherheit)*

Ich: Haben Sie noch irgendwelche Fragen?

Agnes: Ja, ich möchte gern Näheres über das Gehalt, die Arbeitsbedingungen und die Altersversorgung erfahren.

Ich (betont begeistert, um Agnes in ihrem neuen Verhalten bei einem Job-Interview zu bestärken): Phantastisch! Sie sind engagiert!

Agnes (grinst, wird dann aber nachdenklich und ernst): Aber was wäre, wenn ich nicht tippen kann und er es von mir verlangt?

Ich: Sie meinen, daß er nach der Veröffentlichung des Inserats seine Meinung geändert hat?

Agnes: Ja. Was passiert dann?

Ich: Wollen wir das einmal durchspielen und uns überraschen lassen?

Agnes: Einverstanden.

Ich: Können Sie tippen?

Agnes: Nein.

Ich: Hmm. Wir hatten gehofft, eine Dame zu finden, die etwas tippen kann und den anderen Angestellten gelegentlich helfen könnte.

Agnes: Heißt das, daß Sie mich nicht engagieren wollen?

Ich: Ja. Ich fürchte, daß Sie unseren Anforderungen nicht entsprechen.

Agnes: Was soll ich jetzt sagen? Ich habe die Stellung verloren. Ich würde also einfach aufstehen und gehen.

Einwurf von Kathi: Hier geht es um mehr als nur darum, ob Sie eine Stellung bekommen oder nicht bekommen. Welche Wirkung hat es auf Sie, wenn der Interviewer sagt, daß Sie nicht seinen Anforderungen entsprechen?

Agnes: Es macht mich wütend auf ihn, weil er ein Inserat mit falschen Angaben in die Zeitung gesetzt hat und dann auch noch meine Zeit vergeudet hat, indem er mich aufforderte, mich persönlich vorzustellen.

Kathi: Und warum sagen Sie ihm das nicht?

Agnes: Ja, warum eigentlich nicht? Also los.

Ich: Ja. Ich fürchte, daß Sie unseren Anforderungen nicht entsprechen.

Agnes: Das ist mehr als ärgerlich. Ich habe einen ganzen Vormittag für Sie vergeudet, weil Sie in Ihrem Inserat etwas ganz anderes sagen als das, was Sie mir hier erzählt haben. Wenn Sie jemanden haben wollen, der tippen kann, dann müssen Sie dafür auch bezahlen. (Unterbricht ihr Rollenspiel.) Und was mache ich jetzt?

Kathi: Nichts. Bleiben Sie einfach sitzen und sehen Sie ihn fest an.

Ich: Sie hätten wissen müssen, daß der Begriff ›allgemeine Büroarbeiten‹ auch Schreibmaschineschreiben mit einschließt.

Agnes (hat den Manipulationsversuch des Interviewers bemerkt): Ich kann verstehen, warum Sie das jetzt gesagt haben, aber Ihr Geschäftsgebaren macht mich wütend.

Ich: Es tut mir sehr leid, daß wir Ihnen Unannehmlichkeiten bereitet haben.

Agnes: Das glaube ich Ihnen, trotzdem bin ich über Ihr Geschäftsgebaren wütend.

Ich: Was kann ich tun? Ich entschuldige mich nochmals bei Ihnen.

Agnes: Sie können in Zukunft Ihre Arbeitsbeschreibungen genauer abfassen, damit Sie nicht noch einmal meine Zeit vergeuden.

Ich: Was kann ich jetzt noch sagen, Agnes? Sie haben mich in die Ecke gedrängt.

Kathi: Wie sind Ihre Gefühle über das, was Sie gerade getan haben?

Agnes: Ich fühle mich wundervoll, so verrückt das auch klingt. Ich habe eine Stellung verloren und fühle mich trotzdem gut.

Kathi: Liegt das vielleicht daran, daß Sie dem Interviewer gesagt haben, was Sie von seinem Getue halten? Denken Sie darüber einmal nach.

Bei den Übungen zur adäquaten Bewältigung einer Situation, wie sie bei einer Stellenbewerbung gegeben ist, erteile ich meinen Schülern folgende Anweisungen: Erstens sollen sie auf das hören, was der Interviewer tatsächlich fragt oder sagt, und nicht auf das, was er ihrer Ansicht nach damit gemeint hat. Zweitens sollen sie keine Mängel abstreiten, die der Interviewer möglicherweise an ihnen feststellt. Drittens sollen sie dem Interviewer auch dann, wenn er irgendwelche Mängel vermutet, sagen, daß sie trotzdem glauben, für die Firma gute Arbeit leisten zu können.

Im nächsten Dialog sehen wir, wie ein Bewerber sich in einer für ihn günstigen Situation verhält, und wie er es durch die Anwendung verbaler

Fertigkeiten vermeidet, einem möglichen Arbeitgeber eine bindende Zusage zu geben, solange er sich noch nicht zwischen zwei Angeboten entschieden hat.

Dialog Nr. 20
Der Schauspieler Karl im Umgang mit einem manipulativen Filmproduzenten

Karl ist ein begabter junger Schauspieler, der für die drei Filmrollen, die er bisher gespielt hat, gute Kritiken bekommen hat. Um seine Karierre weiter zu fördern, haben er und sein Agent beschlossen, alle zukünftigen Rollenangebote in bezug auf ihren finanziellen und beruflichen Nutzen sehr genau zu prüfen.

Karl weiß, daß er begabt ist und ein vielgesuchter Schauspieler werden kann. Leider glaubt er aber auch, daß er alles tun muß, was die Produzenten, mit denen er zu tun hat, von ihm verlangen, um sich ihren guten Willen zu erhalten und nicht übergangen zu werden. Seine Ansicht, daß Talent allein nicht den Erfolg garantiert, ist richtig, aber seine Annahme, daß der gute Wille des Produzenten für seinen Erfolg von wesentlicher Bedeutung ist, trifft keineswegs zu. Es gibt genug Beweise, die das Gegenteil aussagen, nur werden sie von Karl und den meisten seiner Kollegen falsch interpretiert. Die drei Filmschauspieler, die nur dann arbeiten, wenn es ihnen paßt, und die sich ihre Rollen selbst aussuchen, sind George C. Scott, Marlon Brando und Peter Falk. Diese drei Herren benehmen sich in der Öffentlichkeit so, als ob sie keineswegs das Gefühl haben, daß sie auf den guten Willen der Produzenten oder irgendwelcher anderen Leute in der Filmindustrie angewiesen sind, und man sagt ihnen nach, daß sie beim Aushandeln von Filmrollen und Verträgen sehr selbstsicher vorgehen. In der Qualität ihrer Begabung unterscheiden sie sich voneinander, aber das selbstsichere Verhalten ist bei allen dreien gleich. Karl und die Kollegen, die in der Hierarchie der Filmbranche den gleichen Rang einnehmen wie er, betrachten diese drei Schauspieler als exzentrisch oder meschugge, weil sie sich nicht manipulieren lassen und mit großer Selbstverständlichkeit ihre Forderungen stellen, die jedesmal erfüllt werden. Karl wundert sich darüber, daß ihnen laufend Rollen angeboten werden, schreibt das aber der Besonderheit der Betreffenden zu. Seine eigene Beziehung zu den Produzenten kann infantil oder zumindest abhängig genannt werden.

Als der nachfolgende Dialog stattfand, beriet ich eine Gruppe von Schauspielern, zu der außer Karl und einem ehemaligen Musical-Star vom Broadway mehrere junge Schauspieler und Schauspielerinnen gehörten, deren Gesichter vom Werbefernsehen her bekannt waren, deren Namen aber niemand wußte. Ich beriet sie, wie sie sich gegenüber Besetzungsbüros, Prüfern beim Vorspielen, Regisseuren, Produktionsassistenten, Produzenten und all den »Sponsoren«, »Experten«, »Kritikern« und ähnlichen Leuten selbstsicherer behaupten könnten. Karl erwähnte, daß er von dem Produzenten eines Films, der demnächst in Produktion gehen sollte, unter Druck gesetzt und manipuliert wurde. Sein Agent verhandelte noch über ein anderes Angebot für ihn, und Karl wußte noch nicht, ob er ihm empfehlen würde, nur eins, keins von beiden oder sogar beide anzunehmen, falls es zeitlich einzurichten ginge. Der Produzent drängte aber darauf, daß Karl den Vertrag mit ihm unterschrieb. Karl wollte ihm nicht sagen, daß er noch ein anderes Angebot prüfte, weil er Angst hatte, der Produzent würde ihm seinen guten Willen entziehen oder die Information benützen, um die Verhandlungen über die andere Rolle zunichte zu machen. Karls Problem bestand also darin, daß er einerseits seinen Wunsch zum Ausdruck bringen wollte, sich nicht sofort zu binden, und andererseits eine Frist für eine etwaige Zusage aushandeln wollte, die ihm gestatten würde, sich in Ruhe für das eine oder das andere Angebot zu entscheiden. Karl hatte schon einmal mit dem Produzenten gesprochen, bevor er mich um Rat bat. Er hatte dem Produzenten zwar keine verbindliche Zusage gegeben, ihm aber versprochen, daß er ihn sobald wie möglich wieder aufsuchen würde. Daraufhin wurde der folgende Übungsdialog durchgespielt, damit Karl lernen konnte, wie er durch die Anwendung verbaler Fertigkeiten eine übereilte Verpflichtung vermeiden konnte, ohne unhöflich oder brüsk zu sein oder sein Verhalten zu rechtfertigen oder den Produzenten zu verärgern oder zu beleidigen.

Szene des Dialogs: Karl wartet im Vorraum auf den Produzenten, als dieser zur Tür hereinkommt und Karl gleich in sein Privatbüro mitnimmt.

Produzent: Karl, das ist die Rolle für Sie. Wenn Sie damit nicht den Durchbruch an die Spitze schaffen, dann schaffen Sie es nie. Ich komme gerade von oben, und alle sind einmütig dafür, daß Sie die Rolle des Marvin spielen.

Karl: Das ist wundervoll. Ich bin der gleichen Meinung. Ich glaube, daß ich sie wirklich gut spielen würde. *(Vernebelung)*

Produzent: Na fabelhaft. Jetzt brauchen wir nur noch Ihre Unterschrift unter den Vertrag, und darauf wollen wir einen trinken.

Karl: Wunderbar! Ich nehme den Drink gern an, falls ich unterschreibe, aber ich brauche nocht etwas Zeit für meine Entscheidung. *(Selbstenthüllung)*

Produzent: Wozu brauchen Sie Zeit? Die Rolle ist gut, und die Gage ist gut. Das ist auch Kurts Meinung. Er ist Ihr Agent und hat die Bedingungen ausgehandelt.

Karl: Ich stimme Ihnen zu, aber ich möchte noch keine Verpflichtung eingehen. *(Vernebelung* und *Schallplatte mit Sprung)*

Produzent: Karl, wir wollen Sie wirklich in dieser Produktion haben. Ich habe oben hart arbeiten müssen, um die anderen für Sie zu begeistern. Jetzt wollen alle Sie haben. Lassen Sie mich nicht im Stich, nachdem ich mir Ihretwegen so viel Mühe gemacht habe.

Karl: Ich hoffe, daß ich Sie nicht enttäusche, Paul, aber ich möchte jetzt trotzdem noch keine Verpflichtung eingehen. *(Selbstenthüllung* und *Schallplatte mit Sprung)*

Produzent: Die Außenaufnahmen beginnen in zwei Wochen. Wir müssen Ihre Zusage sofort haben. Lassen Sie sich diese Rolle nicht entgehen, Karl.

Karl: Sie haben wahrscheinlich recht, Paul. Wieviel Zeit können Sie mir geben? *(Vernebelung* und *praktikabler Kompromiß)*

Produzent: Ich brauche Ihre Unterschrift spätestens morgen.

Karl: Ich glaube Ihnen, Paul, aber die Zeit reicht mir nicht. Wie wäre es, wenn ich Ihnen Bescheid gebe, bevor Sie zu den Außenaufnahmen fahren? Das sind zwei Wochen. Das sollte mir genügen, um meine Entscheidung zu treffen. *(Vernebelung* und *praktikabler Kompromiß)*

Produzent: Karl! Das geht einfach nicht. Wir müßten die Aufnahmen unterbrechen und hierher zurückkommen, um nach einem Ersatz zu suchen, falls Sie nein sagen. Das würde unseren ganzen Zeitplan über den Haufen werfen.

Karl: Das verstehe ich nicht. Haben Sie denn keinen Ersatzmann vorgesehen? *(Selbstenthüllung)*

Produzent: Noch nicht. Wir haben keinen gefunden, der auch nur annähernd für diese Rolle so geeignet ist wie Sie. Wenn Sie nicht unterschreiben, lassen Sie sich eine großartige Rolle entgehen.

Karl: Sie haben wahrscheinlich recht, Paul, aber ich möchte trotzdem etwas Zeit für meine Entscheidung haben. Sehen wir uns mal den

Kalender an. Sie fahren am achtundzwanzigsten ab, stimmt's? Ich lasse Sie meine Entscheidung am dreiundzwanzigsten wissen. Das gibt Ihnen fünf Arbeitstage Zeit, um jemand anderen zu finden, falls ich nein sage. Wollen wir es so machen? *(Vernebelung, Schallplatte mit Sprung* und *praktikabler Kompromiß)*

Produzent: Das ist für mich ziemlich knapp, Karl.

Karl: Das glaube ich Ihnen, Paul, aber ich brauche Zeit, und Sie brauchen Zeit. Das läßt uns beiden etwas Spielraum. *(Vernebelung, Schallplatte mit Sprung* und *praktikabler Kompromiß)*

Produzent: Sie lassen mir keine Wahl. Was ist das für ein Benehmen, nach allem, was ich für Sie getan habe?

Karl: Sie haben recht, Paul, das ist nicht sehr fein von mir. Ich wünschte, ich könnte Ihnen sagen, daß ich unterschreibe, aber ich gehe jetzt noch keine Verpflichtung ein. *(Vernebelung, Selbstenthüllung* und *Schallplatte mit Sprung)*

Produzent: Falls Sie sich eher entscheiden, geben Sie mir dann gleich Bescheid?

Karl: Selbstverständlich, Paul. Sobald ich mich entschieden habe. *(Praktikabler Kompromiß)*

Produzent: Wir rechnen fest mit Ihnen für diese Rolle.

Karl: Das weiß ich, Paul, und ich möchte sie ja auch annehmen, aber ich brauche noch etwas Zeit. *(Selbstenthüllung* und *Schallplatte mit Sprung)*

Karl lernte die einzelnen Elemente der selbstsicheren Fertigkeiten ungewöhnlich schnell und konnte sie schon nach kurzer Zeit praktisch einsetzen. Vielleicht lag das an seiner schauspielerischen Begabung. Er lernte einfach eine neue Rolle, und zwar sehr gut, denn bei der wirklichen Zusammenkunft mit dem Produzenten erreichte Karl sein Ziel, nämlich einen Aufschub seiner Entscheidung. Wie sich herausstellte, war das sehr wichtig für seine Karriere. Auf den Rat seines Agenten entschloß er sich, das andere Angebot anzunehmen, das ihm viele Vorteile einbrachte. Gleichzeitig konnte er sein Versprechen einhalten, dem ersten Produzenten bis zu einem bestimmten Termin Bescheid zu geben.

Was hätte Karl aber tun sollen, wenn der Produzent z. B. gesagt hätte: »Verpflichtung! Verpflichtung! Was wollen Sie eigentlich in Wirklichkeit sagen?« Karl erhielt von mir die folgende Anweisung: Wenn der Produzent irgend etwas sagte oder fragte, so bedeutete das keineswegs, daß Karl darauf eine Antwort geben müßte, die mit dem, was der Produzent gesagt hatte, in Zusammenhang stand. Der folgende kurze Dialog illustriert diesen Punkt:

Produzent: Hören Sie mal, Karl, was, zum Teufel, hält Sie zurück? Verpflichtung, Verpflichtung! Was meinen Sie eigentlich wirklich?
Karl: Ich weiß, daß Sie gleich eine Antwort haben wollen, Paul, aber ich will mich vor dem dreiundzwanzigsten nicht verpflichten.
Produzent: Ihr Agent ist einverstanden. Warum nicht auch Sie?
Karl: Ich kann Ihre Gefühle verstehen, Paul, aber ich kann Ihnen vor dem dreiundzwanzigsten keine Antwort geben.
Produzent: Haben Sie noch ein anderes Angebot? Ist es deswegen?
Karl: Ich verstehe, daß diese Möglichkeit Ihnen Sorgen macht, aber ich kann Ihnen vor dem dreiundzwanzigsten keine Antwort geben.

Dieser kurze hypothetische Dialog demonstriert, daß Karl zur Abwehr aller Geschosse, die der Produzent gegen ihn schleuderte, nur höflich, aber beharrlich die Methode der Schallplatte mit Sprung anzuwenden brauchte.

Die nächsten Dialoge zeigen, wie ein Vortragsredner sich vor seinem Publikum selbstsicher verhält.

Dialog Nr. 21
Susan demonstriert, wie sie Kritik an ihrem Vortragsstil bewältigt

Kürzlich wurde meine gute Freundin und Kollegin Susan Levine eingeladen, auf der Tagung der hiesigen Ortsgruppe des Bundesverbandes der Sozialarbeiter einen zweistündigen Vortrag über selbstsichere verbale Fertigkeiten zu halten.

Susan hatte noch nie auf Einladung vor einer Gruppe von Fachkollegen gesprochen, und so war sie etwas nervös und aufgeregt, was ich ihr nachfühlen konnte, denn mir war es bei meinem ersten Vortrag vor Berufskollegen nicht anders ergangen. Ich nahm an, daß sie von den gleichen Nöten geplagt wurde wie ich damals: Sie war zwar mit der Materie vertraut, aber sie war unsicher über sich selbst und ihre Befähigung als Vortragsrednerin. Trotz ihrer Erfahrung und Kompetenz mußte Susan sich eingestehen, daß das erste offizielle Auftreten als Vortragsredner irgend etwas an sich hat, das unser aller Herzen erbeben läßt. Vielleicht war es diese irrationale Angst, die sie bewog, mich zu fragen, ob ich die Rolle des manipulativen Kritikers spielen würde, d. h. ich sollte auf ein bestimmtes

Stichwort, das sie mir geben würde, anfangen, vor den Zuhörern ihren Vortrag zu kritisieren und sogar Beanstandungen zu erfinden, falls sie mir keinen spezifischen Anlaß bieten würde. Der folgende Dialog zeigt, daß meine Kritik schlimmer war als alles, was sie von den Zuhörern hätte erwarten können. Aber meine Bemerkungen trafen Susans irrationale Angst an der Wurzel, und danach war sie fähig, meine Kritik durch praktische Demonstration der Vernebelungstaktik zu bewältigen und auszuschalten. Nachdem sie mich zum Schweigen gebracht hatte, fragte sie mit einem teuflischen Glanz im Auge die Zuhörer, ob einer von ihnen vielleicht da weitermachen wolle, wo mir die Luft ausgegangen war. Ihr freundliches Angebot fand keine Interessenten. Mir war jedoch aufgefallen – und Susan bestätigte später diese Beobachtung –, daß sie bis zu dem Augenblick, in dem sie begann, die Vernebelungstaktik zu demonstrieren, etwas verkrampft war. Danach war sie vollkommen entspannt und konnte den Fragen und Bemerkungen der Zuhörer ohne Schwierigkeiten standhalten.

Wenn Sie das gleiche Problem haben wie Susan (und die meisten unerfahrenen Vortragsredner), können Sie die Zuhörer auffordern, Ihren Vortrag nach Beendigung zu kritisieren – oder sogar schon vorher (negative Selbstsicherheit!) –, um Ihnen zu helfen, Ihren Vortragsstil zu verbessern. Auf diese Kritik reagieren Sie dann durch Anwendung der Vernebelungsmethode (und vielleicht auch der negativen Befragung, falls die Kritik zu spärlich fließt). Diese Verfahrensweise wurde von Schülern sowohl in Übungen als auch in wirklichen Situationen praktiziert, um die Angst vor einem öffentlichen Auftritt zu reduzieren, und zwar immer mit gutem Erfolg.

Szene des Dialogs: Susan hat mich soeben gebeten, den ersten Teil ihres Vortrags zu kritisieren, um den Zuhörern die praktische Anwendung der Vernebelungsmethode demonstrieren zu können.

Ich (sehr pompös): Sue, ich bin froh, daß du mich gebeten hast, dir ein bißchen Feedback zu geben. Das wird dir bestimmt helfen, deinen Vortragsstil zu verbessern.

Susan: Das glaube ich auch. *(Vernebelung)*

Ich: Ich habe den Eindruck, daß du Schwierigkeiten bei der Aussprache einiger Wörter hast. Du hast manchmal ziemlich genuschelt.

Susan: Wahrscheinlich hast du recht. *(Vernebelung)*

Ich: Du solltest keine Wörter gebrauchen, die du nicht richtig aussprechen kannst. Das macht es den Zuhörern schwer, dich zu verstehen.

Susan: Das ist richtig. *(Vernebelung)*

Ich: Es erweckt den Anschein, daß du versuchst, sie zu beeindrucken oder einzuschüchtern; es wirkt einfach unecht.

Susan: Ja, das wirkt tatsächlich unecht. *(Vernebelung)*

Ich: Und dann dein Akzent. Es klingt, als ob du dein Englisch auf den Straßen von Süd-Philadelphia gelernt hättest.

Susan: Es war Elkins Park, aber ich bin sicher, daß ich tatsächlich einen Akzent habe. *(Vernebelung)*

Ich: Das bringt mich auf einen anderen Punkt. So, wie du sprichst, gewinnt man irgendwie den Eindruck, daß du zu dem, was du sagst, kein Vertrauen hast.

Susan: Ich glaube dir, daß ich manchmal weniger überzeugt klinge, als ich es sollte. *(Vernebelung)*

Ich: Du erweckst den Eindruck, daß du die Bedeutungen und Feinheiten der Dinge, über die du sprichst, gar nicht richtig kennst und verstehst.

Susan: Du hast wahrscheinlich recht. Es ist durchaus möglich, daß ich nicht alle Feinheiten begreife. *(Vernebelung)*

Ich: Wenn du dir wirklich etwas aus deinem Publikum machen würdest, aus all diesen netten Leuten, die hergekommen sind, um dich reden zu hören, würdest du dich besser vorbereiten.

Susan: Das ist wahr, ich bin sicher, daß ich besser vorbereitet sein könnte. *(Vernebelung)*

Ich: Nun ja, es sind alles vernünftige Leute. Sie regen sich nicht darüber auf, wenn du mal ausrutschtst und ein paar Fehler machst.

Susan: Ja, das glaube ich auch. *(Vernebelung)*

Ich: Aber es ist sehr ärgerlich, daß dein Vortrag so nachlässig ist. Du schweifst vom Thema ab. Du bist nicht gut organisiert. Du lenkst deine Zuhörer von einem sehr interessanten Thema ab.

Susan: Ich glaube auch, daß ich vom Thema abschweife und nicht gut organisiert bin, und daß die Zuhörer sich vielleicht ärgern oder langweilen. *(Vernebelung)*

Ich: Wenn du dir wirklich Gedanken über das, was du tust, machen würdest, dann hättest du es abgelehnt, einen öffentlichen Vortrag zu halten, und hättest diese Aufgabe Leuten überlassen, die gute Redner sind.

Susan: Das ist wahr. Wenn ich mir so viele Gedanken machen würde, hätte ich wahrscheinlich abgelehnt. *(Vernebelung)*

Ich: Wenn du eine gute Rednerin wärst, hättest du allein durch die Kraft deiner Persönlichkeit Erfolg gehabt.

Susan: Wenn ich eine gute Rednerin wäre, dann hätte ich das sicherlich geschafft. *(Vernebelung)*

Ich: Statt dessen hast du gezeigt, daß du offensichtlich Angst vor diesem Publikum hast.

Susan: Das stimmt, ich bin etwas nervös gewesen. *(Vernebelung)*

Ich: Sue, ich sage dir das, weil ich dein Freund bin. Ich möchte, daß du es dir zu Herzen nimmst.

Susan: Das glaube ich dir. *(Vernebelung)*

Ich: Es ist leicht, sich auf die Rednerbühne zu stellen und so zu tun, als ob man ein guter Redner ist, aber, ehrlich gesagt, ein Winston Churchill bist du nicht.

Susan: Das stimmt. Ich bin kein Winston Churchill. Ich bin eine Susan Levine. *(Vernebelung)*

An diesem Punkt endete die Demonstration der Vernebelungstaktik in allgemeinem Gelächter, und Susan segelte unangefochten durch den Rest ihres Vortrags und die darauf folgende Diskussion. Sie war lebhaft, angeregt und anregend und hatte viel Spaß an der ganzen Sache.

Der nächste Dialog zeigt, wie man sich durch die Anwendung verschiedener verbaler Fertigkeiten als Diskussionsleiter oder Referent behaupten und die Kommentare der Zuhörer bewältigen kann.

Dialog Nr. 22
Fred demonstriert, wie er während eines Vortrags auf Zwischenrufe, unsachliche, sachliche und kritische Bemerkungen reagiert

Fred studiert im letzten Semester Betriebswirtschaft und hat auch einen Kurs in Wirtschaftswissenschaften belegt. Es fällt ihm schwer, vor Zuhörern eine Diskussion zu leiten oder ein Referat zu halten. Seine größte Angst ist, daß die Zuhörer mehr über das Thema wissen als er selbst, oder daß sie ihn bei einem Fehler ertappen. Die Angst vor einem öffentlichen Auftritt – auch wenn es sich um einen unbedeutenden Anlaß handelt – wirkt auf viele Menschen lähmend und behindert sie beim Studium oder im Beruf und sogar im sozialen Leben. Kurz bevor Fred vor anderen Studenten ein Referat über ein Thema aus der Wirtschaft halten sollte, erklärte er sich freiwillig mit einer Übung innerhalb seiner Therapiegruppe einverstanden. Um Fred gegen die Angst vor einem öffentlichen Auftritt zu desensitivieren, wurden die Mitglieder der Gruppe angewiesen, seinen Vortrag durch Bemerkungen und Fragen zu unterbrechen, die ihrer Natur nach teils sarkastisch und unsachlich, teils sachlich und verständnisvoll sein sollten. Sein Bewältigungsvermögen wurde durch Bemerkungen, die ihn nervös machen sollten, so viel wie möglich gefordert. Der folgende Dialog ist die Zusammenfassung eines Referats von über zwanzig Minuten Länge und gibt einige der Zwischenrufe aus dem Publikum wieder sowie Freds Reaktion darauf. Die Art seiner Reaktion ermöglichte es ihm, sich zu behaupten und die Diskussion zu leiten und sie gab ihm auch die Zuversicht, in der wirklichen Situation ebenfalls mit den Kommentaren der Zuhörer fertigwerden zu können.

Szene des Dialogs: Fred ist in der Mitte seines Referats angekommen und wird von Mitgliedern seiner Gruppe unterbrochen, die ihm Fragen stellen oder Kommentare abgeben.

Fred: Der nächste wichtige Faktor für das Wirtschaftswachstum ist das Vertrauen der Öffentlichkeit zur Entwicklung der Wirtschaft. Wie wir gesehen haben . . .

1. Mitglied: Wie steht es mit dem Einfluß ausländischer Spekulationen auf europäischen Märkten?

Fred: Ich bin zwar überzeugt davon, daß unsere Wirtschaft von Faktoren außerhalb der Grenzen der USA beeinflußt wird, möchte mich aber in diesem Referat auf die Diskussion von einheimischen Faktoren beschränken. *(Vernebelung)*

2. Mitglied: Aber schließt das nicht die Diskussion über einige sehr wichtige Punkte aus? Das bedeutet, daß Ihr Bericht unvollständig ist und große Löcher hat.

Fred: Ich bin sicher, daß mein Bericht Lücken aufweist, die wir füllen könnten, aber ich beschränke meine Diskussion auf einheimische Faktoren. *(Vernebelung* und *Schallplatte mit Sprung)* Ich komme zurück auf das Vertrauen der Öffentlichkeit als wichtiger Faktor . . .

2. Mitglied: Welchen Einfluß, wenn überhaupt, hat die Politik der Staatlichen Kommission für die Überwachung des Wertpapier- und Wechselhandels auf die Wirtschaft?

Fred: Ein interessanter Punkt, den ich aber später diskutieren möchte, wenn ich auf andere regulative Faktoren zu sprechen komme. Ich wäre Ihnen dankbar, wenn Sie Ihre Frage dann noch einmal stellen würden. *(Selbstenthüllung)* Hat jemand noch eine Frage, bevor ich fortfahre?

3. Mitglied: Ja. Bis jetzt haben Sie noch nichts über steuerbegünstigte Investitionen als wirksamen Anreiz für das Wachstum der Wirtschaft gesagt.

Fred: Das stimmt, ich habe dieses System bisher mit keinem Wort erwähnt, aber ich bin der Ansicht, daß man über dieses Thema mehrere Stunden diskutieren müßte. Ich glaube nicht, daß ich in der kurzen Zeit, die uns zur Verfügung steht, auf dieses Thema ausreichend eingehen könnte. *(Vernebelung, Selbstenthüllung* und *negative Selbstsicherheit)* Und jetzt komme ich wieder auf das Vertrauen der Öffentlichkeit ...

4. Mitglied: Wie steht es mit Keynes' Theorie als Einfluß in den letzten dreißig Jahren?

Fred: Über diese Frage habe ich noch keine klaren Vorstellungen. Vielleicht möchte einer der anderen Sprecher etwas darüber sagen, oder wenn nach Abschluß der Referate noch Zeit ist, könnten Sie uns von Ihrem Wissen über dieses Thema profitieren lassen. *(Negative Selbstsicherheit* und *praktikabler Kompromiß)* Noch eine weitere Frage? Nein? Also dann ...

5. Mitglied: In Ihrer Einleitung sagten Sie, daß Ihr Bericht die Zeit vom Regierungsantritt Roosevelts im Jahre 1936 bis zur Gegenwart umfaßt. Roosevelt übernahm sein Amt aber 1934, auf dem Höhepunkt der Depression. Warum fangen Sie dann erst mit dem Jahr 1936 an?

Fred: Sagte ich 1936? Das war natürlich ein Fehler von mir. Mein Bericht umfaßt die Zeit von 1934 bis heute. *(Negative Selbstsicherheit)* Und jetzt zurück zu dem Punkt, der zur Diskussion stand ...

6. Mitglied: Reden Sie immer noch über das Vertrauen der Öffentlichkeit?

Fred: Wenn es so weitergeht, werde ich nie sehr weit kommen, nicht wahr? Ich wäre Ihnen dankbar, wenn Sie erst nach dem Ende eines Abschnitts Fragen stellen würden. *(Negative Selbstsicherheit, Selbstenthüllung* und *praktikabler Kompromiß)*

Zu Beginn der Übung war Fred nervös. Es fiel ihm schwer, sein Material zu präsentieren und Bemerkungen aus dem Publikum zu beantworten. Gegen Ende der Übung wurde es immer schwieriger, den Inhalt von Freds Bericht anzuzweifeln und seinen Vortragsstil zu kritisieren, insbesondere als er anfing, jede Unterbrechung mit einem Lächeln zu quittieren. Als er fertig war, zollten seine bewußt aggressiven Kritiker ihm für sein gutes Bewältigungsvermögen Beifall. Nach dieser Übung war die wirkliche Situation für Fred ein Kinderspiel. Der kurze Wortwechsel, den er mit einigen

Zuhörern hatte, machte ihm sogar Spaß. Er berichtete, daß er auch gelernt hatte, Fragen auszuweichen, die darauf abzielten, ihn auf Gebiete zu locken, auf denen er keine Erfahrung hatte. Viele unerfahrene Sprecher glauben, daß sie auf jede Frage eine Antwort geben müßten, statt einfach selbstsicher zu sagen: »Das weiß ich nicht.« Ferner konnte er die Sorte Fragen abwehren, die nur den Zweck haben, den Redner in Verlegenheit zu bringen und das Ego des Fragestellers aufzuplustern. Solchen Fragen geht meist ein langatmiger Monolog voran, der beweisen soll, daß der Fragesteller qualifiziert ist, mitzureden. Sehr oft ist seine Frage so unverständlich formuliert, daß der Redner nicht weiß, was gemeint ist, und dann kann er sich nur dadurch helfen, daß er unverzüglich sagt: »Ich verstehe Ihre Frage nicht. Würden Sie sie bitte wiederholen?« Sollte er sie doch verstanden haben, ist es am besten, wenn er so reagiert wie Fred: »Über dieses Thema habe ich noch keine klaren Vorstellungen. Vielleicht könnten Sie uns später von Ihrem Wissen über diese Frage profitieren lassen.« Wenn der Fragesteller angesichts dieser Reaktion so unsicher wird, daß er sofort die Antwort auf seine eigene Frage hervorsprudelt, braucht der Redner nur zu sagen: »Vielen Dank. Das ist eine gute Antwort auf Ihre Frage«, und kann dann in seinem eigenen Text fortfahren.

Und jetzt wollen wir uns einer ganz anderen Art der Autoritätsbeziehung zuwenden. Die folgenden Dialoge demonstrieren, wie Eltern und Lehrer selbstsicher mit kleinen Kindern und Halbwüchsigen umgehen – ein Gebiet, das vielen von uns erhebliche Schwierigkeiten bereitet.

Dialog Nr. 23
Wie Eltern und Lehrer selbstsicher auf die Klagen von Kindern eingehen

Bert ist Professor für Literaturgeschichte an einem College. Er ist seit 14 Jahren mit Sara verheiratet und hat drei Töchter im Alter von fünf, neun und dreizehn Jahren. Ich bin seit Jahren mit ihm befreundet, und wir sitzen abends oft zusammen und reden über alles Mögliche, auch über unsere Arbeit. Sowohl Bert als auch Sara zeigen ein lebhaftes Interesse an dem von mir entwickelten Selbstsicherheitstraining. Eines Abends kamen die Kinder unter irgendwelchen Vorwänden immer wieder ins Wohnzimmer. Nachdem Bert sie durch strenge Blicke endgültig verscheucht hatte, sagte er: »Ich liebe meine Kinder, aber manchmal treiben sie mich zur Weißglut. Sie spielen sich gar zu gerne auf, wenn Besuch da ist. Gibt es nicht eine selbstsichere Taktik, die auch auf sie wirkt?« Ich erkundigte mich, was Bert damit erreichen wollte, und er sagte: »Nehmen wir den heutigen Abend als Beispiel. In einer Tour kommen sie mit irgendeiner Ausrede hereinspaziert, damit ihnen ja nichts entgeht. Wenn ich sie auffordere, ins Bett zu gehen, haben sie bestimmt ein Argument parat. Normalerweise machen sie kaum Schwierigkeiten, aber wenn Besuch da ist, benehmen sie sich wie einsame Matrosen auf Landurlaub. Sie wissen, daß ich sie vor Gästen nicht anschreie. Bevor sie nicht eingeschlafen sind, haben wir kein Privatleben. Wie würdest du denn mit ihnen umgehen?« Ich riet ihm, es mit einer empathischen Vernebelungstaktik zu versuchen – sich ihre Klagen anzuhören und dann zu sagen: »Ich kann dich gut verstehen. Es ist hart (oder unfair oder langweilig), wenn man allein sein muß (oder wach ist und uns reden hört usw.), aber ich möchte, daß du jetzt ins Bett gehst und heute abend nicht mehr zu den Erwachsenen hinunter kommst.« An diesem Vorschlag schloß sich eine stundenlange Diskussion über Eltern und Kinder und über die manchmal seltsamen Formen der Autoritätsbeziehung zwischen ihnen an.

Ein paar Monate später saßen wir wieder einmal zusammen, und Bert nahm die Diskussion über dieses Thema wieder auf. Er erzählte, wie er nur durch verständnisvolles Mitgefühl eine Konfliktsituation entschärfte, als seine jüngste Tochter sich ein Knie aufschlug. Er machte gar kein Aufheben von ihren Klagen. Statt zu sagen: »So schlimm ist es ja gar nicht, Marcie, ein so großes Mädchen sollte nicht wegen jeder Kleinigkeit weinen«, versuchte er, sie mit einer Kombination aus Empathie und Vernebelungstaktik zu beruhigen: »Wenn du so sehr weinst, dann muß es wirklich weh tun.« Marcie sah ihren Vater völlig verdutzt an, und nachdem er ihr einen zärtlichen Klaps gegeben hatte, rannte sie zu den anderen Kindern zurück, um weiterzuspielen. Sie hatte die Botschaft, die ihr Vater ihr übermittelte, genau begriffen: Er verstand, daß ihr das Knie weh tat und sie mit Recht über die Schmerzen klagte, aber er konnte und wollte nichts dagegen tun. Mit diesem Verhalten erteilte Bert seiner Tochter eine wichtige Lektion: »Manchmal zieht man sich eine Verletzung zu, die weh tut. Ich habe das am eigenen Leibe erfahren, daher verstehe ich, wie du dich fühlst, aber ich kann die Schmerzen nicht wegzaubern. Wenn du weiterspielen willst, mußt du lernen, die Schmerzen zu ertragen.«

Auch Sara praktizierte begeistert die selbstsichere Bewältigung von Konflikten und berichtete mir von einem Zwischenfall mit ihrer ältesten Tochter Kathy, bei dem die Anwendung einiger verbaler Fertigkeiten ihr half, ein altes Problem zu lösen. Sie hatte sich mit Kathy um drei Uhr vor der

Contempo Boutique verabredet und wollte mit ihr einkaufen gehen. Sara traf mit einer Viertelstunde Verspätung ein und wurde von ihrer Tochter mit einem kalten Fischblick begrüßt. Daraufhin entspann sich zwischen der selbstsicheren Sara und der erbosten, ruppigen Kathy folgender Dialog:

Sara: Tag, Kleines, ich komme zu spät. *(Negative Selbstsicherheit)*
Kathy: Das kann man wohl sagen! Ich warte seit über einer halben Stunde auf dich.
Sara: Es ist sehr lästig, wenn man warten muß. Ich nehme es dir nicht übel, daß du böse auf mich bist. *(Vernebelung)*
Kathy: Was war denn los, daß du dich so verspätet hast?
Sara: Nichts. Es ist einzig und allein meine Schuld. Ich habe nicht auf die Uhr gesehen und bin zu spät weggefahren. Das war dumm von mir. *(Negative Selbstsicherheit)*
Kathy: Ich wünschte, du würdest einmal zu der Zeit da sein, wie du gesagt hast. Du kommst immer zu spät!
Sara: Da hast du recht. Es ist dumm von mir, so nachlässig zu sein, wenn du auf mich wartest. *(Vernebelung* und *negative Selbstsicherheit)*
Kathy schweigt.
Sara: Wo willst du anfangen? Mit der U.N. oder mit Contempo?

Sara war sehr froh, daß sie einen neuen Weg gefunden hatte, um ein altes Problem zu bewältigen. Diese Methode bewirkte zweierlei: Das selbstsichere Verhalten gegenüber ihrer Tochter half Sara, ihre eigene Unsicherheit und ihre Schuldgefühle zu bewältigen. Sicher, sie hatte das Programm etwas durcheinander gebracht, aber was bedeutete das schon? Eine Verspätung von fünfzehn Minuten war in dieser spezifischen Situation ja keine Katastrophe. Zweitens gab sie durch ihre selbstsichere Reaktion auf Kathys Nörgeleien ihrer Tochter klar zu verstehen: »Du hast recht, ich habe mich verspätet, ich habe dich warten lassen und kann verstehen, daß du verärgert bist, aber ich werde dich bestimmt nicht kniefällig um Verzeihung bitten.« Kathy begriff diese Botschaft sehr gut und reagierte entsprechend. Früher hatte Kathy mindestens zehn Minuten lang gemeckert und ihrer Mutter Vorwürfe gemacht, während Sara eine Entschuldigung nach der anderen vorbrachte und sich zur Wehr setzte; jetzt war das Ganze in knapp dreißig Sekunden erledigt.

Barbara ist Volksschullehrerin im ersten Berufsjahr. Sie mußte feststellen, daß Kinder außerhalb der Familie genauso manipulativ und schwierig im Umgang sind wie zu Hause. Um sich gegenüber Kindern aller Altersklassen besser behaupten zu können, nahm Barbara am Selbstsicherheitstraining teil. Sie fragte mich, wie man sich Kindern gegenüber verhalten sollte, die den Anordnungen des Lehrers nicht folgten, und spielte dabei auf einen bestimmten Fall an: »Was soll man tun, wenn ein Kind sich nicht an einer Klassenaktivität beteiligen will? Wie bringt man es dazu, daß es in der Sportstunde mit anderen Kindern spielt?« Auf meine Frage erklärte Barbara, daß es sich um einen gesunden und anscheinend normalen sechsjährigen Jungen handelte, der gegen ihre Anordnungen passiven Widerstand leistete. Ich fragte sie, ob sie schon die traditionellen manipulativen Tricks ausprobiert hätte, als da sind: 1. Eine externe Struktur: »Es ist Vorschrift, daß du spielen mußt«; 2. Drohungen: »Ich sage es deiner Mutter (oder dem Schulleiter), wenn du nicht ...«; 3. die Induzierung von Schuldgefühlen: »Alle anderen Kinder spielen gern miteinander«; 4. die Induzierung des Gefühls der Unwissenheit: »Wenn du es jemals zu etwas bringen willst, muß du lernen, mit anderen Kindern zu spielen«; 5. die Induzierung von Angstgefühlen: »Wenn du nicht mit den anderen Kindern spielst, mögen sie dich vielleicht nicht mehr oder wollen gar nicht mehr mit dir spielen.« Barbara sagte, sie hätte alles versucht, aber ohne Erfolg. Ich fragte sie, warum sie sich die Autoritätsbeziehung zwischen ihr und dem Jungen nicht zunutze gemacht und ihm immer wieder eindringlich gesagt hätte: »Ich bin die Lehrerin, und du bist der Schüler. Ich bin hier der Boss. Wenn ich wünsche, daß du mit den anderen Kindern spielst, dann gehst du hinaus und tust es. Du brauchst es keineswegs *gern* zu tun, die Hauptsache ist, daß du es tust.« Barbara warf mir einen skeptischen Blick zu, der klar ausdrückte: »Sie mögen ja eine Menge über Selbstsicherheit wissen, aber Sie haben bestimmt nicht viel Ahnung davon, wie man kleine Kinder unterrichtet.« Trotzdem erklärte sie sich bereit, es mit einer offenen und selbstsicheren Kommunikation zu versuchen. Später berichtete sie mir über den Dialog, der sich zwischen ihr und dem Jungen zugetragen hatte.

Barbara: Tommy, willst du immer noch nicht mit den anderen Kindern spielen?

Tommy geht im Kreis herum, hackt mit der Schuhspitze in den Boden und schüttelt schweigend den Kopf.

Barbara: Ich verstehe deinen Wunsch, aber hier habe ich die Aufsicht über dich, und ich wünsche, daß du mit den anderen Ball spielst. *(Vernebelung* und *Schallplatte mit Sprung)*

Tommy (erste Ausrede): Mein Fuß tut so weh. (Fängt an zu hinken)

Barbara: Ich glaube dir, daß er weh tut, aber ich wünsche, daß du mit den anderen Jungen spielst. *(Vernebelung* und *Schallplatte mit Sprung)*

Tommy: Dann tut er aber noch weher. (Hinkt stärker)

Barbara: Vielleicht wird er das, aber ich wünsche trotzdem, daß du mit ihnen spielst. Wenn er nach dem Spiel immer noch weh tut, gehe ich mit dir zur Schulschwester. *(Vernebelung, Schallplatte mit Sprung* und *praktikabler Kompromiß)*

Tommy (zweite Ausrede): Ich mag die aber nicht. (Hinkt nicht mehr)

Barbara: Das ist vollkommen in Ordnung, wenn du sie nicht magst oder nicht gern mit ihnen spielst. Ich wünsche nur, daß du mit ihnen Ball spielst. *(Vernebelung* und *Schallplatte mit Sprung)*

Tommy (dritte Ausrede): Ich spiele aber nicht gern Ball.

Barbara: Das macht nichts, du brauchst es ja nicht gern zu spielen, ich wünsche ja nur, daß du es tust. *(Vernebelung* und *Schallplatte mit Sprung)*

Tommy: Ich weiß nicht, wie man Ball spielt.

Barbara: Auch das macht nichts. Du brauchst es gar nicht zu wissen. Ich kann es selber nicht gut. Du wirst am Anfang eine Menge Fehler machen, und das wird dir gar nicht gefallen. Genauso ist es auch mir ergangen, als ich es lernte, und jetzt möchte ich, daß du hinausgehst und Ball spielst. *(Vernebelung, Selbstenthüllung* und *Schallplatte mit Sprung)*

Tommy: Ich will aber immer noch nicht.

Barbara: Natürlich willst du nicht, aber ich will es. Was möchtest du lieber tun: Jede Spieltunde hier drinnen verbringen und so mit mir zu sprechen, oder hinausgehen und mit den anderen Kindern spielen? *(Vernebelung, Schallplatte mit Sprung* und *praktikabler Kompromiß)*

Tommy (während er zu den anderen Kindern hinausgeht): Ich will aber immer noch nicht.

Barbara: Na fein! Es steht dir frei, was du für Gefühle hast. Hauptsache, du spielst Ball.

Im Laufe des Gesprächs mit Barbara fand ich heraus, daß Tommy nicht mit den anderen Kindern spielen wollte, weil er glaubte, daß er ein schlechter Ballspieler sei. Ich fragte Barbara, ob er ungeschickt oder unkoordiniert sei, und sie erwiderte lächelnd: »In der ersten Woche stellte er sich etwas tolpatschig an, aber jedesmal, wenn er seine Sache gut gemacht hatte, lobte ich ihn. Jetzt ist er genauso wie die anderen Jungen. Mal fängt er den Ball, mal läßt er ihn fallen.«

Zur gleichen Zeit, als Barbara Tommy gegenüber selbstsicherer wurde, änderte sie ihr Verhalten auch den anderen Kindern gegenüber, wenn es Konflikte wegen der Schularbeiten oder wegen schlechten Betragens gab. Nachdem sie mehrere Wochen lang Konfliktsituationen selbstsicher bewältigt hatte, stellte sie fest, daß die Kinder ihren Anordnungen besser folgten. Sie sagte: »Früher haben sie nichts über mich gesagt oder über das, was ich von ihnen verlangte, aber die Hälfte von ihnen tat es einfach nicht. Aber jetzt parieren alle, auch wenn sie dabei meckern und stöhnen. Vielleicht verwünschen sie insgeheim mich oder das, was ich von ihnen verlange, aber sie tun es, und zwar sofort.«

Viele Lehrer haben erkannt, daß ein selbstsicheres Verhalten gegenüber den Schülern Konfliktsituationen schnell bereinigt, auch wenn es sich um ältere Schüler handelt, die manchmal ganz schön raffiniert sein können. Ein Lehrer, der an meinen Kursen teilnahm, berichtete, daß er mit Hilfe der verbalen Fertigkeiten die Manipulationsversuche seiner Schüler ausgezeichnet bewältigen konnte, insbesondere wenn es dabei um Klassenarbeiten oder Zensuren ging. Er brauchte sich nicht mehr in lange Diskussion einzulassen, wenn Schüler sich beschwerten oder ihn dazu bringen wollten, daß er ihre Zensuren änderte, statt dessen reagierte er auf ihre Manipulationen und kritischen Bemerkungen »gradlinig«, z. B. so: »Du hast recht, ich hätte diesen Punkt vorher etwas erklären sollen, aber du bekommst trotzdem nur eine Drei«, oder: »Ich weiß, wie undankbar es ist, in der Mitte zwischen eins und zwei zu stehen. Das ist Pech, aber ich gebe dir trotzdem eine Zwei.«

Der nächste Dialog zeigt, wie ein Vater lernt, die Autoritätsbeziehung zwischen ihm und seiner halbwüchsigen Tochter allmählich in eine Interaktion zwischen Erwachsenen umzuwandeln.

Dialog Nr. 24
Walter veranlaßt seine halbwüchsige Tochter, die Verantwortung für ihr Verhalten zu tragen

Walter ist achtunddreißig Jahre alt, von Beruf Rechtsanwalt und seit fünfzehn Jahren verheiratet. Er hat eine 14jährige Tochter namens Ruth und einen zwölfjährigen Sohn. Seine Ehe verlief in ruhigen Bahnen, bis

Ruth in die Pubertät kam. Seine Frau war sehr besorgt, daß Ruth die schwierige Zeit des Übergangs von der Kindheit zum Erwachsenenstatus unbeschadet überstand, und setzte aus diesem Grund ihren Mann unter Druck. Sie verlangte, daß er sich Ruth mit aller Strenge vornahm, wenn sie abends zu spät nach Hause kam. Sie selbst hielt sich allerdings strikt aus diesem Konflikt heraus und ließ sich ihrer Tochter gegenüber kaum anmerken, daß sie sich Sorgen machte.

Nachdem wir über die bedenkliche Gewohnheit seiner Tochter, abends nicht pünktlich nach Hause zu kommen, gesprochen hatten, empfahl ich Walter, daß er Ruth seine persönlichen Gefühle über ihr Ausgehverhalten enthüllte. Dadurch würde Ruth automatisch gezwungen sein, sich ihm gegenüber wie eine Erwachsene zu verhalten. Ferner würde sie lernen zu erkennen, daß sie, wenn sie innerhalb der Familienstruktur die Freiheit des Erwachsenenstatus genießen wollte, auch einige damit verbundene Verantwortungen innerhalb dieser Struktur übernehmen müßte; sie würde die Verantwortung für ihr eigenes Verhalten tragen müssen. Die wichtigste Verantwortung, die sie zu bewältigen hätte, würde die Abgrenzung und Regulierung ihres Verhaltens innerhalb der Familie sein, und das konnte sie nur durch praktikable Kompromisse erreichen. Sie mußte lernen, mit den erwachsenen Familienmitgliedern zu funktionieren, so daß sie alle gemeinsam eine Übereinkunft über die Verhaltensformen, die jeden von ihnen berührten, erzielen konnten. Im Laufe dieses Prozesses würde Ruth lernen, daß man eine selbstsichere Unabhängigkeit nicht dadurch erreichen kann, daß man die erwachsenen Familienmitglieder zornig zurückstößt oder sich mürrisch von ihnen zurückzieht. Sie mußte also lernen, mit ihren Eltern eine Vereinbarung zu treffen, die ihr so viel Freiheit ließ, wie es innerhalb realistischer Grenzen möglich war, und sie mußte lernen, diese neue erwachsene Freiheit und die Probleme, die sich daraus ergaben, zu bewältigen. Natürlich hatte Walter seine Tochter auf die Gefahren hingewiesen, denen sie sich möglicherweise durch ihr Ausgehverhalten aussetzte, wie z. B. unerwünschte Schwangerschaft durch Vergewaltigung, Verführung oder durch ihre eigene sexuelle Neugier; Drogenabhängigkeit; eine schwere oder tödliche Verletzung auf Grund der mangelhaften Fahrtechnik ihres jugendlichen Begleiters; emotionale Erschütterungen, die sie noch nicht bewältigen konnte usw. Alle diese Argumente hatten auf Ruth keinen Eindruck gemacht, und sie konnte und wollte sie nicht als Anlaß für die Selbstregulierung ihres Verhaltens akzeptieren. Wahrscheinlich beruhte diese Einstellung auf ihrem unrealistischen jugendlichen Optimismus. Andererseits stellten die Eltern auf Grund ihrer Lebenserfahrung zwar eine pessimistischere, aber genauso unrealistische Prognose für die Entwicklung ihrer Tochter. Für jeden von Walter vorgebrachten »Grund«, warum Ruth vorsichtiger und konservativer sein sollte, konnte Ruth einen ebenso stichhaltigen »Grund« anführen, warum sie mehr Freiheit haben sollte. Der einzige erfolgversprechende Weg, der Walter offen stand, war die Enthüllung seiner persönlichen Gefühle sowie die beharrliche Geltendmachung dieser Gefühle und der sich daraus ergebenden Konsequenzen. Er mußte Ruth klarmachen, daß seine Sorgen um ihre Entwicklung zur erwachsenen Frau nur dadurch zum Verstummen gebracht werden konnten, daß sie in Zukunft ihr Wort hielt, wobei es gar keine Rolle spielte, ob diese Sorgen begründet oder unbegründet waren. Durch die Enthüllung seiner Sorgen wollte er in Ruth keine Schuldgefühle erwecken, sondern erreichen, daß sie sich mit der Tatsache, daß er diese Sorgen hatte, auf einer erwachsenen Basis befaßte. Durch die selbstsichere und beharrliche Enthüllung seiner Sorgen und durch die Ausarbeitung eines praktikablen Kompromisses würde Walter drei sehr wichtige Dinge für seine Tochter und für sich selbst erreichen.

Erstens würde er Ruth zu verstehen geben, daß sie von jetzt an ein Problem hatte: Wenn sie zu spät nach Hause kam, würde Walter sie mit seinen Sorgen konfrontieren. Es spielte keine Rolle, ob sie diese Sorgen als unfair, unvernünftig oder unerwünscht bezeichnete – sie mußte lernen, daß nur eine Tatsache zählte, nämlich daß ihr Vater sich ihretwegen Sorgen machte. Wenn sie häufige Konfrontationen vermeiden wollte, mußte sie sich mit seinen Sorgen befassen.

Zweitens würde die Enthüllung von Walters Sorgen zwangsläufig dazu führen, daß die bisherige autoritäre Eltern-Kind-Beziehung sich in eine Interaktion verwandelte, die Ruths Entwicklung entsprach; das heißt, ihre Beziehung würde nicht mehr so stark vorstrukturiert sein, sondern allmählich eine enge Beziehung zwischen Gleichgestellten werden.

Drittens würde Walter dadurch, daß er Ruth wie eine Erwachsene behandelte, gezwungen sein, seine unrealistischen Sorgen um Ruth zu überprüfen, und er würde sich gleichzeitig emotional auf die eines Tages unvermeidliche Trennung Ruths von der Familie vorbereiten, indem er ihr im Laufe der Zeit immer mehr den Status und die Freiheit einer Erwachsenen zubilligte.

Um es Walter zu erleichtern, mit seiner Tochter auf dieser neuen Basis umzugehen, wurde die Situation in einer Übung durchgespielt. Die Rolle der Tochter wurde von einem jungen Mädchen aus Walters Therapiegruppe übernommen. Ich riet ihm auch, mit seiner Frau über ihre aktive Beteiligung an der Lösung dieses Problems zu sprechen und sie zu bitten, im Umgang mit Ruth mehr Selbstsicherheit zu zeigen.

Szene des Dialogs: Ruth kommt eine Stunde zu spät nach Hause. Walter wartet im Wohnzimmer auf sie.

Ruth (kommt zur Tür herein): Oh ... Guten Abend, Papi.

Walter: Setz dich zu mir, Ruth. Ich möchte mit dir sprechen.

Ruth (täuscht Unschuld und Ahnungslosigkeit vor): Worüber denn?

Walter: War's nett heute abend?

Ruth: O ja, wir hatten eine Menge Spaß.

Walter: Das freut mich. Was habt ihr denn gemacht?

Ruth: Erst waren wir im Kino, und dann sind wir noch zu Gerda gegangen und haben getanzt.

Walter: Das ist wohl der Grund, weshalb du später kommst, als du es versprochen hast.

Ruth: Ach, Papi, darüber hast du mir schon hundert Vorträge gehalten.

Walter: Ich möchte aber wieder darüber sprechen.

Ruth: Muß das sein? Ich meine jetzt? Warum können wir nicht morgen darüber sprechen? Das ruiniert mir den ganzen Abend, und ich habe so viel Spaß gehabt!

Walter: Ich verstehe dich. Ich will kein Spaßverderber sein, aber ich möchte darüber reden. (*Selbstenthüllung* und *Schallplatte mit Sprung*)

Ruth: Jedesmal, wenn wir über mich sprechen, wirst du böse.

Walter: Das stimmt, aber diesmal werde ich nicht böse werden. Ich möchte mich nur mit dir darüber unterhalten. (*Vernebelung* und *Schallplatte mit Sprung*)

Ruth (etwas verdutzt, aber defensiv): Es macht aber keinen Spaß, wenn man nicht bei den anderen bleiben kann, weil man so früh zu Hause sein muß. Die anderen müssen nicht schon um halb elf zu Hause sein.

Walter: Ich weiß, daß so etwas keinen Spaß macht, aber wenn du später als vereinbart nach Hause kommst, mache ich mir große Sorgen um dich. (*Vernebelung* und *Selbstenthüllung*)

Ruth: Ist das alles, was ich tun darf? Ins Kino gehen und dann gleich nach Hause?

Walter: Ich kann dich verstehen, aber wenn du nicht um die Zeit nach

Hause kommst, zu der ich dich erwarte, mache ich mir Sorgen. *(Schallplatte mit Sprung)*

Ruth: Aber es gibt doch keinen Grund, weshalb du dir Sorgen machen mußt!

Walter: Ich weiß, daß es dumm von mir ist, aber ich mache mir trotzdem Sorgen. Wenn ich länger arbeite oder in einem Verkehrsstau stecken bleibe, macht deine Mutter sich Sorgen, daß ich vielleicht einen Unfall hatte. Ich hatte noch nie auf der Heimfahrt einen Unfall, aber deine Mutter macht sich trotzdem Sorgen um mich. Das ist nun mal so, wenn zwei Menschen sich nahestehen und einander brauchen. Und genauso geht es mir mit dir. Ich mache mir Sorgen, wenn du zur vereinbarten Zeit nicht da bist. *(Negative Selbstsicherheit* und *Schallplatte mit Sprung)*

Ruth: Aber es ist ja nichts passiert! Es ist noch nie etwas passiert, was dir Sorgen machen könnte.

Walter: Ich verstehe dich sehr gut, und es stimmt auch, was du sagst, aber wenn du nicht zur festgesetzten Zeit zu Hause bist, mache ich mir Sorgen. *(Vernebelung* und *Schallplatte mit Sprung)*

Ruth: Aber es ist doch nicht meine Schuld, wenn du dir Sorgen machst. Du solltest wissen, daß mir nichts passiert.

Walter: Gefühle haben nichts mit Logik zu tun, Ruth, und wenn du nicht um die Zeit nach Hause kommst, wie du es versprochen hast, fange ich an, mir Sorgen zu machen. *(Vernebelung* und *Schallplatte mit Sprung)*

Ruth: Nein, du solltest dir keine Sorgen machen, wenn ich zu spät komme.

Walter: Bisher habe ich nicht ein einziges Mal gesagt, daß du nicht zu spät nach Hause kommen sollst. Ich erkläre dir lediglich, was mit mir geschieht, wenn du zu spät kommst – ich mache mir große Sorgen um dich. *(Schallplatte mit Sprung)*. Hast du mich verstanden?

Ruth: Ja, aber du solltest dir keine Sorgen machen.

Walter: Ich tue es aber, und das ist die Situation, mit der du konfrontiert bist. *(Schallplatte mit Sprung)*

Ruth: Warum kannst du nicht aufhören, dir Sorgen zu machen?

Walter: Ich wünschte, ich könnte es. Das ändert nichts an der Tatsache, daß ich mir nun einmal Sorgen mache, und es liegt an dir, damit fertigzuwerden. *(Negative Selbstsicherheit* und *Schallplatte mit Sprung)*

Ruth schweigt.

Walter: Ist dir klar, was ich damit sagen will?

Ruth: Ja.

Walter: Dir gefällt es nicht, und mir gefällt es nicht. Dieser Situation wirst du im Leben immer wieder begegnen, und du mußt damit fertigwerden. Wenn du später nach Hause kommst, als du es versprochen hast, mache ich mir Sorgen. Wenn ich mir Sorgen mache, bekommst du es zu hören. Vielleicht verbiete ich dir sogar, abends auszugehen. So einfach ist das. *(Schallplatte mit Sprung)*

Ruth will gehen.

Walter: Setz dich wieder hin und höre mich zu Ende an, Ruth. Ich bin noch nicht fertig. Wenn du spät nach Hause kommst, mache ich mir Sorgen. Wenn ich mir Sorgen mache, stelle ich dich zur Rede, so wie ich es jetzt tue. Und daran gibt es nichts zu deuteln. *(Schallplatte mit Sprung)*

Ruth (mit sichtlichem Interesse): Was meinst du damit?

Walter: Ich bin unglücklich, wenn du zu spät nach Hause kommst. Du bist unglücklich, wenn du früher nach Hause kommen mußt, als du möchtest. Wollen wir nicht versuchen, ein Abkommen zu treffen, so daß wir uns beide besser fühlen? *(Selbstenthüllung* und *praktikabler Kompromiß)*

Ruth: Du könntest ja aufhören, dir Sorgen zu machen.

Walter: Das ist aber nicht der Sinn meines Vorschlags. Genausogut könnte ich sagen, daß es dich nicht unglücklich zu machen braucht, wenn du um halb elf nach Hause kommst. Aber das ist ebenso unrealistisch, wie dein Vorschlag, daß ich aufhören soll, mir Sorgen zu machen. Ich schreibe dir deine Gefühle nicht vor, und du sollst mir meine Gefühle nicht vorschreiben. Ich habe dir gesagt, daß ich mir Sorgen mache. *(Schallplatte mit Sprung)*

Ruth: Und was weiter?

Walter: Du möchtest länger ausbleiben, und ich möchte, daß du pünktlich nach Hause kommst.

Ruth: Wir könnten ja eine andere Zeit festsetzen.

Walter: Das könnten wir, aber da müßten wir zuerst ein paar Probleme bereinigen.

Ruth (steht wieder auf): Ich dachte es mir, daß du nein sagen wirst.

Walter: Vielleicht, aber von meiner Seite aus gesehen, bedeutet es nur, daß wir erst ein paar Dinge klären müssen, wenn du länger ausbleiben willst. Da ist zum Beispiel deine Mutter. *(Vernebelung* und *Schallplatte mit Sprung)*

Ruth: Sie spricht mit mir nicht darüber. Was soll ich da tun?

Walter: Warum besprichst du dich nicht mir ihr? Du möchtest doch länger ausbleiben, nicht wahr?

Ruth: Ja, aber ich weiß, daß sie auch kein Vertrauen zu mir hat.

Walter: Wie wäre es, wenn du dich mal mit uns zusammensetzt und es mit uns besprichst?

Ruth: Würdest du dann auf meiner Seite stehen?

Walter: Wenn wir uns über bestimmte Fragen einigen. *(Schallplatte mit Sprung)*

Ruth: Was zum Beispiel?

Walter: Nun, wir müssen ja auch die Gefühle deiner Mutter berücksichtigen. *(Praktikabler Kompromiß)*

Ruth: Und was noch?

Ruth: Ich müßte dir glauben können, daß du dein Wort hältst. *(Praktikabler Kompromiß)*

Ruth: Ich habe dir ja gleich gesagt, daß ich deine Einstellung kenne. Du vertraust mir nicht und behandelst mich wie ein Kind.

Walter: Ruth, bisher hast du dich so verhalten, daß ich glauben muß, daß du weiterhin zu spät nach Hause kommst. Ich bin kein Gedankenleser. Ich kann nicht vorhersagen, ob du nicht bis halb eins ausbleibst, wenn wir eine andere Zeit festsetzen. Und dann stehen wir wieder da, wo wir heute sind. Ich mache mir Sorgen, du bekommst Ausgehverbot. *(Negative Selbstsicherheit* und *Schallplatte mit Sprung)*

Ruth: Aber ich werde um halbzwölf nach Hause kommen, ganz bestimmt!

Walter: Wie willst du mich davon überzeugen? Im Moment fällt es mir schwer, dir zu glauben, wenn du das sagst. *(Schallplatte mit Sprung)*

Ruth: Ich weiß nicht.

Walter: Wie wäre es, wenn du mir beweist, daß du dein Wort halten kannst? *(Praktikabler Kompromiß)*

Ruth: Wie soll ich das machen?

Walter: Indem du zum Beispiel eine Zeitlang pünktlich nach Hause kommst. *(Praktikabler Kompromiß)*

Ruth: Dir geht es doch nur darum, daß ich um halb elf zu Hause bin.

Walter: Die Zeit ist für mich wirklich nicht so wichtig, Ruth. Wohl aber, daß du dein Wort hältst. *(Selbstenthüllung)*

Ruth: Dann erlaube mir, daß ich bis halb zwölf ausbleiben darf.

Walter: Das will ich tun, wenn ich glauben kann, daß du dich daran hältst. *(Praktikabler Kompromiß)*

Ruth: Das tue ich ganz bestimmt.

Walter: Und wie willst du erreichen, daß ich dir glaube? *(Schallplatte mit Sprung)*

Ruth: Ich weiß nicht.

Walter: Wie wäre es, wenn du eine Weile um die Zeit nach Hause kommst, wie du es versprochen hast? *(Praktikabler Kompromiß)*

Ruth: Würdest du mir glauben, wenn ich nächste Woche immer um halb elf zu Hause bin?

Walter: Eine Woche genügt nicht. *(Praktikabler Kompromiß)*

Ruth: Wie lange dann?

Walter: Wie wäre es mit fünf oder sechs Wochen? Wenn ich mir bis Mitte des kommenden Monats keine Sorgen mehr zu machen brauchte, würde ich damit einverstanden sein, daß wir eine neue Zeit festsetzen. *(Praktikabler Kompromiß)*

Ruth: Und danach könnte ich eine Stunde länger ausbleiben?

Walter: Wenn du inzwischen nicht dein Wort brichst, so daß ich mir Sorgen machen muß, und wenn deine Mutter einverstanden ist. *(Schallplatte mit Sprung* und *praktikabler Kompromiß)*

Ruth: Warum sprichst du nicht mir ihr darüber?

Walter: Ich werde ihr genau erklären wie ich darüber denke. Aber du mußt trotzdem selbst mit ihr eine Übereinkunft treffen. *(Praktikabler Kompromiß)*

Ruth: Wirst du auf meiner Seite stehen?

Walter: Im Rahmen dessen, was wir heute abend besprochen haben, ja.

Ruth: Gut, Papi, dann tun wir das gleich morgen.

Walter: Es ist möglich, daß du deine Mutter nicht schon beim ersten Mal davon überzeugen kannst, daß du in Zukunft pünktlich zu Hause sein wirst.

Ruth: Das habe ich befürchtet.

Walter: Willst du es nicht trotzdem versuchen?

Ruth: Ja.

Walter: Fein! Und jetzt gib mir einen Kuß und dann ab ins Bett.

Ruth: Ja, Papi.

Kurz nach dieser Übung beendete Walter die Therapie, und ich habe nie erfahren, ob er sich mit seiner Tochter einigen konnte. Ich hoffe, daß er Erfolg gehabt hat.

10. KAPITEL
Alltagsprobleme im Umgang mit Gleichgestellten – Kompromißlösungen oder ein schlichtes ›Nein‹

In Situationen, an denen Menschen beteiligt sind, die uns wirklich nahestehen – also Eltern, Freunde, Liebespartner, Ehepartner –, ist es außerordentlich schwierig, sich selbstsicher zu verhalten. Von allen Interaktionen sind die Beziehungen mit Gleichgestellten am wenigsten vorstrukturiert. Wie »sollte« man einen Konflikt mit einer gleichgestellten Person lösen? Stellen Sie sich einmal vor, daß Sie mit einem Freund in eine gemeinsame Wohnung ziehen, und plötzlich müssen Sie entdecken, daß er homosexuell ist und Ihnen entsprechende »Angebote« macht. Wie »sollten« Sie sich verhalten? Oder nehmen wir ein weniger krasses Beispiel: An welche Regeln halten Sie sich, wenn ein Freund oder Ihr Ehepartner Sie durch irgendwelche Angewohnheiten ständig auf die Palme bringt? Was sind die »angemessenen« Methoden für die Bewältigung solcher Konflikte? Die Antwort kann natürlich nur lauten, daß es keine angemessene, korrekte und alleinige Methode zur Meisterung dieser Probleme gibt. In Interaktionen zwischen Gleichgestellten muß jede Einzelheit ausgehandelt werden.

Die Bewältigung eines Konflikts mit Ihrem Partner kann sehr erschwert werden, wenn Sie der Ansicht sind, daß alles, auch die Lösung von Problemen, willkürlichen Regeln über die Ehe und enge Beziehungen unterworfen ist. Ein Ehemann »sollte« seine Frau nicht nervös machen, eine Ehefrau »sollte« sich immer nach ihrem Mann richten, Freunde »sollten« nett zueinander sein usw. Willkürliche Regeln können jedoch verhindern, daß Sie oder Ihr Partner offen Ihre Wünsche äußern und einen beide Seiten befriedigenden Kompromiß aushandeln. Durch ein selbstsicheres Verhalten kann geklärt werden, was beide Seiten wirklich wünschen, und dann ergibt sich der Kompromiß oft von selbst. Stellen Sie sich vor, daß Ihr Partner sich auf eine Art und Weise kleidet, die Ihnen mißfällt. Um einen Kompromiß zu erreichen, ist es vielleicht erforderlich, erst einmal den ganzen manipulativen Ballast loszuwerden, den man mit sich herumschleppt: »Zieh dich gefälligst wie ein erwachsener Mann an und nicht wie ein Halbstarker«, oder: »Ist es dir denn egal, was andere Leute von dir denken?«, oder: »So ein Hemd sollte wirklich verboten sein!« Auf diese manipulativen Forderungen folgen dann die offen geäußerten Wünsche, die schließlich die Basis für einen Kompromiß liefern. Im allgemeinen hat eine Manipulation, durch die eine Verhaltenskontrolle erreicht werden soll, keine bösartige oder böswillige Motivierung, sondern sie ist die Folge der anerzogenen Anschauung, wie man sich verhalten soll, wenn man sich unsicher fühlt. Bei der klinischen Behandlung von selbstunsicheren Patienten, die sich in reichem Maße manipulativer Methoden zur Kontrolle des Verhaltens anderer bedienen, habe ich beobachtet, daß der Manipulator oft verborgene Ängste gegenüber bestimmten Dingen hat. Auch wenn der Manipulator sich dieser Gefühle bewußt ist, kann er nichts dagegen tun, weil er keine akzeptable oder »angemessene« Methode kennt, um diese Ängste zu bewältigen oder gar ihm nahestehenden Menschen zu enthüllen. Schließlich »sollte« man ja nicht ängstlich oder neurotisch sein, nicht wahr? Bei manchen Menschen drücken sich diese Angstvorstellungen nur in vagen Gefühlen aus. Patienten dieses Typs fällt es schwer, den spezifischen Grund für ihre Angst in Worten auszudrücken. Sie können nicht genau sagen, was sie nervös macht oder was sie befürchten, wenn jemand dies oder jenes tut. Und dieses vage Gefühl treibt sie dazu, das Verhalten anderer Menschen zu kontrollieren und zu begrenzen.

Ältere Patienten, die mit ihren erwachsenen Kindern in Konflikt stehen, haben oft eine verborgene Angst vor der Einsamkeit oder vor der finanziellen Abhängigkeit, insbesondere wenn ihr Ehepartner körperlich debil oder schon verstorben ist. Mit Hilfe einer selbstsicheren emotionalen Unterstützung durch andere, z. B. der erwachsenen Kinder, gelingt es manchen Patienten, diese Ängste zu bewältigen. Leider ist es in vielen Fällen so, daß diese Ängste sich in einer übertrieben fordernden und unflexiblen, aber »wohlwollenden« Manipulation der erwachsenen Kinder ausdrücken. Bei jüngeren Patienten, die sich ihrem Partner gegenüber manipulativ verhalten, beruhen die geheimen Ängste oft auf einer Abhängigkeit, die sie erwarten läßt, daß ihre Partner sie vor der Wirklichkeit beschützen und für ihr persönliches Glück sorgen. Diese bedauernswerten Menschen haben Angst davor, daß sie sexuell nicht mehr attraktiv sein könnten, daß ihr Partner sie vielleicht nicht mehr liebt und nach einem anderen Sexualpartner Ausschau hält, daß sie in ihrer Elternrolle versagen, oder sie haben sogar Angst vor ihrer eigenen Angst. Bei den meisten selbstunsicheren Patienten habe ich ein passives oder manipulatives Verhalten beobachtet; sie sind keineswegs brutale oder bösartige Bestien, sondern für gewöhnlich ängstliche und unsichere Menschen, die versuchen, ihre Umwelt auf die einzige Art und Weise zu bewältigen, die sie kennen.

Da es immer möglich ist, daß solche Angstsysteme in engen Beziehungen eine Rolle spielen, empfehle ich meinen Schülern, daß sie im Umgang mit nahestehenden Personen Selbstsicherheit mit Einfühlungsvermögen (Empathie) kombinieren, wobei jedoch die Betonung auf der Selbstsicherheit liegen sollte! Sie können die Kommunikation mit einem passiven oder manipulativen Partner verbessern, indem Sie mit Hilfe der verbalen Fertigkeiten der Manipulation entgegenwirken und Ihren Partner veranlassen, seine Wünsche offen zu äußern. Die Kombination von Selbstsicherheit und Empathie ermöglicht es Ihnen, Ihren eigenen Standpunkt zum Ausdruck zu bringen, ohne dem Partner die Selbstachtung zu nehmen, und gleichzeitig veranlassen Sie ihn, daß er die geheimen Wünsche oder Ängste überprüft, die einer guten Kommunikation im Wege stehen.

Und jetzt wenden wir uns einem Übungsdialog zu, der sich mit einem umstrukturierten Konflikt zwischen Gleichgestellten befaßt.

Dialog Nr. 25
Wie man einem Freund die Bitte abschlägt, ihm das eigene Auto zu leihen

Eine der ersten Übungen, in der Schüler oder Patienten lernen, sich gegenüber Gleichgestellten zu behaupten, betrifft eine Situation, in der ein Freund, Arbeitskollege oder Verwandter einen bittet, ihm das eigene Auto zu leihen, und versucht, dieses Ziel auf manipulative Art und Weise zu erreichen. Eine solche Bitte kann einen Konflikt auslösen, der sehr schwer zu bewältigen ist. Sie stellt Sie möglicherweise vor die Wahl, entweder Ihren Wagen zu verleihen, weil ein Nein die Beziehung zerstören könnte, oder auf hartnäckige Bitten zornig zu reagieren, damit die Gegenseite begreift, daß Sie Ihren Wagen nicht verleihen wollen. Um die Angstgefühle, die eine solche Situation auslösen kann, zu reduzieren, lasse ich die Schüler zuerst üben, auf die Bitte eines Gleichgestellten, der aber nicht unbedingt ein guter Freund sein muß, mit einem selbstsicheren und empathischen »Nein« zu antworten.

Szene des Dialogs: Sie machen gerade eine Kaffeepause, und Ihr Arbeitskollege Harry setzt sich zu Ihnen.

Harry: Mann, bin ich froh, dich zu sehen! Ich habe nämlich ein echtes Problem und hatte schon befürchtet, daß ich niemanden finde, der mir helfen kann.

Sie: Worum handelt es sich denn?

Harry: Ich brauche heute nachmittag deinen Wagen.

Sie: Hmm. Das ist wirklich ein Problem, aber ich möchte heute nachmittag meinen Wagen nicht verleihen. *(Vernebelung* und *Selbstenthüllung)*

Harry: Warum nicht?

Sie: Ich glaube dir, daß du ihn brauchst, aber ich möchte meinen Wagen nicht verleihen. *(Vernebelung* und *Schallplatte mit Sprung)*

Harry: Willst du selber irgendwo hinfahren?

Sie: Vielleicht brauche ich ihn selbst, Harry. *(Selbstenthüllung)*

Harry: Wann würdest du ihn denn brauchen? Ich bringe ihn dir bestimmt rechtzeitig zurück.

Sie: Das glaube ich dir, aber ich möchte heute meinen Wagen nicht verleihen. *(Vernebelung* und *Schallplatte mit Sprung)*

Harry: Du hast mir bisher doch immer deinen Wagen geliehen, wenn ich dich darum gebeten habe.

Sie: Ja, das stimmt, das habe ich immer getan. *(Negative Selbstsicherheit)*

Harry: Warum willst du ihn mir dann heute nicht geben? Ich bin doch immer vorsichtig damit umgegangen.

Sie: Das ist richtig, Harry, und ich kann verstehen, daß du in der Klemme sitzt, aber ich möchte meinen Wagen heute nicht verleihen. *(Vernebelung, Selbstenthüllung* und *Schallplatte mit Sprung)*

Bis jetzt hatten Sie es nur mit einem manipulativen Arbeitskollegen zu tun, der etwas von Ihnen will – Ihren Wagen, die neue Schreibmaschine in Ihrem Büro oder irgend etwas anderes. In den meisten Fällen verfolgt der Arbeitskollege keine bösartige Absicht, er will nur etwas von Ihnen haben, und Ihre Gefühle sind ihm vollkommen gleichgültig. In dieser Konfliktsituation fällt es den meisten Schülern nicht schwer, die Bitte abzuschlagen, ohne dafür Gründe anzugeben. Viel schwieriger ist es, einer nahestehenden Person die Angabe von Gründen zu verweigern. Damit die Schüler lernen, die Angstgefühle zu bewältigen, die ein solcher Konflikt auslösen kann, muß Harry sich von einem Arbeitskollegen in einen guten Freund verwandeln:

Harry: Hör mal, ich bin ein guter Fahrer und habe deinen Wagen noch nie beschädigt.

Sie: Das stimmt, Harry. Aber ich mache mir jedesmal Sorgen, wenn ich meinen Wagen verliehen habe, und das möchte ich nicht noch einmal durchmachen. *(Vernebelung* und *Selbstenthüllung)*

Harry: Du weißt, daß deinem Wagen nichts passiert, wenn ich ihn habe!

Sie: Ja, das weiß ich, und es ist dumm von mir, daß ich solche Gefühle habe, aber ich habe sie nun mal. *(Vernebelung* und *negative Selbstsicherheit)*

Harry: Warum willst du mir dann deinen Wagen nicht geben?

Sie: Weil ich mir keine Sorgen machen will. *(Selbstenthüllung)*

Harry: Aber du weißt doch, daß ich nichts tue, was dich beunruhigen könnte.

Sie: Das stimmt, Harry. Es geht ja auch gar nicht um dich, sondern ich selbst bin das Problem. Ich mache mir nun mal Sorgen, wenn ich meinen Wagen verliehen habe. Und deshalb werde ich ihn nicht verleihen. *(Vernebelung* und *Selbstenthüllung)*

Harry: Na weißt du, dagegen solltest du aber etwas unternehmen.

Sie: Und was zum Beispiel?

Harry: Was weiß denn ich – zu einem Gripspopler gehen oder sowas.

Sie: Vielen Dank für den Vorschlag. Vielleicht werde ich ihn befolgen, vielleicht auch nicht.

Viele Schüler berichten, daß sie ihrer eigenen Selbstachtung zuliebe auch zu einem guten Freund gelegentlich gern »nein« sagen würden. Die Schwierigkeit liegt darin, daß sie bisher auf fast alle Bitten mit »ja« geantwortet haben; folglich erwarten ihre Freunde, daß sie das Auto – oder was immer es ist – bekommen werden. Ich bin auch von einigen Schülern gefragt worden, warum man zu Harry nicht einfach sagen könnte: »Hör mal, Harry, ab und zu bist du reichlich aufdringlich. Mal kannst du meinen Wagen haben, und mal eben nicht. Du darfst nicht immer erwarten, daß du von mir alles bekommst, was du haben willst.« Meine Antwort: Das hängt ganz davon ab, was Sie erreichen wollen. Wenn Sie Ihren Freund veranlassen wollen, sein manipulatives Verhalten zu ändern, dann erreichen Sie das wohl am besten dadurch, daß Sie sich ihm gegenüber eine Zeitlang anders verhalten. Wenn Sie aber nach Genugtuung für all die Manipulationen dürsten, mit denen Harry Sie seinen Wünschen gefügig gemacht hat, können Sie das am besten durch eine direkte Konfrontation erreichen. Es ist aber kaum möglich, daß Sie Harry unverblümt Ihre Meinung sagen und trotzdem seine Freundschaft behalten – da müßte es schon eine sehr alte und sturmerprobte Freundschaft sein. Sie müssen auch an eine andere

Schwierigkeit denken. Wenn Sie Harry frei heraus sagen, »mal kannst du meinen Wagen haben, und mal eben nicht«, verwirrt ihn das und macht ihn wahrscheinlich wütend. Er hat ja nicht die leiseste Ahnung von Ihrem Problem und wird sich fragen, warum Sie plötzlich so grob sind. Schließlich hat er ja Ihr Auto nie gestohlen, er hat Sie immer vorher gefragt, und Sie haben immer »ja« gesagt. Wenn es Ihnen schon früher unangenehm war, ihm Ihr Auto zu leihen, warum haben Sie es nie gesagt? Warum machen Sie plötzlich heute eine Affäre daraus? Das Problem liegt einfach darin, daß Sie je nach den gegebenen Umständen manchmal etwas verleihen, ohne Bedenken zu haben, und daß Sie manchmal einfach nicht wollen, gleichgültig, wie die Begleitumstände sind. Jede andere Lösung dieses Problems als diejenige, daß Sie Ihr Verhalten je nach der von Ihnen getroffenen Entscheidung ändern, grenzt an den Versuch, das Verhalten anderer nach Ihren eigenen Wünschen kontrollieren zu wollen. Sie müssen von Fall zu Fall entscheiden, was Sie Ihren Freunden geben wollen, und dann die Folgen dieser Entscheidung selbstsicher bewältigen.

Es gibt für Sie und Ihren Freund Harry andere Alternativen. Am Ende des zweiten Dialogs könnten Sie z. B. versuchen, Harry zu helfen, indem Sie ihm einen Tip geben, wer ihm eventuell seinen Wagen leihen würde, oder Sie könnten sogar vorschlagen, daß er Sie morgen oder in ein paar Tagen noch einmal fragt, vielleicht kann er dann Ihren Wagen haben.

Nach dieser Übung werde ich immer wieder gefragt: »Wollen Sie damit sagen, daß ich einem Freund nie erklären soll, was ich tue oder warum ich es tue?« Meine Antwort: »Wenn Sie und Ihr Freund das gleiche Ziel haben und gemeinsam darauf hinarbeiten, dann können zwei Köpfe ein Problem leichter lösen als nur einer. Wir befassen uns hier aber mit Situationen, in denen ein Konflikt vorhanden ist und von einem gemeinsamen Ziel keine Rede sein kann. Sie wollen dies, und Ihr Freund will jenes. Wenn Sie für Ihre Wünsche Gründe angeben, wird Ihr Freund genauso gute Gründe für seine eigenen Wünsche angeben. Aber wenn man in einer Konfliktsituation Gründe vorbringt, um einen Standpunkt zu rechtfertigen oder zu verteidigen, ist das genauso manipulativ, als wenn man Gründe vorbringt, um diesen Standpunkt zu attackieren. Keine dieser Routen ist die ehrliche, selbstsichere Äußerung eines Wunsches, die zu einem praktikablen Kompromiß und somit zu einer Lösung des Problems führen kann.«

Der folgende kurze Dialog betrifft eine wirkliche Situation zwischen zwei Nachbarn und zeigt, wie eine selbstsichere Frau schnell eine Manipulation bewältigt, auf die sie nicht vorbereitet war.

Dialog Nr. 26
Inge im Umgang mit einem Nachbarn, der unzumutbare Forderungen an sie stellt

Die junge Hausfrau Inge, die ich schon in dem Kapitel über negative Selbstsicherheit erwähnte, berichtete mir auch den folgenden Dialog, den sie mit einem anderen Nachbarn hatte – und wieder ging es um einen Swimmingpool.

Szene des Dialogs: Inge arbeitet im Vorgarten, als Dr. Scheck in seinem teuren Sportwagen vorfährt. Er geht auf Inge zu und sagt:

Dr. Scheck: Guten Tag, ich bin Dr. Scheck. Mein Grundstück schließt direkt an das Ende Ihres Gartens an. Ich glaube, Sie kennen meine Frau.

Inge: Ja, wir sagen uns manchmal über den Zaun guten Tag.

Dr. Scheck: Ich wollte Ihnen sagen, daß ich direkt vor Ihren Eukalyptusbäumen einen Swimmingpool anlegen lassen möchte, und da werden ja wohl eine Menge Blätter hineinfallen . . .

Inge: Da haben Sie ein wahres Wort gesagt. Die Blätter werden nur so hineinrieseln. Ihr Gärtner muß ja jetzt pro Woche schon drei oder vier Schubkarren voll zusammenharken. (Negative Selbstsicherheit)

Dr. Scheck (ist überrascht, denkt einen Augenblick nach und ändert seine Taktik): Ach, die Blätter sind gar nicht so wichtig, es ist nur, daß Ihre Bäume die Nachmittagssonne wegnehmen, und das sind die einzigen Stunden, in denen ich den Swimmingpool benützen kann.

Inge: Da haben Sie wahrscheinlich recht. Wenn Sie den Swimmingpool direkt davor anlegen, werden Sie dort viel Schatten haben. *(Vernebelung)*

Dr. Scheck: Die Äste sind so ausgewachsen, daß Sie sie vor ein paar Wochen trimmen lassen mußten, nicht wahr?

Inge: Ja, das stimmt. *(Vernebelung)*

Dr. Scheck: Würden Sie sie abholzen lassen, wenn ich dafür bezahle?

Inge: Nein.

Dr. Scheck: Nein?

Inge: Nein.

Dr. Scheck: Oh . . .

Inge: Wann fangen Sie mit den Aushebungsarbeiten an?

Dr. Scheck: Morgen.

Inge: Ich wünschte, Sie hätten schon eher mit mir gesprochen. Ich habe in meinem letzten Haus einen Swimmingpool anlegen lassen und hatte eine Menge Ärger damit. Vielleicht hätten Sie von meinen Fehlern profitieren können. *(Selbstenthüllung* und *negative Selbstsicherheit)*

Dr. Scheck: Es ist schon zu spät für irgendwelche Änderungen. Ich habe bereits den Vertrag unterschrieben und die Pläne genehmigt.

Inge: Vielleicht könnten Sie es doch erreichen, daß der Swimmingpool näher beim Haus angelegt wird, so daß die Bäume Sie nicht so stören würden. *(Praktikabler Kompromiß)*

Dr. Scheck: Das bezweifle ich.

Inge: Setzen Sie sich durch! Wenn Sie etwas geändert haben wollen, dann können Sie das auch erreichen. Es ist Ihr Swimmingpool und Ihr Geld!

Dr. Scheck: Ich will es versuchen. Danke.

Inge war richtig stolz darauf, wie gelassen, ja fast routinemäßig sie eine manipulative Interaktion bewältigt hatte, auf die sie nicht vorbereitet gewesen war. Auch ich bin der Meinung, daß sie ihre Sache sehr gut gemacht hat.

Der nächste Dialog demonstriert, wie einer meiner Schüler die Bitte eines Freundes um ein Geschäftsdarlehen abschlug, nachdem er zuerst geneigt gewesen war, diese Bitte zu erfüllen, und später seine Meinung änderte.

Dialog Nr. 27
Werner und ein guter Freund, der ihn um ein Geschäftsdarlehen bittet

Werner ist Datenverarbeiter, verheiratet, keine Kinder. Er verdient gut und hat einen Teil seines Gehalts als Rücklage für Notfälle und für eine etwaige Beteiligung an einem Geschäftsprojekt gespart. Außerdem hat er gerade eine kleine Erbschaft gemacht.

Szene des Dialogs: Werners Freund Ralf kommt in der Kaffeepause in Werners Büro.

Ralf: Werner, erinnerst du dich an dieses Lagerhaus mit elektronischen Geräten, von dem ich dir erzählt habe?

Werner: Ja.

Ralf: Ich habe mich entschlossen, das Geschäft zu machen, aber ich brauche noch fünftausend Mark.

Werner: Wo willst du das Geld auftreiben?

Ralf: Darüber wollte ich mit dir sprechen. Wenn du dich mit fünftausend Mark beteiligst, mache ich die ganze Arbeit und du bekommst zehn Prozent Zinsen.

Werner: Vielen Dank für das Angebot, Ralf, aber ich bin nicht daran interessiert. *(Selbstenthüllung)*

Ralf: Aber es ist wirklich eine gute Sache. Wir haben doch schon mal darüber gesprochen. Du hast das Projekt damals für sehr aussichtsreich gehalten.

Werner: Das stimmt, aber ich bin nicht mehr daran interessiert. *(Vernebelung, Schallplatte mit Sprung)*

Ralf: Du kannst gar nicht daran verlieren. Du bekommst innerhalb von sechs Monaten zehn Prozent Zinsen.

Werner: Du hast wahrscheinlich recht, aber ich bin nicht interessiert daran. *(Vernebelung* und *Schallplatte mit Sprung)*

Ralf: Warum denn nicht? Du hast doch das Geld. Erst letzte Woche hast du mir erzählt, daß du eine Erbschaft gemacht hast.

Werner: Das stimmt, aber ich habe inzwischen darüber nachgedacht und beschlossen, Geschäft und Freundschaft nicht miteinander zu mischen. *(Vernebelung* und *Selbstenthüllung)*

Ralf: Du brauchst dir keine Sorgen zu machen. Ich haue dich bestimmt nicht übers Ohr. Es ist ein ganz reelles Geschäft.

Werner: Ich weiß, daß alles in Ordnung ist, aber wenn es sich um größere Beträge handelt, mache ich mir Sorgen, wie die Dinge laufen. Ich würde dir ständig über die Schulter schauen, um zu sehen, was du mit dem Geld machst. Ich weiß, daß ich dir vertrauen kann, Ralf, und ich weiß, daß es dumm ist, wenn ich mir Sorgen mache, aber so bin ich nun mal. *(Vernebelung, Selbstenthüllung* und *negative Selbstsicherheit)*

Ralf: Das würde mich nicht stören. Du könntest die Unterlagen jederzeit überprüfen.

Werner: Ich weiß, daß es dich nicht stören würde, wenn ich deine Arbeit überprüfe, aber es würde mich stören. Ich möchte unsere Freundschaft nicht dieser Belastung aussetzen. *(Vernebelung* und *Selbstenthüllung)*

Ralf: Du weißt doch, daß ich in Gelddingen korrekt bin. Ich habe mir doch schon öfters etwas von dir geliehen und es immer zurückgezahlt.

Werner: Das stimmt, aber diesmal handelt es sich um ein Geschäftsdarlehen, nicht um ein Darlehen zwischen zwei Freunden. Ich fürchte, daß unsere Freundschaft zerbricht, wenn wir gemeinsam in ein Geschäft einsteigen. *(Vernebelung* und *Selbstenthüllung)*

Ralf: Von mir kann ich nur sagen, daß es keinen Einfluß auf unsere Freundschaft hätte.

Werner: Das glaube ich dir, aber das Problem bin ich selbst. Wenn ich dir das Geld leihe, werden sich meine Gefühle dir gegenüber ganz bestimmt ändern. Ich weiß, daß das dumm ist, und ich weiß, daß es nicht so sein sollte, aber so bin ich nun mal. *(Vernebelung, Selbstenthüllung* und ***negative** Selbstsicherheit)*

Ralf: Na schön, wenn es dir wirklich so viel ausmacht, dann werde ich versuchen, das Geld woanders aufzutreiben. Ich weiß zwar nicht wo, aber ich werde es versuchen.

Werner: Ich werde mit ein paar Leuten sprechen, die ich kenne. Wenn sie interessiert sind, sage ich ihnen, daß sie dich anrufen sollen, einverstanden? *(Praktikabler Kompromiß)*

Ralf: Einverstanden.

Werner: Übrigens, Ralf – vielen Dank, daß du mich als ersten gefragt hast.

Werner versuchte Ralf zu helfen und rief ein paar Geschäftsfreunde an, die jedoch ebenfalls mit der Sache nichts zu tun haben wollten und Werner zu seiner Entscheidung beglückwünschten. Werner mochte Ralf gern, vielleicht weil Ralf immer voller Ideen steckte und ständig Pläne schmiedete, die so ganz anders waren als Werners Lebensstil und Ansichten. Aber all diese attraktiven Eigenschaften konnten Werners konservative Einstellung in finanziellen Dingen nicht erschüttern. Allerdings wollte Werner auf jeden Fall vermeiden, daß dieser konservative Stil sich störend auf seine Beziehung zu Ralf auswirkte, deshalb sprach er mit Ralf offen über seine Bedenken und sagte ihm, daß er großen Wert auf das Weiterbestehen ihrer Freundschaft legte.

Die folgenden Dialoge zeigen, wie zwei Schüler eine Situation bewältigten, die immer mit Emotionen und Angstgefühlen geladen ist, und die vielen von uns sehr große Schwierigkeiten bereitet – die Einmischung der Eltern in das Leben ihrer erwachsenen Kinder.

Dialog Nr. 28
Wie Lore die Autoritätsbeziehung zwischen ihr und ihren Eltern allmählich in eine Interaktion zwischen Gleichgestellten umwandelt.

Immer wieder habe ich die Beobachtung gemacht, daß es über der Hälfte meiner Schüler nicht gelungen war, eine Beziehung zu ihren Eltern herzustellen, wie sie für Gleichgestellte typisch ist. Die erwachsenen Kinder leben von den Eltern getrennt, manchmal schon seit vielen Jahren oder gar Jahrzehnten, aber die Eltern halten nach wie vor an ihrer Rolle als Autoritätspersonen fest. Sie machen ihren Kindern zwar keine Vorschriften, aber irgendwie behalten sie sich das Recht vor, über ihre erwachsenen Kinder zu urteilen. Diese Ungleichheit in der Beziehung zwischen Eltern und erwachsenen Kindern findet man nicht nur bei jüngeren Leuten. Es gibt Fünfzig- oder sogar Sechzigjährige, deren Leben noch immer von einem achtzig- oder neunzigjährigen Tyrannen beherrscht wird. Bevor sie mit dem Selbstsicherheitstraining begannen, wußten viele meiner Schüler gar nicht, wo ihr Problem lag. Sie wußten nur, daß sie sich nach jeder Interaktion mit den Eltern unzufrieden und gedemütigt fühlten. Sie mußten mit dem bitteren Gefühl ihrer Ohnmacht leben, aber sie akzeptierten diese Situation als etwas Unabänderliches. Da viele Schüler unter diesem Zustand leiden, fordere ich sie auf, die verbalen Fertigkeiten so anzuwenden, daß sie die Manipulationen ihrer Eltern auf eine völlig neue Art bewältigen können und sich nicht mehr gegen ihren Willen den Launen der Eltern unterwerfen. Ich lasse sie eine Situation durchspielen, die von einer meiner ersten Schülerinnen nennen wir sie Lore – erfolgreich gemeistert wurde. Zuerst lehre ich die Schüler, auf manipulative Bitten und Vorschläge und auch auf die Forderung, die Eltern häufiger zu besuchen, als sie selbst es wollen, »nein« zu sagen.

Als Lore lernte, sich in den angstgeladenen Interaktionen mit ihren Eltern zu behaupten, war sie 24 Jahre alt und seit elf Monaten mit Georg verheiratet, der kurz vor der Diplomprüfung als Betriebswirt stand. Lores Übungen in der Selbstbehauptung waren hauptsächlich auf ihre Mutter ausgerichtet. Die Mutter verlangte, daß Lore sie häufig besuche, insbesondere nachdem Lores Geschwister geheiratet hatten und weggezogen waren. Lores Mutter verstand es ausgezeichnet, in ihrer Tochter Angst- und Schuldgefühle und das Gefühl der Unwissenheit zu erwecken.

Lore brachte dieses Problem zur Sprache, und wir diskutierten darüber, wie sie mit den zunehmenden Manipulationen ihrer Mutter fertigwerden konnte, ohne die Beziehung zu zerstören oder sich ihr durch Flucht zu entziehen, wie ihre Geschwister es vermutlich getan hatten. Da Lores Angstgefühle sehr stark ausgeprägt waren, dauerte es eine ganze Weile, bis sie anfing, ihr Reaktionsverhalten auf die Manipulationen ihrer Mutter zu ändern. Erst nachdem sie sich gut und gern ein halbes Dutzendmal ihrer Mutter gegenüber behauptet hatte, wie es der folgende Dialog schildert, konnte sie auch im Verhalten und in der Einstellung ihrer Mutter eine Änderung wahrnehmen. Der Dialog ist eine Zusammenfassung von Gesprächen, die in einem Zeitraum von mehreren Wochen stattfanden. Er gibt die von der Mutter angewendeten manipulativen Tricks wieder sowie die selbstsicheren Aussagen, mit denen Lore ihnen entgegenwirkte, bis sie erreicht hatte, daß die Mutter sich ihr und ihrem Mann gegenüber ebenfalls selbstsicherer verhielt. Bei allen Dialogen, die Lore mit ihrer Mutter führte, handelte es sich um Telefongespräche, die meistens von der Mutter eingeleitet worden waren.

Szene des Dialogs: Lore und ihr Mann sitzen auf dem Sofa und sehen sich eine Fernsehsendung an. Das Telefon klingelt, und Lore nimmt den Hörer ab.

Mutter: Hallo, Lore, hier ist Mutter.
Lore: Tag, Mutti. Wie geht's?
Mutter: Dein Vater fühlt sich nicht besonders.
Lore: O je. Was fehlt ihm denn?
Mutter: Ich weiß nicht. Er hat nur gesagt, daß er dich am Wochenende sehen möchte.
Lore: Ist es etwas Ernstes?
Mutter: Frag ihn selbst.
Lore: Hallo, Vater, was ist denn los?
Vater: Es ist wieder mein Rücken. Ich habe mir wohl einen Muskel gezerrt, als ich versuchte, die Bäume zu beschneiden.
Lore: Gott sei Dank! So wie Mutter klang, dachte ich, daß du im Sterben liegst.
Vater: So schlimm ist es nicht. Ich habe nur fast ständig Schmerzen. Wann kannst du am Wochenende herkommen?
Lore: Ich glaube dir, daß dir dein Rücken weh tut. Ich hoffe, daß es dir bald wieder besser geht, aber ich kann dich am Wochenende nicht besuchen. Ich möchte ein paar andere Dinge erledigen. *(Vernebelung* und *Selbstenthüllung)*
Vater: Was kann denn wichtiger sein als deine Mutter zu besuchen?
Lore: Ich kann dich verstehen, Vater, aber ich werde dieses Wochenende nicht kommen. (*Vernebelung* und *Schallplatte mit Sprung*)
Vater: Wie sprichst du denn mit deinem Vater!
Lore: Ich kann verstehen, daß es dir ein bißchen respektlos vorkommt, was ich gesagt habe, aber ich werde dieses Wochenende nicht zu euch

kommen. (*Vernebelung, negative Selbstsicherheit* und *Schallplatte mit Sprung*)

Vater: Du weißt, daß deine Mutter schon einen Truthahn zum Abendessen gekauft hat.

Lore: Nein, das habe ich nicht gewußt. *(Selbstenthüllung)*

Vater: Sie hat ihn nur für dich und Georg gekauft. Ein Riesentier. Wir können es nicht allein aufessen.

Lore: Das glaube ich dir gern. *(Vernebelung)*

Vater: Wenn ihr nicht zum Abendessen kommt, was soll deine Mutter dann mit dem Truthahn machen?

Lore: Das weiß ich nicht. Was kann sie denn mit ihm machen? *(Selbstenthüllung)*

Vater: Deine Mutter wird sich darüber sehr aufregen.

Lore: Das wird sie sicher, aber ich werde dieses Wochenende nicht kommen. (*Vernebelung* und *Schallplatte mit Sprung*)

Vater zu seiner Frau: Sprich du mit deiner Tochter. Sie sagt, daß sie nicht kommen will.

Mutter: Lore?

Lore: Ja, Mutter?

Mutter: Womit haben wir es verdient, daß du dich deinem Vater gegenüber so benimmst? Er ist ein kranker Mann. Seit er im letzten Jahr diese Herzgeräusche entwickelt hat, mache ich mir Sorgen um ihn. Er wird nicht ewig leben, denke daran.

Lore: Ich glaube dir, daß du dir Sorgen machst, seit Vater es mit dem Herzen hat, und ich weiß, daß ihr euch ziemlich einsam fühlt, seit Fritz und Edith nicht mehr da sind, aber ich werde dieses Wochenende nicht kommen. (*Vernebelung, Selbstenthüllung* und *Schallplatte mit Sprung*)

Mutter: Deine Geschwister sind immer gekommen, wenn wir sie eingeladen haben. Wir brauchten es ihnen nur vorzuschlagen.

Lore: Das stimmt, Mutter. Sie sind sehr oft bei euch gewesen, aber ich werde dieses Wochenende nicht kommen. (*Vernebelung* und *Schallplatte mit Sprung*)

Mutter: Es ist nicht richtig von dir, daß du deinen Vater so behandelst.

Lore: Was tue ich denn Falsches? *(negative Befragung)*

Mutter: Nicht herzukommen, wenn er dich sehen möchte!

Lore: Was ist denn daran falsch, daß ich nicht kommen will, wenn er mich sehen möchte? *(Negative Befragung)*

Mutter: Eine gute Tochter würde ihren Vater besuchen.

Lore: Wieso macht es eine schlechte Tochter aus mir, wenn ich Vater nicht besuche? *(Negative Befragung)*

Mutter: Wenn du uns wirklich lieb hättest, würdest du den Wunsch haben, uns zu besuchen.

Lore: Wieso bedeutet es, daß ich euch nicht lieb habe, wenn ich euch dieses Wochenende nicht besuchen will? *(Negative Befragung)*

Mutter: So etwas habe ich in meinem ganzen Leben noch nicht gehört!

Lore: Was denn, Mutter?

Mutter: Eine Tochter, die ihrer Mutter widerspricht.

Lore: Was ist denn so seltsam daran, wenn ich dir widerspreche? *(Negative Befragung)*

Mutter: Du hast es bisher nie getan.

Lore: (ohne Sarkasmus): Das stimmt, ich habe dir bisher tatsächlich nie widersprochen. *(Vernebelung)*

Mutter: Du hast dich sehr verändert, seit du mit diesem Georg verheiratet bist. Ich habe dir schon vor deiner Hochzeit gesagt, daß du aufpassen mußt.

Lore: Das verstehe ich nicht. Was hat denn Georg an sich, auf das ich aufpassen müßte? *(Negative Befragung)*

Mutter: Nun, zum Beispiel, daß er dich verändert hat.

Lore: Du hast recht, das hat er, aber ich verstehe immer noch nicht, was daran falsch ist, daß ich mich verändert habe. (*Vernebelung* und *negative Befragung*)

Mutter: Ich weiß, daß er mich nicht leiden kann. Und jetzt hat er dich soweit gebracht, daß du zwischen ihm und uns wählen mußt.

Lore: Sicherlich gibt es zwischen dir und Georg ein paar Reibungspunkte, aber wenn ich beschließe, dieses Wochenende nicht zu euch zu kommen, dann ist das meine Entscheidung und nicht seine. (*Vernebelung* und *Selbstenthüllung*)

Mutter: Und das nach allem, was wir für dich getan haben. Wir haben dich studieren lassen. Und jetzt das!

Lore: Da hast du recht, Mutter. Ich habe es Vater und dir zu verdanken, daß ich eine gute Ausbildung habe. Ich bin euch immer noch dankbar, daß ihr mir damals das Geld gegeben habt. (*Vernebelung* und *Selbstenthüllung*)

Mutter: Wenn du wirklich so dankbar bist, könntest du es uns ja einmal beweisen.

Lore: Wie?

Mutter: Indem du am Wochenende herkommst und deinen Vater ein bißchen aufheiterst.

Lore: Ich glaube dir, daß es ihn aufheitern würde, wenn ich ihn besuche, aber ich werde nicht kommen. (*Vernebelung* und *Schallplatte mit Sprung*)

Mutter: So wie du sprichst, glaube ich nicht, daß du uns überhaupt sehen willst.

Lore: Jedenfalls nicht dieses Wochenende. *(Selbstenthüllung)*

Mutter: Haben wir irgend etwas getan, das dich auf uns böse gemacht hat?

Lore: Nein, ich bin nicht böse auf euch. Du machst mich manchmal gereizt, wie zum Beispiel jetzt, wenn du mich immer weiter bedrängst, nachdem ich ›nein‹ gesagt habe. Aber natürlich ist es dumm von mir, mich darüber zu ärgern, denn das ist nun mal deine Art. Trotzdem ärgert es mich. (*Selbstenthüllung, negative Selbstsicherheit* und *Selbstenthüllung*)

Mutter: Wenn ich dich geärgert habe, bitte ich um Entschuldigung. (Schluchzt.) Ich will ja nur, daß wir zusammen sind und uns einander nicht entfremden.

Lore: Das weiß ich, Mutter. Ich möchte ja auch eine enge Beziehung zwischen uns haben. Aber wenn ich mein eigenes Leben leben will, muß ich manchmal energisch ›nein‹ sagen, selbst zu dir und Vater. Ich weiß nicht, wie ich es sonst tun könnte. Ich wünschte, ich wüßte einen anderen Weg – aber ich weiß keinen. (*Selbstenthüllung* und *negative Selbstsicherheit*)

Mutter: Du brauchst mir nicht den Kopf abzureißen, bloß weil ich mir um dich Sorgen mache.

Lore: Da hast du recht, ich sollte dir nicht den Kopf abreißen, Mutter, und ich werde versuchen, es nicht mehr zu tun, wenn du versuchst, mich nicht mehr zu bedrängen. Einverstanden? (*Vernebelung* und *praktikabler Kompromiß*)

Mutter: Soll das heißen, daß du überhaupt nicht mehr zu uns kommen willst?

Lore: Ich glaube dir, daß ich auf dich diesen Eindruck mache, aber das lag nicht in meiner Absicht. Ich glaube, ich muß das Gefühl, daß ich immer noch an deinem Rockzipfel hänge, endlich einmal loswerden. Wenn ich euch eine Weile nicht mehr so oft besucht habe, wird mich dieses Gefühl bestimmt nicht mehr so stören. (*Vernebelung, Selbstenthüllung* und *praktikabler Kompromiß*)

Mutter: (leicht schnüffelnd) Aber du wirst doch wenigstens mal anrufen, damit ich weiß, wie es dir geht?

Lore: Ich werde dich jede Woche anrufen, wenn du dich dadurch leichter mit meinen Wünschen abfinden kannst. *(Praktikabler Kompromiß)*

Mutter: Ist das ein Versprechen?

Lore: Das ist ein Versprechen, und ich werde versuchen, es zu halten, aber denke bitte daran, daß ich manchmal vergeßlich bin. Ich bin nicht vollkommen. (*Praktikabler Kompromiß* und *negative Selbstsicherheit*)

Mutter: Ja, natürlich. Aber du wirst es versuchen?

Lore: Das werde ich. *(Praktikabler Kompromiß)*

Die ersten Gespräche, in denen Lore versuchte, sich gegen ihre Mutter zu behaupten, verliefen nicht so glatt. Ein paarmal legte die Mutter einfach den Hörer auf, aber ein paar Tage später rief sie wieder an und tat so, als ob gar nichts geschehen war. Nur einmal rief Lore sofort wieder zurück, um ihrem Standpunkt weiter zu vertreten. Im Laufe der Zeit wurde Lore von ihren Eltern immer weniger bedrängt, das zu tun, was sie wünschten. Von da an hatte Lore das Gefühl, daß ihre eigenen Wünsche von den Eltern mehr und mehr respektiert wurden. Wenn irgendein Vorhaben von Lore in die Pläne ihrer Mutter hineinpaßte, waren beide hocherfreut; im anderen Fall nörgelte die Mutter nicht an Lore herum, sondern traf ihre eigenen Arrangements. Mit einer Folge ihrer Selbstbehauptung als erwachsener Mensch hatte Lore bestimmt nicht gerechnet – nämlich mit der Entdeckung, daß ihre Mutter sich vor dem Alter und vor der Einsamkeit fürchtete, und daß sie, als erwachsene Tochter, ihr helfen konnte, diese Angst zu bewältigen.

Der nächste Dialog zeigt, daß auch Männer sich ihren Eltern gegenüber in der gleichen Situation befinden können wie Lore, bevor sie gelernt hatte, diese Schwierigkeiten zu meistern.

Dialog Nr. 29
Wie Paul seinen Vater davon abbringt, sich in seine Ehe und in seinen Beruf einzumischen

Bis zu seinem 30. Lebensjahr war Pauls Verhältnis zu seinen Eltern genauso problematisch, wie das von Lore es gewesen war. Bevor er lernte, sich ihnen gegenüber selbstsicherer zu verhalten, hatte er sich in vielen Dingen weitgehend auf die Eltern verlassen. Seine Eltern waren es gewesen

– und nicht etwa die Familie der Braut –, die vor zehn Jahren alle Details seiner Hochzeit mit Connie arrangiert hatten. Sie suchten die Paten für die beiden Kinder von Paul und Connie aus. Sie halfen ihm einige Male mit Geld aus, als sein Geschäft schlecht ging, und sie finanzierten ihm ein neues Geschäft, als sein erstes Unternehmen Bankrott machte. All das taten sie, obwohl sie keineswegs wohlhabend waren und nicht einmal über eine finanzielle Rücklage verfügten. Klinisch betrachtet, war es der größte Wunsch von Pauls Eltern, daß ihr Sohn sich in allem nach ihnen richtete, daß er als Sohn so war, wie sie es sich wünschten. Ihre Einmischung in Pauls Angelegenheiten geschah immer unter dem Banner der Selbstlosigkeit und hatte zur Folge, daß Paul auch als Erwachsener in hohem Maße von ihnen abhängig war. In den zehn Jahren ihrer Ehe hatte Paul sich zweimal von Connie getrennt. Beide Male schaltete sein Vater sich ein und überredete Paul, zu seiner Frau zurückzukehren, obwohl Paul sagte, daß sein Leben mit ihr kreuzunglücklich war. Paul und Connie hatten niemals einen ernsthaften Streit gehabt, obwohl es zwischen ihnen sehr viele Probleme gab, z. B. wegen finanzieller und religiöser Fragen, Kindererziehung und auch in bezug auf die Frage, wie Paul seine Freizeit verbringen «sollte«. Connie kontrollierte Pauls Verhalten, indem sie ihn durch manipulative Bemerkungen heruntermachte, ohne dabei zornig zu werden, und Paul verhielt sich ihr gegenüber genau so wie gegenüber seinen Eltern. Er brachte seine Gegenargumente ruhig hervor, wobei er Connie nicht so heruntermachte, wie sie es mit ihm tat, und gab meistens nach. Kurz nach seinem zehnten Hochzeitstag kam Paul zu mir in Behandlung. Auf der Feier, die (natürlich) seine Eltern veranstaltet hatten, trank Paul sehr viel, und der schwelende Zorn und die Ressentiments, die sich durch Connies Methode der Samtpfote mit Krallen in ihm aufgestaut hatten, entluden sich in einem betrunkenen Ausbruch. Nachdem Connie zwei Stunden lang auf ihm herumgehackt hatte, weil er so viel trank, ging er zum Büffet, nahm die Torte, die seine Mutter gebacken hatte, ging damit zu Connie zurück, sagte: »Leck mich am Arsch« und stülpte ihr die Torte über den Kopf. Dann verließ er die Party und übernachtete in einem Motel. Als er am nächsten Tag wieder nüchtern war, fuhr er nach Hause und sagte Connie, es täte ihm leid, daß er die Party verdorben hatte, aber wenn sie nicht aufhören würde, auf ihm herumzuhacken, würde er ihr »die Zähne einschlagen«. Nach einem mehrstündigen Streit sagte Connie zu ihm, er sei psychisch gestört und solle sich einer Behandlung unterziehen. Er war bereit alles zu versuchen, um aus dieser Situation herauszukommen, und ging zu einem Kollegen von mir, der ihn nach einigen Sitzungen an mich überwies. Nach mehreren Wochen intensiven Selbstsicherheitstrainings fragte Paul, ob er Connie zu den Sitzungen mitbringen dürfe. Anscheinend wollte er, daß ich den Schiedsrichter zwischen ihnen spielte. Ich sagte Paul, ich hätte gegen Connies Anwesenheit nichts einzuwenden, falls sie bereit sei, an einer Eheberatung teilzunehmen, aber die Erfahrung hätte mich gelehrt, daß es keinen therapeutischen Wert haben würde, wenn ich als Schiedsrichter zwischen ihnen fungierte und mal dem einen, mal dem anderen sagen würde, daß sein oder ihr Verhalten richtig bzw. falsch sei. Paul gab zu, daß seine Bitte nur eine manipulativer Versuch gewesen sei, mich dazu zu bringen, daß ich Connie sagen würde, ihr Verhalten ihm gegenüber sei falsch. Trotzdem glaubte er, daß eine Eheberatung für sie beide gut sein würde. Er fragte Connie, und sie war einverstanden, an der Therapie teilzunehmen. In den ersten Sitzungen ging alles gut. Paul sprach offen über seine Gefühle und wollte sie gemeinsam mit Connie erforschen. Als ich versuchte herauszufinden, wie Connie die eheliche Beziehung emotional bewältigte, verweigerte sie die Antwort. Ich hatte beiden vor der ersten Sitzung erklärt, daß die Eheberatung nur das Ziel hätte, die Gefühle der Partner über die eheliche Beziehung auszuloten. Das würde ihnen helfen zu entscheiden, ob sie die Ehe weiterführen und nach neuen Wegen für den Umgang miteinander suchen wollten, oder ob sie vorübergehend oder ständig getrennt leben oder sich scheiden lassen wollten. Durch ihren passiven Widerstand versuchte Connie zu verhindern, daß Paul zu einer Entscheidung über ihre Ehe kam – das heißt, zu einer Entscheidung, die nicht ihren eigenen Wünschen entsprach: Sie wünschte die Rückkehr zum Status quo und daß Paul sich, nach ihren Maßstäben gemessen, »anständig« benahm. Sie beharrte auf der Ansicht, daß Paul der »identifizierte« Patient sei und somit derjenige von ihnen, der eine Behandlung brauchte, um wieder vernünftig denken zu können. Anscheinend war sie nicht gewillt, ihre Eheprobleme von einer anderen Warte aus zu betrachten. Angesichts dieser Einstellung entschied Paul sich für eine Trennung, die in Scheidung enden sollte. Connie brach die Therapie ab, während Paul mich bat, ihm zu helfen, die Gewohnheiten abzulegen, die ihn in seine gegenwärtige Lage gebracht hatten. Und er wollte auch lernen, anderen Menschen gegenüber selbstsicherer zu sein. Insbesondere wollte er lernen, sich gegen die väterliche Einmischung in seine Ehe zu behaupten, denn sein Vater hatte ihm schon zweimal die Scheidung ausgeredet. Paul stellte seine Übungen auf das folgende Ziel ab: Er wollte vom Einfluß seiner Eltern unabhängig werden, ohne sich ihnen durch Flucht zu entziehen oder eine Entfremdung herbeizuführen. Nachdem Paul gelernt hatte, auf die Manipulationen, die sein Vater schon früher praktiziert hatte, selbstsicher zu reagieren, suchte er seine Eltern auf und stellte sich ihren Einwänden, aber er ging dabei weiter, als wir es geübt hatten. Der folgende Dialog ist eine gekürzte Version des Gesprächs zwischen Paul und seinem Vater, das einen vollen Nachmittag dauerte.

Szene des Dialogs: Paul kommt ins Wohnzimmer, sein Vater steht auf und begrüßt ihn kühl.

Vater: Ich habe mich schon gefragt, ob wir von dir hören würden. Connie kam nach der letzten Sitzung mit dem Therapeuten gleich zu uns und sagte, daß du dich scheiden lassen willst. Manchmal habe ich den Eindruck, daß du völlig verquer bist.

Paul: Den Eindruck habe ich auch, Papa. *(Negative Selbstsicherheit)*

Vater: Es ist doch nicht dein Ernst, daß du dich scheiden lassen willst?

Paul: Über die Scheidung bin ich mir noch nicht sicher, über die Trennung von Connie, ja. *(Selbstenthüllung)*

Vater: Du bist mir schon zweimal mit diesem Unfug gekommen, und es war ein Glück, daß ich dich zur Vernunft bringen konnte.

Paul: Du hast recht, ich habe es schon zweimal versucht, und du hast es mir ausgeredet, aber diesmal wird es dir nicht gelingen. Ich bin mit Connie fertig. (*Vernebelung* und *Selbstenthüllung*)

Vater: Das einzige, was du mit dem Gerede über eine Scheidung erreicht hast, war eine Menge unnötiger Aufregung, und das alles für nichts und wieder nichts.

Paul: Das stimmt. Was bin ich doch damals für ein Waschlappen gewesen! (*Vernebelung* und *negative Selbstsicherheit*)

Vater: Du willst ja gar keine Scheidung.

Paul: Das stimmt, Papa, ich will keine, aber ich bin mit Connie fertig. Es wird sich finden, was das Beste ist – ob eine Trennung oder eine Scheidung. (*Vernebelung, Selbstenthüllung* und *Schallplatte mit Sprung*)

Vater: Offensichtlich hat sie irgend etwas getan, das dich auf die Palme gebracht hat, sonst würdest du ihr nicht die Torte auf den Kopf gestülpt haben. Außerdem warst du total betrunken, sonst hättest du das wohl nicht getan. Aber diese Dinge gehen vorbei. Du mußt so flexibel sein, wie du es früher warst.

Paul: Papa, sie hat mich wütend gemacht, und du hast ganz recht, nüchtern hätte ich nicht den Mut gehabt, ihr die Torte um die Ohren zu schlagen. Es war dumm von mir, mich so zu benehmen, ich hätte warten sollen, bis die Party zu Ende war, und mich dann erst mit ihr auseinandersetzen sollen. Ich habe die Party verdorben, aber was soll ich jetzt dazu sagen? Es tut mir nicht leid, daß ich es getan habe. Es tut mir nur leid, daß ich dir und Mutti so viel Aufregung bereitet habe. (*Vernebelung, negative Selbstsicherheit* und *Selbstenthüllung*)

Vater: Wegen uns brauchst du dir keine Gedanken zu machen. Deine Mutter hat nur geweint, und Connie wurde hysterisch und verprügelte Herbie, weil er sie mit dem ganzen Zuckerguß im Gesicht so komisch fand. Ich mußte dazwischentreten, sonst hätte sie ihn ernsthaft verletzt.

Paul: Das wußte ich nicht. *(Selbstenthüllung)*

Vater: Das dachte ich mir, und deshalb habe ich es dir erzählt. Connie ist ganz in Ordnung, aber manchmal wird sie tatsächlich hysterisch. Das ist ein Grund, warum du dich nicht scheiden lassen kannst. Wie kannst du sicher sein, daß es den Kindern gut geht, wenn du nicht da bist?

Paul: Das kann ich nicht. Über diese Frage werden wir mit dem Rechtsanwalt sprechen müssen. (*Selbstenthüllung* und *praktikabler Kompromiß*).

Vater: Du wirst das Sorgerecht niemals bekommen. Nicht, nachdem du ihr in betrunkenem Zustand die Torte an den Kopf geworfen hast.

Paul: Möglich, aber darüber soll sich der Anwalt den Kopf zerbrechen. (*Vernebelung* und *praktikabler Kompromiß*)

Vater: Hör mal, mein Junge, bisher haben wir uns um den Kernpunkt der Sache herumgedrückt. Glaub mir, eine Scheidung wäre falsch. Du willst ja gar nicht geschieden werden. Es wäre ein großer Fehler.

Paul: Vielleicht mache ich einen Fehler, aber was ist falsch daran, wenn man die Scheidung beantragt? (*Vernebelung* und *negative Befragung*)

Vater: So etwas sollte man Kindern nicht antun.

Paul: Wieso ist es schlecht für sie, wenn sie mit den Tatsachen des Lebens konfrontiert werden? *(Negative Befragung)*

Vater: Dadurch bekommen sie eine schlechte Einstellung zu ihrer eigenen Zukunft.

Paul: Wieso kann die Wirklichkeit ihnen eine schlechte Einstellung für ihre eigene Zukunft geben?

Vater: Kinder müssen beschützt werden.

Paul: Bis zu einem gewissen Punkt stimme ich mit dir überein. Ich will mich mit dir nicht darüber streiten, aber ich bin der Meinung, daß es für sie schädlicher ist, einer unerfreulichen häuslichen Atmosphäre ausgesetzt zu sein, als sich mit der Tatsache abzufinden, daß Connie und ich nicht mehr zusammenleben wollen. *(Vernebelung* und *negative Selbstsicherheit)*

Vater: Ich kann nicht glauben, daß du den Kindern das antun willst.

Paul: Ich will es auch nicht, aber ich bin mit Connie fertig. *(Vernebelung* und *Schallplatte mit Sprung)*

Vater: Hast du dir einmal überlegt, was es für deine Mutter bedeutet, wenn du dich scheiden läßt?

Paul: Nein, aber ich bin sicher, daß es ihr nicht gefällt. *(Selbstenthüllung)*

Vater: Paul, deine Mutter und ich haben wegen dir und Connie, und besonders wegen unserer Enkel, auf eine Menge Dinge verzichtet. Tu's nicht. Dadurch würde alles, wofür wir so hart gearbeitet haben, sinnlos werden.

Paul: Ich weiß, daß ihr sehr viel für mich getan habt. Ich bin euch dafür dankbar, weil es mir beweist, daß euch mein Wohlergehen am Herzen liegt. *(Vernebelung)*

Vater: Dafür sind Eltern ja da, daß sie helfen, wenn irgend etwas schiefgeht. Und das versuche ich jetzt auch zu tun.

Paul: Das glaube ich dir, Papa. Aber jetzt werde ich tun, was ich für das Beste halte, auch wenn es Mutter und dir nicht gefällt. *(Vernebelung* und *negative Selbstsicherheit)*

Vater: Nun, ich habe mein Möglichstes versucht. Ich weiß, wie deine Mutter das Ganze aufnehmen wird. Ziemlich schlecht, glaube ich.

Paul: Ich weiß es nicht, aber wahrscheinlich hast du recht. Aber ich wollte mit dir noch über etwas anderes sprechen. *(Selbstenthüllung* und *Vernebelung)*

Vater: Und das wäre?

Paul: Über das Geschäft. Ich möchte es verkaufen und dir das Geld zurückgeben, das du mir damals zur Verfügung gestellt hast. *(Selbstenthüllung)*

Vater: Warum willst du das tun, nachdem du so viel Arbeit hineingesteckt hast? Es bringt dir doch jetzt eine hübsche Summe ein. Du brauchst mir das Geld nicht zurückzuzahlen.

Paul: Ja, das weiß ich, aber ich möchte es tun, und es wäre sehr wichtig für mich. *(Vernebelung* und *Selbstenthüllung)*

Vater: Das ist das Dümmste, was du je gesagt hast! Alles, was wir haben, geht doch eines Tages sowieso an dich und die Kinder.

Paul: Ich bin voll und ganz deiner Ansicht. Es ist dumm und ergibt keinen Sinn, aber ich habe immer das unbehagliche Gefühl gehabt, daß ich für dich gearbeitet habe und nicht für mich. *(Negative Selbstsicherheit* und *Selbstenthüllung)*

Vater: Du bist ja verrückt. Ich habe dir nie Vorschriften gemacht, wie du dein Geschäft führen sollst. Jetzt kann ich verstehen, daß du eine psychotherapeutische Behandlung nötig hattest.

Paul: Vielleicht ist es verrückt, aber so denke ich nun mal darüber. Du hast mir zwar nie Vorschriften gemacht, aber ich hatte immer das Gefühl, du machst dir Sorgen, daß ich vielleicht wieder versage und dein Geld vergeude. *(Negative Selbstsicherheit, Vernebelung* und *Schallplatte mit Sprung)*

Vater: Das wäre eben Pech gewesen. Deine Mutter und ich haben dir das Geld sehr gern gegeben.

Paul: Hast du wirklich nicht daran gezweifelt, daß ich es schaffen würde? *(Negative Befragung)*

Vater: Nun ja, vielleicht ein bißchen, aber was hast du denn nach dem Bankrott und all dem anderen erwartet?

Paul: Du hast den Nagel auf den Kopf getroffen. Ich habe vorher versagt und mache dir keinen Vorwurf, weil du mißtrauisch warst. Aber seitdem du mir aus der Klemme geholfen hast, habe ich immer das Gefühl gehabt, daß ich mit dir alles besprechen müßte, um sicher zu sein, daß ich es richtig machte. *(Negative Selbstsicherheit* und *Selbstenthüllung)*

Vater: Aber –

Paul: Ich weiß, was du sagen willst, und ich stimme dir zu. Es ist dumm, solche Gefühle zu haben, aber ich habe sie nun mal. Du kannst es ruhig eine neurotische Störung nennen. Ich arbeite ja daran, dieses Problem zu bewältigen, aber inzwischen möchte ich einiges ändern, damit ich mir nicht wie ein kleiner Junge vorkomme, der immer erst seinen Papi fragen muß, was er tun soll. *(Negative Selbstsicherheit* und *Selbstenthüllung)*

Vater (schweigt ein paar Sekunden und betrachtet Paul nachdenklich): Ich habe nie gedacht, daß es schlecht sein könnte, wenn ich versuche, dir zu helfen.

Paul: Ich glaube nicht, daß es schlecht war. Ich bin dir für deine Hilfe dankbar, aber sie gibt mir das Gefühl, daß ich unfähig bin. Vielleicht war ich das und bin es auch heute noch, aber ob ich es nun bin oder nicht, ich möchte dieses Gefühl nicht mehr haben. *(Vernebelung, Selbstenthüllung)*

Vater: Wenn es dich so bedrückt, warum zahlst du mir das Geld dann nicht in Raten zurück, statt das Geschäft zu verkaufen?

Paul: Weshalb bist du dagegen, daß ich das Geschäft verkaufe? *(Negative Befragung)*

Vater: Ich wäre beruhigter, wenn ich wüßte, daß du ein gutes laufendes Einkommen hast. Wenn mir irgend etwas zustieße und ich nicht mehr arbeiten könnte, dann würde ich wissen, daß ich mit deiner Hilfe rechnen kann. Meine Altersrente ist nicht sehr hoch, und vielleicht könnte ich dir nach meiner Pensionierung ein bißchen helfen, damit ich beschäftigt bin.

Paul (mit erstickter Stimme): Papa, wenn du jemals in Schwierigkeiten bist, dann werde ich dir helfen, so gut ich es kann. Klingt komisch, wenn ich das sage. Ich meine, daß ich dir helfe. (Schweigt ein paar Sekunden.) Was sagst du zu folgendem Vorschlag: Wir lassen die Summe, die du mir geliehen hast, als Hypothek auf das Geschäft eintragen. Die Tilgungsraten und die Zinsen überweise ich auf dein Konto. Das würde mich sehr erleichtern. *(Praktikabler Kompromiß)*

Vater: Aber wie sieht es mit der Aufteilung der Vermögenswerte aus, wenn ihr euch scheiden laßt?

Paul: Das sollen die Rechtsanwälte aushandeln. Man könnte sie am Umsatz beteiligen.

Vater: Du würdest also das Geschäft nicht verkaufen müssen und ihr die Hälfte des Erlöses als Abfindung geben?

Paul: Wir werden es so einrichten, daß das nicht geschieht.

Vater: Ich bin einverstanden.

Paul: Ich auch, mit einer Ausnahme. Wenn du nach deiner Pensionierung bei mir arbeiten willst, bin ich der Boß. Abgemacht?

Vater (streckt Paul die Hand entgegen): Abgemacht.

Als Paul und ich über dieses Gespräch mit seinem Vater diskutierten, gewann ich den Eindruck, daß Paul, obwohl er in dieser Interaktion viel für sich selbst erreicht hatte, nicht alle Probleme in der Beziehung zu seinem Vater ausgeräumt hatte. Das prädominierende Gefühl, das Pauls Interaktion mit seinem Vater in mir hervorrief, war eine tiefe Traurigkeit. Ich war für Paul traurig, weil er eine solche Beziehung zu seinem Vater hatte, und ich war für seinen Vater traurig, der möglicherweise von vielen Ängsten geplagt wurde und das Leben seines Sohnes benützt hatte, um diese Ängste zu bewältigen. Mit dieser inneren Anteilnahme hatte ich die klassische Todsünde des Psychotherapeuten begangen: Gegenübertragung. Ich hatte mich zu stark mit den Problemen des Patienten identifiziert. Und was noch schlimmer war, ich gab Paul in dem folgenden Dialog meine Gefühle bekannt.

Ich: Sie haben Ihre Sache sehr gut gemacht, Paul, aber das Gespräch mit Ihrem Vater hat mich irgendwie traurig gestimmt. Welches Gefühl hat es in Ihnen erweckt?

Paul: Ich war nachher deprimiert. Nicht wegen der Scheidung. Wegen meinem Vater und mir.

Ich: Sind Sie sich über den Grund im klaren?

Paul: Ja und nein. Zuerst war meine Stimmung gut, weil ich mich durchgesetzt hatte. Dann wurde ich wütend auf ihn. Und nachher fühlte ich mich unglücklich.

Ich: War es nur die übliche Niedergeschlagenheit nach einem Konflikt?

Paul: Nein. Ich glaube, es lag daran, weil ich immer gedacht hatte, er könnte mit allem allein fertig werden. Als er sagte, daß er auf meine Hilfe rechnete, falls ihm etwas zustoßen würde, hätte ich am liebsten geweint.

Ich: Wissen Sie, warum?

Paul: Nein.

Ich: Sind Sie bereit, ein Risiko einzugehen? Es wird Ihnen vielleicht sehr weh tun, wenn Sie den Grund herausfinden.

Paul: Fangen Sie an.

Ich: Warum hat Ihr Vater nicht einfach die Tatsache akzeptiert, daß Sie Schwierigkeiten haben und sich scheiden lassen wollen?

Paul: Ich weiß es nicht. Darüber habe ich auch schon nachgedacht. Er hat es auch früher niemals akzeptiert.

Ich: Warum hat er nicht einfach gesagt: »Ich wünschte, du würdest dich mit Connie wieder vertragen, aber wenn du glaubst, daß du das nicht kannst, dann tu, was du für richtig hältst. Wenn ich dir helfen kann, lasse es mich wissen.«

Paul: Ich weiß nicht. Ich wünschte, er hätte es gesagt.

Ich: Was hat er gesagt, das Sie fast zum Weinen gebracht hätte?

Paul: Daß er auf meine Hilfe rechnete.

Ich: Hat er das jemals zuvor gesagt?

Paul: Nein.

Ich: Wann hat er es gesagt?

Paul: Nachdem ich ihn gefragt hatte, was ihn an meinem Wunsch, das Geschäft zu verkaufen und von ihm unabhängig zu sein, so beunruhigt.

Ich: Hat er Ihnen schon früher einmal gesagt, daß er Sorgen hat?

Paul: Nein, das war das erste Mal.

Ich: Und das hat Sie fast zum Weinen gebracht?

Paul: Ich möchte auch jetzt weinen, wenn ich daran denke.

Ich: Möchten Sie, daß ich aufhöre?

Paul: Nein.

Ich: Warum war er so bedrückt, als er hörte, daß Sie das Geschäft verkaufen wollen?

Paul wirft mir einen unbehaglichen Blick zu.

Ich: Glauben Sie, daß Sie auf der richtigen Spur sind?

Paul: Ja.

Ich: Dann sagen Sie es. Warum war Ihr Vater bedrückt, als er hörte, daß Sie das Geschäft verkaufen wollen?

Paul: Weil er immer damit gerechnet hat, daß ich ihm helfen würde, wenn er in Schwierigkeiten ist.

Ich: Hat er Ihnen das jemals gesagt?

Paul: Nein, nie.

Ich: Warum hat er nicht die Tatsache akzeptiert, daß Ihre Ehe kaputt ist und Sie sich scheiden lassen wollen?

Paul: Weil ich vielleicht das Vermögen aufteilen und dann in eine andere Stadt ziehen würde. Dann hätte er nicht mehr auf mich rechnen können.

Ich: Was hätten Sie vor einer Vermögensteilung tun müssen?

Paul: Das Geschäft verkaufen. So wie ich es ihm gesagt habe.

Ich: Und inwiefern würde ihm das Sorgen bereiten?

Paul: Ich und das Einkommen aus dem Geschäft waren seine Rückversicherung für den Fall, daß er nicht mehr arbeiten konnte oder in Pension ging.

Ich: Was glauben Sie, warum er Ihnen immer wieder mit Geld ausgeholfen hat, wenn Sie in Schwierigkeiten waren, und alles für Sie getan hat, statt Sie aus Ihren eigenen Fehlern lernen zu lassen?

Paul: Ich war seine Rückversicherung, und das Geld, das er mir gab, waren die Prämien. Ich war ihm verpflichtet! Dieser verdammte Bastard! So hat er es all die Jahre gemacht!

Ich: Halten Sie Ihren Vater für einen gemeinen Menschen?

Paul: Nein.

Ich: Warum haben Sie ihn dann gerade einen verdammten Bastard genannt?

Paul: Weil er mich benützt hat! Ich wollte mich schon zweimal scheiden lassen, und er hat es mir aus eigennützigen Motiven ausgeredet.

Ich: Warum wollten Sie dann weinen, als er sagte, daß er auf Ihre Hilfe rechnete?

Paul: Er sagte, er mache sich Sorgen über das, was nach seiner Pensionierung geschehen könnte.

Ich: Hat er Ihr Verhalten kontrolliert, weil er ein verdammter Bastard ist oder weil er Sorgen hatte?

Paul: Ich habe mir noch nie solche Sorgen um meine Zukunft gemacht. Ich habe sehr viel falsch gemacht, aber ich habe mir nie darüber Sorgen gemacht, was geschehen wird, wenn ich alt bin.

Ich: Wissen Sie jetzt, warum er Sie manipuliert?

Paul: Ja, es gefällt mir nicht, aber ich verstehe es.

Ich: Und Sie begreifen auch, warum mich der Gedanke an Ihren Vater traurig stimmt?

Paul: Ich bin auch traurig darüber. Der arme Kerl.

Ich: Fühlen Sie sich immer noch wie ein kleiner Junge, der von seinem Vater überwacht werden muß?

Paul: Nein.

Ich: Wissen Sie, was Sie sagen würden, wenn Sie das Gefühl hätten, daß er Sie überwacht?

Paul: Ich würde sagen, Papa, hör auf, dir Sorgen zu machen. Ich schaffe es schon.

Ich: Sind Sie immer noch unglücklich über die ganze Situation?

Paul: Ja.

Ich: Die Wirklichkeit ist nicht immer erfreulich.

Paul: Für mich bestimmt nicht.

Ich (pompös): Was möchten Sie lieber sein: Unglücklich und unter der Kontrolle Ihres Vaters oder unglücklich und Herr Ihres eigenen Lebens mit der Freiheit, das zu ändern, was Ihnen nicht gefällt?

Paul (sarkastisch): Was glauben denn Sie?

Ich (todernst): Ich hoffe, Sie haben alles begriffen, was ich Ihnen beibringen wollte.
Paul: Sie reden ganz wie mein Vater!
Ich (lächelnd): Sie lernen schnell. Darf ich Ihnen einen Rat geben?
Paul: Ja, natürlich.
Ich: Lassen Sie nie einen anderen Menschen, mich eingeschlossen, für Sie Entscheidungen treffen.

Die nachfolgend beschriebenen Alltagssituationen zeigen Ihnen, wie man Manipulationen in einer Interaktion bewältigen kann, in der es zum Glück mehr positive Gefühle und Vertrautheit gibt als in Pauls Beziehung zu seinem Vater: die sexuelle Interaktion zwischen Mann und Frau.

Dialog Nr. 30
Lisa und Betti lehnen es ab, sich von ihren Sexualpartnern manipulieren zu lassen; wie ein junges Mädchen lernt, »nein« zu sagen

In den hier wiedergegebenen sozio-sexuellen Dialogen bewältigen zwei junge Frauen, Lisa und Betti, selbstsicher und erfolgreich ihre gemischten Gefühle über Bett und Ehe. Im zweiten Teil der Dialoge demonstriert ein Psychologe relativ unerfahrenen jungen Mädchen, wie sie zu möglichen Sexualpartnern selbstsicher »nein« sagen, die versuchen, sie zu überreden, mit ihnen ins Bett zu gehen.

Lisa ist 27 Jahre alt, sieht attraktiv aus und arbeitet als Einkäuferin. Sie beschreibt sich als alleinstehende Frau, die auf Männer eher auf Grund ihrer Persönlichkeit als durch ihr Aussehen Eindruck macht. Sie berichtete mir über eine Situation, die für sie ungewöhnlich gewesen war und ihrem Ego und ihrer Selbstachtung erheblichen Auftrieb gegeben hatte. Ein paar Wochen vor dem im folgenden Dialog beschriebenen Zwischenfall lernte sie einen Mann kennen, der sie sexuell reizte und den sie auch in anderer Beziehung attraktiv fand. Roberts Höflichkeit, seine Intelligenz und sein Aussehen gefielen ihr. Es war wohl eine Folge ihres schwach ausgeprägten Selbstvertrauens und der physischen Attraktion, die Robert auf sie ausübte, daß sie schon beim ersten Rendezvous mit ihm ins Bett ging, obwohl sie eigentlich keine Lust hatte. Natürlich hatte sie deswegen keine viktorianischen Schuldgefühle, aber sie machte sich doch Vorwürfe, weil sie mit einem Mann ins Bett gegangen war, den sie kaum kannte, und mit dem sie auch gar nicht hatte schlafen wollen. Kein Wunder, daß sie keine Freude daran hatte, während ihr Partner es sehr zu genießen schien. Lisa stimmte meiner Ansicht zu, daß für viele alleinstehende Frauen der Sexualverkehr der Preis ist, den sie dafür bezahlen, daß sie nicht mehr allein sind und mit einem anderen Menschen ein aufregendes und zärtliches Erlebnis teilen. Lisas Verhalten entsprach einer modernen Variation der traditionellen manipulativen Struktur und des Systems der anerzogenen Anschauungen, die in unserem Zeitalter der sexuellen Revolution folgende Regeln aufstellt: »So etwas tut heute jeder«, oder: »Wenn eine Frau nicht mitmacht, muß sie einen neurotischen Defekt haben«, oder: »Mit der wird sich keiner mehr verabreden.« Nachdem Lisa gelernt hatte, Situationen dieser Art, die manchmal sehr unangenehm sein können, selbstsicherer zu bewältigen, entdeckte sie, daß solche Aussagen über das Sexualverhalten eines Menschen ungefähr genauso viel Wahrheit enthalten wie die manipulativen Aussagen, mit denen andere Menschen versuchten, ihr Verhalten auf Gebieten außerhalb des Sexualbereichs zu kontrollieren. Ich habe bei vielen alleinstehenden Frauen beobachtet, daß sie die strukturierten Anschauungen über die neuen sexuellen Erwartungen als Entschuldigung dafür benützen, daß sie sich nicht mit sinnvollen Aktivitäten befassen, die das Wachstum ihrer Persönlichkeit fördern oder Änderungen bewirken würden, die das Interesse der Männer auch auf einer anderen Basis als nur der sexuellen erwecken könnten. Es ist sehr leicht, eine Beziehung nur auf der Grundlage der Sexualität aufzubauen. Der Nachteil daran ist, daß solche Beziehungen nie von langer Dauer sind. Bei vielen Frauen (und auch Männern!), die in meine Behandlung kommen, liegt das Problem darin, daß sie möglichst schnell eine enge Beziehung herstellen wollen, und daß sie nicht all die Zweifel, Ungewißheiten, Mühen und manchmal auch Qualen auf sich nehmen wollen, die der langsame Aufbau einer engen Beziehung mit sich bringt. Lisa hatte erkannt, daß sie sich in bezug auf Robert genau in dieser Situation befand und Gefahr lief, auch ihre zukünftigen Beziehungen zu Männern so oberflächlich zu gestalten. Als sie Robert zufällig wiedersah, war sie allerdings fähig, mit Hilfe der inzwischen erlernten verbalen Fertigkeiten diese Situation sehr gut zu meistern.

Szene des Dialogs: Lisa hat eine alte Freundin getroffen, die sie seit mehreren Jahren nicht mehr gesehen hatte. Die beiden sitzen in einer Bar und reden vergnügt über die alten Zeiten, als Robert hereinkommt und auf sie zugeht.

Robert: Hallo, Lisa, wie geht's?

Lisa: Guten Tag Robert. Danke für die Nachfrage, und wie geht's dir?

Robert (mustert Lisas Freundin Edith): Gut. Wer ist denn deine hübsche Freundin? Ich glaube, wir kennen uns noch nicht.

Lisa: Edith, das ist Robert. (Zu Robert:) Edith ist eine alte Freundin von mir. Wir haben uns seit Jahren nicht gesehen und sind uns vor ein paar Minuten zufällig über den Weg gelaufen.

Edith: Nett, Sie kennenzulernen, Robert.

Robert: Ich habe eine großartige Idee. Wie wäre es, wenn wir drei hier ein paar Drinks zu uns nehmen, und später rufe ich einen Freund an und sage ihm, daß er herkommen soll.

Lisa: Das wäre sehr nett, Robert, aber ich würde mich gern mit Edith noch eine Weile unterhalten. *(Vernebelung und Schallplatte mit Sprung)*

Robert: Dieser Freund von mir, der ist wirklich ein feiner Kerl. Ich glaube, er würde Edith gefallen.

Lisa: Ich verstehe dich, aber ich möchte mich eine Weile ungestört mit Edith unterhalten. Vielleicht nachher? *(Selbstenthüllung, Schallplatte mit Sprung* und *praktikabler Kompromiß)*

Robert: Wir haben neulich einen so schönen Abend miteinander verbracht, Lisa. Edith hat sicherlich Verständnis dafür, wenn ich hierbleiben möchte. Ihr könntet ja eure Unterhaltung auf später verschieben.

Lisa: Wie nett, daß du dich daran erinnerst, Robert, und ich kann dich auch verstehen, aber ich möchte im Moment nichts weiter als hier zu sitzen und mit Edith zu reden. *(Selbstenthüllung* und *Schallplatte mit Sprung)*

Robert: Lisa, du glaubst doch nicht im Ernst, daß ich zwei so verführerische Geschöpfe allein hier sitzen lasse!

Lisa: Ich kann dich verstehen, Robert, aber ich möchte mich eine Weile ungestört mit Edith unterhalten. *(Selbstenthüllung* und *Schallplatte mit Sprung)*

Robert: Aber es gibt in der ganzen Stadt niemanden, mit dem ich so gern zusammensein möchte wie mit euch beiden. Willst du mir den ganzen Abend verderben? Würdest du einem Verdurstenden einen Schluck Wasser verweigern?

Lisa: Vielleicht hast du recht, aber ich möchte mich trotzdem eine Weile mit Edith unterhalten. *(Vernebelung* und *Schallplatte mit Sprung)*

Robert: Es war neulich so wunderbar, und ich habe immer gehofft, dich mal wiederzusehen.

Lisa (fängt an, die Situation zu genießen): Ich kann dich verstehen, aber ich möchte mich jetzt mit Edith unterhalten. Ich mache dir einen Vorschlag. Ich habe Freitag abend Zeit. Wie wäre es, wenn wir uns dann treffen? *(Selbstenthüllung, Schallplatte mit Sprung* und *praktikabler Kompromiß)*

Robert (ist einen Moment lang verdutzt): Oh?. . . Na gut, einverstanden . . . Hier?

Lisa: Wollen wir zuerst zusammen zu Abend essen und dann hierhergehen oder irgendwo anders hin?

Robert: Gut. Soll ich dich um sieben Uhr abholen?

Lisa: Ruf mich doch vor Freitag im Büro an, dann können wir uns absprechen. (Schreibt ihre Telefonnummer auf.)

Robert: Ja . . .

Edith: Hat mich gefreut, Sie kennenzulernen. Vielleicht treffen wir uns mal wieder.

Robert: Ganz meinerseits.

Für Lisa war es eine sehr erfreuliche Erfahrung, daß es ihr gelungen war, sich einem sozio-sexuellen Partner gegenüber zu behaupten, ohne aggressiv zu werden oder Robert die Schuld daran zu geben, daß ihre erste Begegnung gemischte Gefühle in ihr hinterlassen hatte. Lisa war nicht nur imstande gewesen, Roberts erneuten Annährungsversuch zurückzuweisen, ohne grob oder ausfallend zu werden, sondern sie hatte auch begonnen, eine neue Basis für ihre Beziehung vorzubereiten. Ich fragte Lisa, wie die Sache sich weiterentwickelt hatte.

Ich: Warum wollten Sie, daß er Sie im Büro anruft?

Lisa: Ich wollte richtig mit ihm ausgehen, statt mich mit ihm auf ein paar Drinks in einer Bar zu treffen.

Ich: Und?

Lisa: Er rief mich am Donnerstag an und fragte, ob es bei unserer Verabredung für morgen bliebe.

Ich: Und was sagten Sie?

Lisa: Ich sagte »ja«, und dann haben wir die Einzelheiten vereinbart. Er fragte, ob ich ein bestimmtes Restaurant bevorzuge, und ich sagte, daß ich Chasen und Frascatti nicht mag, weil sie zu teuer sind.

Ich: Und er stieß einen Seufzer der Erleichterung aus!

Lisa: Nein, er sagte geradeheraus, daß er ein nettes Restaurant in der Umgebung kennt. Damit war ich einverstanden.

Ich: Und?

Lisa: Wir fuhren hin, und er war riesig nett.
Ich: Was war weiter?
Lisa: Hinterher gingen wir in eine Bar, tranken ein paar Gläser und unterhielten uns.
Ich: Und dann?
Lisa: Nichts! Du meine Güte, haben Sie eine karierte Phantasie!
Ich: Wahrscheinlich haben Sie recht, Lisa, aber was geschah nachher? War es eine Wiederholung Ihrer ersten Begegnung?
Lisa: Nein. Nach dem Essen sagte ich Robert, daß ich ihn sehr gern mag, daß ich aber nur deshalb mit ihm ins Bett gegangen sei, weil ich dachte, er würde sonst an mir nicht interessiert sein. Und daß es mir gar nicht gefällt, was ich getan habe.
Ich: Wie hat er das aufgenommen?
Lisa: Er war nicht im mindesten pikiert. Er sagte, es täte ihm leid, daß es mir keinen Spaß gemacht hätte, und daß es mein Recht sei, das auch zu sagen.
Ich: Und weiter?
Lisa: Ich sagte ihm, daß ich mich ihm gegenüber unsicher fühle, auch wenn wir Spaß miteinander hätten ... wahrscheinlich läge es daran, daß ich ihn so gern hätte.
Ich: Unter Anwendung der feinsten negativen Selbstsicherheit?
Lisa: Stimmt.
Ich: Haben Sie sich wieder mit ihm verabredet?
Lisa: Er sagte, er würde mich bald anrufen.
Ich: Heißt das, daß er Sie mag – oder daß er Ihnen einen Korb gegeben hat?
Lisa: Keine Ahnung. Das liegt bei ihm. Wenn er mich nächste Woche nicht anruft, dann rufe ich ihn an und schlage vor, daß wir uns zum Mittagessen treffen, und dann werden wir ja sehen.
Ich: Und wie fühlen Sie sich bei der ganzen Sache?
Lisa: Gut.
Ich: Obwohl Sie ihn nicht sexuell an sich fesseln?
Lisa: Ein Mann wie Robert kann jederzeit eine Frau haben, die mit ihm ins Bett geht. Ich will mich nicht auf dieser Basis um ihn bemühen. Wenn er menschlich an mir interessiert ist und unsere Beziehung fortsetzen will, dann bin ich damit zufrieden.

Das Letzte, was ich hörte, war, daß Lisa sich immer noch gelegentlich mit Robert traf und auch mit anderen Männern ausging. Das Wichtigste war, daß sie sich in der Rolle einer selbstsicheren und wählerischen Sexualpartnerin wohler fühlte und sich nicht mehr wie ein willenloses Lustobjekt vorkam.

Lisa hatte mit Robert offen über ihr Problem gesprochen, und er unterstützte sie bei ihren Bemühungen, ihre gemischten Gefühle über ihre Beziehung zu bewältigen. Wenn Robert eine unreifere Einstellung gehabt hätte und sich seiner Wirkung auf Frauen nicht so sicher gewesen wäre, hätte er Lisas Bitte, daß sie versuchen sollten, ihre Beziehung auf einer anderen Basis aufzubauen, möglicherweise ignoriert und versucht, sie durch verbale Manipulation (Verführung) abermals dazu zu bringen, daß sie mit ihm ins Bett ging, obwohl ihm bewußt gewesen wäre, daß sie es nur mit gemischten Gefühlen getan hätte.

Wie man solche Manipulationen durch die Anwendung selbstsicherer Fertigkeiten abwehren kann, hat mein Kollege Dr. Aaron Hass in seinen Einführungskursen in die Psychologie demonstriert. Er hatte eine hübsche Studentin als Partnerin angeheuert und spielte mit ihr zusammen Beispiele durch, wie ein junges Mädchen lernen konnte, Verführungsversuche mit einem »Nein« zu beantworten, auch wenn der Partner sich der verschiedensten Methoden bediente, um ans Ziel zu kommen. Diese Methoden umfaßten sowohl die Vortäuschung »verletzter« Gefühle als auch die Induzierung von Schuldgefühlen oder des Gefühls der Unwissenheit und vorwurfsvolle oder anklagende Aussagen. Dr. Hass war zwar der Meinung, daß die meisten Männer keineswegs so begierig sind, eine Frau ins Bett zu bekommen, wie er es in den Demonstrationen vorspielte, aber er hielt es für wichtig, seinen Zuhörerinnen zu zeigen, wie man durch ein selbstsicheres Verhalten sogar eine Situation bewältigen kann, in welcher der frustrierte Mann seinem Zorn freien Lauf läßt. Die folgende Szene, die sich mit einer solchen Situation befaßt, wurde von meiner Kollegin Susan Levine und mir anläßlich eines Fachseminars über das systematische Selbstsicherheitstraining demonstriert. Die von mir benützten manipulativen Tricks ähnelten denen, die von Dr. Hass angewendet wurden. Frau Levine demonstrierte durch ihre Reaktionen, wie man mit Hilfe der verbalen Fertigkeiten einen attraktiven, aber zudringlichen Bewerber in seine Schranken weist.

Szene des Dialogs: Susan und ich sitzen auf einem Tisch, der eine Wohnzimmercouch darstellen soll. Wir waren zusammen im Kino, und sie hat mich auf einen Drink zu sich eingeladen. Nach ein paar Gläsern Wein will ich sie küssen, aber sie entzieht sich mir.

Ich: Was ist denn los?
Susan (freundlich lächelnd): Ich habe heute keine Lust dazu.
Ich: Aber ich dachte, daß es heute abend besonders nett war.
Susan: Das stimmt, der heutige Abend war wirklich großartig. *(Vernebelung)*
Ich: Was ist dann nicht in Ordnung?
Susan: Ich verstehe dich nicht. Was soll daran nicht in Ordnung sein, wenn ich keine Lust zum Schmusen habe? *(Negative Befragung)*
Ich: Ich dachte, du magst mich.
Susan: Tu ich auch, aber ich habe einfach keine Lust, mit dir heute zu schlafen. *(Vernebelung* und *Schallplatte mit Sprung)*
Ich: Es würde aber bestimmt wunderbar sein.
Susan: Ja, kann sein, aber ich will heute nicht mit dir ins Bett gehen. *(Vernebelung* und *Schallplatte mit Sprung)*
Ich: Es ist aber das Natürlichste, was zwei Menschen tun können, wenn sie einander nahestehen und gern zusammen sind.
Susan: Ich verstehe dich nicht. Was ist daran unnatürlich, wenn ich nicht mit dir ins Bett gehen will? *(Negative Befragung)*
Ich: Wir könnten uns von unseren Gefühlen tragen lassen und einander im Bett viel besser kennenlernen.
Susan: Das können wir tun. Ich möchte mich auch von unseren Gefühlen tragen lassen, aber nicht, wenn das heißt, daß ich mit dir ins Bett gehe. *(Vernebelung* und *praktikabler Kompromiß)*
Ich: Wir passen gut zusammen – wir haben die gleiche Wellenlänge.
Susan: Da hast du recht. Ich unterhalte mich wirklich gern mit dir. *(Vernebelung* und *Selbstenthüllung)*
Ich: Wenn zwei Menschen einander so gern haben, ist es im Bett am schönsten.
Susan: Ich verstehe dich sehr gut, aber ich will nicht mit dir ins Bett gehen. *(Selbstenthüllung* und *Schallplatte mit Sprung)*
Ich: Stimmt irgend etwas an mir nicht?
Susan: Wenn ich nicht mit dir ins Bett gehen will, wieso soll das bedeuten, daß etwas mit dir nicht stimmt? *(Negative Befragung)*
Ich: Zum Beispiel, daß ich dich nicht reize.
Susan: Also, das verstehe ich wirklich nicht. Wieso bedeutet es, daß du mich nicht reizt, wenn ich nicht mit dir ins Bett gehen will? *(Selbstenthüllung* und *negative Befragung)*
Ich: Ich dachte, du hast mich gern.

Susan: Ich habe dich sogar sehr gern, aber ich will heute abend nicht mit dir ins Bett gehen. *(Vernebelung* und *Schallplatte mit Sprung)*

Ich: Wie gern hast du mich?

Susan: Das weiß ich selbst nicht so genau. *(Selbstenthüllung)*

Ich: Wenn es dir wirklich etwas ausmachen würde, was ich fühle, würdest du mit mir ins Bett gehen. (Anmerkung: das primitivste aller Argumente)

Susan: Vielleicht stimmt es, daß ich mit dir ins Bett ginge, wenn ich mir mehr aus dir machen würde. *(Vernebelung* und *Schallplatte mit Sprung)*

Ich: Ich bin ein einsamer Mann ...

Susan lächelt nur.

Ich: Du machst dir nichts aus meinen Gefühlen. Vielleicht stimmt mit dir irgend etwas nicht?

Susan: Mit mir stimmt eine ganze Menge nicht. *(Negative Selbstsicherheit)*

Ich: Hast du irgendwelche Sex-Probleme? Geht einem Haufen Mädchen so.

Susan: Das glaube ich dir. Woraus schließt du, daß ich irgendein sexuelles Problem habe? *(Vernebelung* und *negative Befragung)*

Ich: Du scheinst irgendeinen Komplex in bezug auf das Ins-Bett-gehen zu haben.

Susan: Ich glaube dir, daß es sich so anhört. *(Vernebelung)*

Ich: Wenn das dein Problem ist, könnte ich dir helfen, damit fertigzuwerden.

Susan: Vielleicht, aber ich will nicht mit dir ins Bett gehen. *(Vernebelung* und *Schallplatte mit Sprung)*

Ich: Du hast erst gesagt, daß du mich magst, aber mit deinem Verhalten paßt das nicht zusammen.

Susan: Da kannst du recht haben, manchmal wirke ich tatsächlich irgendwie unecht. *(Vernebelung* und *negative Selbstsicherheit)*

Ich: Den ganzen Abend haben wir davon geredet, wie oberflächlich die meisten Menschen in ihren Beziehungen zueinander sind. Jetzt möchte ich eine sinnvollere Ebene des Verstehens zwischen uns herstellen, und du machst nicht mit.

Susan: Ja, vermutlich mache ich nicht mit. *(Vernebelung)*

Ich: Spielst du dieses Spielchen mit allen Männern?

Susan: Ich verstehe dich nicht. *(Selbstenthüllung)*

Ich: Ich glaube, du hast mir etwas vorgemacht.

Susan: Wie meinst du das? *(Negative Befragung)*

Ich: Du hast mich an der Nase herumgeführt – erst all das Gerede, wie gern du mit mir zusammen bist, und dann die Einladung, in deine Wohnung mitzukommen.

Susan: Anscheinend habe ich falsche Vorstellungen in dir erweckt, als ich dich einlud, mitzukommen. Das war dumm von mir. *(Negative Selbstsicherheit)*

Ich: Für Mädchen wie dich gibt es eine ganz bestimmte Bezeichnung.

Susan: Und das wäre? *(Negative Befragung)*

Ich: Aufgeilerin.

Susan (geht zur Tür, öffnet sie und bleibt im Korridor stehen): Es war ein Fehler, daß ich dich eingeladen habe. Bitte geh jetzt. *(Negative Selbstsicherheit* und *praktikabler Kompromiß)*

Wir hatten einen Extremfall demonstriert, der eine Fortsetzung der Beziehung praktisch unmöglich macht. Wenn der Mann jedoch auf das erste selbstsichere und empathische »Nein« seiner Partnerin gehört hätte, wäre er durchaus in der Lage gewesen, sich wieder mit ihr zu verabreden, um festzustellen, ob sie vielleicht ihre Meinung geändert hatte. Wir verzichteten bewußt auf den Gebrauch von Schmeicheleien als Mittel zur Verführung, also Phrasen wie »ich glaube, ich liebe dich«, »du bist so verführerisch, daß ich ständig an dich denken muß« usw. Solche Schmeicheleien sind natürlich völlig bedeutungslos und dienen nur als verbales Vorspiel in einer Situation, in der jeder Partner dem anderen zu verstehen gegeben hat, daß er an ihm sexuell interessiert ist.

Nach der Demonstration fragte ich Susan, warum sie das Zimmer verlassen und im Korridor gewartet hätte. An die Zuhörer gewandt, erwiderte sie: »Sehen Sie sich mal den Größenunterschied zwischen uns an. Was wäre in diesem Augenblick wohl günstiger für mich gewesen – Kampf oder Flucht?«

Die nächste Episode handelt von einer selbstsicheren jungen Frau namens Betti, die sich mit dem Heiratsantrag eines jungen Mannes befassen mußte, den sie zwar liebte, über dessen Eignung als Lebensgefährte sie aber Zweifel und Vorbehalte hatte. Betti arbeitete in einer Behörde, für deren Angestellte ich Kurse über die Verbesserung der Kommunikation mit der Öffentlichkeit abhielt. Auf Grund ihrer liberalen Erziehung war Betti mit willkürlichen Regeln und Strukturen viel weniger vorbelastet, als es im Durchschnitt der Fall ist, und das Selbstsicherheitstraining machte ihr enormen Spaß. Als ich sie später einmal wieder traf, berichtete sie mir über ihre Erfahrungen mit Ted, dem jungen Mann, in den sie verliebt war, über seinen Heiratsantrag und über den praktikablen Kompromiß, den sie mit ihm ausgehandelt hatte. Der folgende Dialog ist eine gekürzte Version der Gespräche, die Betti und Ted über mehrere Wochen hinweg führten.

Szene des Dialogs: An einem heißen Sonnabend nachmittag sitzt Betti im Wohnzimmer von Teds Appartement. Er kommt aus der Küche und stellt einen Krug mit einem eisgekühlten Getränk auf den Tisch.

Ted: Bleiben wir doch noch einen Moment hier, bevor wir zum Schwimmen gehen. Ich möchte mit dir über uns sprechen.

Betti: Klingt ernst. Habe ich etwas getan, was dich geärgert hat? *(Negative Befragung)*

Ted (lächelnd): Noch nicht, aber du wirst es gleich tun, wenn du meiner Bitte nicht nachkommst.

Betti: Laß hören.

Ted: Du bist das bezauberndste und aufregendste Mädchen, das ich je getroffen habe. Betti. Ich glaube, daß du mich ebenfalls für attraktiv hältst. Wie sehr liebst du mich?

Betti: Ich habe dich sehr lieb.

Ted: Genug, um mich zu heiraten?

Betti: Das weiß ich nicht. *(Selbstenthüllung)*

Ted: Wieso nicht? Wir sind seit fast einem Jahr miteinander befreundet. Die Zeit sollte genügen, um das herauszufinden.

Betti: Vielleicht, aber ich weiß es einfach nicht. *(Vernebelung* und *Schallplatte mit Sprung)*

Ted: Wir vertragen uns doch gut miteinander, nicht wahr?

Betti: Das tun wir, aber wenn man sich immer nur stundenweise sieht, ist es leichter, sich miteinander zu vertragen, als wenn man es in der Ehe Tag für Tag tun muß. Jedenfalls denke ich so darüber, und das macht mir Sorgen. *(Vernebelung* und *Selbstenthüllung)*

Ted: Wie sollen wir das jemals wissen, wenn wir es nicht versuchen? Wir könnten ja bis in alle Ewigkeit so weitermachen wie bisher; ich meine damit, daß wir miteinander ausgehen.

Betti: Das stimmt, aber ich verstehe dich nicht. Was ist denn falsch daran, wenn man miteinander ausgeht und nicht heiratet?

Ted: Nichts ist falsch daran. Ich möchte dich nur heiraten, das ist alles.

Betti: Stört es dich, daß wir miteinander schlafen, ohne verheiratet zu sein? *(Negative Befragung)*

Ted: Nein, eigentlich nicht. Es ist nur so, je mehr ich darüber nachdenke, desto stärker wird mein Wunsch, dich zu heiraten.

Betti: Es ist einfach rührend von dir, das zu sagen, und es ist eine wunderschöne Art und Weise, mir zu sagen, daß du mich liebst, aber ich habe trotzdem das Gefühl, daß du über irgend etwas unglücklich bist. Bist du ganz sicher, daß dich an unserem gegenwärtigen Verhältnis nicht irgend etwas stört? *(Selbstenthüllung* und *negative Befragung)*

Ted: Auf der Basis, die wir jetzt haben, fühle ich mich irgendwie unsicherer über uns. Wenn wir verheiratet wären, wüßte ich viel besser, wieviel du dir wirklich aus mir machst.

Betti: Das verstehe ich nicht. Das klingt so, als ob du sagen willst, daß ich mir nicht genug aus dir mache, um dich zu heiraten, und daß du dich deswegen unbehaglich fühlst, ist es das? *(Negative Befragung)*

Ted: Es macht mich nervös.

Betti: Möchtest du, daß ich aufhöre, dir über uns Fragen zu stellen? *(Negative Befragung)*

Ted: Nein.

Betti: Gut. Mir ist etwas aufgefallen, das mir Sorgen macht. Ich glaube, du bist eifersüchtig auf die Männer, die am Swimmingpool mit mir sprechen. Habe ich recht? *(Selbstenthüllung)*

Ted: Warum sollte ich eifersüchtig sein?

Betti: Das weiß ich auch nicht. Bist du es? *(Selbstenthüllung)*

Ted: Na ja, ein bißchen, aber was kannst du anderes erwarten, so wie du aussiehst und mit ihnen umgehst?

Betti: Du hast recht, Ted, ich flirte gerne, aber so bin ich nun mal. Auch wenn wir verheiratet wären, würde sich daran nichts ändern. *(Vernebelung* und *negative Selbstsicherheit)*

Ted schweigt und sieht etwas verletzt aus.

Betti: Wenn wir verheiratet wären, würdest du immer noch eifersüchtig sein, weil ich gern flirte, und das gehört zu meinem Charakter. Das heißt aber nicht, daß ich scharf darauf bin, mit diesen Männern ins Bett zu gehen. *(Negative Selbstsicherheit* und *Selbstenthüllung)*

Ted: Wie soll ich das herausfinden?

Betti: Keine Ahnung. Vermutlich auf dieselbe dumme Art und Weise, in der ich mich über dich entscheiden muß. *(Selbstenthüllung* und *negative Selbstsicherheit)*

Ted: Du willst mich also nicht heiraten?

Betti: Ich weiß nicht. *(Selbstenthüllung)*

Ted (sarkastisch): Und wie lange wird es dauern, bis du es weißt?

Betti: Auch das kann ich dir nicht sagen. *(Selbstenthüllung)*

Ted: Was soll ich jetzt tun? Ich kann nicht einfach sagen »verschwinde«, dazu liebe ich dich zu sehr. Aber ich möchte mich auch nicht ständig fragen müssen, wieviel du dir aus mir machst.

Betti: Warum wollen wir nicht einfach zusammenleben? *(Praktikabler Kompromiß)*

Ted: Was würde sich dadurch ändern? Inwiefern würde das unsere Probleme lösen? Außerdem leben wir ja jetzt schon praktisch zusammen.

Betti: Das stimmt beinahe, aber ich glaube, es wäre trotzdem ganz anders. Jetzt sind wir beide frei und ungebunden, aber wenn wir zusammenleben, hat jeder dem anderen gegenüber Pflichten. *(Vernebelung* und *Selbstenthüllung)*

Ted: Aber wir können nicht zusammenleben!

Betti: Das verstehe ich nicht. Was ist denn falsch daran, wenn man zusammenlebt? *(Negative Befragung)*

Ted: Und wenn die Nachbarn es herausfinden?

Betti: Was stört dich denn daran, daß die Nachbarn es herausfinden könnten? *(Negative Befragung)*

Ted: Ach, nichts. Wahrscheinlich ist die Hälfte von ihnen auch nicht verheiratet.

Betti: Wenn du willst, könnten wir ja eine Wohnung in einer Gegend mieten, wo niemand uns kennt. *(Praktikabler Kompromiß)*

Ted: Nein, ich möchte lieber hierbleiben.

Betti: Dann holen wir am kommenden Wochenende meine Sachen. Da gibt's eine Menge zu tun.

Ted: Und was sage ich meinen Eltern?

Betti: Was wäre denn so schrecklich daran, wenn wir es ihnen nicht sagen? *(Negative Befragung)*

Ted: Sie werden es herausfinden.

Betti: Warten wir ab, bis dieses Problem akut wird. Deine Mutter und ich kommen gut miteinander aus. Wollen wir dein Doppelbett benützen oder mein Messingbett? *(Praktikabler Kompromiß)*

Nachdem Betti und Ted sechs Monate lang zusammen gelebt hatten, fand Betti ihre Zweifel über Ted als Lebensgefährten bestätigt. Sie kamen überein, daß sie sich trennen wollten. Es war eine freundschaftliche Trennung, die ihren Grund in echten persönlichkeitsbedingten Unterschieden hatte, die sich im ständigen Zusammenleben nicht aufeinander abstimmen ließen. Das potentielle Chaos, das aus einer solchen Situation hätte entstehen können, wurde von Anfang an ausgeschaltet, weil Betti auf ihr Gefühl hörte und dann selbstsicher danach handelte. Ein Teil ihrer Zweifel beruhte auf den versteckten Motiven, die Ted bewogen hatten, ihr einen Heiratsantrag zu machen; als Bettis Ehemann hätte er das »Recht« gehabt, ihr das Flirten mit anderen Männern zu verbieten. Dieses Verhalten von Betti erweckte in ihm Selbstzweifel an seiner sexuellen Anziehungskraft auf Frauen und an seiner Fähigkeit, Bettis sexuelles Interesse an ihm wachzuhalten.

11. KAPITEL
Enge Beziehungen zu Gleichgestellten – Sexualität und Selbstsicherheit

Wenn die Schüler, die bei mir Selbstsicherheit im Verhalten lernen, keine Neulinge mehr sind und sowohl in der Gruppe als auch im Alltagsleben ihre verbalen Fertigkeiten sicher einsetzen können, lenke ich ihre Aufmerksamkeit auf die Probleme, die Betti im letzten Dialog andeutete: Es sind die Probleme, die jeder von uns meistern muß, wenn er tagein, tagaus mit einem anderen Menschen zusammenlebt.

Die Übungen beginnen mit Situationen, in denen die Schüler lernen, wie man sich gegenüber den Menschen selbstsicher verhält, die einem wirklich nahestehen und auf deren Meinung man Wert legt – also z. B. Ehe- oder Liebespartner. Zur Steigerung des Lerntempos pflege ich den Schülern vorzuschlagen, daß sie sich (im Kurs) zuerst auf einem Gebiet üben, das eine inhärente psychophysiologische Garantie bietet, unsere Aufmerksamkeit und unser Interesse zu erwecken und gefangen zu halten – die Sexualität. Ich lasse die Schüler zuerst üben, ihre eigenen sexuellen Wünsche oder Wunschvorstellung zum Ausdruck zu bringen, und zwar aus dem simplen Grund, daß dieses Thema bei den meisten Menschen auf lebhaftes Interesse stößt. Dieses Interesse wird natürlich in die Übungen übernommen und hilft den Schülern, schneller zu lernen. Die menschliche Natur gestattet es nicht, daß man vor etwas Angst hat, an dem man gleichzeitig zutiefst interessiert ist. Ebenso wie ein starkes Angstgefühl erfreuliche Gefühle und Interesse zu überlagern vermag, kann ein intensives Interesse oder ein anderes positives Gefühl die Angst reduzieren. Die Arbeit mit Material, das die Sexualität betrifft, bietet noch einen weiteren Vorteil. Aus der Tatsache, daß er diese potentiell peinlichen (trotz der sogenannten sexuellen Revolution!) persönlichen Bedürfnisse so gelassen bewältigen kann, lernt der Schüler, daß es nicht gar so schwierig sein kann, auch seine anderen Wünsche zum Ausdruck zu bringen. Im Anschluß an diese Übungen halte ich Kurzvorträge über das Sexualverhalten, sexuelle Bedürfnisse, Sexualprobleme und über die Interaktion zwischen Selbstsicherheit und Sexualität. Danach müssen die Schüler üben, in sexuellen Belangen selbstsicher zu sein, und wenn sie gelernt haben, ohne Scheu über ihre sexuellen Bedürfnisse zu sprechen, ändere ich das Thema der Übungen. Jetzt müssen die Schüler lernen, die Konfliktsituationen des Ehealltags selbstsicher zu bewältigen, also z. B. Freizeitaktivitäten, Einteilung des Familienbudgets, Kindererziehung, der Kauf eines Hauses, die Suche nach einer neuen Stellung usw. Die Liste ist endlos. Sobald die Schüler mehr Übung darin haben, allgemeine Konfliktsituationen selbstsicher zu bewältigen, stelle ich ihnen die Aufgabe, die in ihrem persönlichen Fall bestehende Verbindung zwischen Selbstunsicherheit, Manipulation, schlechter Bewältigung von Ehekonflikten und sexuellen Schwierigkeiten zu untersuchen. Die letzte Übung besteht darin, daß die Schüler versuchen, einem hypothetischen Partner, der sexuelle Schwierigkeiten hat, durch die Anwendung selbstsicherer Fertigkeiten, bei der Bewältigung dieser Probleme zu helfen. Viele Sexualprobleme haben ihre Wurzel in dem passiven, selbstunsicheren oder manipulativen Verhalten des einen Partners.

Ein Weg zur Herstellung einer engen und bedeutungsvollen Kommunikation ist eine sexuelle Erfahrung, die man mit einem geliebten Menschen teilt. Viele andere Erfahrungen, die wir mit diesem Menschen teilen, sind für unser Wohlbefinden und für unsere innere Harmonie genauso wichtig, aber die sexuelle Kommunikation, als ein Akt der Liebe, ist etwas Besonderes. Die Sexualität ist zwar nur ein Glied in der Kette der Kommunikation mit dem Partner, aber sie unterscheidet sich wesentlich von den anderen Gliedern. Wenn dieses Glied zerbricht, ist das nicht nur ein Verlust in sich selbst, sondern es kann auch die gemeinsame Lösung von Problemen erschweren, die nichts mit dem Sexualbereich zu tun haben. Wenn der sexuelle Kontakt durch den Einfluß externer Probleme oder durch Schwierigkeiten beim Sexualakt öfters unterbrochen oder geschädigt wird, kann ein einzigartiger, privater Kommunikationsweg verlorengehen. Wir, die wir uns der Leistungen des menschlichen Intellekts rühmen, würden vermutlich sehr überrascht sein, wenn wir wüßten, wie viele Konflikte in der Geschichte der Menschheit durch eine befriedigende sexuelle Erfahrung gelöst werden konnten. Leider bereitet es vielen Partnern einer engen Interaktion Schwierigkeiten, diese Möglichkeit der Reduzierung ihrer Angstgefühle voll auszuschöpfen. Um die Beziehung zwischen Selbstunsicherheit und sexuellen Schwierigkeiten besser verstehen zu können, wollen wir kurz einige der Arten von Sexualproblemen untersuchen, die wir klinisch isolieren und behandeln können.

Die drei grundlegenden Behandlungsmodelle für Sexualprobleme und die am engsten mit ihrer Anwendung assoziierten Therapeuten sind: Das *Angstmodell* (Dr. Joseph Wolpe, Dr. Zev Wanderer), das *Zornmodell* (Vertreter der traditionellen »Gesprächs«-Therapie) und das *gemischte Modell* mit Elementen der Zorn- und Angstmodelle (Dr. William Masters und Virginia Johnson, Dr. William Hartmann und Marilyn Fithian). Aus den Bezeichnungen können Sie ersehen, daß die primitiven Bewältigungsmuster von Angst/Flucht und Zorn/Aggression unser aller Verhalten steuern, wenn wir Schwierigkeiten haben, einschließlich des sexuellen Bereichs.

Das Angstmodell besagt folgendes: Wenn ein Mensch in gutem physischen und neurologischen Zustand ständig spezifische Sexualprobleme hat, dann hat er eine konditionierte Angstreaktion erworben, die durch bestimmte sexuelle Reize ausgelöst wird und seine sexuelle Leistung beeinträchtigt. Beim Mann manifestieren sich diese spezifischen Sexualprobleme durch vorzeitigen Samenerguß und eine mangelhafte oder fehlende Erektionsfähigkeit, bei der Frau durch Vaginismus (Scheidenkrampf), fehlenden Orgasmus beim Verkehr mit einem spezifischen Partner, obwohl es früher mit diesem oder anderen Partnern in dieser Hinsicht keine Probleme gegeben hat, oder durch fehlenden Orgasmus bei jedem Verkehr, obwohl der Orgasmus in einem anderen Kontext, z. B. durch Masturbation, regelmäßig erreicht werden kann. Die Behandlung geht davon aus, daß diese Schwierigkeiten konditioniert oder unwillkürlich, d. h. erlernte phobische oder Angstreaktionen sind und zur gleichen Kategorie gehören wie alle anderen Phobien, z. B. die Höhenangst (Akrophobie) oder die Platzangst (Klaustrophobie).

Wie den meisten anderen Phobien geht auch der erlernten sexuellen Angstreaktion für gewöhnlich ein spezifisches Trauma (Angstschock) voraus. Manche Patienten wurden als Jugendliche physisch oder psychologisch (durch Erwecken von Angstgefühlen) bestraft, weil sie masturbierten, andere erhielten bei ihrer ersten sexuellen Erfahrung von ihrem Partner keine emotionale Unterstützung oder technische Hilfe. In den meisten Fällen berichten Patienten mit sexuellen Angstreaktionen, daß ihre sexuelle Leistungsfähigkeit eine Zeitlang aus den verschiedensten Gründen, z. B. Müdigkeit, Streß oder übermäßige Forderungen ihrer Partner, beeinträchtigt war, und daß ihr Partner nichts dazu tat, um sie über die relative Bedeutungslosigkeit dieser Störung zu beruhigen. Der Patient erwartete also, daß er wieder versagen würde, und seine Angst steigerte sich beim kleinsten Anzeichen des Versagens beim nächsten Geschlechtsverkehr, bis schließlich das erwartete völlige Versagen eintrat. Nach einer Reihe von sexuellen Fehlleistungen macht praktisch jeder sexuelle Reiz den Patienten nervös, und dadurch werden Angstgefühle ausgelöst, die ein völliges Versagen bewirken können. Es ist sinnlos, wenn der Partner versucht, ihn durch die Anwendung von Druckmitteln zu einer besseren sexuellen Leistung anzutreiben. Man kann sexuelle Gefühle nicht auf Kommando oder durch die eigene Willenskraft erzeugen, ebensowenig wie man sich befehlen kann, keine Angstgefühle zu haben.

Die sexuelle Angstreaktion kann sich im Laufe der Zeit auf alle möglichen anderen Reize, die mit dem Sexualakt in Zusammenhang stehen, ausdehnen und sogar ein allgemeines Vermeidungs- oder Fluchtverhalten erzeugen. Wenn eine solche extreme Konditionierung vorliegt, kann es soweit kommen, daß der Patient jeden Kontakt vermeidet, bei dem auch nur eine geringfügige Möglichkeit besteht, daß er zu einer sexuellen Interaktion führen könnte, und das betrifft sogar die Unterhaltung mit einem möglichen Sexualpartner. Die Angst vor der Sexualität ist nicht ein Zeichen für einen Persönlichkeitsdefekt oder für einen verborgenen inzestuösen, homosexuellen oder psychotischen Konflikt, sondern ist wie alle anderen Phobien erlernt und kann in relativ kurzer Zeit durch eine entsprechende Verhaltenstherapie beseitigt werden.

Beim Zorn-Modell gibt es nur eine einzige klare Indikation für das Vorhandensein von sexuellen Schwierigkeiten – eine allmähliche Abnahme der Häufigkeit des Geschlechtsverkehrs über eine Periode von mehreren Monaten bis zu mehreren Jahren. Bei Ehepaaren, die ein Sexualproblem haben, wie es vom Zorn-Modell beschrieben wird, kann die Häufigkeit des Verkehrs für lange Zeiträume auf Null absinken, doch werden diese Perioden immer wieder von Zeiten abgelöst, in denen es gelegentlich zum Geschlechtsverkehr kommt. In diesen Perioden tritt keine der im Angst-Modell beschriebenen sexuellen Schwierigkeiten auf.

Im Gegensatz zum Angstmodell setzt das Zorn-Modell voraus, daß die niedrige Häufigkeit des Geschlechtsverkehrs eine Folge von Problemen ist, die außerhalb des Sexualbereichs liegen. Es ist für solche Fälle typisch, daß ein Sexualpartner einen »geheimen« Groll gegen den anderen Partner hegt. In den meisten Fällen streitet er das Vorhandensein dieses Zorns oder sogar die Tatsache der Existenz eines Sexualproblems ab. Hingegen ist der andere Partner bereit, seinen Zorn zu zeigen und tut das auch; für gewöhnlich ist er im Umgang mit dem »passiven« Partner sowohl manipulativ als auch zornig. Bei der klinischen Behandlung dieses Problems habe ich beobachtet, daß ein Partner *immer* zu müde oder nicht in der Stimmung ist oder

Kopfschmerzen hat, oder zuviel zu tun hat oder am nächsten Morgen früh aufstehen muß. Das ist der Partner, der durch die Vermeidung des sexuellen Kontakts für das Absinken der Häufigkeit des Geschlechtsverkehrs direkt verantwortlich ist. Diese Vermeidung beruht nicht auf Angstgefühlen, sondern auf der Abneigung und dem stummen Zorn gegen das allgemeine Verhalten des Partners gegenüber ihm selbst. Eine Auswirkung dieses Problems ist, daß der betreffende Partner nicht nur den sexuellen Kontakt meidet, sondern sich auch in anderen Bereichen des Zusammenlebens zurückzieht, eine Folge des Umstands, daß er seinem Zorn nicht Luft machen kann. Er scheint unfähig oder nicht willens zu sein, seinen Zorn gegen den Partner als Mittel zur Abgrenzung dessen, was er toleriert und was nicht, einzusetzen oder ihn als Ventil für die aufgestauten negativen Gefühle zu benützen und dadurch die Atmosphäre zu reinigen. Außerdem – und das ist vielleicht noch wichtiger als das Fehlen einer offenen, zornigen Kommunikation – ist in diesen Fällen der Partner, der sich zurückzieht, dem anderen Partner gegenüber nicht selbstsicher. Er scheint nicht fähig zu sein, ihm seine Wünsche bekanntzugeben, oder aber der andere Partner hindert ihn durch Manipulation daran, seinen Wünschen entsprechend zu handeln. Außerdem ist er unfähig, seinem Partner in irgendeiner Form sein Mißfallen über dessen Verhalten mitzuteilen. Da er sich keiner wirksamen selbstsicheren Kommunikation und nicht einmal einer generell unwirksamen, selbstunsicheren und zornigen Kommunikation bedienen kann, zieht er sich zurück. Freiwillig teilt er keinen intimen Kontakt mit seinem Partner, das heißt, er läßt ihn nicht an seinen Sorgen, Hoffnungen und Freuden teilnehmen, da er weiß, daß er sich gegen dessen Fähigkeit, in ihm Angst- oder Schuldgefühle zu erwecken, nicht behaupten kann. In dem Maße, wie seine Ressentiments und seine Abneigung gegen das manipulative Verhalten des Partners steigen, sinkt die Häufigkeit der intimen Kontakte, einschließlich der sexuellen Liebe.

Die allgemein akzeptierte Behandlungsmethode bei diesen Fällen besteht darin, den Partner, der sich zurückzieht, dazu zu bringen, daß er seinen Zorn über den anderen Partner zum Ausdruck bringt, wenn dieser ihm die Selbstachtung nimmt, und daß er sich im Alltag selbstsicherer verhält.

Das *gemischte Modell* geht davon aus, daß an der Entstehung des Problems sowohl Angst- als auch Zornelemente beteiligt sind. Ein Beispiel: Ein Ehemann, der sich zurückzieht, wird zum Geschlechtsverkehr gezwungen; er hat kein wirkliches Interesse an einem intimen Kontakt mit seiner Partnerin und ist sexuell nicht ausreichend stimuliert, um während des

Geschlechtsverkehrs oder sogar schon während des Vorspiels die Erektion aufrechtzuerhalten. Falls er nicht selbstsicher genug ist, seiner Partnerin zu sagen: »Ich möchte jetzt nicht mit dir schlafen«, wird er vermutlich dazu überredet werden, sich zumindest den Anschein zu geben, als ob er es will. Nach mehreren Fehlleistungen durch mangelndes Interesse wird seine manipulative Frau ihm vermutlich eine deutliche Botschaft zukommen lassen, die in ihm Angst- oder Schuldgefühle erweckt. Manchmal geschieht das sehr schnell und wirksam gleich nach dem mißglückten Versuch, manchmal drückt seine Partnerin ihr Mißfallen auf andere Art und Weise aus, z. B. durch Schweigen, aber auf jeden Fall wird eine Botschaft ausgesandt und erhalten, daß diese sexuelle Fehlleistung keine Überraschung ist; sie ist nur ein weiterer Posten auf der langen Liste der Frustrationen in dieser manipulativ-passiven Beziehung, in der beide Partner zornig aufeinander sind – der eine aktiv, der andere passiv.

In diesen Fällen ist es für gewöhnlich Zeitvergeudung, wenn der Therapeut die sexuelle Angst beseitigt, ohne gleichzeitig den Zorn aufzulösen, der sich in dieser manipulativ-passiven Beziehung gebildet hat, oder wenn man die Ehepartner nur lehrt, wie sie zufrieden miteinander leben können, ohne gleichzeitig die durch Angstgefühle bewirkte sexuelle Dysfunktion zu behandeln. Wenn man das eine ohne das andere tut, wird die Zornkomponente wahrscheinlich ein weiteres sexuelles Versagen induzieren, oder die unbehandelte Angstkomponente kann den Sexualverkehr verhindern, ein Zustand der in beiden Partnern in Anbetracht ihrer sexuellen Frustration rationale zornige Gefühle erweckt, die sehr schwer zu bewältigen sind und oft die Ehe zerstören.

Einige Therapeuten, darunter Dr. Masters und Dr. Wolpe, weisen darauf hin, daß es in solchen Fällen eventuell unmöglich ist, die Komponente der sexuellen Angst zu behandeln, ohne zuerst die Zornkomponente zu beseitigen, falls diese stark ausgeprägt ist. Ich schließe mich dieser Meinung an. Es ist schwierig, wenn nicht unmöglich, beide Ehepartner zu behandeln, ohne die hinterhältige Manipulation durch eine offene und selbstsichere Kommunikation und den hervorgegangenen Zorn durch nicht-defensive, selbstsichere emotionale Aussagen zu ersetzen.

Selbstsicherheit im Sexualbereich kann helfen, Unerfahrenheit und sexuelle Probleme zu bewältigen. Die Art und Weise, wie man sexuelle Konflikte selbstsicher löst, ist im wesentlichen die gleiche, auf die man in derselben Beziehung andere Probleme bewältigt.

Damit die Schüler lernen, mit ihren Partnern offen und selbstsicher über ihre sexuellen Wünsche zu sprechen, lasse ich sie Situationen durchspielen, die der Wirklichkeit entnommen sind. In allen diesen realen Konfliktsituationen war der eine Partner mit der sexuellen Beziehung unzufrieden, und der andere hatte entweder manipulativ oder passiv gegen jede Änderung im sexuellen Status quo Widerstand geleistet. Der letztere Partner hatte wahrscheinlich Angst, daß eine Änderung irgendeine sexuelle »Schwäche«, wie Unwissenheit über Techniken des Geschlechtsverkehrs, aufdecken würde, oder er hatte Angst davor, daß sein Partner seinen sexuellen Horizont erweiterte, und wer vermochte zu sagen, wohin solche Gelüste führen können? Und würde er solche Gelüste überhaupt befriedigen können? Wie sollte er sich verhalten, wenn der Partner etwas Ungewöhnliches verlangte, wie z. B. ein Dreiecksverhältnis? Würde das die bisher noch vage Eifersucht und Unsicherheit schüren, die er empfand, wenn er sah, wie der Partner auf Annäherungsversuche von potentiellen Sexualpartnern reagierte? Würde eine solche Änderung das Ende ihrer eigenen Sexualbeziehung bedeuten – einer Beziehung, die vielleicht noch nicht völlig abgestumpft, auf jeden Fall aber sicher und geordnet war?

Für die Beschreibung der sexuellen Wünsche, deren Äußerung vielen Paaren Schwierigkeiten bereitet, bediene ich mich eines fiktiven Liebespaars namens Jack und Jill, das in seinem Sexualleben mit all diesen Problemen konfrontiert ist. Die Schüler – in den Rollen von Jack und Jill – beginnen mit den einfachsten sexuellen Forderungen, wie z. B. mit dem Wunsch nach mehr Abwechslung in den Positionen beim Geschlechtsverkehr, und dann gebe ich ihnen die Beispiele der tatsächlichen Konflikte, die sie weiter ausbauen können, indem sie ihrer erotischen Phantasie freien Lauf lassen. Diese Lernmethode soll den Schülern einige »sichere« Erfahrungen liefern und sie daran gewöhnen, über diese Probleme offen zu sprechen. Vielleicht hilft es ihnen auch bei der Überwindung ihrer Angstgefühle, wenn sie sich zuerst mit jemandem, der ihnen nicht nahesteht, über ihre sexuellen Bedürfnisse unterhalten. Wie Sie in den folgenden Dialogen sehen, ist die Forderung nach einer Änderung im Sexualbereich nicht geschlechtsgebunden. Im ersten Dialog wird Jack als der unzufriedene Partner dargestellt, der in seiner sexuellen Beziehung zu Jill einiges ändern möchte, während Jill auf Grund ihres Gefühls der sexuellen Unsicherheit manipulativen Widerstand leistet. In einer anderen Konfliktsituation gaben die Schüler Jill die Rolle der selbstsicheren Anregerin und Jack die des Widerstand leistenden Partners. Die folgenden Dialoge sind gekürzte und redigierte Versionen von Gesprächen zwischen selbstsicheren Schülern, die einander ihre sexuellen

Bedürfnisse mitteilen. Obwohl diese Übungsdialoge im Gegensatz zu den bisherigen überwiegend in der normalen Umgangssprache stattfinden, demonstrieren sie deutlich den Wert der verbalen Fertigkeiten.

Dialog Nr. 31
Wie ein Ehepartner dem anderen selbstsicher klarmacht, daß ihr Sexualleben zur Routine geworden ist und eine Änderung wünschenswert wäre

Im ersten Dialog dieser Serie sind die Rollen von Jack und Jill als selbstsicherer Partner bzw. als Manipulator austauschbar. Es mußten nur einige physiologische Details ausgewechselt werden. In der nachfolgend beschriebenen Situation hat Jack, der seit acht Jahren mit Jill verheiratet ist und mit ihr zwei Kinder hat, das Gefühl, daß das Leben irgendwie an ihm vorbeigeht. Von vielem, was außerhalb seiner Ehe geschieht, hört er nur bruchstückhaft während der Kaffeepausen, die er mit seinen Freunden verbringt. Ein Bereich seines Lebens, der ihm im Laufe der Jahre immer weniger Befriedigung gibt, ist seine Sexualbeziehung zu Jill. Irgend etwas scheint darin zu fehlen. Die Erregung, die Jill in den ersten Ehejahren in ihm erweckte, macht der Routine Platz. Er möchte diese Empfindung beim Liebesakt wieder verspüren, aber er weiß nicht genau, wodurch dieses Gefühl entfacht wurde und wie er es wiedererlangen kann. Er hat in dieser Hinsicht ein paar Ideen, aber bisher wußte er nicht, wie er sie ausprobieren könnte, oder wie Jill darauf reagieren würde.

Szene des Dialogs: Jack und Jill hatten gerade Geschlechtsverkehr, und jetzt liegen sie nebeneinander im Bett und reden über Sex.

Jack: Ich habe in letzter Zeit viel über uns nachgedacht. Über unser Sexualleben. Es ist nicht mehr so, wie es früher war.

Jill: Wie meinst du das? Es ist doch genau so, wie es immer war.

Jack: Das meine ich ja. Es ist immer dasselbe, aber nicht so wie früher.

Jill: Ich verstehe dich nicht. Ist es nun dasselbe oder nicht?

Jack: Ich weiß nicht genau, was ich eigentlich sagen will. Ich finde es nicht mehr so aufregend, wie es früher war. Vielleicht, weil wir immer dasselbe machen. *(Selbstenthüllung)*

Jill (gereizt): Hast du wieder mit deinen Kollegen darüber geklatscht, was wir im Bett machen?

Jack: Nein. Das war dumm von mir gewesen, und noch dümmer war, daß ich es dir erzählt habe. *(Negative Selbstsicherheit)*

Jill: Das letzte Mal, als du anfingst so zu reden, hatten wir gerade die Frau von diesem neuen Kollegen von dir kennengelernt. Alles, was sie hat, ist ein Körper mit zwei Riesenballons. Sie hat kein Gramm Gehirn im Kopf, aber für dich war ja nur das wichtig, was ihr Mann darüber erzählte, wie großartig sie im Bett ist.

Jack: Das gebe ich zu. Und wie ich dem zugehört habe! *(Vernebelung)*

Jill: Ich finde es ganz in Ordnung, wie wir uns lieben. Aber man glaubt ja immer, daß die Kirschen in Nachbars Garten süßer sind.

Jack: Ja, das stimmt. Das denke ich auch manchmal, aber ich habe trotzdem das Gefühl, daß wir im Bett viel mehr Spaß hätten, wenn wir einmal etwas anderes ausprobieren würden. Denk doch mal an die Zeit zurück, als wir anfingen, miteinander zu gehen. *(Vernebelung* und *Schallplatte mit Sprung)*

Jill: Meinst du etwa auf dem Rücksitz von deinem Auto? Sag mal, was ist denn in dich gefahren?

Jack: Du hast recht, vielleicht spinne ich. Aber ich würde gern ein bißchen experimentieren. Ich habe da so ein paar Ideen. Wir machen es immer auf dieselbe Tour, entweder bin ich oben und du unten oder umgekehrt. *(Vernebelung* und *Schallplatte mit Sprung)*

Jill (interessiert): Was hast du denn für Ideen?

Jack: Ich glaube, wir wissen beide nicht sehr viel über Sex und sollten etwas dazulernen. *(Negative Selbstsicherheit)*

Jill: Du meinst, wir sollten ein paar Bücher kaufen und sie zusammen lesen?

Jack: Kein schlechter Vorschlag, aber was ich wirklich möchte, ist, daß wir nach Malibu fahren. Vielleicht könnten wir dort etwas Neues lernen. *(Vernebelung* und *praktikabler Kompromiß)*

Jill: Du meinst doch nicht etwa diese Nudisten-Kolonie? Mein Gott! Wenn Mutter mich dort sehen würde!

Jack: Das ist möglich – falls sie dort ist, könnten wir sie ja als erstes fragen: Wo ist denn Papa? *(Vernebelung)*

Jill: Sei nicht albern. Und wenn eines der Mädchen aus meiner Firma mich dort sieht?

Jack: Das könnte passieren ... Aber was wäre schon dabei, wenn jemand wüßte, daß wir uns in Malibu ein paar neue Ideen über Sex holen? *(Vernebelung* und *negative Befragung)*

Jill: Ich müßte ihr am nächsten Tag gegenübertreten.
Jack: Das stimmt, aber was stört dich daran? *(Vernebelung* und *negative Befragung)*
Jill: Was würde sie von mir denken?
Jack: Keine Ahnung. Was meinst du denn? *(Selbstenthüllung)*
Jill: Sie würden wahrscheinlich denken, daß ich pervers bin.
Jack (Lächelnd): Wie sie selbst? *(Negative Befragung)*
Jill: Na schön ... Aber wenn sie es nun weitererzählt? Was würden die anderen denken?
Jack: Das könnte möglich sein ... Du müßtest eben sehen, wie du mit den anderen zurecht kommst. Das ändert nichts daran, daß ich unbedingt nach Malibu fahren möchte. *(Vernebelung* und *Schallplatte mit Sprung)*
Jill: Aber die anderen wüßten, daß wir nackt gewesen sind.
Jack: Sicher, aber was ist daran so schrecklich, selbst wenn jemand anders es wüßte? *(Vernebelung* und *negative Befragung)*
Jill: Aber all die anderen Leute in Malibu würden uns sehen.
Jack: Das würden sie, aber ich möchte trotzdem hinfahren und etwas lernen. *(Vernebelung* und *Schallplatte mit Sprung)*
Jill: Willst du damit sagen, es würde dir nichts ausmachen, wenn andere Männer mich ansehen – ich meine, *alles* ansehen?
Jack: Das weiß ich nicht, aber ich möchte trotzdem, daß wir hinfahren. *(Selbstenthüllung* und *Schallplatte mit Sprung)*
Jill: Mir gefällt das Ganze nicht. Der bloße Gedanke daran macht mich nervös.
Jack: Das wundert mich nicht, aber hast du einen besonderen Grund, warum es dir nicht gefällt, daß ich mit dir nach Malibu fahren möchte? *(Vernebelung* und *negative Befragung)*
Jill: Wahrscheinlich hoffst du, dort seine Frau zu treffen und endlich zu sehen, was unter diesen aufreizend engen Kleidern steckt.
Jack (lächelnd): Da könntest du recht haben. Vielleicht sind die beiden wirklich da, und ich hätte nichts dagegen, mal zu sehen, was sie zu bieten hat, aber was gefällt dir nicht daran, daß ich gern nackte Frauen sehe? *(Vernebelung* und *negative Befragung)*
Jill: Du bist mit mir verheiratet.
Jack (mit einem sarkastischen Unterton): Das stimmt, aber wieso ist es auf Grund dieser Tatsache unrecht von mir, wenn ich gern nackte Frauen sehe? *(Vernebelung* und *negative Befragung)*

Jill: Wie würde es dir gefallen, wenn ich neugierig darauf wäre, wie andere Männer aussehen?

Jack: Was soll daran unrecht sein, wenn du wissen möchtest, wie andere Männer aussehen? *(Negative Befragung)*

Jill (sarkastisch und bissig): Würde es dir gefallen, wenn andere Männer mich reizen?

Jack: Das weiß ich nicht, ich möchte aber trotzdem, daß wir hinfahren und versuchen, etwas Neues zu lernen. *(Selbstenthüllung* und *Schallplatte mit Sprung)*

Jill: Du meinst, wir sollten uns von anderen anheizen lassen, um etwas Würze in unser eigenes Geschlechtsleben zu bringen?

Jack: Was ist denn daran unrecht, wenn wir uns von anderen anheizen lassen, um etwas Würze in unser eigenes Geschlechtsleben zu bringen? *(Negative Befragung)*

Jill: Willst du damit sagen, daß ich dich nicht mehr genügend reize?

Jack: Doch, du reizt mich, aber unser Sex ist Routine geworden. Ich möchte, daß wir nach Malibu fahren und sehen, ob wir etwas Neues lernen können. *(Vernebelung* und *Schallplatte mit Sprung)*

Jill (entweder zornig oder mit tränenerstickter Stimme): Ich dachte, daß ich für dich sexy genug bin.

Jack: Das bist du, aber ich möchte, daß wir nach Malibu fahren, damit wir etwas dazulernen. *(Vernebelung* und *Schallplatte mit Sprung)*

Jill: Können wir nicht einfach ein paar Bücher lesen?

Jill: Das können wir, aber ich will trotzdem, daß wir nach Malibu fahren. Was ist denn so unrecht daran? *(Vernebelung, Schallplatte mit Sprung* und *negative Befragung)*

Jill: Nichts, aber ich mache mir Sorgen.

Jack: Das merke ich . . . Willst du mir nicht sagen, worüber du dir Sorgen machst? *(Vernebelung* und *praktikabler Kompromiß)*

Jill: Ich weiß nicht, es macht mich einfach nervös, wenn ich daran denke.

Jack: Kannst du mir genauer sagen, was dich nervös macht? *(Negative Befragung)*

Jill: Die nackten Hintern.

Jack: Inwiefern macht der Gedanke an ein paar nackte Hintern dich nervös? *(Negative Befragung)*

Jill: Ich meine *unsere* nackten Hintern.

Jack: So langsam begreife ich, worauf du hinaus willst. Wieso macht dich der Gedanke an unsere nackten Hintern nervös? *(Negative Befragung)*

Jill: Es schickt sich einfach nicht, mit nacktem Hintern vor anderen Leuten herumzuspazieren.

Jack: Was ist denn so unpassend daran, wenn wir unbekleidet vor anderen herumspazieren? *(Negative Befragung)*

Jill: Ich habe noch nie jemanden getroffen, der das schon mal gemacht hätte.

Jack: Wahrscheinlich hast du recht, aber was ist denn Unrechtes daran, wenn wir neue Leute kennenlernen, die gern nackt herumlaufen? *(Vernebelung* und *negative Befragung)*

Jill: Es könnten ein paar unerfreuliche Typen darunter sein.

Jack: Ich gebe dir recht, aber inwiefern ist es unrecht, ein paar unerfreuliche nackte Typen kennenzulernen? *(Vernebelung* und *negative Befragung)*

Jill: Na ja, es ist nicht direkt unrecht ... Ich habe schon oft unerfreuliche Leute getroffen, aber nicht in unbekleidetem Zustand.

Jack: Inwiefern ist es denn anders, wenn du unerfreuliche Typen triffst, ohne angezogen zu sein? *(Negative Befragung)*

Jill: Ich würde irgendwie das Gefühl haben, daß ich mich zur Schau stelle.

Jack: Du würdest dich zur Schau stellen, aber was stört dich daran? *(Negative Befragung)*

Jill: Was würden sie von mir denken? Mit nacktem Hintern in einer Sex-Kolonie herumlaufen!

Jack: Da hast du recht. Die würden wahrscheinlich denken, daß du aus dem gleichen Grund dort bist wie sie selbst. *(Vernebelung)*

Jill: Aber sie würden bestimmt versuchen, sich an mich heranzumachen.

Jack: Das stimmt. Aber was stört dich daran, wenn sie versuchen würden, sich an dich heranzumachen? *(Vernebelung* und *negative Befragung)*

Jill: Ich würde mir wie eine Heuchlerin vorkommen ... mit dem Hintern sage ich ja, mit dem Mund sage ich nein.

Jack: Ja, das trifft auf uns beide zu ... und vielleicht würden wir uns auch mit ein paar von den Leuten dort etwas näher einlassen ... Ich bin nicht auf Gruppensex aus, aber ich möchte trotzdem, daß wir hinfahren und uns das Ganze einmal ansehen. *(Vernebelung, negative Selbstsicherheit, Selbstenthüllung* und *Schallplatte mit Sprung)*

Jill: Und was ist, wenn die Frauen sich an dich heranmachen? Das würde dir bestimmt gefallen!

Jack: Sicher, aber mich stört nicht, daß ich sozusagen unter falscher Flagge segeln würde. *(Vernebelung* und *negative Selbstsicherheit)*

Jill: Und was ist, wenn du dort bleiben möchtest?

Jack: Es ist möglich, daß ich nicht wegfahren will, bevor wir etwas gelernt haben. *(Vernebelung)*

Jill: Wenn ich mich dort aber wirklich nicht wohlfühle? Vielleicht möchte ich dann ganz schnell fort.

Jack: Ich schlage vor, daß wir mindestens zwei Stunden bleiben. Danach fahren wir sofort weg, falls es dir zu unangenehm ist. *(Praktikabler Kompromiß)*

Jill: Und wenn die sich nun vor unseren Augen bumsen oder Gott weiß was tun?

Jack: Gott-weiß-was ist genau das, was wir hoffentlich sehen werden. *(Vernebelung)*

Jill: Und was ist, wenn es dir gefällt?

Jack (grinsend): Du meinst, ich sollte keine Erektion kriegen?

Jill: Genau das habe ich gedacht.

Jack: Ich auch. Wie wäre es, wenn ich mich hinter dir verstecke? *(Praktikabler Kompromiß)*

Jill: Nun, vielleicht möchte ich mich hinter dir verstecken!

Jack: Was sollen wir also tun?

Jill: Wir könnten es ja so machen: Wenn du in der Klemme bist, versteckst du dich hinter mir, und wenn ich in der Klemme bin, verstecke ich mich hinter dir.

Jack: Einverstanden. Also fahren wir?

Jill: Meinetwegen, aber nur unter der Bedingung, daß wir uns bloß umsehen und sonst nichts tun.

Jack: Wir fahren hin, um etwas zu lernen. *(Praktikabler Kompromiß)*

Jill: Ich weiß nicht – irgendwie habe ich immer noch ein ungutes Gefühl.

Jack: Warum? *(Negative Befragung)*

Jill: Was ist, wenn wir dort Bekannte treffen?

Jack: Das könnte passieren. Was möchtest du in diesem Fall tun? *(Vernebelng* und *praktikabler Kompromiß)*

Jill: Ich weiß nicht. Du meine Güte, wäre das peinlich!

Jack: Ja, aber was möchtest du tun, wenn wir tatsächlich Bekannte treffen? *(Vernebelung* und *praktikabler Kompromiß)*

Jill: Ob die wohl das gleiche Gefühl hätten wie wir? (Kichert) Es wäre ja zu komisch, wenn wir Harry und Jane dort treffen würden. Ich wette, daß er ohne Maßanzug ganz anders aussieht. Vielleicht wäre es ganz lustig ... Aber ich bin nur dann einverstanden, wenn wir die ganze

Zeit, die wir dort sind, zusammenbleiben und auch zusammen wieder wegfahren.
Jack: Abgemacht, meine Süße.
Jill: Und du wirst dich an niemanden heranmachen?
Jack: Erst nachher – und zwar an dich.
Jill: Einverstanden.

Dieser Übungsdialog beschreibt nur eine der wirklichen Situationen, die Schüler bewältigt haben, indem sie sich ihren Partnern gegenüber selbstsicher verhielten und mit ihnen Kompromisse aushandelten, die beide Seiten befriedigten. Kompromisse dieser Art betreffen nicht nur eine Erweiterung des Vorspiels mit gegenseitigem Streicheln, Befühlen und Masturbieren, sondern auch Cunnilingus (Küssen der weiblichen Geschlechtsteile), Fellatio (Einführung des männlichen Gliedes in den Mund der Frau), Analverkehr, Gruppensex oder außerehelichen Sex. Die meisten Teilnehmer am Selbstsicherheitstraining wählen für ihre Übungsdialoge Themen dieser Art als hypothetische Endziele aus. In den vergangenen achtzehn Monaten hat nur eine Schülerin von insgesamt dreihundert Schülern berichtet, daß diese Art von Gruppenübungen Angstgefühle in ihr erweckte – und daß sie darüber sehr überrascht war. Sie hatte sich auf dem Gebiet der Sexualität für sehr versiert gehalten, und das war sie auch. Viele der etwas ungewöhnlicheren Formen des Sexualverhaltens, über die in der Gruppe diskutiert wurde, waren ihr aus Erfahrung bekannt. Sie hatte geglaubt, daß sie sexuell »befreit« sei, und mußte jetzt entdecken, daß sie es nur dann war, wenn jemand anders die »Befreiung« lieferte. In den Gruppenübungen fiel es ihr sehr schwer, ihre sexuellen Wünsche zum Ausdruck zu bringen, und als sie es mit ihrem Mann versuchte, mußte sie feststellen, daß es ihr noch größere Schwierigkeiten bereitete als mit einem relativ fremden Menschen – einem Mitglied der Gruppe – oder sogar mit einer Geschlechtsgenossin. In Wirklichkeit war sie auf diesem Gebiet ganz und gar selbstunsicher und brauchte viel mehr Übung, als es innerhalb der Gruppentherapie möglich war. Zur Zeit bemüht sie sich, diese Schwierigkeiten durch eine Einzeltherapie zu bewältigen. Zum Glück hat die Mehrzahl der Schüler keine Schwierigkeiten bei der Bewältigung dieses konfliktträchtigen Bereichs – jedenfalls nicht nach acht Wochen Selbstsicherheitstraining und praktischer Anwendung der selbstsicheren Fertigkeiten auf anderen Gebieten. Tatsächlich haben die meisten Schüler ausgesprochenen Spaß daran und sagen es offen oder beweisen es durch ihr Verhalten bei den Übungen. Eine

Schülerin – eine Frau von Anfang Vierzig – kam einmal zu mir und sagte: »Wenn Sie mir vor acht Wochen gesagt hätten, daß ich heute abend mit einem Fremden über mein Sexualleben und meine sexuellen Wunschvorstellungen reden und ihn dann fragen würde, was er in dieser Hinsicht zu tun gedenkt, hätte ich Ihnen geantwortet: ›Sie sind verrückt.‹ Aber genau das habe ich getan, und ich habe dabei eine Menge über mich selbst und über andere Menschen gelernt.« Nachdem ich sie acht Wochen lang im Kurs beobachtet hatte, meine ich, daß sie dieses Training nicht unbedingt nötig gehabt hatte, um ihre sexuellen Wünsche zum Ausdruck bringen zu können. Trotzdem überraschte es sie, wie gelassen sie bei diesem psychologischen Strip-Poker ihre Karten ausspielen konnte. Was sie gelernt hatte, war folgendes: Wenn sie und andere Menschen fähig waren, sich ohne nennenswerte Angstgefühle auf diesem Gebiet mit seinem hohen persönlichen Risiko zu behaupten, bedurfte es keiner besonderen Vorstellungskraft, um zu erkennen, was sie in alltäglicheren Bereichen ausrichten könnten.

Der folgende Dialog zeigt, wie eine Frau selbstsicher die Manipulationen ihres Mannes bewältigt, der versucht sie zu überreden, daß sie sich mit ihrer Rolle als Mutter und Hausfrau begnügt, während sie die Grenzen ihres Lebensstils durch eine Berufstätigkeit erweitern möchte.

Dialog Nr. 32
Eine Ehefrau sagt ihrem Mann, daß sie eine Stellung annehmen möchte

Es handelt sich um die gekürzte Fassung eines Dialogs, der von meiner Kollegin Susan Levine ausgearbeitet und vor kurzem in einem Fortbildungsseminar demonstriert wurde. Der Inhalt gibt eine Auswahl der Aussagen wieder, die wir in unserer Tätigkeit als Eheberater zu hören bekommen.

Szene des Dialogs: Nachdem sie die Kinder ins Bett gebracht hat, setzt sich die Ehefrau zu ihrem Mann und teilt ihm mit, daß sie ihren Lebensstil ändern möchte.

Susan: Seit einiger Zeit denke ich daran, mir eine Stellung zu suchen. Die Kinder sind jetzt oft außer Haus, und ich habe viel freie Zeit.

Ich: Das Haus sieht aber nicht so aus, als ob du viel freie Zeit hättest. Es ist ein ziemlicher Saustall.

Susan: Ja, das stimmt. Das Haus ist nicht gerade vorbildlich ordentlich, aber ich möchte trotzdem lieber außer Haus arbeiten. *(Vernebelung* und *Schallplatte mit Sprung)*

Ich: Na, das finde ich aber ziemlich dumm. Besonders weil du ja keine beruflichen Fertigkeiten hast.

Susan: Du hast ganz recht. Das habe ich mir auch schon gesagt. Ich habe zwar keine beruflichen Fertigkeiten, aber ich möchte mich trotzdem nach einer Stellung umsehen. *(Vernebelung* und *Schallplatte mit Sprung)*

Ich: Ich finde die ganze Idee etwas abwegig . . . Ich meine, wenn du den Babysitter bezahlt hast, der in deiner Abwesenheit auf die Kinder aufpaßt, wird dir von deinem Verdienst kaum etwas übrigbleiben. Was für einen Sinn hat es zu arbeiten, wenn es einem keine Vorteile bringt?

Susan: Auch darüber habe ich nachgedacht. Wahrscheinlich hast du recht, daß ich nicht viel verdienen werde, besonders in der ersten Zeit, aber irgendwo muß ich anfangen, und ich bin bereit, es mal mit der Welt der Arbeit zu versuchen. *(Vernebelung* und *Schallplatte mit Sprung)*

Ich: Du weißt ja, daß deine Eltern nie geglaubt haben, ich könnte dir den Lebensstil bieten, in dem du aufgewachsen bist, und wenn sie erfahren, daß du arbeiten gehst, werden sie noch mehr auf mich herabsehen. Sie werden sagen, daß du arbeiten mußt, weil ich dich nicht ernähren kann.

Susan: Das ist möglich, aber – was wäre eigentlich so schrecklich daran, wenn sie über dich die Nase rümpfen? *(Vernebelung* und *negative Befragung)*

Ich: Du bist mir eine nette Hilfe! Was daran so schrecklich wäre! Komm mir bloß nicht so unverschämt!

Susan: Na ja, vielleicht bin ich dir keine große Hilfe, und vielleicht war ich auch ein bißchen unverschämt, aber ich habe es nicht so gemeint. Aber im Ernst – warum regt es dich so auf, wenn sie über dich die Nase rümpfen? *(Vernebelung, Selbstenthüllung* und *negative Befragung)*

Ich: Muß ich es dir wirklich erklären?

Susan: Ja, bitte.

Ich: Nun, wenn deine Eltern auf mich herabsehen, dann fühle ich mich unbehaglich . . . Dein Vater macht mich nervös, manchmal, wenn ich mit ihm spreche, fühle ich mich so unterlegen, als ob ich ein unreifes Bürschchen wäre. Er hat sich schon oft mir gegenüber ekelhaft benommen. Das Schwierigste an der Sache ist, daß ich ihn respektiere. Er ist ein großartiger Geschäftsmann.

Susan: Ja, auf manchen Gebieten ist er wirklich gut, aber mit seinem Verhalten uns gegenüber bin ich keineswegs immer einverstanden. Ich finde es scheußlich, wie er mit dir umgeht, aber vielleicht haben meine Eltern ihrerseits uns gegenüber ein unbehagliches Gefühl, weil wir unabhängig sind und ihre Hilfe nicht in Anspruch nehmen. *(Vernebelung* und *negative Selbstsicherheit)*

Ich: Vielleicht könnte ich mit den spitzen Bemerkungen deines Vaters über deine Berufstätigkeit fertig werden, aber was ist mit den Kindern? Ich meine, die brauchen dich, wenn sie von der Schule nach Hause kommen!

Susan: Natürlich wäre es ihnen lieber, daß ich hier bin, wenn sie nach Hause kommen. Ehrlich gesagt, ich freue mich auch jeden Tag darauf, sie wieder zu Hause zu haben – aber ich kann nicht zu Hause sein und gleichzeitig arbeiten. Ich möchte mir eine Stellung suchen. *(Vernebelung* und *Schallplatte mit Sprung)*

Ich: Denke auch daran, daß du dann Herbert nicht mehr zum Musikunterricht bringen kannst.

Susan: Das stimmt. Aber wenn ich wählen muß, ob ich ihn lieber um drei Uhr von der Schule abhole oder es vorziehe, berufstätig zu sein, dann geht mir die Stellung vor. Wir müssen alle versuchen, uns an die neue Lage anzupassen. Ich weiß zwar noch nicht, wie wir es machen sollen, aber ich bleibe bei meinem Vorhaben. *(Vernebelung* und *Schallplatte mit Sprung)*

Ich: Weißt du, das ist etwas, das ich als Kind immer vermißt habe. Als meine Eltern das Restaurant hatten, mußten ja beide arbeiten. Wenn ich von der Schule nach Hause kam, mußte ich mir mein Abendbrot selbst machen und allein essen. Ich habe meine Eltern vermißt, als ich in dem Alter war, in dem unsere Kinder jetzt sind. Ich habe immer meinen Vetter Robert beneidet. Wenn ich mich sehr einsam fühlte, bin ich nach der Schule gleich zu ihm gegangen, und dann hat Tante Lucie einfach noch einen Teller auf den Tisch gestellt. Sie hatten nicht viel Geld, und das Essen schmeckte mir nicht besonders, aber ich war gern bei ihnen. Tante Lucie war immer zu Hause, und wenn Onkel Walter keine Arbeit hatte, war er auch da. Er versuchte sogar, mir das Gitarrespielen beizubringen.

Susan: Ich bin froh, daß du zu deiner Tante gehen konntest, wenn du dich einsam gefühlt hast. Du hast mir noch nie etwas davon erzählt. *(Vernebelung)*

Ich: Ich weiß, aber bisher hatte ich keine Lust dazu.

Susan: Jetzt kann ich verstehen, warum meine Pläne dir Sorgen machen.

Ich: Ich muß daran denken, wer sie in Zukunft zum Sportverein und zu den Pfadfindern bringen wird. So etwas ist für die beiden ja sehr wichtig.

Susan: Ich bin voll und ganz deiner Meinung, und im Moment weiß ich auch nicht, wie wir es machen sollen, aber es wird uns schon etwas einfallen. Worüber machst du dir sonst noch Sorgen? *(Vernebelung, Selbstenthüllung* und *negative Befragung)*

Ich: Wegen Herbert mache ich mir keine Sorgen. Ein Junge kann auf sich selbst aufpassen, aber Jenny ist für ihre zwölf Jahre recht gut entwikkelt, oder ist dir das noch nicht aufgefallen?

Susan (lächelnd): O doch.

Ich: Und sie steckt ständig mit diesem schmierigen Harry Miller zusammen. Ich traue diesem kleinen Strolch nicht über den Weg.

Susan: Ja, da müssen wir sehr aufpassen. Die Kinder werden mehr Freiheit haben, wenn ich arbeite, und über diesen Punkt mache ich mir auch Sorgen. *(Vernebelung)*

Ich: Ich kann nicht glauben, daß du arbeiten gehen willst und deine Tochter unbeaufsichtigt mit diesem Widerling zusammen sein läßt.

Susan: Da hast du recht. Ich möchte mir darüber keine Sorgen machen müssen, aber ich möchte auch unbedingt arbeiten gehen. Was können wir tun, damit wir uns keine Sorgen über das zu machen brauchen, was die Kinder mit ihren Freunden treiben? *(Vernebelung, Schallplatte mit Sprung* und *praktikabler Kompromiß)*

Ich: Ich will nicht, daß du arbeiten gehst.

Susan: Ich verstehe dich ja, aber was können wir tun, damit wir uns wegen der Kinder keine Sorgen zu machen brauchen? *(Vernebelung* und *Schallplatte mit Sprung)*

Ich: Vielleicht könnten wir es mit ihnen besprechen und ihnen erklären, worum es geht, und dann könnten wir ein paar Regeln aufstellen – zum Beispiel, daß sie keine Freunde einladen dürfen, wenn wir nicht da sind.

Susan: Das klingt vernünftig, und ich könnte auch Judy fragen, ob die Kinder zu ihr kommen dürfen, falls sie während unserer Abwesenheit irgend etwas brauchen. *(Vernebelung* und *praktikabler Kompromiß)*

Ich: Also gut. Mir gefällt es zwar nicht, daß du arbeiten gehen willst, aber ein bißchen Selbständigkeit kann den Kindern nicht schaden. Schließlich mußte ich schon mit acht Jahren für mich selbst sorgen. Aber wie willst du neben der Arbeit noch den Haushalt schaffen? Du bist ja jetzt schon ziemlich erschöpft, und wenn du arbeiten gehst, wirst du wahrscheinlich zusammenklappen, wenn du nach Hause kommst.

Susan: Wahrscheinlich hast du recht, aber was ist denn dabei, wenn ich mal ein bißchen zusammenklappe? *(Vernebelung* und *negative Befragung)*

Ich: Du weißt genau, was ich meine. Das Haus wird in die Binsen gehen, und ich werde Schuldgefühle haben, weil du zwei Sachen tust, Arbeit und Haushalt, während ich nur eins davon tue.

Susan: Es könnte für uns beide ziemlich schwierig werden, aber ich will es trotzdem machen. Hilfst du mir dabei? *(Vernebelung, Schallplatte mit Sprung* und *praktikabler Kompromiß)*

Ich: Wie?

Susan: Ich weiß noch nicht genau, wie wir es arrangieren könnten. Hast du eine Idee? *(Selbstenthüllung* und *praktikabler Kompromiß)*

Ich: Ich könnte abends einkaufen gehen, das würde mir nichts ausmachen. Und Herbert und Jenny könnten im Haus mehr mithelfen. Etwas mehr Verantwortung wird ihnen nicht weh tun. Vielleicht können wir es schaffen.

Susan: Das hoffe ich . . . Was hast du sonst noch für Vorschläge?

Dieser Dialog soll demonstrieren, daß es in einem Ehekonflikt nicht nötig ist, zu streiten, zu keifen oder gar zu brüllen, wenn man sich behaupten und seine Wünsche zum Ausdruck bringen will. Bei unserer Arbeit als Eheberater haben Susan und ich immer wieder beobachtet, daß die Verbitterung und die Frustrationen, unter denen die Ehepartner leiden, zu einem großen Teil auf die unrealistische Angst vor dem, »was geschehen könnte, wenn . . .« und auf die Manipulationen und Gegenmanipulationen, mit denen diese Ängste bewältigt werden sollen, zurückzuführen sind. Wenn man seinem Partner empathisch und selbstsicher sagt, was man wünscht, ganz ohne Angst vor dem, »was geschehen könnte, wenn . . .«, kann man die gegenseitige Manipulation auf ein Mindestmaß beschränken und den Weg für eine enge Kommunikation und einen annehmbaren Kompromiß freimachen.

Der nächste Übungsdialog ist für Schülerinnen entwickelt worden, die lernen sollen, ein weitverbreitetes Sexualproblem selbstsicher zu bewältigen, nämlich den Liebesakt ohne Liebe. Viele Patientinnen klagen darüber, daß ihre Ehemänner nur den Geschlechtsakt vollziehen, und das sei alles.

Ein solches Verhalten kann ein Zeichen dafür sein, daß die Frau ihrem Mann vollkommen gleichgültig ist, oder daß der Ehemann ihre Bedürfnisse ignoriert; es wird aber auch häufig bei Patienten beobachtet, die wegen ihrer Unfähigkeit, eine Erektion längere Zeit aufrechtzuerhalten, klinisch behandelt werden. Viele von ihnen berichten, daß sie bei einem längeren Vorspiel die Erektion verlieren und dann nicht mehr fähig sind, den Geschlechtsakt zu vollziehen. Ein solches Fiasko erfüllt sie mit Angst vor dem nächsten peinlichen Versagen. Diese Patienten berichten auch oft, daß ihre sexuell unerfahrenen Partnerinnen nichts taten, um während eines längeren Vorspiels ihre sexuelle Erregung wieder anzureizen. Auf Grund ihrer mangelhaften Selbstsicherheit fordern sie ihre Partnerinnen nicht auf, ihr Lustgefühl durch irgendwelche Techniken wieder zu stimulieren, sondern versuchen, nach einem kurzen Vorspiel möglichst schnell zum Höhepunkt zu kommen, um die Gefahr eines Versagens auszuschalten. Obwohl die Gleichgültigkeit gegenüber der Partnerin die Folge von Ressentiments oder sexueller Unwissenheit sein kann, erkläre ich meinen Schülerinnen, sie sollten zuerst davon ausgehen, daß diese Schwierigkeit auf einer geheimen Angst vor einem Versagen während des Vorspiels beruht, und daß ihre Partner nicht selbstsicher genug sind, sie um Hilfe zu bitten. Es ist durchaus möglich, daß es dem Mann unangenehm ist, wenn seine Partnerin in dieses heikle Gebiet seiner Privatsphäre eindringt, aber aus meinen klinischen Erfahrungen bei der Behandlung dieses Problems weiß ich, daß ein Ehemann, der an dieser sexuellen Behinderung leidet, viel mehr dazu neigt, den forschenden Fragen seiner Frau *passiven Widerstand* entgegenzusetzen, als daß er versuchen würde, sie manipulativ dazu zu bewegen, den Status quo zu akzeptieren. Falls die Partnerin jedoch versucht, durch Manipulation (statt durch Selbstsicherheit) zu erreichen, daß er ihre sexuellen Wünsche erfüllt, ist es möglich, daß der Mann mit einer Gegenmanipulation reagiert.

Dialog Nr. 33
Eine Ehefrau sagt ihrem Mann, daß sie mehr sexuelles Vorspiel wünscht

Szene des Dialogs: Jill hat ein gutes Verhältnis zu Jack, aber sie hat das Gefühl, daß in ihrem Sexualleben etwas fehlt. Jack vollzieht den Geschlechtsakt fast ohne Vorspiel, und nach dem Höhepunkt sucht er nur selten physischen oder verbalen Kontakt mit Jill und schläft meistens gleich ein. Nach dem Abendessen setzt Jill sich zu ihrem Mann auf das Sofa.

Jill: Könntest du bitte den Fernseher ausschalten, Liebling? Ich möchte mit dir reden.

Jack: Selbstverständlich. (Schaltet das Gerät aus.) Um was handelt es sich denn?

Jill: Ich weiß nicht recht, wie ich anfangen soll. Na ja, eigentlich sollte ich es wissen, aber es ist mir ein bißchen peinlich. *(Selbstenthüllung* und *negative Selbstsicherheit)*

Jack: Was hast du auf dem Herzen?

Jill: Ich habe dich wirklich sehr lieb, Jack, aber irgend etwas an unserem Sexualleben stört mich. *(Selbstenthüllung)*

Jack: Unser Sexualleben ist vollkommen normal.

Jill: Natürlich ist es das, trotzdem stört mich etwas daran. *(Vernebelung* und *Schallplatte mit Sprung)*

Jack (nach kurzem Schweigen): Müssen wir jetzt darüber reden?

Jill: Nein, aber ich möchte es gern. Wollen wir bis nach den Abendnachrichten warten? *(Vernebelung, Schallplatte mit Sprung* und *praktikabler Kompromiß)*

Jack: Nein.

Jill: Gut! Wenn wir miteinander schlafen, würde es mir viel mehr Spaß machen, vorher ein bißchen herumzualbern, statt einfach an die Sache heranzugehen. Ich glaube, ich würde dann viel erregter sein. Und vielleicht käme ich sogar öfter zum Höhepunkt. *(Selbstenthüllung)*

Jack: Wir gehen nicht einfach an die Sache ran. Du unterstellst mir, daß ich nur an mein eigenes Vergnügen denke.

Jill: Vielleicht tue ich das, und vielleicht hast du recht, wenn du sagst, daß wir nicht einfach an die Sache rangehen. Trotzdem glaube ich, daß ich es viel mehr genießen würde, wenn wir etwas mehr Vorspiel und Herumgealbere hätten, als wir es jetzt haben. *(Vernebelung* und *Schallplatte mit Sprung)*

Jack: Früher haben wir es getan, und dann sind wir meistens zu spät zur Arbeit gekommen.

Jill: Ja, ich erinnere mich, daß wir oft verschlafen haben. Aber in der ersten Zeit unserer Ehe haben wir manchmal eine Menge Zeit damit verbracht, uns zu lieben. *(Vernebelung)*

Jack: Ich bin kein Supermann. Darf ich dich vielleicht darauf aufmerksam machen, daß ich am nächsten Tag arbeiten muß?

Jill: Du hast recht, und ich will auch gar nicht, daß du ein Supermann sein mußt, aber können wir es nicht irgendwie so einrichten, daß wir mehr

Vorspiel haben und du trotzdem am nächsten Morgen nicht so müde bist? *(Vernebelung* und *negative Befragung)*

Jack: Als wir jung verheiratet waren, war ich von dem Vorspiel manchmal so erschöpft, daß ich dich nicht mehr nehmen konnte. Erinnerst du dich?

Jill: Das stimmt, wir hatten damals ein paar Mal Schwierigkeiten. Aber ich möchte dich nicht allzusehr bedrängen. Möchtest du lieber später darüber reden? *(Vernebelung* und *praktikabler Kompromiß)*

Jack: Nein, nein, das ist schon in Ordnung.

Jill: Könnte mein Wunsch nach mehr Vorspiel dazu führen, daß du dich erschöpft fühlst? *(Negative Befragung)*

Jack: Nun, es ist ja ein paar Mal passiert, daß ich ihn nicht mehr hochkriegen konnte, wenn ich müde war.

Jill: Glaubst du, daß das wieder passieren könnte, wenn wir mehr Vorspiel hätten, so wie ich es möchte? *(Negative Befragung)*

Jack: Ich weiß nicht. Vielleicht.

Jill: Wenn du deine Erektion verlieren würdest, wäre es dann so schlimm, wenn ich dir helfe, sie wiederzubekommen? *(Negative Befragung)*

Jack: Wie denn?

Jill (lächelnd): Soll ich es dir mal gleich demonstrieren? *(Praktikabler Kompromiß)*

Jack lächelt ebenfalls.

Jill: Wenn wir mehr Vorspiel haben und du verlierst die Erektion, würdest du dann wollen, daß ich dir helfe? *(Praktikabler Kompromiß)*

Jack: Na klar! (wird wieder ernst) Aber wie soll ich am nächsten Morgen rechtzeitig aus den Federn kommen, wenn wir uns die ganze Nacht lieben?

Jill: Wie wäre es, wenn wir es abends versuchen würden, zum Beispiel um diese Zeit? Dann hätten wir uns bis zum nächsten Morgen bestimmt erholt. Meinst du nicht? *(Praktikabler Kompromiß)*

Jack: Fangen wir an!

Ich empfehle meinen Schülern immer wieder, daß es eine ausgezeichnete Vorbereitung für die Meisterung aller Arten von Ehekonflikten ist, wenn sie sich darin üben, das schwierigste der sexuell bedingten Eheprobleme zu bewältigen, nämlich die allmählich abnehmende Häufigkeit des Geschlechtsverkehrs. Schon eine oberflächliche Prüfung zeigt, daß einer der Partner den Sexualverkehr nie initiiert oder immer eine Ausrede bereit hat, warum er gerade nicht in Stimmung ist. Obwohl dieses Muster der sexuellen Vermeidung bei beiden Geschlechtern vorkommt, sind mein Kollege Dr. Zev Wanderer und ich auf Grund unserer Erfahrungen zu der Ansicht gelangt, daß männliche Patienten viel eher dazu neigen, das Vorhandensein eines Problems abzuleugnen, als weibliche Patienten. Frauen geben im allgemeinen offener und bereitwilliger zu, daß sie sexuelle Schwierigkeiten haben. Ich spreche hier von dem männlichen Partner, der sich von seiner Frau sexuell zurückzieht und keine sichtbaren und verläßlichen Symptome einer konditionierten phobischen Impotenz zeigt. Es geschieht relativ selten, daß er seine Erektion verliert oder Schwierigkeiten hat, sich von anderen Frauen sexuell erregen zu lassen, und er leidet auch nicht an vorzeitigem Samenerguß. Sein Verhaltensbild paßt mehr zu dem Zorn-Modell als zu dem Angst- oder dem gemischten Modell der psychotherapeutischen Behandlung. Dieses Sexualproblem beruht also eher auf Schwierigkeiten außerhalb des Ehebetts. Dieses Sichzurückziehen ist kein kurzfristiger Prozeß. Ich kenne weder beruflich noch privat ein einziges Ehepaar, das sich nicht gelegentlich gegenseitig zur Hölle gewünscht oder aus Zorn für kürzere Zeit den Geschlechtsverkehr verweigert hat. Ich spreche hier von dem typischen Muster, nach dem sich ein Partner über einen Zeitraum von Monaten oder sogar Jahren allmählich vom anderen zurückzieht. Die Behandlung dieses Zustands nach dem Zorn-Modell besteht darin, den Partner, der sich zurückgezogen hat, dazu zu erziehen, daß er mit dem anderen Partner selbstsicher über das spricht, was ihm mißfällt, oder daß er zumindest ab und zu seine Verärgerung zeigt und etwas Dampf abläßt, um die Atmosphäre zu reinigen. Aber wie kann man das erreichen? Das ist der Kernpunkt der Sache, insbesondere im Fall des widerstrebenden Mannes. Er streitet wahrscheinlich das Vorhandensein eines Sexualproblems ab, geschweige denn, daß er jemandem gestattet, ihm Anweisungen zu erteilen, wie er die Art des Umgangs mit seiner Frau ändern sollte.

Bei Patientinnen, die über dieses Problem klagen, führe ich ein intensives Selbstsicherheitstraining durch mit besonderer Betonung auf den Methoden der Vernebelung, der negativen Selbstsicherheit und der negativen Befragung, um sie in die Lage zu versetzen, sowohl manipulative als auch begründete Kritik ihrer sexuell wiederstrebenden Ehemänner bewältigen zu können. Sobald sie ihr eigenes defensives und manipulatives Verhalten ausreichend bewältigt haben, empfehle ich ihnen, ihre Ehemänner zur Kritik an ihnen und an der Art des ehelichen Zusammenlebens aufzufordern. Der Ehemann erhält dadurch die Möglichkeit, offen zu sagen, was ihm an seiner Frau mißfällt, und inwieweit ihr Verhalten daran schuld ist, daß er sich sexuell zurückgezogen hat. Gleichzeitig gewinnt der Ehemann durch eine solche Aufforderung ein gänzlich neues Bild von seiner Partnerin: Sie ist gar nicht die empfindliche, leicht verletzbare, sehr abhängige und manchmal übertrieben betuliche Frau, für die er sie immer gehalten hat. Es gibt allerdings auch Ehefrauen, denen es viel schwieriger erscheint, eine Lösung des Konflikts zu finden, als das Problem eines sexuell widerstrebenden Ehemannes zu ertragen.

Für diese bedauernswerten Frauen würde die Bewältigung der Beschwerden ihrer Ehemänner bedeuten, daß sie ihren persönlichen Lebensstil weitgehend ändern müssen; daß sie ihren eigenen Weg zum Glück finden müssen; daß sie weniger davon abhängig sind, was ihre Ehemänner ihnen geben können (oder wollen); daß sie weniger manipulativ sind; daß sie ihre eigenen Wünsche und Sehnsüchte erforschen und realisieren, ihre negativen Gefühle und Sorgen selbstsicher prüfen und als Teil ihres Selbst akzeptieren, und daß sie zur Bewältigung dieser Sorgen mit ihren Partnern Kompromisse aushandeln müßten, statt sie manipulativ dazu zu bringen, daß sie sich einer strukturierten Routine anpassen, die sie selbst vor einer Konfrontation mit ihrer eigenen inneren Unsicherheit schützen würde. Vom rein klinischen Standpunkt aus betrachtet – also ohne Anspielung auf emanzipatorische Bestrebungen –, wollen diese Frauen sich nicht der Mühe unterziehen, »befreit« zu werden. Sie betrachten die Therapie entweder als eine Gelegenheit, ihre Klagen über ihre Ehemänner und die Ungerechtigkeit des Lebens bei einem verständnisvollen Zuhörer abzuladen, oder als eine Gelegenheit, ein paar clevere Tricks zu lernen, wie sie das Verhalten des Partners ändern können, ohne sich selbst zu ändern oder sich aktiv zu bemühen. Zum Glück gibt es relativ wenige Patienten (Männer und Frauen) mit dieser Einstellung; die meisten sind bereit, sich selbst zu erziehen und nach Wegen zu suchen, wie sie die Schwierigkeiten, die sich im Zusammenleben mit einem anderen Menschen ergeben, meistern können. Der folgende Dialog illustriert einige der selbstsicheren Fertigkeiten, durch deren Anwendung eine Frau die sexuelle Zurückgezogenheit ihres Partners bewältigen kann. Es handelt sich wieder um eine gekürzte und redigierte Zusammenstellung aus Gesprächen, die in Übungen oder in therapeutischen Sitzungen stattfanden. Die von der selbstsicheren Partnerin herausgeforderte Kritik ist ein Beispiel für die spontanen kritischen Aussagen, wie sie in den Übungen von Hunderten von Schülern gemacht wurden. Es handelt sich dabei keineswegs um einen Kampf zwischen den Geschlechtern, sondern um die Auslotung persönlicher Erfahrungen. Obwohl es in diesem Dialog um das spezifische Problem des sexuell widerstrebenden Ehemannes geht, soll er als allgemeines Modell dafür dienen, wie man durch ein selbstsicheres Verhalten Ehekonflikte bewältigen kann.

Im wirklichen Leben erforderte es Wochen oder sogar Monate wiederholter, nicht-kritischer und nicht-defensiver Gespräche mit dem widerstrebenden Partner, bis Kompromisse und neue Wege des Umgangs miteinander ausgearbeitet werden konnten. In manchen Fällen wurde dadurch die sexuelle Beziehung verbessert; in anderen Fällen wurde durch eine offene und selbstsichere Kommunikation das Zusammenleben so verbessert, daß die Partner neue Lebensstile entwickeln konnten, die für beide Seiten befriedigender waren.

Dialog Nr. 34
Ein Ehepartner, der bisher manipulativ war, fordert den anderen auf zu sagen, was an ihrer Ehe nicht in Ordnung ist, damit sie gemeinsam nach Abhilfe suchen können

Jill ist seit drei Jahren mit Jack verheiratet. In den ersten achtzehn Monaten war ihr Sexualleben befriedigend, in den folgenden zwölf Monaten sank die Häufigkeit des Geschlechtsverkehrs mehr und mehr ab, und seit vier Monaten war sie auf dem Nullpunkt angelangt. Jill liebt ihren Mann immer noch und möchte die Vertrautheit der ersten Zeit ihrer Ehe wiederherstellen. Sie hat inzwischen gelernt, selbstsicher zu sein, und hat fleißig an sich gearbeitet, um sich gegen Selbstzweifel und ihre Neigung, in Abwehrstellung zu gehen, zu desensitivieren. In einem intensiven Training hat sie gelernt, daß sie ihr eigener oberster Richter ist. Sie weiß, daß sie auf einigen Gebieten gut ist, auf anderen dagegen miserabel, kann sowohl ihre Erfolge als auch ihre Fehler auswerten und hat erkannt, daß letzten Endes sie allein für alle Änderungen verantwortlich ist, die sie in ihrem Leben vorzunehmen wünscht.

Szene des Dialogs: An einem Sonntagmorgen, nachdem Jack und sie die Zeitung gelesen haben, eröffnet Jill das Gespräch.

Jill: Jack, ich habe über uns nachgedacht. Ob wir es zugeben wollen oder nicht, wir haben ein Sex-Problem. *(Negative Selbstsicherheit)*

Jack: Fang nicht schon wieder damit an. Darüber haben wir schon oft genug gesprochen. Mußt du uns denn unbedingt die Stimmung verderben?

Jill: Du hast recht. Ich habe früher an dir herumgenörgelt, ich habe geweint und bin wütend geworden, um dich dazu zu bringen, daß du mit mir schläfst, aber heute will ich nicht an dir herumnörgeln. Ich möchte wissen, wie die Dinge von deinem Standpunkt aus gesehen liegen. *(Vernebelung, Selbstenthüllung* und *praktikabler Kompromiß)*

Jack (sarkastisch): Das ist allerdings mal etwas anderes.

Jill: Ja, das ist es, nicht wahr? Ich habe das Gefühl, daß wir immer weiter auseinander treiben. Wir haben seit fast vier Monaten nicht mehr miteinander geschlafen. *(Vernebelung* und *Selbstenthüllung)*

Jack (defensiv): Ich liebe dich, aber ich habe mich in letzter Zeit einfach zu müde und erschöpft gefühlt. Bei all den Überstunden und so fühle ich mich eben nicht in Stimmung.

Jill: Ich glaube dir, daß du in letzter Zeit überarbeitet bist, Jack, aber ich habe das Gefühl, daß es noch einen anderen Grund hat. Ich glaube, daß ich irgend etwas tue, das dir die Lust nimmt, mit mir zu schlafen. *(Vernebelung, Selbstenthüllung* und *negative Selbstsicherheit)*

Jack: Du nimmst mir keineswegs die Lust. Du bist im Bett große Klasse.

Jill: Ja, vielleicht bin ich im Bett in Ordnung, aber ich habe das Gefühl, daß wir uns in vielerlei Hinsicht voneinander entfernen, und ich glaube, daß ich irgend etwas an mir habe, daß dich generell abstößt, nicht nur im Bett. *(Vernebelung, Schallplatte mit Sprung* und *negative Selbstsicherheit)*

Jack: Nö, du bist ganz in Ordnung.

Jill: Nun ja, in manchen Dingen mag das stimmen, aber habe ich nicht ein paar Angewohnheiten, die dich auf die Palme treiben? *(Vernebelung* und *negative Befragung)*

Jack (immer noch defensiv): Kein Mensch ist vollkommen. In jeder Ehe gibt es Dinge, die dem einen oder dem anderen nicht gefallen.

Jill: Sicher, andere Ehepaare haben auch ihre Probleme, aber gibt es nicht irgend etwas, das ich tue, auch wenn es nur Kleinigkeiten sind, das dir unter die Haut geht und dich ärgert? *(Vernebelung* und *negative Befragung)*

Jack (nachdenklich): Nun ja, du hast ein paar Angewohnheiten, die mich tatsächlich ärgern.

Jill: Und die wären? *(Negative Befragung)*

Jack: Das ist schwer zu sagen ... nur so Kleinigkeiten ... Zum Beispiel, daß du mich gestern spätabends noch gefragt hast, ob ich den Mülleimer hinausgebracht habe, obwohl du mich schon um sechs Uhr darum gebeten hattest.

Jill: Sonst noch was? *(Negative Befragung)*

Jack: Ja. Wenn ich dir beim Saubermachen geholfen habe, findest du hinterher immer etwas zu bemeckern.

Jill (erstaunt): Tue ich das wirklich? ... Ja, doch ... Es stimmt. Und weiter? *(Negative Befragung, negative Selbstsicherheit* und *negative Befragung)*

Jack (kommt allmählich in Fahrt): Ja. Es ist ja nicht, weil du mir nicht vertraust, sondern es ist eher, weil du nach Gründen suchst, um an mir herumnörgeln zu können.

Jill: Allmählich fange ich an, das selbst zu glauben ... Was tue ich sonst noch, das den Anschein erweckt, als ob ich versuche, an dir Fehler zu finden? *(Negative Selbstsicherheit* und *negative Befragung)*

Jack: Reicht das noch nicht?

Jill: Es gibt mir reichlich Stoff zum Nachdenken, aber ich wüßte gern, was ich sonst noch tue, das dich ärgert. *(Vernebelung* und *Selbstenthüllung)*

Jack: Wie du willst. Erinnerst du dich noch an die Zeit, als wir nur einen Wagen hatten?

Jill: Ja.

Jack: Jedesmal, wenn ich dich ein bißchen später als verabredet abholte, hast du zwanzig Minuten lang gekeift und gejammert, wie schlecht ich dich behandele.

Jill: Ja, es war dumm von mir, dich als Blitzableiter für meine Frustrationen zu benützen, nicht wahr? (Statt zu sagen: was hattest du denn erwartet? Du bist ja immer zu spät gekommen!) *(Negative Selbstsicherheit* und *negative Befragung)*

Jack schweigt verbissen.

Jill: Ich habe dir damals nicht viel Freiheit gelassen, nicht wahr? Ich habe mich scheußlich benommen. *(Empathische negative Befragung* und *negative Selbstsicherheit)*

Jack (steigert sich in Rage): Das kann man wohl sagen! Es macht mich jetzt noch fuchsteufelswild, wenn ich daran denke. Und das war noch nicht alles. Du hast auch erwartet, daß ich das Gekeife geduldig über mich ergehen lasse.

Jill: Was habe ich da falsch gemacht? *(Negative Befragung)*

Jack: Es war dein gutes Recht, wütend zu werden, wann immer du wolltest. Aber als ich am Anfang auch ein paar Mal auf dich wütend war, hast du gleich geheult und gezetert und bist ins Schlafzimmer gerannt und hast stundenlang geweint, bis ich mich bei dir entschuldigt habe.

Jill (Empathisch und etwas verlegen): Ja, das stimmt. Es war niederträchtig von mir. Ich durfte wütend werden, aber du nicht. Ich schlage dir ein Abkommen vor: Wenn ich wütend werde, darfst du das auch und umgekehrt, dann braucht sich hinterher keiner zu entschuldigen, einverstanden? *(Negative Selbstsicherheit* und *praktikabler Kompromiß)*

Jack (etwas mißtrauisch): Einverstanden . . . aber warum hinterher keine Entschuldigung?

Jill: Weil es dann aussehen würde, als ob man etwas Unrechtes tut, wenn man mal etwas Dampf abläßt.

Jack: Na gut, aber ich glaube, daß ich dabei ins Hintertreffen gerate.

Jill: Wieso? *(Negative Befragung)*

Jack: Weil du viel öfter auf mich wütend wirst als ich auf dich.

Jill: Ja, das mag stimmen . . . Dann mache ich einen anderen Vorschlag. Ich werde mir Mühe geben, nicht wegen jeder Kleinigkeit hochzugehen, und dafür versprichst du mir, sofort loszudonnern, wenn du auf mich wütend bist. Was meinst du dazu? *(Vernebelung* und *praktikabler Kompromiß)*

Jack: Wird dich das nicht so frustrieren, wie es mich frustriert hat?

Jill: Vielleicht . . . Aber ich habe ein gutes Gedächtnis. Ich kann ja eine Weile sammeln und dann die geballte Ladung platzen lassen. *(Vernebelung* und *praktikabler Kompromiß)*

Jack: Da ist noch etwas. Du läßt nie Gras über eine Sache wachsen. Warum sagst du nicht einfach, was dir nicht paßt, und damit ist die Sache erledigt? Mir kommt es vor, als ob du versuchst, mich zu bestrafen. Ich bin kein kleines Kind, das du ans Töpfchen gewöhnen mußt, ich bin ein erwachsener Mann.

Jill: Ja, ich glaube, so benehme ich mich wirklich, nicht wahr? Es macht mich ganz krank, wenn ich daran denke, was ich dir alles antue. *(Negative Selbstsicherheit/Befragung* und *Selbstenthüllung/negative Selbstsicherheit)*

Jack (mitfühlend): Wollen wir aufhören?

Jill (verwirrt): Ich weiß nicht. Ich glaube, ich möchte weitermachen, aber es ist hart für mich, ein solches Bild von mir zu sehen. *(Selbstenthüllung)*

Jack schweigt.

Jill: Am liebsten möchte ich weinen, aber dadurch würde ich alles genau so verpatzen, wie ich es bisher getan habe. Trinken wir eine Tasse Kaffee, vielleicht fühle ich mich dann besser, ja?

Jack: Meinetwegen. (Nachdem er den Kaffee getrunken hat) Wie hast du dich entschieden?

Jill: Es tut immer noch weh. aber bist du einverstanden, daß wir weitermachen?

Jack: Sicher, wenn du es möchtest.

Jill: Ich wünschte, du wärst mein Therapeut und könntest mir raten, was ich jetzt sagen soll.

Jack (ärgerlich): Hat er dir gesagt, daß du dieses Gespräch anfangen sollst?

Jill: Er hat es mir vorgeschlagen. Aber ich finde es ganz vernünftig, wenn dadurch die Atmosphäre gereinigt wird. Ich glaube, ich habe dich jedesmal übel heruntergeputzt, wenn du etwas getan hast, das mir nicht gefiel. Jetzt möchte ich herausfinden, ob ich deine Kritik vertragen kann, ohne gleich zu verwelken. Wenn ich nicht immer gleich so hysterisch reagiere, wenn du mal deinen Zorn lüften willst, könnten wir vielleicht wieder anfangen, unser Leben miteinander zu teilen.

Jack (steht auf): Jetzt brauche ich eine Tasse Kaffee! (Kommt nach ein paar Minuten mit wütender Miene zurück und zündet sich eine Zigarette an.)

Jill: Womit habe ich dich so böse gemacht? *(Negative Befragung)*

Jack: Es paßt mir nicht, für dich und die Experimente deines Therapeuten das Meerschweinchen zu spielen.

Jill: Das kann ich verstehen. Willst du nicht mal mitkommen und mit ihm sprechen? *(Vernebelung* und *praktikabler Kompromiß)*

Jack: Nein.

Jill: Möchtest du dich scheiden lassen?

Jack: Natürlich nicht.

Jill: Wenn wir so weitermachen und es zwischen uns nicht besser wird, weiß ich nicht, was ich tun soll. Ich möchte unsere Probleme jetzt und hier bereinigen, wenn es irgend möglich ist. Aber wenn du weder zu meinem Therapeuten mitkommen noch jetzt mit mir über alles sprechen willst, was bleibt uns dann noch übrig? *(Praktikabler Kompromiß)*

Jack: Mir gefällt es nicht.

Jill: Das braucht es auch nicht. Ich möchte ja nur, daß du es mit mir zusammen versuchst. *(Vernebelung* und *praktikabler Kompromiß)*

Jack: So war es immer. Ich bin der Depp und du kennst alle Antworten.

Jill: Was tue ich denn, daß du dich wie ein Depp fühlst? *(Negative Befragung)*

Jack: Mir kommt es vor, als ob du mir mein Gehirn um und um drehst.

Jill: Möchtest du aufhören, darüber zu sprechen? *(Praktikabler Kompromiß)*

Jack: Nein. Du und dein gottverdammter Gripspopler, ihr habt mich so richtig auf die Palme gebracht.

Jill: Und wodurch? *(Negative Befragung)*

Jack: Ihr gebt mir das Gefühl, daß ich der Patient bin und nicht du. Du überschwemmst mich einfach mit diesem ganzen Quatsch über Selbstsicherheit, den er dir beigebracht hat.

Jill: Ja, das tue ich. Ich weiß nicht, wie ich sonst zu dir durchkommen kann, aber wenn du es nicht willst, höre ich auf. *(Vernebelung, Selbstenthüllung* und *praktikabler Kompromiß)*

Jack: Warum kannst du die Dinge nicht auf sich beruhen lassen?

Jill: Weil ich nicht will. Vielleicht möchte ich, daß es zwischen uns wieder so wird, wie es einmal war – oder besser – oder anders . . . (frustriert) Ach, ich weiß nicht, was ich eigentlich will. *(Selbstenthüllung)*

Jack: Was stört dich denn an der Situation, wie sie ist?

Jill (zornig, fällt in ihren alten Stil zurück): Eine Menge! Soll ich jetzt vielleicht mal all die Fehler aufzählen, die *du* in unserer Ehe gemacht hast?

Jack: Ha, da haben wir's ja. Du und dein großer Mund.

Jill (immer noch erbost): Genau das ist es ja, wovon ich rede. Entweder gehen wir aufeinander los, oder ich keife und du schweigst. So will ich nicht weiterleben.

Jack: Ich auch nicht!

Jill: Dann versuche es doch, um Himmels willen! Es wird dich ja nicht gleich umbringen!

Jack (erschöpft): Also gut, was sollen wir tun?

Jill (wieder beherrscht): Nichts, wenn du es nicht wirklich willst. *(Praktikabler Kompromiß)*

Jack: Mir gefällt das alles nicht.

Jill: Das kann ich verstehen, aber willst du es nicht versuchen? Wenn du nein sagst, dann lassen wir es. *(Vernebelung* und *praktikabler Kompromiß)*

Jack: Und wenn es zu unangenehm wird, dann hören wir auf, ja?

Jill: Das mußt du entscheiden. Wenn du nicht ganz offen mit mir redest, wäre es nur Zeitvergeudung. Versuchen wir doch herauszufinden, was jeder von uns will. *(Vernebelung)*

Jack: Einverstanden. (Anm.: Ohne Jacks Einverständnis wäre von diesem Punkt an keine enge Kommunikation mehr möglich.)

Jill: Wo waren wir stehengeblieben? Ach ja, daß ich dich wütend gemacht habe. Kannst du mir genauer sagen, wieso? *(Negative Befragung)*

Jack: Du hast mir das Gefühl gegeben, daß du immer alle Antworten kennst.

Jill: Inwiefern? *(Negative Befragung)*

Jack: Du hast da verdammt kühl und gelassen getan.

Jill: Als ob ich dich aufs Glatteis locken wollte? *(Negative Befragung)*

Jack: Ja!

Jill: Wodurch habe ich diesen Anschein erweckt? *(Negative Befragung)*

Jack: Es war, als ob alles, was ich sagte, an dir vorbeirauschte. Du hast nicht mit der Wimper gezuckt . . . wenigstens nicht, bis du anfingst zu weinen.

Jill: Ich dachte, daß ich wieder mal alles vermasselt hatte. *(Selbstenthüllung)*

Jack: Nein, so war es nicht. Wenn du weinst und aus dem Zimmer rennst, weiß ich, daß du wütend auf mich bist. Diesmal hast du bloß geweint.

Jill: Was ist daran anders, wenn ich weine und weglaufe? *(Negative Befragung)*

Jack: Wenn du so weinst, werde ich erst wütend auf dich, und dann bekomme ich Schuldgefühle.

Jill: Wieso erwecke ich in dir Schuldgefühle? *(Negative Befragung)*

Jack: Ich weiß nicht. Ich weiß nur, daß du dich blöd benimmst, und trotzdem erweckst du in mir Schuldgefühle . . . Und dann möchte ich mich bei dir entschuldigen, obwohl ich immer noch wütend bin.

Jill: Wie abscheulich von mir . . . Ich erwarte von dir, daß du deinen Zorn hinunterschluckst, wenn ich weinend aus dem Zimmer laufe . . . Das ist genauso, als ob ich sagen würde: »Was für ein mieser, verkommener Halunke bist du doch, daß du mich so schlecht behandelst. Mich armes wehrloses Geschöpf.« *(Empathische negative Selbstsicherheit)*

Jack: Ich bin jedesmal ganz durcheinander, wenn du das machst. Ich hasse dich wie die Pest und möchte dir trotzdem den Hintern küssen. Mein Gott, was für ein Verhau!

Jill: Und was sonst? *(Negative Befragung)*

Jack: Ich fühle mich dann wirklich wie ein Rotzgör, das in die Windeln gemacht hat.

Jill: Du meinst, ich gebe dir das Gefühl, daß du ein kleiner Junge und kein Mann bist? *(Negative Befragung)*

Jack: Ja.

Jill: Was tue ich sonst noch, das dir dieses Gefühl gibt? *(Negative Befragung)*

Jack: Da sind diese kleinen Bemerkungen von dir, zum Beispiel: »Ich muß die ganze Arbeit machen«, oder: »Du tust nie, was notwendig ist. Du tust nur das, was dich interessiert.«

Jill: Ja, so etwas sage ich wirklich. Ich glaube, daß ich dann nur so generell meckere, aber es klingt, als ob ich dich nicht respektiere, nicht wahr? *(Vernebelung, Selbstenthüllung* und *negative Befragung)*

Jack: Genau!

Jill: Kannst du es nicht einfach überhören, wenn ich so etwas sage? *(Praktikabler Kompromiß)*

Jack: Das versuche ich ja, aber innerlich koche ich.

Jill: Warum wehrst du dich dann nicht und sagst mir, ich solle mein loses Maul halten? *(Praktikabler Kompromiß* und *negative Selbstsicherheit)*

Jack: Du meinst, ich soll auf dich losgehen?

Jill: Aber ja!

Jack (niedergeschlagen): Manchmal habe ich dich so satt, daß ich mich nicht mal mit dir streiten will.

Jill: Ja, und dann werfe ich dir vor, daß du muffst. Ich werde wohl kaum aufhören zu meckern, aber wenn ich es übertreibe und du mich anfauchst, würde es vielleicht etwas nützen. *(Vernebelung, negative Selbstsicherheit* und *praktikabler Kompromiß)*

Jack (vorsichtig): Na gut. Ich verspreche nichts, aber ich will es versuchen.

Jill: Was stört dich sonst noch an mir? *(Negative Befragung)*

Jack: Wenn irgend etwas nicht so klappt, wie es sollte, irgendeine Kleinigkeit, habe ich immer das Gefühl, daß du mir die Schuld daran gibst.

Jill: Das verstehe ich wirklich nicht. Wieso gebe ich dir das Gefühl, daß ich dich für den Schuldigen halte, wenn irgend etwas nicht klappt? *(Negative Befragung)*

Jack: Ich weiß auch nicht, wie es kommt. Wenn dir irgendwas an der Wohnung nicht gefällt und du meckerst darüber, habe ich irgendwie das Gefühl, daß es meine Schuld ist – daß ich mir die Wohnung hätte gründlicher ansehen sollen, bevor wir sie gemietet haben.

Jill: Du hast also das Gefühl, daß ich dir für alles Unangenehme die Verantwortung zuschiebe, nicht wahr? *(Negative Befragung)*

Jack: Ja. Es sind ja meistens nur Kleinigkeiten, aber in drei Jahren sammelt sich eine ganze Menge davon an, und das ist so entmutigend. Manchmal möchte ich abends gar nicht nach Hause kommen, weil wieder mal etwas passieren könnte, wofür ich verantwortlich bin.

Jill: Ich verstehe. Wann hast du sonst noch das Gefühl, daß ich dir irgendeine Verantwortung zuschiebe? *(Negative Befragung)*

Jack: Ach, ich weiß nicht. Da gibt es eine Menge Dinge. Zum Beispiel, wenn du dich langweilst, habe ich das Gefühl, dafür verantwortlich zu sein.

Jill: Du meinst, ich gebe dir das Gefühl, daß du für meine Unterhaltung verantwortlich bist, nicht wahr? *(Negative Befragung)*

Jack: Haargenau. Es ist so, als ob ich auf alles, was ich sage und tue, aufpassen müßte, damit du dich nicht aufregst – daß ich nicht einfach mal alle Viere von mir strecken und mich entspannen kann. Ich muß mir immer Sorgen machen, ob es dir auch gut geht.

Jill: Du meinst, daß ich in zu vielen Dingen von dir abhängig bin. (Nachdenklich.) Wahrscheinlich hast du recht. Was tue ich sonst noch, das dir das Gefühl gibt, verantwortlich für mich zu sein? *(Vernebelung* und *negative Befragung)*

Jack: Manchmal glaube ich, daß du überhaupt nichts ohne mich tun kannst. Ich muß immer dabeisein. Und wenn ich mal sage, daß ich keine Lust habe, bist du beleidigt. Mir darf eben nichts mißfallen, das du tun möchtest. Es ist, als ob ich kein eigenes Leben habe. Wenn ich irgend etwas ohne dich tun würde, außer zur Arbeit zu fahren, würdest du sofort zetern. Manchmal kommt mir unsere Beziehung nicht wie eine Ehe vor, sondern wie ein Job, und ich arbeite für dich. Sogar der Sex . . . Ich habe manchmal das Gefühl, daß ich es dir schuldig bin, mit dir zu schlafen, statt daß ich es selbst will, und das nehme ich dir übel! Ist dir eigentlich bewußt, daß ich mich in den drei Jahren unserer Ehe nicht ein einziges Mal abends mit meinen Freunden getroffen habe? Ich gehe nur ab und zu angeln, und das stört dich auch.

Jill: Mein Gott, wir haben wirklich ein Problem!

Jack: Das sage ich ja. Ich sage dir, was ich für Gefühle habe, und du hörst nicht zu. Du wirfst einfach die Hände in die Luft und schiebst mir alles zu.

Jill (nachdenklich): Ich verstehe dich. (Lächelt etwas zittrig.) Ich mache meine Sache nicht sehr gut, nicht wahr? *(Empathische Vernebelung* und *negative Selbstsicherheit/Befragung)*

Jack (defensiv): Du wolltest es ja so haben.

Jill: Bitte, Jack. Du hast ganz recht. Ich fühle mich wirklich in die Ecke gedrängt, wenn du so offen mit mir sprichst, aber laß es mich weiter versuchen! *(Vernebelung* und *praktikabler Kompromiß)*

Jack: Nun?

Jill: Ich bin wohl zu abhängig von dir gewesen und habe zuviel von dir verlangt, nicht wahr? Was können wir dagegen tun? *(Empathische negative Selbstsicherheit/Befragung* und *praktikabler Kompromiß)*

Jack: Ich weiß nicht. Wenn du zu mir sagst, ich soll mit meinen Freunden ausgehen, und dann sitzt du allein zu Haus und ärgerst dich, würde ich mich trotzdem schuldig und für dich verantwortlich fühlen. Es würde also nichts an der Situation ändern.

Jill: Da bin ich ganz deiner Meinung. Überlegen wir mal. Ich möchte, daß wir uns wieder näherkommen und mehr miteinander teilen. Das Problem ist, daß ich dich zum Schweigen bringe, wenn du unerfreuliche Dinge mit mir teilen willst, also das sagst, was dir an unserer Ehe nicht gefällt. Und das schlimmste ist die Art und Weise, wie ich dich zum Schweigen bringe . . . (beginnt zu weinen) Jack, es tut mir so leid.

Jack (rührt sich nicht vom Fleck): Mir tut es auch leid.

Jill: Ich glaube, wenn ich von Vertrautheit zwischen uns sprach, meinte ich nur die erfreulichen Dinge. Ich konnte den Unsinn, den auch du verzapft hast, einfach nicht verdauen.

Jack (kommt ihr lächelnd zu Hilfe): Was für Unsinn? Ich bin vollkommen!

Jill (lächelnd und freundlich-sarkastisch): Natürlich bist du das!

Jack: Wenn ich mehr Mumm in den Knochen hätte, dann hätte ich dir schon oft gesagt, daß du den Mund halten sollst, wenn du so richtig losgezischt bist.

Jill: Vielleicht – aber bitte tue es in Zukunft, wenn du wirklich etwas willst, auch wenn ich gerade in voller Fahrt bin. *(Vernebelung* und *praktikabler Kompromiß)*

Jack: Das sagt sich so leicht, aber wie wollen wir es durchführen?

Jill: Wie wäre es, wenn wir öfter so miteinander reden, um die Lage zu klären? *(Praktikabler Kompromiß)*

Jack: Einverstanden, aber das ändert nichts daran, daß du mir immer noch am Hals hängst.

Jill: Was soll ich denn tun? *(Negative Befragung)*

Jack: Wie wäre es, wenn du dich mit irgend etwas beschäftigst, statt nur zu Hause zu sitzen? Besuche ein paar Kurse oder lerne irgendeinen Beruf. Irgend so etwas.

Jill: Du hast recht. Ich muß endlich anfangen, auch ohne dich etwas zu tun. Das war für mich immer schwierig, aber vielleicht können wir es so einrichten, daß ich immer dann, wenn du allein ausgehen willst, auch etwas vorhabe. *(Vernebelung, negative Selbstsicherheit* und *praktikabler Kompromiß)*

Jack: Wann wollen wir damit anfangen?

Jill: Sagen wir, sofort.

Jack: Sagen wir, lieber nach dem Mittagessen. Ich bin schon halb verhungert.

Jill: Abgemacht!

Wie dieser Dialog zeigt und wie meine Schüler es bestätigen, ist es keineswegs erforderlich, daß Sie ein Meister der Rhetorik sein müssen, wenn Sie sich behaupten wollen. Es macht gar nichts, wenn Sie sich nicht klar ausdrücken können, mal wütend werden, etwas Dummes sagen oder etwas sagen, das Sie nicht meinen, oder ein voreiliges Versprechen geben. Dadurch ist nichts verloren, außer ein bißchen Zeit. Fangen Sie einfach wieder von vorn an und sagen Sie was sie wünschen – ein materielles Ziel, eine Änderung in Ihrem eigenen oder im Verhalten Ihres Partners oder eine bessere Kommunikation.

ZUSAMMENFASSUNG

Eine Interaktion mit Problembewältigung, die in der nichtdefensiven, nicht-manipulativen Art und Weise stattfindet, wie es der letzte Dialog demonstriert, übermittelt Ihrem Partner eine wichtige Botschaft. Sie gibt ihm die Versicherung, daß Sie ihn in seinen Entscheidungen nicht beeinflussen wollen, und – was noch wichtiger ist – daß Sie nicht versuchen werden, ihn zu beeinflussen, auch wenn Ihnen das, was Sie zu hören bekommen, nicht gefällt. Diese Versicherung gestattet es, daß bei einem Konflikt der Wünsche ein Kompromiß ausgehandelt werden kann, soweit es überhaupt möglich ist. Ein Kompromiß, der das Verhalten eines Menschen betrifft, ist nicht mit einer Verhaltenskontrolle gleichzzusetzen. Eine Verhaltenskontrolle findet nur dann statt, wenn jemand Ihre Privatsphäre, Ihr eigentliches Ich manipuliert. Sogar in der Psychotherapie fragt der Psychologe, ob er in diesen persönlichsten Teil des Lebens eines Patienten eindringen darf, denn ohne eine solche Erlaubnis ist eine Psychotherapie nicht möglich. Wenn der Therapeut ohne die Genehmigung des Patienten in dessen Intimsphäre eindringt, wird entweder die Beziehung zerstört oder durch eine ungesunde psychische Abhängigkeit ersetzt; der Patient verläßt sich dann vollkommen darauf, daß der Therapeut alle Entscheidungen für ihn trifft. Zum Glück kommt eine solche Abhängigkeit nicht allzu oft vor. Wenn der Therapeut an den entscheidungsbildenden Prozessen des Patienten teilnimmt, dann nur deshalb, weil er dem Patient helfen will, seine *eigenen* Wünsche, Gefühle und die sich daraus ergebenden Handlungen zu erkennen; auf Grund seines Fachwissens will er dem Patienten bei der Problembewältigung helfen, nicht aber die Probleme für ihn lösen; er will dem Patienten helfen, das zu tun, was er wünscht, nicht aber das, was der Therapeut von ihm erwartet!

Kein Psychotherapeut bildet sich ein, daß positive Veränderungen im Verhalten und in der Einstellung zweier Menschen zueinander nur in seinem Sprechzimmer oder mit Hilfe seines Rats erzielt werden können. Wir bekommen ja nur Menschen mit einem unzureichenden Bewältigungsvermögen zu sehen. Die Menschen, die ihre Konflikte ohne unsere Hilfe bewältigen und produktive Interaktionen aufbauen können, kommen nicht zu uns. Wir Therapeuten können in vielen Fällen helfen, aber für den Prozeß einer gesunden Verhaltensänderung sind wir weder wichtig noch unentbehrlich. Die Summe meiner persönlichen und beruflichen Erfahrungen ist, daß zwei Menschen die Alltagskonflikte, die sie sich gegenseitig bereiten, ohne weiteres bewältigen können, und zwar gut. Das größte Hindernis für die Bewältigung der Probleme, die sich aus dem Zusammenleben mit anderen ergeben, ist die Einmischung in den entscheidungsbildenden Prozeß eines anderen Menschen, die routinemäßige Manipulierung der Wünsche eines anderen Menschen, indem man Gefühle der Angst, Schuld oder Unwissenheit in ihm erweckt. Wenn Sie feststellen müssen, daß Sie Konflikte schlecht bewältigen, insbesondere Konflikte mit Menschen, die Ihnen nahestehen, sollten Sie versuchen, Ihre Wünsche selbstsicher zum Ausdruck zu bringen, ohne dabei die Würde und die Selbstachtung Ihres Partners anzutasten, statt sie manipulativ durchsetzen zu wollen.

Einige Laien und Berufskollegen haben sich mit der Frage befaßt, welche positiven und negativen Folgen es in sozialer, politischer, wirtschaftlicher und juristischer Hinsicht für unsere Gesellschaft hätte, wenn eine signifikante Anzahl von Menschen selbstsicherer wird und aufhört, auf eine Manipulation ihres Verhaltens zu reagieren. Ich kann dazu nur sagen: »Ich weiß es nicht.« Mir geht es beim systematischen Selbstsicherheitstraining nur um die beiden Endpunkte der menschlichen Gesellschaft – um das Individuum und um die Art. Als Psychologe gilt mein Interesse nur den Konflikten zwischen zwei Menschen, der kleinsten sozialen Einheit, und, am anderen Ende des Kontinuums, dem Zustand der Menschheit als einer dynamischen, immer noch in der Entwicklung befindlichen Art. Alles, was zwischen diesen Polen liegt, ist willkürlich und Veränderungen unterworfen und hat, auf die Dauer gesehen, wahrscheinlich keine Bedeutung für die Menschheit. Wenn wir unsere Welt durch Verseuchung, die Pille, Kriege oder Krankheiten entvölkern, werden wir uns automatisch wieder vermehren, so wie es auch in der Vergangenheit geschehen ist, und ebenso reguliert sich auch eine Überbevölkerung von selbst, die durch politische oder religiöse Faktoren oder durch den Wohlstand bewirkt wird. Ich setze unbegrenztes Vertrauen in das erprobte und erwiesene genetische Erbe, welches das Überleben unserer Art garantiert, aber ich habe nur wenig Glauben daran, daß ich selbst überleben kann, wenn ich nicht in Harmonie mit meiner Umwelt lebe. Ich setze Vertrauen in die Menschheit, nicht aber in die Fähigkeit anderer Menschen, Entscheidungen über mein Wohlergehen treffen zu können. Ich bin mein eigener Richter. Und auch Sie sind Ihr eigener Richter. Sie treffen Ihre eigenen Entscheidungen – wenn Sie es wollen.

NACHWORT

Die Theorie der systematischen Therapie zur Stärkung der Selbstsicherheit und die Ausarbeitung der Verfahrensweise im Gespräch haben sich aus der Arbeit mit normalen Menschen entwickelt, die lernen sollten, wie man die Konflikte bewältigt, die sich für jeden von uns aus dem Zusammenleben mit anderen ergeben. Den Anstoß für die Entwicklung einer solchen Therapie gab meine Arbeit als Gutachter im Ausbildungslager des Friedenskorps in der Nähe von Escondido in Kalifornien im Sommer und Herbst 1969. Damals mußte ich mit Bestürzung feststellen, daß die traditionellen Methoden der klinischen Psychologie (oder irgendeiner anderen entsprechenden Fachrichtung) nur von begrenztem Nutzen waren. Anleitungen zur Bewältigung kritischer Situationen, individuelle Beratungen, Psychotherapie und Gruppenarbeit mit Sensitivitätstraining oder das Verfahren der Encounter-Gruppen* halfen nur wenig, um relativ normale Rekruten des Friedenskorps darauf vorzubereiten, wie sie in den Zielländern mit den Alltagsproblemen fertigwerden sollten, die sich erfahrungsgemäß aus dem Kontakt mit der einheimischen Bevölkerung ergeben. Als wir diese ehrlich bemühten jungen Männer und Frauen zwölf Wochen lang geschult hatten und dann die erste Probedemonstration mit einem tragbaren Sprühgerät für Insektenvertilgungsmittel veranstalteten, wurde uns die Unzulänglichkeit unserer Lehrmethoden klar. Eine zusammengewürfelte Schar aus Geisteswissenschaftlern, Psychologen, einem Psychiater, Sprachlehrern und Friedenskorps-Angehörigen mit Auslandserfahrung spielte eine Gruppe von lateinamerikanischen Bauern; sie hockten auf einem staubigen Acker, angetan mit Strohhüten, Shorts, Sandalen, Soldatenstiefeln, Tennisschuhen, und einige waren barfüßig. Die Demonstration begann, und die Pseudobauern zeigten wenig Interesse an dem Sprühgerät, dafür aber um so größeres Interesse an den Fremden, die auf ihrem Dorfacker erschienen waren. Unsere Schüler konnten zwar Fragen über Ackerbau, Schädlingsvertilgung, Bewässerung und Düngung zufriedenstellend beantworten, aber nicht ein

* Persönlichkeitsentwicklung im offenen Gespräch.

einziger von ihnen gab eine überzeugende Antwort auf die Fragen, welche die Menschen, denen sie helfen wollten, wahrscheinlich zuerst an sie richten würden: »Wer hat euch hierher geschickt, um uns diese Maschine zu verkaufen? Warum sollen wir sie benützen? Warum macht ihr den weiten Weg von Amerika bis zu uns, um uns das zu erzählen? Was habt ihr davon? Warum kommt ihr zuerst in unser Dorf? Warum sollen wir bessere Ernten erzielen?« und so weiter. Bei jedem Schüler war es dasselbe: Während er irritiert über den Sprühapparat zu reden versuchte, fragten die Pseudobauern ihn ständig nach dem Grund seines Kommens. Ich erinnere mich, daß keiner von ihnen selbstsicher reagierte und zum Beispiel sagte: »*Quien sabe* ... Wer kennt die Antwort auf eure Fragen? Ich nicht. Ich weiß nur, daß ich in euer Dorf kommen wollte, um euch kennenzulernen und euch zu zeigen, wie diese Maschine euch helfen kann, mehr Nahrung zu ernten. Wenn ihr eure Ernten verbessern wollt, kann ich euch vielleicht helfen.« Ohne eine solche nicht-defensive Einstellung und ohne eine selbstsichere verbale Reaktion war diese Übung für die meisten Schüler, als sie in die defensive Situation des Befragtwerdens nach verdächtigen Motiven gedrängt wurden, ein ebenso peinliches wie unvergeßliches Erlebnis.

Wir hatten ihnen zwar Sprachkenntnisse und kulturelles und technisches Wissen vermittelt, aber wir hatten sie nicht im mindesten darauf vorbereitet, einer kritischen Prüfung ihrer Motive, Absichten, Schwächen oder auch Stärken selbstsicher und mit Selbstvertrauen standzuhalten – kurzum, einer Prüfung ihrer eigenen Persönlichkeit. Wir hatten sie nicht gelehrt, eine Situation zu meistern, in der sie selbst über Ackerbau, die Pseudobauern hingegen (wie es die echten *campesinos* tun würden) über die Schüler sprechen wollten. Wir hatten ihnen nicht gezeigt, wie sie in dieser Lage reagieren sollten, weil wir damals selbst nicht wußten, was für sie wichtig gewesen wäre. Zwar hatten wir alle vage Ideen über diesen Punkt, aber keiner von uns konnte praktische Hilfe leisten. Wir hatten den Schülern nicht beigebracht, einfach zu sagen: »Weil ich dies oder jenes will ...« und alles weitere den Leuten zu überlassen, denen sie helfen wollten.

In den letzten Wochen vor der Abschlußprüfung und Vereidigung probierte ich mit einer Gruppe interessierter Schüler alle möglichen Variationen therapeutischer Trainingsmethoden und Improvisationen durch. Je näher das Ende der Ausbildung rückte, desto mehr Schüler gingen mir aus dem Weg. Keine meiner Ideen erbrachte irgendwelche Ergebnisse oder schien auch nur ausbaufähig zu sein, aber eine wichtige Beobachtung machte ich doch: Die Schüler, die einer kritischen persönlichen Prüfung am schlechtesten standhielten, benahmen sich im Umgang mit anderen so, als ob sie auf keinen Fall versagen dürften – sie hatten anscheinend das Gefühl, daß sie unbedingt vollkommen sein müßten.

Die gleiche Beobachtung machte ich auch in den Jahren 1968 und 1970 während meiner klinischen Arbeit im Zentrum für Verhaltenstherapie in Beverly Hills und im Veteranen-Krankenhaus in Sepulveda, Kalifornien. Bei der Behandlung und Beobachtung von Patienten, deren Diagnoseskala vom Normalzustand oder leichten Angstzuständen bis zu schweren neurotischen Störungen oder sogar Schizophrenie reichte, stellte ich fest, daß viele von ihnen – natürlich in stärkerem Maße – genauso unfähig waren, eine Situation zu meistern, wie ich es bei den Rekruten des Friedenskorps gesehen hatte: Sie konnten mit kritischen Bemerkungen oder Fragen über ihre eigene Person nicht fertigwerden. Ein Patient zeigte einen so ausgeprägten Widerstand gegen jedes Gespräch, das ihn in irgendeiner Form persönlich betraf, daß das Resultat einer vier Monate dauernden traditionellen Psychotherapie nur in ein paar Dutzend Sätzen bestand. Auf Grund dieser stummen Abwehr anderer Menschen und der offensichtlichen Angst vor ihrer Gesellschaft wurde er als schwerer Angstneurotiker eingestuft. Plötzlich kam mir der Gedanke, es handle sich bei ihm einfach um einen extremen Fall des Syndroms, das ich bei den Rekruten des Friedenskorps beobachtet hatte, und so hörte ich auf, über ihn selbst zu sprechen und befaßte mich statt dessen mit den Menschen, die ihm in seinem bisherigen Leben die meisten Schwierigkeiten bereitet hatten. Im Verlaufe einiger Wochen erfuhr ich, daß sein Stiefvater ihm sowohl Angst als auch feindselige Abwehrgefühle einflößte; seine Beziehung zu dem Patienten hatte nur zwei Aspekte: Kritik oder gönnerhafte Herablassung. Die einzige Form der Beziehung des Patienten zu seinem Stiefvater bestand darin, sich als Objekt von dessen Kritik oder Herablassung zu fühlen. Folglich war er in Gegenwart dieser Autoritätsfigur so gut wie stumm. Sein im Grunde genommen unfreiwilliges Schweigen, bedingt durch die Angst vor Kritik und durch das Wissen, daß er unfähig war, sich zu verteidigen, wurde zu einem Bestandteil seines Verhaltens und richtete sich gegen jeden, der auch nur die geringste Selbstsicherheit demonstrierte. Als ich den angstgeplagten jungen Mann fragte, ob er lernen wollte, mit der Kritik seines Stiefvaters fertigzuwerden, begann er mich als Gesprächspartner zu akzeptieren. In gemeinsamer Arbeit begannen wir, ihn gegen die Kritik von seinem Stiefvater, seinen Angehörigen und anderen Menschen zu desensitivieren. Zwei Monate später konnte der »stumme Neurotiker« entlassen werden; vorher hatte er noch ein paar andere junge Patienten zu einer kleinen Sauftour in der Stadt angestiftet und nach der Rückkehr in die Klinik allerhand Schabernack angestellt. Die letzten Nachrichten über ihn besagen, daß er aufs College geht, sich ganz nach seinem Geschmack kleidet und trotz der Proteste seines Stiefvaters generell das tut, was er für richtig hält. Es ist kaum anzunehmen, daß er jemals wieder Behandlung braucht.

Nach dieser erfolgreichen und neuartigen Form der Therapie wurde ich von Dr. Matt Buttiglieri, Chefpsychologe der Klinik in Sepulveda, ermutigt, die gleiche Methode bei ähnlich gelagerten Fällen anzuwenden und ein systematisches Behandlungsprogramm für selbstunsichere Menschen zu entwickeln. Im Frühjahr und Sommer 1970 wurde die in meinem Buch beschriebene Therapie zur Stärkung der Selbstsicherheit in Zusammenarbeit mit dem bekannten Psychotherapeutiker Dr. Zev Wanderer im Zentrum für Verhaltenstherapie und in Sepulveda klinisch erprobt. Seitdem ist diese Technik verbessert und ausgebaut worden und ist heute Bestandteil des Lehrprogramms von Universitäten, Kliniken, Fortbildungskursen und Instituten für Verhaltenstherapie; sie findet ferner Anwendung auf den Gebieten der Bewährungshilfe, der psychologischen Betreuung von Gefängnisinsassen und der Rehabilitation. Über die Ergebnisse wurde auf Fachkongressen berichtet.

Ich persönlich halte es für unwichtig, wie wir Menschen, für die eine systematische Therapie zur Stärkung der Selbstsicherheit von Nutzen sein kann, bezeichnen – ob als Durchschnittsmenschen, die im Gespräch mit anderen Schwierigkeiten haben, wie es bei den Rekruten des Friedenskorps der Fall war, oder als Neurotiker wie im Falle des »stummen« jungen Patienten. Wichtig ist nur, daß wir lernen, mit den Konflikten und Problemen in unserem Leben und mit den Menschen, die sie an uns herantragen, fertigzuwerden. Das ist, kurz gesagt, was die systematische Therapie zur Stärkung der Selbstsicherheit bezweckt, und der Grund, aus dem ich dieses Buch geschrieben habe. Die Fähigkeit der Selbstbehauptung, wie ich sie hier beschrieben habe, ist das Ergebnis der klinischen Erfahrungen, die ich und meine Kollegen in fünfjähriger Arbeit gesammelt haben. Ich möchte mit meinem Buch möglichst vielen Menschen helfen zu begreifen, was oft in uns vorgeht, wenn wir nicht fähig sind, mit unseren Mitmenschen richtig umzugehen ... und was wir dagegen tun können.

M. J. S.
Westwood Village
Los Angeles

GLOSSARIUM DER TECHNIKEN ZUR STÄRKUNG DER SELBSTSICHERHEIT

Schallplatte mit Sprung

Wenn Sie ruhig und gelassen Ihre Wünsche wiederholen, lernen Sie Beharrlichkeit, brauchen sich nicht schon vorher Argumente zurechtzulegen, um Ihrem Gesprächspartner gewachsen zu sein, und ersparen sich Ärger.

Klinische Wirkung nach praktischer Anwendung: Diese Fertigkeit erlaubt Ihnen, manipulierende verbale Fallstricke, Herausforderungen und Abweichungen vom Thema gelassen hinzunehmen und gleichzeitig an dem angestrebten Ziel festzuhalten.

Vernebelungstaktik

Durch diese Technik lernen Sie, manipulierende Kritik zu akzeptieren, indem Sie Ihrem Kritiker gegenüber gelassen zugeben, daß er in einigen Punkten recht haben könnte, und bewahren sich gleichzeitig Ihre Handlungsfreiheit.

Klinische Wirkung nach praktischer Anwendung: Diese Fertigkeit erlaubt Ihnen, ohne Angst oder Abwehrreaktion Kritik ruhig hinzunehmen, während Sie dem Autor der manipulierenden Kritik die Belohnung versagen.

Freie Information

Diese Technik lehrt Sie, einfache Anhaltspunkte zu erkennen, die Ihr Gesprächspartner Ihnen während einer ganz alltäglichen Unterhaltung gibt, und die Ihnen verraten, was für ihn interessant oder wichtig ist.

Klinische Wirkung nach praktischer Anwendung: Diese Fertigkeit erlaubt Ihnen, viel zwangloser ein Gespräch anzuknüpfen, und bringt gleichzeitig Ihren Partner dazu, offener über sich selbst zu sprechen.

Negative Selbstsicherheit

Durch diese Technik lernen Sie, Ihre Fehler und Irrtümer zu akzeptieren (ohne sich dafür entschuldigen zu müssen), indem Sie klar und verständnisvoll mit feindseliger oder konstruktiver Kritik Ihrer negativen Eigenschaften übereinstimmen.

Klinische Wirkung nach praktischer Anwendung: Diese Fertigkeit erlaubt Ihnen, die negativen Aspekte Ihres Verhaltens oder Ihrer Persönlichkeit gelassener zur Kenntnis zu nehmen, ohne daß Sie sich in die Enge gedrängt fühlen, in Abwehrstellung gehen oder einen tatsächlich begangenen Fehler abstreiten, während gleichzeitig der Zorn oder die Feindseligkeit Ihres Kritikers gemildert werden.

Negative Befragung

Durch diese Technik lernen Sie, Kritik herauszufordern, um die auf diese Weise erhaltene Information (wenn sie nützlich ist) zu verwenden oder zu entkräften (wenn sie manipulierend ist), während Sie gleichzeitig den Kritiker veranlassen, selbstsicherer und weniger manipulierend zu sein.

Klinische Wirkung nach praktischer Anwendung: Diese Fertigkeit erlaubt Ihnen, Menschen, die Ihnen nahestehen, mit mehr Selbstvertrauen zur Kritik an Ihnen aufzufordern, gleichzeitig den Gesprächspartner zu veranlassen, ehrliche negative Ansichten zu äußern, und die Kommunikation zu verbessern.

Selbstenthüllung

Durch diese Technik lernen Sie, Diskussionen über die positiven und negativen Aspekte Ihrer Persönlichkeit, Ihres Verhaltens, Ihres Lebensstils und Ihrer Intelligenz zu akzeptieren und anzuregen, Sie verbessern dadurch die soziale Kommunikation und reduzieren die Manipulation.

Klinische Wirkung nach praktischer Anwendung: Diese Fertigkeit erlaubt Ihnen, ohne Scheu Aspekte ihrer Persönlichkeit und Ihres Lebens zu enthüllen, die früher Angst- oder Schuldgefühle oder Ratlosigkeit hervorriefen.

Der praktikable Kompromiß

Sofern Sie sicher sind, daß Ihre Selbstachtung nicht angetastet wird, sollten Sie die Technik der Selbstsicherheit im Gespräch dazu benützen, Ihrem Partner einen brauchbaren Kompromiß vorzuschlagen. Sie können immer um ein materielles Ziel feilschen, vorausgesetzt, daß der Kompromiß Ihre Selbstachtung nicht beeinträchtigt. Wenn das angestrebte Ziel jedoch mit Ihrem Selbstwert in Zusammenhang steht, darf es *keinen* Kompromiß geben.

Notizen

Notizen

Notizen

Notizen

Notizen

Notizen

Notizen

Notizen